자조론

새무얼 스마일즈의

자조론

글 **새무얼 스마일즈** | 번역 **김유신**

21세기북스

일러두기

1. 이 책은 벨포드 클라크 앤드 컴퍼니(Belford, Clarke & Co.)에서 1881년에 출간한 『Self-Help』(개정증보판)를 완역한 것입니다.
2. 역주는 본문 아래 각주로, 원저자주는 본문 마지막에 미주로 처리했습니다.

인격, 품행, 인내심의 귀감이 되는 일화집

무엇보다 우선 자신에게 진실하게 대하라.
그러면 밤이 지나 낮이 오듯 어느 누구에게도 거짓으로 대하지 못하리라.

셰익스피어

젊은이들이 조언을 구한다면 나는 이렇게 말하리라.
자기보다 나은 사람을 사귀어라. 책에서든 인생에서든
그것이 가장 도움이 되는 교제다.
올바른 것을 흠모하는 법을 배워라. 인생의 기쁨은 거기에 있다.
위인은 무엇을 흠모했는지 살펴봐라.
위인은 위대한 것을 흠모하지만,
편협한 사람은 천박한 것을 흠모하고 비열한 것을 숭배한다.

―W. M. 새커리 Thackeray

개정판 서문

 이 책은 이미 국내외에서 상당히 호평을 받은 책의 개정판이다. 미국에서 다양한 형태로 출판되었고, 네덜란드어와 프랑스어 번역본도 나왔으며 독일어, 덴마크어 등 다른 언어로도 번역될 예정이다. 이 책에는 다양한 생애와 인격에 대한 일화와 사례가 담겨 있어서 세계 각국 독자들로부터 사랑을 받았고, 다른 사람들의 노력, 시련, 투쟁, 업적이 독자들의 흥미를 끌었다.
 이 책이 단편적인 성격을 가지고 있다는 점은 잘 알고 있다. 여기에 수록된 내용은 본래 출판할 생각이 없이 단편적으로 써놓은 것을 젊은이들에게 읽히기 위해 오랜 기간에 걸쳐 한데 묶은 것이다. 개정판을 내놓으면서 불필요한 부분을 삭제하고 독자들에게 흥미를 줄 수 있는 새로운 사례를 추가로 소개했다.
 바꾸기에는 너무 늦은 감이 있지만, 책의 제목이 적절하지 않은 것으로 보인다. 제목만 보고서 이기심을 부추기는 책이라고 속단하는 사람이 있지만 그것은 전혀 사실이 아니며, 적어도 나는 그런 의도로 이 책을 저술하지 않았다. 이 책의 주요 목적은 젊은이들을 올바른 일에 전념할 수 있도록 자극함으로써 올바른 일을 행하는 데 노력이나 수고나 자기희생을 아끼지 말고 남의 도움이나 후원에 의지하지 말며 자신의 노력에만 의존하라는 조언을 하려는 것이다. 하지만 자기 자신을 스스로 도와야 할 의무(자조自助, self-help)에는 이웃을 돕는 일도 포함된다는 사실도 작가, 과학자, 예술가, 발명가, 교육자, 사회사업가, 선교사, 순교자들이 보여준 본보기를 통해 깨닫게 될 것이다.

자수성가한 사람들의 이야기는 많이 수록되어 있는데, 실패한 사람들의 이야기는 거의 없다고 이 책을 비판한 사람도 있었고 이렇게 묻는 사람도 있었다.

"그 책에는 어째서 성공한 위인만 있고 실패한 위인은 없는가?"

물론, 실패한 사람 중에도 위인이 없을 리 없다. 다만 실패한 사람들의 기록은 교훈을 주기보다는 지나치게 좌절감을 안겨줄 우려가 있다. 하지만 이 책을 읽다보면 실패가 참된 일꾼에게 가장 좋은 수양이 된다는 것을 알게 될 것이다. 실패는 내면에 있던 힘을 모두 이끌어내고, 자기 수양, 자기 관리 그리고 지식과 지혜가 성장하는 길로 인도하기 때문이다. 이러한 관점에서 볼 때, 실패를 인내심으로 극복한 사람들의 이야기는 언제나 흥미진진하고 교훈이 가득 들어 있다. 그래서 가능한 한 많은 사례를 담으려고 애썼다.

인생 막바지에는 실패에서 어떤 위안을 찾을 수 있을지 모르겠지만, 실패 그 자체가 인생을 시작하는 젊은이들에게 반드시 알려야 할 주제라고 보기는 어렵다. '일하지 않는 방법'은 배우기 가장 쉽다. 그 방법에는 가르침, 노력, 극기, 근면, 인내심, 끈기, 판단력이 필요 없다. 게다가, 독자들은 전쟁에 패배한 장군, 발명한 엔진이 파열된 기술자, 기형 건물을 설계한 건축가, 조잡한 수준을 벗어나지 못한 화가, 기계를 발명하지 못한 발명가, 파산 공고를 피하지 못한 상인에 대해서 관심이 없다. 물론, 능력이 출중한 사람이 좋은 동기로 일을 해도 실패할 수 있다. 하지만 능력이 출중한 사람들이 일부러 실패하려고 노력한 적도 없거니와 실패를 대단한 업적이라고 생각한 사람도 없었다. 이들은 성공하려고 노력했고 실패를 불행이라고 생각했다. 하지만 나쁜 동기를 가지고 성공하면 악명을 떨치게 되지만, 좋은 일을 하려다가 실패하는 것은 영예로운 일이다. 한 걸음 더 나아가, 좋은 일에 성공을 거두는 것이 실패하는 것보다 훨씬 좋은 것이다. 그러나 어느 경우든 중요한 것은 결과가 아니라 목표, 노력, 인내심, 용기 그리고 바람직하고 소중한 목적을 추구하려는 시도다.

"인간은 성공을 자기 마음대로 거둘 수 없다. 그러나 더 노력하면 성공할 자격을 갖출 수는 있다."

이 책의 목적을 간략하게 말하면, 아래와 같이 진부하지만 아무리 강조해도 지나치지 않는 유익한 교훈을 되풀이해서 들려주기 위함이다.

"젊은이들은 즐거운 마음으로 일해야 한다. 전념과 근면의 자세를 갖추지 못하면 훌륭한 일은 하나도 달성할 수 없다. 학생들은 난관에 빠졌을 때 두려워하지 말고 인내와 끈기로 극복해야 한다. 젊은이는 우선 인격 향상에 노력해야 한다. 고결한 인격이 없으면 능력도 소용없고 세속적인 성공은 아무런 의미가 없다."

내가 이 책에서 이러한 교훈을 제대로 전달하지 못했다면 나의 의

도가 실패했다고 볼 수밖에 없다.

 이 개정판에는 어려운 환경에서 성공한 외국인들의 사례, 평민으로부터 출세한 프랑스의 장군과 제독들의 일화, 토크빌의 상호협력, 윌리엄 리와 양말 직기 발명, 존 히스코트와 보빈 편직기 발명, 자카르와 직기 발명, 보캉송의 일화, 조슈아 하일만과 소면기 발명, 베르나르 팔리시의 고난, 경화자기 발명가 뵈트거, 학생 시절의 뷔퐁 백작, 퀴비에, 암브로스 파레, 클로드 로랭, 자크 칼로, 벤베누토 첼리니, 니콜라스 푸생, 에이리 셰퍼, 벨퍼의 스트럿 가문, 프란시스 하비에르, 사업가로서의 나폴레옹의 일화와 딜 뱃사공들의 용맹성에 대한 일화가 추가되었으며, 일일이 열거하기에는 대수롭지 않지만 그밖에도 많은 내용이 새로 추가되었다.

1866년 5월

초판 서문

 이 책을 쓰게 된 동기를 먼저 간략하게 말하겠다. 약 15년 전, 나는 상호 발전을 위해 북부 지방 어느 마을에서 운영되고 있는 몇몇 야학회로부터 학생들에게 강연을 해달라는 청탁을 받았다.
 이 야학회는 어려운 환경에서 자란 두세 명의 청년들이 겨울철 저녁에 모여 서로 지식을 교환하고 각자 자기 발전을 도모하자는 취지로 시작되었다. 처음에 이들은 한 회원이 살고 있던 오두막집에서 모임을 가졌으나, 불과 얼마 지나지 않아 회원이 늘어나는 바람에 장소가 비좁게 되었다. 여름에는 오두막집 마당으로 장소를 옮겨 야외에서 수업을 했다. 강사 역할을 하는 사람은 정자로 쓰던 판잣집에서 산수 문제를 풀기도 하면서 야간 수업을 진행했고, 학생들은 정자 주위에 둘러 앉아 수업을 들었다. 날씨가 좋은 날은 학생들이 밤늦게까지 꿀벌 떼처럼 오두막집 주위로 몰려들었지만, 저녁에 갑자기 소나기라도 쏟아지면 석판에 써놓은 수학 문제가 지워져 지식 욕구를 다

채우지 못한 채 뿔뿔이 흩어져야만 했다.

겨울이 되자 밤공기가 차가워져 추위를 피할 장소를 구하는 것이 급선무가 되었다. 이 무렵에는 학생 수가 더 많아져서 웬만한 집으로는 그들을 다 수용할 수가 없었다. 학생들은 대부분 수입이 신통치 않았지만 모험을 무릅쓰고 방을 하나 빌리기로 결정했다. 여기저기 수소문해본 결과 콜레라 치료를 위해 임시 병원으로 사용되던 우중충한 집 하나를 발견했다. 면적은 넓었지만 병균이 아직 남아 있을까 봐 다른 사람들이 세를 얻기 꺼려해서 그냥 빈집으로 방치되어 있었다. 하지만 두려움을 모르고 상호 발전에만 몰두해 있던 청년들은 콜레라 치료실을 빌려 불을 밝히고 의자 몇 개와 널빤지 탁자를 놓은 후 겨울 수업을 시작했다. 그곳은 금방 저녁마다 사람이 몰려들어 붐비고 즐거운 담소가 끊이지 않는 장소가 되었다. 수업 내용은 매우 조잡하고 불충분했지만 의지로 부족함을 메워나갔다. 아는 것이 조금이라도 더 있는 사람이 그렇지 못한 사람을 가르쳐주고, 남을 가르치는 동시에 자기도 배우면서 실질적인 본보기를 보여주었다. 어른들도 있었으나 대부분 청년들이었는데, 각자 독학을 하면서 서로서로 읽기, 쓰기, 산수, 지리를 가르쳐주었다. 수학, 화학, 몇 가지 외국어를 배울 기회도 있었다.

약 100명가량의 학생이 모여들자 야심이 더욱 커져 외부 사람의 강연을 듣고 싶은 열의가 생겼다. 그래서 나도 이들과 인연을 맺게 된 것이다. 어느 날 학생 몇 명이 나를 찾아와서 야학을 설립하게 된 동기부터 현황까지 자세히 설명하면서 입문 강좌를 해달라고 요청했다. 그들의 표현을 빌리면 '짤막하게 한마디' 해달라는 것이었다. 나는 그들의 자조 정신에 깊은 감명을 받아, 대중 강연은 그리 탐탁치 않았으나 허심탄회하게 격려의 말을 몇 마디 해주면 좋은 효과가 있을 것이라는 생각이 들어 몇 차례 강연을 하게 되었다. 나는 강연을 통해 자수성가한 사람들의 사례를 들려주면서 만년에 행복과 안녕을 누릴 수 있는지의 여부는 전적으로 각자의 끊임없는 자기 수양, 자기 수련, 자기 관리에 달려 있다는 점을 지적하고, 무엇보다 중요한 것은 개개인이 정직하고 바르게 의무를 이행해 인격자로서의 영광을 얻는 것이라고 강조했다.

이와 같이 나의 조언은 색다르거나 독창적인 내용이 아니고, 주로 솔로몬의 잠언과 같이 오랫동안 귀에 친숙한 내용이었다. 하지만 진부한 충고에도 그들은 열렬한 환영을 보내주었다. 그 젊은이들은 각자 자기 위치에서 한걸음씩 나아가면서 확고한 신념을 가지고 꾸준히 노력했다. 성인이 된 후 이들은 각자 다양한 분야로 진출했고, 그 중에는 책임 있는 자리에 올라 유능하다고 인정받은 사람도 많았다. 그런 일이 있은 지 몇 년이 흐른 어느 날 저녁, 나는 한 젊은이의 방문을 받고 그때 일을 회상하게 되었다. 그는 현재 직원을 두고 사업체를 직접 경영하고 있으며 사업도 날로 번창하고 있다면서, 학생 시절 나로부터 들은 이야기를 모두 기억하고 있다고 했다. 또한, 나의 격려가 성공에 도움이 되었다면서 감사의 뜻을 전했다.

그때 이후로 나는 '자조'라는 주제에 더 큰 매력을 느끼게 되었다. 그때 한 강연 내용을 비망록에 적어두었다가 하루 일과를 마치고 저녁에 틈날 때마다 책에서 읽은 내용, 직접 관찰한 내용, 인생 경험 등을 덧붙여 정리했다. 예전에 학생들에게 강연한 내용 중에서 가장 두

드러진 사례는 기술자 조지 스티븐슨의 일화였다. 그에게 유난히 관심이 쏠려 그의 생애를 조명해보고 싶었던 차에 마침 기회가 마련되어 여가 시간에 틈틈이 그의 전기를 집필해 출간했었다. 이 책도 그와 비슷한 동기에서 쓰게 되었다. 하지만 이 책에서는 각 사례를 세밀하게 다루지 않고 간략하게 소개하는 것으로 그쳤다. 전신 초상화를 그린 것이 아니라 상반신만 만든 흉상에 비유할 수 있으며, 두드러진 특징만 간략하게 기술한 사례도 많다. 빛나는 업적과 흥미로운 사건 중심으로 각 나라의 흥망성쇠와 개개인의 생애를 간략하게 설명했다.

여기 담겨 있는 근면, 끈기, 자기 수양의 교훈이 독자들의 흥미를 끌고 유익한 길잡이가 되길 빌면서, 이제 이 책을 독자들의 손에 맡긴다.

1859년 9월

목차

개정판 서문 _8
초판 서문 _12
옮긴이의 글 _20

1 자조의 정신 _27

"하늘은 스스로 돕는 자를 돕는다." 이 격언은 이미 검증을 충분히 거친 진리다. '자조' 정신은 개개인의 진정한 성장 동력이다. 외부의 도움은 사람을 나약하게 만들지만, 내면의 도움은 언제나 활력을 불어넣는다. 누구든 남에게 의지하는 순간 스스로 노력하려는 동기와 필요성을 잃어버린다.

2 근면, 위대한 창조의 비밀 _63

인간은 노동을 통해 땅을 개간하고 미개한 생활에서 구원받았다. 노동은 의무일 뿐 아니라 축복이다. 게으른 자만이 노동을 저주라고 생각한다. 노동의 의무는 팔 다리 근육, 손의 구조, 두뇌의 신경과 주름 구석구석에 새겨져 있다. 노동 학교에서는 가장 실용적인 지혜를 가르친다.

3 도예의 3대 명장 _109

더위, 추위, 배고픔, 목마름 그리고 어떠한 불편도 이겨낼 수 있는 힘을 기르지 않고서는 어떤 분야에서든 뛰어난 업적을 남길 수 없다. 안락한 생활을 누리고 온갖 쾌락을 즐기고도 영예로운 대우를 받고자 한다면, 그것은 자기 자신을 속이는 일이다. 탁월한 기량은 깨어 일어나 정신을 바짝 차리고 꾸준히 노력해야만 얻을 수 있다.

4 헌신과 끈기, 성공의 절대 비결 _ 143

흔히 행운의 여신은 눈이 멀었다고 불평하지만, 인간만큼은 아니다. 현실을 자세히 살펴보면 바람과 파도가 유능한 항해사의 편이듯, 행운의 여신 또한 근면한 사람 곁에 서 있다. 아무리 높은 이치를 탐구하는 경우라도 가장 쓸모 있는 자질은 전념, 끈기, 상식과 같은 평범한 자질이다.

5 작은 것의 힘 _ 175

"이탈리아에는 수많은 화가들이 있는데 자네가 그들 가운데서 명성을 떨칠 수 있었던 비결은 무엇인가?" 친구 마르빌이 묻자 푸생은 단호한 어조로 대답했다. "아무리 하찮은 것이라 해도 소홀히 하지 않는 것이었네. 할 만한 가치가 있는 일은 모두 잘할 가치가 있는 법이지."

6 예술가 _ 223

그림이든 다른 예술이든 남보다 뛰어난 작품을 만들겠다고 결심한 사람은 아침에 일어나서 저녁에 잠자리에 들 때까지 온 정신을 한 가지 대상에 집중해야 한다. 두각을 나타내기로 결심한 사람은 좋든 싫든 아침이나 낮이나 밤이나 가릴 것 없이 작업에 매달려야 한다. 작품 활동은 장난이 아니라 아주 힘든 노역이다.

7 근면과 끈기로 신분을 뒤엎은 사람들 _ 289

그 어떤 계급도 오래 지속되지 않는다. 강한 자도 언젠가 쓰러지고, 보잘것없는 자도 고귀한 신분에 오를 수 있다. 새로운 가문이 옛 가문의 명성을 차지하고, 옛 가문은 평민 속으로 사라진다. "운명을 너무 두려워하는 자는 얻든 잃든 감히 시도해보지도 못하기에 받을 보상이 적다."

8 의지, 용기, 실천 _319

일단 좋은 목표를 정했으면 한눈팔지 않고 민첩하게 추진해나가야 한다. 어떠한 여건 속에서도 고난과 역경을 최고의 수련 기회로 받아들이며 기꺼이 참아내야 한다. 전념하기를 망설이거나 하찮은 구실로 일을 게을리 하는 사람은 반드시 실패의 길로 접어든다. 어떤 일이든 피할 수 없는 것이라고 받아들이면, 즐거운 마음으로 신속하게 처리할 수 있다.

9 사업가의 원칙과 자질 _375

사업에서 성공하는 길은 대개 상식을 따르는 것이다. 지식을 얻거나 과학을 연구하는 경우와 마찬가지로 꾸준한 노력과 전념은 사업에도 필요하다. 비즈니스 분야에서는 슬기롭고 근면하게 실행하는 것이 성공에 이르는 큰 비결이다. "어떤 직업이든 유능한 사람이 되려면 소질, 연구, 실행, 이 세 가지가 필요하다."

10 돈의 인격성 _413

빚을 단지 불편한 것 정도로 여기지 말라. 그것은 일종의 재난이다. 가난은 좋은 일을 할 수 있는 수단을 빼앗아가고 현실적으로나 도덕적으로 악에 저항할 수 없도록 무기력하게 만들기 때문에 고결한 수단을 모두 동원해서 피해야 한다. 어떠한 빚도 지지 않겠다는 것을 첫 번째 주의사항으로 삼아라. 절약은 선행의 토대이자 평화의 밑거름이다.

11 지속적으로 성장하는 법 447

"최상의 인간 교육은 자기 스스로 가르치는 것이다." 자신의 노력으로 얻은 지식은 완전한 자기 재산이 되어 머릿속에 확실히 각인된다. 이런 자기 수양 방식은 내면의 힘을 끌어내 길러준다. 한 가지 문제를 풀면 다른 문제에도 통달하게 되어 지식이 능력으로 승화된다. 자기 노력이 없는 교육은 아무 소용이 없다.

12 귀감이 되는 삶 _ 511

값지게 산 인생, 올바르게 세운 인격은 자녀는 물론 온 세계에 물려줄 소중한 유산이다. 그것이야말로 미덕에 대한 가장 생생한 가르침이자 악행에 대한 가장 준엄한 질책이며, 가장 훌륭하고 영원한 부의 근원이다. "말만 해서는 그 어떤 것도 이루어지지 않는다."

13 인격의 힘 _ 543

"천재는 찬미할 뿐이지만, 인격적인 사람은 신봉한다." 인격은 인생의 면류관이자 영광이다. 신분의 귀천이나 사회적 지위를 떠나 인격은 사람을 귀하게 만든다. 인격은 황금보다 강하며, 원하지 않아도 모든 영예를 가져다주며, 언제 어디서나 영향력을 발휘한다.

주 _ 582

옮긴이의 글

"하늘은 스스로 돕는 자를 돕는다!"
Heaven helps those who help themselves

 "하늘은 스스로 돕는 자를 돕는다." 19세기 중반 영국의 의사 출신 정치개혁가 겸 문필가 새무얼 스마일즈가 지은 『자조론 Self-Help』은 고대 그리스 로마시대부터 근세에 이르기까지 100명이 넘는 위인들의 생애와 업적을 증거로 제시하면서 이 유명한 격언이 진리라는 사실을 입증하고 있다. 저자는 역사, 정치, 예술, 과학, 문화 등 인류 활동 전반에 걸친 해박한 지식과 경험을 동원하여 개인의 행복과 안위는 국가나 제도 또는 출신 배경에 좌우되는 것이 아니라, 자기 자신을 스스로 도우려는 정신, 즉 자조 self-help 정신에 달려 있다는 점을 역설하였다. 또한 자기 자신을 스스로 도와 개인적으로 성공하고 이웃과 사회에도 공헌하는 사람이 되려면 근면, 끈기, 인내심, 성실, 정직 등의 자질을 키우고, 전념, 검소, 검약, 시간엄수의 습관을 들이며, 정신수양은 물론 신체 단련을 통하여 건전한 몸과 마음을 유지해야 함을 일깨워주고 있다.

유복한 환경에서 태어났든 불우한 환경에서 태어났든 행복하고 안락한 인생을 찾아가는 길은 결코 만만치 않다. 이 책에 수록된 사례에서 보는 바와 같이 아무리 위세 등등한 귀족 가문이라도 몇 세대 지나지 않아 대개 몰락하고 만다. 아무리 뛰어난 천재라도 자신의 재능만 믿고 조그만 성공에 만족하고 자기계발을 소홀히 하면 평범한 재능을 갖춘 사람만도 못한 인생을 살게 된다. 험난한 인생길을 헤치고 나가려면 꾸준히 개인의 능력과 자질을 키우는 것 이외에는 달리 도리가 없다. 저자는 토크빌의 입을 빌려 인생을 이렇게 묘사했다.

> 인간은 일생 동안 단 한 순간도 움직임을 멈출 수 없다. 외면적인 노력도 필요하지만 더 많은 노력이 내면적으로 필요하다. … 나는 인간이란 더 추운 곳을 향하여 쉬지 않고 걸어가는 여행자와 같다고 생각한다. 더 추운 지방으로 갈수록 더 빨리 걸어야 한다. 가장 큰 영혼의 병은 추위이기 때문이다.

새무얼 스마일즈는 1812년 영국 스코틀랜드 지방 해딩턴에서 조그만 잡화상을 하는 집안의 11형제 중 장남으로 태어났다. 그는 초등교육을 마치자마자 열네 살에 어느 의사 밑에 견습생으로 들어가 약 3년간 의료 업무를 익히고 열일곱 살에 에든버러 대학교에 입학하여 본격적으로 의학을 공부하였다. 대학 재학 시절 그는 정치에 관심을 가지기 시작했고, 이 책에서도 극찬한 바 있는 스코틀랜드 의사 출신 하원의원 조지프 흄Joseph Hume의 열렬한 지지자가 되어 노동자들의 인권을 보장하는 인민헌장People's Charter를 법제화하자는 차티스트 운동에 적극 가담했다.

대학을 졸업한 후 한동안 고향에서 의사 생활을 하였으나 1838년 〈리즈 타임스Leeds Times〉 편집장으로 일하기 시작하면서 의사 생활을 청산하고 정치개혁운동에 전념했다. 평등선거구제, 비밀투표제, 세대주 투표권 보장, 소유재산 다과에 의한 하원의원 피선거권 제한 철폐 등을 주장하는 리즈의회개혁연합의 사무총장으로 일하기도 했으나 그는 1840년대에 이르러 차티스트 운동에 환멸을 느끼기 시작했다. 차티스트 운동의 기본 정신에 대해서는 여전히 지지를 보냈지만 폭력에 의한 의회개혁을 주장하는 과격파들의 영향력이 커지면서 저자는 의회개혁운동 자체에 회의를 느꼈다. 저자가 쓴 자서전에 의하면, 과격파 지도자들은 말만 번지르르하고 게으르게 빈둥거리는 부랑자들이지 성실하게 일하는 노동자들이 아니었다.

1850년대에 들어와서는 의회개혁에 대한 관심을 완전히 끊고 자조의 정신이야말로 개인이 성공에 이르는 지름길일 뿐만 아니라 사회를 개혁할 수 있는 길이라고 주장하기 시작했다. 이와 같은 저자의 의식 변화의 산물로 1859년에 처음 출간된 책이 바로 이 『자조론』이다. (이 번역본은 저자가 칠순에 이른 1881년, 미국 시카고에 있는 벨포드 클라크 앤드 컴퍼니Belford, Clarke & Co.에서 출간된 개정증보판을 완역한 것이다.) 저자는 이 책에서 국민의 복지 향상은 제도 개선이나 사회 개혁보다 개개인의 자기계발에 달려 있다고 강조함으로써 당시 사회주의 운동가들로부터 심한 공격을 받기도 했다.

그는 이 외에도 기관차 발명가 스티븐슨 부자의 생애를 그린 『조지 스티븐슨과 아들 로버트 스티븐슨의 생애』, 『위그노교도』, 『인격론』 등

자기계발서와 전기를 다수 출간하는 등 왕성한 문필 활동을 하였으나, 1871년 뇌졸중으로 쓰러져 한동안 읽고 쓰는 능력을 상실하였다. 하지만 병에서 회복된 후 읽기와 쓰기를 다시 배워 『검약론』, 『의무론』, 『삶과 노동』 등 다양한 저작물을 꾸준히 발표하다가 1904년 세상을 떠났다.

흔히 행운의 여신은 눈이 멀었다고 불평하지만, 인간만큼 눈이 멀지는 않았다. 실생활을 자세히 살펴보면 바람과 파도가 유능한 항해사의 편이듯 행운의 여신은 근면한 사람 곁에 서 있다.

지금 우리는 세계화의 부작용과 지식자본주의의 대두 등 여러 가지 국내외 환경 변화로 인하여 계층 간의 양극화가 심화되고 승자독식의 시대로 치닫고 있어 자칫하면 어려운 환경에 처해 있는 젊은이들이 좌절감이나 무력감에 빠지기 쉽다. 그러나 이러한 시대일수록 믿을 것이라고는 스스로 역경을 딛고 일어서는 자조의 정신밖에 없다. 이탈리아의 미술가이자 전기 작가 바사리에 따르면, 이탈리아 조각가 루카 델라 로비아는 밤늦게 작업을 할 때는 발이 얼지 않게 하려고 대팻밥을 담은 바구니에 발을 담근 채 작업했다.

나는 그런 모습을 보고 전혀 놀라지 않았다. 더위, 추위, 배고픔, 목마름, 그리고 어떠한 불편도 이겨낼 수 있는 힘을 기르지 않고서는 어떤 분야에서든 뛰어난 업적을 남길 수 없기 때문이다. 안락한 생활을 누리고 온갖 쾌락을 즐기고도 영예로운 대우를 받고자 한다면, 그것은 자기 자신을 속이는 일이다. 탁월한 기량과 명성은 편안하게 자는 동안 저절로 쌓이는 것이 아니라, 깨어 일어나 정신을 바짝 차리고 꾸준히 노력해야 얻을 수 있는 것이다.

가난한 집안에서 태어나 초상화가로 성공한 조슈아 레이놀즈는 근면은 천부적인 재능도 누를 수 있다고 믿었다.

그림이든 다른 예술이든 남보다 뛰어난 작품을 만들겠다고 결심한 사람은 아침에 일어나서 저녁에 잠자리에 들 때까지 온 정신을 한 가지 대상에 집중해야 한다. 두각을 나타내기로 결심한 사람은 좋든 싫든 아침이나 낮이나 밤이나 가릴 것 없이 작업에 매달려야 한다. 작품 활동은 장난이 아니라 아주 힘든 노역이다.

이 책은 원래 영국의 근로청소년들에게 용기와 힘을 불어넣어주기 위해 쓴 것이지만, 시대와 공간을 넘어 일본에서는 1906년 아제카미 겐조(畔上賢造)에 의해 상·중·하 3권으로 번역되어 선풍적 인기를 누렸고, 국내에서도 1906년 잡지 〈조양보〉를 통해 처음 번역 소개된 이후 끊임없이 다양한 모습으로 재포장되어 독자들의 사랑을 받아왔다. 하지만 옮긴이가 과문한 탓인지는 모르겠으나 아직 완역본이 출판된 적은 없었던 것으로 알고 있다.

도서관이나 현지에서 참고자료를 찾아가면서 이 책에 등장하는 위인들의 시대 배경과 사건의 내막을 정확히 파악하려면 자료를 수집하는 데에도 상당한 시간이 필요하다. 그런 점을 감안하면 척박하고 열악했던 국내 번역환경과 해외여행마저 자유롭지 못하던 시절에 발췌번역으로나마 이 명저를 국내 독자들에게 소개한 선배 번역가들에게 고개가 절로 숙여진다.

그러나 자료 수집에 한계가 있다 보니 참극으로 끝난 밀회를 그린 노엘 페이턴의 그림 〈피로 물든 밀회 The Bluidie Tryst〉를 〈피로 물든 우시장〉이라고 한다든지, 시인 알렉산더 포프 Alexander Pope를 '교황'으로 번역하는 등 크고 작은 오역이 번역본마다 답습되었으며, 가급적 독자의 이해를 돕기 위하여 시대 배경이나 사건 내막이 본문에 명확하게 묘사되지 않은 부분은 생략되었던 것이 현실이다.

이러한 오역을 바로 잡고 원문을 충실하게 번역하고자 최선의 노력을 다하였으나, 저자의 깊은 통찰력과 당대 인물에 대한 저자의 개인적인 감정을 실감나게 우리말로 옮기는 것은 사실 어려운 작업이었다. 어느 시대를 막론하고 많은 독자들의 사랑을 받을 책이므로 앞으로 더욱 완벽한 번역본이 나오게 되기를 빌어본다.

지하에 있는 스마일즈가 이 책이 다시 한글로 번역되었다는 소식을 들으면 벌떡 일어나 깃털 달린 펜을 들고 『자조론』의 후편을 이렇게 시작하지 않을까 하는 엉뚱한 생각을 잠시 해본다.

물리학자 스티븐 호킹은 불구의 몸으로 상대성이론과 양자역학을 이용하여 블랙홀 이론을 정립했다. 열네 살에 어머니를 여읜 폴 매카트니와 열일곱 살에 역시 어머니를 여읜 존 레논은 음악을 도피처 삼아 '비틀즈'라는 록밴드를 결성했으나 여러 차례 오디션에 낙방했다. 그러나 좌절하지 않고 타고난 재능을 끊임없이 연마한 끝에 세계적인 인물이 되었으며 여왕으로부터 기사 작위까지 받게 되었다. 마거릿 대처는 식료품상의 딸로 태어났으나 꾸준히 공부에 정진하여 영국 총리가 되고 포클랜드 전쟁을 승리로 이끌었다……

이 책은 개인적으로도 지나온 나날을 성찰하고 앞날을 새로운 각오로 설계할 수 있는 계기를 만들어 주었다. 스마일즈가 누누이 강조했듯이 국민 개개인의 인격은 한 나라의 국민성을 결정하며 자조의 정신은 혼자 잘 먹고 잘 살자는 이기심이 아니라 이웃과 사회를 위하여 솔선수범하는 인격자의 정신이다. 우리나라에도 자수성가한 사람은 많으나 존경받는 이가 적은 것은 바로 자조 정신은 있으나 인격자로서의 덕목이 부족했기 때문이 아닌가 싶다. 그런 의미에서 이 책은 젊은이들이 자기 수련을 하는 데 도움이 될 귀중한 교훈을 전해줄 뿐만 아니라, 이 사회의 지도자들에게도 몸가짐을 바로 잡는 길잡이가 될 것이다. 물질만능주의, 속물근성, 이기심과 허황된 공명심이 만연되어 있는 지금 이 시대에 이 책이 자조의 정신을 함양하고 개개인의 인격을 도야하여 한 차원 높은 고결한 국민성을 후세에게 물려줄 수 있는 작은 계기가 되었으면 하는 바람이다.

끝으로, 인류의 소중한 문화유산 중 하나로 꼽을 수 있는 명저를 완역할 기회를 준 21세기북스에 감사드린다.

2005년 12월
김유신

1
자조의 정신

| 새무얼 스마일즈의 자조론 |

장기적으로 보면, 국가의 가치는 국가를 구성하는 개개인의 가치와 같다.

— 존 스튜어트 밀 John Stuart Mill

우리는 제도를 너무 믿는 반면, 사람에게는 관심을 거의 기울이지 않는 경향이 있다.

— 벤저민 디즈레일리 Benjamin Disraeli

"하늘은 스스로 돕는 자를 돕는다." 이 격언은 이미 검증을 충분히 거친 진리다. 이 작은 인생 나침반에는 무수히 많은 사람의 체험이 담겨 있다. '자조' 정신은 개개인에게 진정한 성장의 원동력이 된다. 더 나아가, 많은 사람이 자조 정신을 실천하면 그것이 곧 국력의 원천이 된다. 외부로부터 도움을 받으면 나약해지기 마련이지만, 내면으로부터의 도움은 언제나 활력을 불어넣는다. 어떤 사람, 어떤 계층이든 남에게 의지하면 스스로 노력하려는 동기와 필요성을 잃어버린다. 지도나 통치를 지나치게 받으면 무력해질 수밖에 없는 것이다.

　제도가 아무리 훌륭하다 해도 국민 개개인에게 도움을 충분히 줄 수가 없다. 최선책은 각자 자기계발에 정진하고 자기 자신의 여건을 개선하도록 내버려두는 것이다. 하지만 어느 시대를 막론하고 사람들은 제도에 의지해 행복과 복지를 보장받으려고 할 뿐, 스스로 행동해 자신의 행복과 복지를 얻으려고 하지 않는 경향이 있다. 그래서 인류

진보에 매개체 역할을 하는 입법부가 항상 과대평가되었다. 기껏해야 3년 또는 5년에 한 번씩 한두 사람을 하원의원으로 선출해서 의회에 보내는 방식으로는 의원들이 아무리 양심적으로 자기 직무를 수행한다 한들, 국민 개개인의 삶과 인격에는 별 다른 영향을 주지 못한다. 더구나, 정부의 기능은 소극적이고 제한적인 것이지, 적극적이고 능동적인 것이 아니라는 사실이 점차 확연하게 드러나고 있다. 정부의 기능은 생명, 자유, 재산을 보호하는 것에 국한된다고 볼 수 있다. 법률을 슬기롭게 집행하면 정신노동을 하든 육체노동을 하든 국민 개개인이 비교적 적은 희생을 치르고도 노고의 결실을 향유할 수 있게 할 수 있다. 하지만 아무리 엄격한 법률이라도 게으른 사람을 근면하게, 낭비벽이 있는 사람을 검소하게, 술주정뱅이를 절제하게 만들 수 없다. 그와 같은 개혁은 오로지 개개인의 실천과 절약, 자제를 통해서만 가능하다. 더 많은 권리를 갖는다고 해서 생활 여건이 바뀌지는 않는다. 습관을 개선해야 개혁을 달성할 수 있다.

국민의 인격이 국가의 품격을 결정한다

한 나라의 정부는 국민 개개인의 수준을 반영하는 것에 지나지 않는다. 국민보다 앞서가는 정부는 국민의 수준에 맞게 끌어내려지고, 국민의 수준에 미치지 못하는 정부는 세월이 흐르면서 차츰 국민의 수준에 걸맞게 끌어올려진다. 물이 자체적으로 수위를 맞추는 것과 같이, 총체적 국민성은 자연계의 질서에 따라 그 나라에 걸맞은 법률과 정부를 만들어낸다. 품성이 고결한 국민은 고결하게 대우받고, 무지하고 부도덕한 국민은 천하게 취급당할 것이다. 경험에 비추어볼 때, 한 나라의 국력은 그 나라의 제도에 좌우되는 것이 아니라, 국민의 인격에 훨씬 많이 좌우된다. 국가는 단지 개개인의 생활여건을 전반적으로 반영하는 집합체일 뿐이며, 문명도 그 사회를 구성하고 있는 남녀노소 구성원이 각자 얼마만큼 개선의 노력을 기울이는가에 달려 있다.

국가의 발전은 국민 개개인의 근면성, 행동력, 올바른 자세가 결합해 이뤄지는 성과이며, 국가의 쇠락은 국민 개개인의 나태, 이기심, 악습의 산물이다. 흉악한 사회악이라고 매도되는 것도 대개 개개인의 타락한 생활에서 생긴 부산물이다. 아무리 사회악을 법으로 잘라내고 뿌리째 뽑으려고 애를 써도, 개개인의 생활 태도와 품성이 현저하게 개선되지 않으면, 또 다른 형태의 악이 새로 싹터 무성하게 자랄 것이다. 이와 같은 관점에서 볼 때, 최상의 애국심과 박애주의는 법률을 바꾸거나 제도를 수정한다고 해서 생기는 것이 아니고, 국민 개개인이 자유롭고 자주적인 행동으로 자신의 인격을 연마하고 개선할 때 비로소 우러나게 된다.

세상을 이끄는 힘, 자조(自助)

인간은 아무리 외부로부터 규제를 받아도 별로 달라지지 않는다. 내면적으로 자기 자신을 규제할 수 있을 때에 비로소 모든 것이 달라진다. 가장 비참한 노예는 사악한 폭군의 지배를 받는 사람이 아니라 자기 자신의 도덕적 불감증, 이기심, 악습에 예속되어 있는 사람이다. 따라서 내면적으로 예속 상태에 있는 민족은 주인이 바뀌거나 제도가 바뀌어도 자유를 누릴 수 없다. 결정적인 착각에 빠져 있는 한 자유는 전적으로 정부 손에 달려 있고, 어떠한 값을 치르고 변화를 주려고 애써도 잠시 착시 현상이나 일으킬 뿐 실질적으로 오래 지속될 수 있는 결과를 얻기는 힘들다. 자유의 튼튼한 기초는 개개인의 인격 위에 쌓아야 한다. 국민 개개인의 인격만이 사회의 안전과 국가의 진보를 확실하게 보장할 수 있다. 이 점은 존 스튜어트 밀이 정확하게 파악했다.

"개개인의 개성이 사회 저변에 살아 있는 한, 아무리 심한 독재체제에서도 최악의 결과가 초래되지 않는다. 정치체제에 무슨 이름을 갖다 붙이든 국민의 개성을 억압하는 것이야말로 바로 전제정치다."

인류의 진보에 관해 궤변이 끊임없이 제기되고 있다. 어떤 사람은 인류가 진보하려면 제왕이 있어야 한다고 주장하고, 어떤 사람은 민족의식을 부르짖는가 하면, 또 어떤 사람은 법률 제정을 의회에 촉구한다. "우리는 카이사르를 기다리고 있다. 카이사르가 나타났을 때 그를 알아보고 따르는 사람들은 행복하다."[1] 이와 같은 주장은 공동체의 자유로운 양심을 말살하고 독재정치체제로 향하는 지름길이다. 이 주장을 간단히 요약하면, 모든 것을 국민을 위해서 한다지만 국민은 아무것도 할 수 없다. 제왕정치체제는 인간이 가지고 있는 가장 나쁜 형태의 우상숭배다. 오직 힘만을 숭배하기 때문에 부를 숭상하는 것과 마찬가지로 인간을 점점 타락시킨다. 국민들에게 심어줄 수 있는 훨씬 더 건전한 원리는 자조의 원리다. 자조自助, self-help의 원리를 완벽하게 이해하고 행동으로 옮기면, 제왕정치체제는 더 이상 발붙일 곳이 없을 것이다. 이 두 가지 사상은 양립할 수 없다. 빅토르 위고가 펜과 칼에 대해서 한 비유가 이 경우에도 그대로 적용된다.

"이것이 그것을 죽일 것이다Ceci tuera cela."[*1]

민족주의의 힘이나 입법 활동의 영향력에 대해서도 맹신하는 경향이 있다. 아일랜드의 진정한 애국자 중 한 사람인 윌리엄 다건William Dargan이 제1회 더블린 산업박람회 폐막식에서 한 말을 인용해보겠다.

"사실 나는 독립이라는 말을 들을 때마다 내 나라, 내 동포를 생각했다. 나는 그동안 독립을 얻으려면 이렇게 해야 한다느니, 저렇게 해야 한다느니 갖가지 주장을 들었다. 심지어 외국인으로부터 큰 도움을 받고 싶어 하는 사람도 있었다. 나도 남들과 마찬가지로 외국인과 교류함으로써 얻는 이점이 크다는 것은 인정하지만, 우리의 산업적 독립은 전적으로 우리 자신에게 달려 있다는 견해에 더 깊은 감명을 받았다. 우리의 힘을 근면하고 신중하게 활용함으로써 우리는 지금 그 어느 때보다 좋은 기회를 맞이했고, 밝은 미래를 기약할 수 있게 되었다. 이제 우리는 한발 내디뎠다. 그러나 끊임없는 노력만이 성공에 도달할 수 있는 길이다. 열심히 노력하기만 하면, 우리도 외국과 마찬가지로 곧 안락하고 행복한 삶과 독립을 누릴 수 있는 위치에 도달하게 되리라고 굳게 믿는다."

모든 국가는 국민이 자자손손 이어온 사상과 노력의 결과로 형성되었다. 농부, 광산 개척자, 발명가, 발견자, 제조업자, 기계공, 공예

[*1]. 빅토르 위고의 《노트르담의 꼽추》에 나오는 대사로서 "이 인쇄술이 저 교회의 제도를 허물었다."는 뜻으로 사용되었다—옮긴이 주, 이하 옮긴이 주

가, 시인, 철학자, 정치가 등 사회적 신분과 생활 여건이 서로 다른 각 계각층의 일꾼들이 부지런히 노력하여 엄청난 성과를 달성하는 데 기여했으며, 한 세대가 일궈놓은 토대 위에 그 다음 세대가 쌓아올려 한 단계 한 단계 발전시켰다. 이와 같이 고결한 일꾼들, 문명의 공예가들의 노고가 끊임없이 연속되어 산업계, 과학계 그리고 예술계가 혼돈으로부터 질서를 창조했다. 그 결과, 현존하는 인류는 선조가 기술과 근면으로 마련한 풍요로운 유산을 상속받았다. 우리는 지금 우리 손에 놓인 이 유산을 훼손하지 않고 발전시켜 후손에게 물려줘야 한다.

국민 개개인이 활기차게 실천하는 '자조' 정신이 영국 국민의 특출한 장점이고, 한 국가로서의 영국 국력을 나타내는 척도가 되었다. 일반 대중 위로 우뚝 솟아 남들보다 눈에 잘 띄고 일반 국민으로부터 존경을 받는 사람들이 많다. 하지만 우리가 이뤄낸 발전은 그러한 사람들에 비해 보잘것없고 이름도 거의 알려지지 않은 수많은 사람의 노력으로 이루어진 것이다. 큰 전투의 역사에는 몇몇 장군의 이름만 기록되지만, 승리에 크게 기여한 사람은 대담무쌍하게 영웅적인 행동을 보여준 사병들이다. 인생도 '병사의 전투'와 같다. 어느 시대를 막론하고 각계각층에서 위대한 일꾼이 배출되었다. 이 가운데 역사에 기록되지 않은 사람이 많다. 하지만 이들도 위인전에 기록된 행운아들 못지않게 인류의 문명과 진보에 지대한 영향을 미쳤다. 아주 별볼일 없는 사람이라 할지라도 동료들에게 근면성, 침착성, 정직성의 본보기를 보여주면 현재는 물론 미래에도 나라의 번영에 이바지하게 된다. 그의 생애와 인격이 다른 사람에게 무의식적으로 파급되어 다가올 미래에도 항상 좋은 본보기로 널리 알려지기 때문이다.

가장 실질적인 교육, 자립정신

일상생활의 경험에 비추어볼 때, 다른 사람의 삶과 행동에 가장 강한 영향을 미치는 가장 훌륭하고 실질적인 교육은 적극적인 자립정신이다. 실질적인 교육과 비교하면, 각급 학교, 학원, 대학은 단지 교양의 기초만 제공할 뿐이다. 가정, 거리, 상점, 직장에서 일상적으로 받게 되는 교육이 훨씬 더 영향력이 크다. 직조기에 앉아 있거나, 쟁기로 밭을 갈거나, 회계사무소나 공장에서 일하거나, 단골로 끼리끼리 모이는 장소에서 매일 받는 교육이 더 큰 영향력을 발휘한다. 실러Schiller*2는 이렇게 말했다.

"사회 구성원으로서 받아야 할 교육은 행동, 행실, 자기 수양, 자기 절제로 구성된 '인류의 교육 과정'을 거침으로써 마무리된다. 이 교육 과정은 진정한 사람으로 단련시키고 평생 지켜야 할 의무와 일을 적절하게 수행할 수 있도록 적응시키는 것으로서, 책을 통해서 배우거나 문학적인 소양을 쌓음으로써 얻을 수 있는 것이 아니다."

베이컨Bacon*3은 이렇게 강조했다.

"학문이 어디에 쓸모가 있는지 학문을 통해서는 배울 수 없다. 그것은 관찰을 통해서 얻을 수 있는 지혜다. 지혜는 학문이 없어도 얻

---
*2. 실러(1759~1805) : 독일의 극작가이자 시인
*3. 베이컨(1561~1626) : 영국의 철학자이자 고전경험론의 창시자

을 수 있고 학문보다 더 상위에 있다."

이 말은 지적 수련은 물론 실생활에도 꼭 들어맞는 말이다. 인간은 책보다는 일을 통해서 자기를 완성할 수 있는 교훈을 얻는다. 다시 말하면, 인류를 영속적으로 쇄신하는 것은 학식이 아니라 생활 그 자체이고, 공부가 아니라 실천이고, 전기에 쓰인 기록이 아니라 인격인 것이다.

그렇다 하더라도 위대한 사람 가운데에서도 선한 사람들의 전기는 다른 사람에게 도움이 되고 길잡이가 되고 자극제가 될 수 있으므로 교육적인 가치가 있고 유익하다. 가장 훌륭한 전기는 복음서와 거의 동등한 가치가 있다. 자기 자신은 물론 세계를 위해 고결하게 살고 고결하게 생각하며 정력적으로 행동할 수 있는 가르침을 주기 때문이다. 자조의 능력, 확고한 의지력, 착실하게 일하는 능력, 꿋꿋한 성실성의 소중한 귀감은 참으로 고결하고 인간다운 성품을 길러준다. 또한, 이러한 귀감은 아무리 보잘것없는 사람이라도 훌륭한 능력과 견실한 명성을 쌓을 수 있도록 해줌으로써 자기 존경과 자기 의존의 효과를 가져다준다.

역경이 최상의 조력자다

과학계, 문학계 그리고 예술계의 위인들은 위대한 사상의 사도이자 위대한 마음의 소유자지만, 어떤 특수한 계층이나 계급에 속한 사람들이 아니었다. 대학, 공장, 농장 등 어디에서든 위인이 나왔으며, 가난한 이의 오두막집과 부유한 사람의 저택에서 배출되었다. 하느님의 가장 위대한 사도 가운데 일부는 '다양한 계급'에서 나왔다. 때로는 가장 가난한 이가 가장 높은 자리를 차지한다. 인생행로에 극복하기 불가능한 장애물은 없다. 노력과 인내의 힘을 모아 활용되지 않았다면 휴면상태에 있을 생명력을 역경이 자극함으로써 최상의 조력자가 된 경우도 많으며, 장애물을 극복하고 승리를 쟁취한 사례가 실로 많다. "의지만 있으면 무엇이든 할 수 있다."는 속담은 옳다. 놀라운 사실 몇 가지를 예로 들어보자. 신학자 가운데 가장 미화된 제레미 테일러Jeremy Taylor, 수력방적기를 발명하고 면방직 산업을 일으킨 리처드 아크라이트Richard Arkwright, 저명한 대법관 텐더든Tenderden, 그리고 풍경화가 중 가장 위대한 화가 터너Turner는 모두 이발사 출신이다.

셰익스피어의 전직이 무엇인지 확실하게 아는 사람은 아무도 없다. 하지만 그가 미천한 계급 출신이라는 데에는 의문의 여지가 없다. 그의 아버지는 정육점을 운영하면서 목축을 했다. 셰익스피어 자신도 초년에는 양모를 빗질하는 일에 종사했다. 학교 문지기를 하다가 나중에는 대서소의 사무원으로 일했다고 주장하는 사람도 있다. 그는 참으로 "한 인간의 전형이 아니라 모든 인류의 전형"이었던 것으로 보인다. 셰익스피어가 바다에 대해 정확하게 묘사한 글을 보고 해양 작가들은 그가 분명히 선원이었다고 주장한다. 성직자들은 작품 내면에 담겨 있는 증거를 근거로 삼아 그가 교구 목사의 사무원이었을 것이라고 추론했다. 승마용 말을 감정하는 유명한 감정사들은 그가 말 장수였다고 주장한다.

셰익스피어는 배우처럼 평생 동안 '많은 배역'을 맡아 연기하면서 다양한 분야에서 얻은 경험과 관찰 내용에 대해 놀라울 만큼 많은 지식을 수집했다. 어떻든 간에 그는 용의주도한 학생이자 열심히 일한 사람이다. 오늘날까지도 그의 저작은 영국 국민의 인격 형성에 강력한 영향력을 행사하고 있다.

평민 일용 노동자 계층에서는 기술자 브린들리Brindley, 항해가 쿡Cook, 시인 번스Burns가 배출되었다. 석공과 벽돌공들은 링컨 호텔 건물 신축현장에서 손에는 흙손을 쥐고 주머니에는 책을 넣고 일한 벤 존슨Ben Johnson, 기술자 에드워즈Edwards와 텔퍼드Telford, 지질학자 휴 밀러Hugh Miller 그리고 작가이자 조각가인 앨런 커닝엄Allan Cunningham을 자랑스럽게 여긴다. 훌륭한 목수 출신 가운데에는 건축가 이니고 존스Inigo Jones, 크로노미터(경도측정용 정밀 시계) 제작자 해리슨Harrison, 생리학자 존 헌터John Hunter, 화가 롬니Romney와 오피Opie, 동양학자 리Lee 교수, 그리고 조각가 존 기브슨John Gibson의 이름이 끼어 있다.

직조공 출신으로는 수학자 심슨Simson, 조각가 베이컨, 밀너Milner 형제, 아담 워커Adam Walker, 존 포스터John Foster, 조류학자 윌슨, 선교사이자 탐험가인 리빙스턴Livingstone 박사 그리고 시인 태너힐Tannahill이 있다. 제화공 가운데에서는 위대한 제독 클라우디슬리 셔블Cloudesley Shovel, 전기공학자 스터전Sturgen, 수필가 새무얼 드루Samuel Drew, 〈계간 비평Quarterly Review〉 편집자 기포드Gifford, 시인 블룸필드Bloomfield, 선교사 윌리엄 커레이William Carey가 배출되었으며, 부지런한 선교사 모리슨은 구두 목형 제작공이었다. 밴프Banff 출신 토머스 에드워즈Thomas Edwards라는 제화공은 지난 몇 년 동안 조예가 깊은 박물학자로 변신했다. 그는 자신의 직업에 종사하는 한편, 여가 시간을 이용해 모든 자연과학 분야를 두루 연구했다. 그는 작은 갑각류 연구에 몰두해 새로운 종을 발견했다. 박물학자들은 그의 이름을 따서 새로 발견된 종의 이름을 '프라니자 에드워지Praniza Edwardsii'라고 지어주었다.

재단사 직종도 빼놓을 수 없다. 역사학자 존 스토John Stow가 한때 이 분야에서 일했다. 화가 잭슨Jackson은 성년이 될 때까지 옷을 만들었다. 푸아티에Poitiers 전투에서 용맹을 떨쳐 에드워드 3세로부터 기사 작위를 받은 존 혹스우드John Hawkswood도 젊은 시절에는 런던에 있는 한 양복점에서 견습공으로 일했다. 1702년 스페인의 비고Vigo 해안에서 적군을 무찌른 호브슨Hobson 제독도 재단사로 일한 적이 있다. 그는 와이트 섬Isle of Wight의 본처치Bonchurch에 있는 양복점에서 견습공으로 일했는데, 어느 날 함대가 섬 앞으로 지나가고 있다는 소식이 온 마을에 퍼졌다. 그는 가게에서 뛰쳐나가 친구들과 함께 해변에서 함대의 멋진 광경을 바라보았다. 그 순간 갑자기 선원이 되겠다는 욕망의 불꽃이 피어올라, 곧장 보트를 저어 제독의 기함으로 올라가 자원입대했다. 몇 년 뒤, 그는 고향에 금의환향해 견습공으로 일하던 오두막 가게에서 극진한 대접을 받았다. 그러나 어느 누구보다 가장 위대한 재단사는 두말할 것도 없이 미국 대통령 앤드루 존슨Andrew Johnson이다. 그는 비범한 인격과 지성을 갖춘 사람이다. 언젠가 워싱턴에서 연설할 때, 시의회 의원으로 정계에 입문해 입법부의 각 기관을 모두 거쳤다고 자기 자신을 소개하자 군중 속에서 이렇게 외치는 소리가 들렸다. "재단사 주제에 출세했어!" 존슨은 의도적으로 야유하는 것을 역이용할 줄 알았다. "어떤 분이 제가 재단사였다고 말씀하시는군요. 전혀 개의치 않습니다. 재단사로 일할 때에도 저는 유능하고 옷을 잘 만든다는 평을 들었습니다. 항상 고객에게 약속을 지키고 옷을 제대로 만들었죠."

울지Wolsey 추기경, 『로빈슨 크루소』를 지은 다니엘 디포Daniel De Foe, 물리학자이자 시인인 마크 에이컨사이드Mark Akenside, 시인 커크 화이트Kirke White는 푸줏간 집 아들이었다. 작가 버니언Bunyan은 떠돌이 땜장이였으며, 조지프 랭커스터Joseph Lancaster는 바구니를 만드는 사람이었다. 증기 기관을 발명한 사람으로 널리 알려진 위대한 이름 가운데에는 뉴커먼Newcomen, 와트Watt, 스티븐슨Stephenson의 이름도 들어 있다. 뉴커먼은 대장장이였고, 와트는 수학 측정기를 제작했고, 스티븐슨은 증기기관에 불을 때는 화부였다. 설교사 헌팅던Huntingdon은 원래 석탄 하역 인부였고, 목판화의 아버지 뷰익Bewick은 광부였다. 출판업자 도즐리Dodsley는 급사였고, 극작가 홀크로프트Holcroft는 마부였다. 해양 탐험가 배핀Baffin은 말단선원으로 해상 생활을 시작했으며, 클라우디슬리 셔벌은 선실 사환부터 시작했다. 천문학자 허셜Herschel은 군악대에서 오보에를 연주했다. 조각가 챈트리Chantrey는 조각 숙련공이었으며, 화가 에티Etty는 인쇄공이었으며, 토머스 로렌스Thomas Lawrence는 선술집 아들이었다. 위대한 물리학자이자 화학자인 마이클 패러데이Michael Faraday는 대장장이의 아들로 태어나 어렸을 때 제본소 견습공으로 들어가 스물두 살이 될 때까지 그곳에서 일했다. 그는 물리학자로서 최고의 자리를 차지했고, 자연과학의 가장 어렵고 심오한 점을 명쾌하게 설명하는 데에서는 그의 스승 험프리 데이비Humphry Davy마저 능가했다.

천문학에 가장 큰 충격을 준 사람 가운데에는 폴란드의 빵가게 집 아들 코페르니쿠스Copernicus가 있다. 독일 천문학자 케플러Kepler는 술집 주인의 아들로 태어나 자신도 술집 사환으로 일했다. 프랑스의 수학자이자 철학자인 달랑베르D'Alembert는 태어난 지 얼마 안 돼 어느 추운 겨울밤에 파리의 생 장 르 롱St. Jean le Rond 성당 계단에 버려졌다가 한 유리장사 아내의 보살핌을 받으며 성장했다. 과학자 뉴턴은 그랜섬Grantham 부근에 사는 자작농의 아들로 태어났으며, 프랑스의 천문학자이자 수학자인 라플라스Laplace는 옹플뢰르Honfleur 부근 보몽타노주Beaumont-en-Auge에서 가난한 농부의 아들로 태어났다. 비교적 열악한 환경 속에서 어린 시절을 보냈음에도 불구하고, 이 위인들은 천부적인 재능을 발휘해 불후의 명성을 얻었다. 이들의 공적은 아무리 돈을 많이 준다 해도 살 수 없다. 재산을 아주 많이 가지고 있으면 미천한 가정에서 태어나는 것보다 더 큰 장애가 될 수 있다. 프랑스의 수학자이자 천문학자인 라그랑쥬Lagrange의 아버지는 이탈리아 토리노에서 전쟁재무관으로 근무했으나 수차례 투기로 패가망신하는 바람에 가족이 가난에 시달려야 했다. 라그랑쥬는 이러한 형편 때문에 오히려 명성과 행복을 얻을 수 있었다고 말했다. "부자였다면, 나는 수학자가 되지 않았을 것이다."

걸출한 중산층 자녀들

성직자와 목회자의 아들들도 우리 역사에 아주 커다란 족적을 남겼다. 이들 가운데 해군의 영웅 드레이크Drake와 넬슨Nelson이 있고, 과학계에 울러스턴Wollaston, 영Young, 플레이페어Playfair, 벨Bell, 미술계에 렌Wren, 레이놀즈Reynolds, 윌슨Wilson과 윌키Wilkie, 법조계에 설로우Thurlow

와 캠벨Campbell, 문학계에 애디슨Addison, 톰슨Thomson, 골드스미스 Goldsmith, 콜리지Coleridge와 테니슨Tennyson이 있다. 인도 전쟁에서 이름을 떨친 하딩Hardinge, 에드워즈 대령, 호드슨 소령도 성직자의 아들이다. 인도 전쟁에서는 클라이브Clive, 워런 헤이스팅스Warren Hasting와 그 후계자 등 중산층 출신이 맹활약을 해 영국에게 승리를 안겨주었다. 이들은 대부분 공장에서 성장하면서 사업적인 감각을 몸에 익혔다.

 변호사의 아들로는 정치사상가 에드먼드 버크Edmund Burke, 토목공학자 스미턴Smeaton, 스콧Scott과 워즈워드Wordsworth, 소머즈Somers 형제, 하드웍Hardwick, 더닝Dunning이 있다. 윌리엄 블랙스톤William Blackstone은 포목상의 유복자였다. 기퍼드의 아버지는 도버Dover에서 식료품점을 운영했고, 덴먼Denman의 아버지는 의사였고, 탤포드Talfourd 판사의 아버지는 시골에서 양조장을 경영했고, 수석 남작 폴록Pollock의 아버지는 채링 크로스Charing Cross에서 유명한 마구상을 경영했다. 니네베Nineveh의 유적을 발견한 레어드Layard는 런던의 사무변호사 사무소에서 견습 사무원으로 일했고, 유압기계와 암스트롱 대포를 발명한 윌리엄 암스트롱William Armstrong도 법률 교육을 받고 한동안 개업 변호사로 활동했다. 밀턴Milton은 런던에서 필경사의 아들로 태어났으며, 시인 포프Pope와 사우디Southey는 리넨 직물 상인의 아들이었다. 윌슨 교수는 페이즐리 모직물 상인의 아들이고, 매컬레이Macaulay는 아프리카 상인의 아들이다. 시인 키츠Keats는 약사였고, 험프리 데이비는 시골 약방에서 견습생으로 일했다. 데이비는 자기 자신에 대해 이렇게 말한 적이 있다.

 "나는 나 혼자의 힘으로 오늘날 이렇게 성공했다. 허심탄회하게 아무 숨김없이 말하는 것이다."

자연사학계의 뉴턴이라고 할 수 있는 리처드 오웬Richard Owen은 해군사관생도로 인생을 시작해 비교적 늦은 나이에 과학 연구에 발을 들여놓았지만 훗날 저명한 과학자가 되었다. 그는 존 헌터가 부지런히 쌓아놓은 엄청난 자료의 목록을 작성하는 데 몰두하면서 방대한 지식의 기초를 다졌다. 그는 약 10년 동안 왕립외과의사협회College of Surgeons에서 자료 목록 작업에만 전념했다.

어려운 환경에서 태어난 외국의 위인들

외국인의 전기에서도 영국인의 전기 못지않게 노력과 천부적인 재능으로 가난한 운명을 영화로운 운명으로 바꾼 실례를 풍부하게 찾아볼 수 있다.

미술가 중에서 프랑스의 클로드Claude는 제과업자의 아들이고, 벨기에의 기프Geefs는 제빵업자의 아들이고, 레오폴드 로베르Leopold Robert는 시계 제조공의 아들, 하이든Hayden은 마차바퀴 제조공의 아들이며, 다게르Daguerre는 오페라 극장에서 무대 배경을 그리는 화가의 아들이다. 교황 그레고리오Gregorius 7세의 아버지는 목수이고, 식스투스Sixtus 5세의 아버지는 양치기이며, 하드리아누스Hadrianus 6세의 아버지는 거룻배 사공이다. 하드리아누스 교황은 소년 시절에 불을 켜고 공부할 형편이 안 돼서 가로등이나 성당에서 밝혀둔 횃불 밑에서 공부했다. 이와 같은 인내심과 근면성은 그가 장래에 훌륭한 사람이 될 것이라고 알려주는 징조였다. 미천한 가정에서 태어난 사람 중에는 광물학자 아위Hauy도 있다. 그는 생쥐스탕쇼셰Saint-Just-en-Chaussée에서 직조공의 아들로 태어났다. 프랑스 기계 발명가 오트푀유Hautefeuille는 오를레앙Orleans에서 제빵업자의 아들로 태어났다. 수학자 조제프 푸리에Joseph Fourier는 오세르Auxerre에서 재단사 아들로, 건축가 뒤랑Durand은 파리에서 제화공 아들로, 스위스의 박물학자 게스너Gessner는 취리히에서 피혁상의 아들로 태어났다.

게스너는 가난, 질병, 우환에 시달리는 불우한 환경 속에서 사회생활을 시작했다. 그러나 어떠한 고난도 그의 용기를 누르거나 앞길을 막지 못했다. 그의 생애는 실로 '할 일이 많고 하고자 하는 의지가 있는 사람은 할 수 있는 시간도 충분한 법'이라는 속담이 진리라는 것을 확실히 보여주는 본보기다. 피에르 라무스Pierre Ramus도 이와 같은 인격을 갖춘 사람이었다. 그는 피카르디Picardy에서 가난한 집안의 아들로 태어나 소년 시절에 양치기로 취직했으나, 그 직업이 싫어서 파리로 도망쳤다. 그는 매우 궁핍한 생활에 시달리다가 마침내 콜레주 드 나바르College of Navarre에 사환으로 취직했다. 곧 이어 그에게 공부할 수 있는 길이 열렸고 단시일에 당대에 가장 저명한 인물 가운데 한 사람이 되었다.

프랑스 화학자 보클랭Vauquelin은 칼바도스Calvados 지방 생앙드레데베르토Saint-Andre-d' Hebertot에서 농부의 아들로 태어났다. 그는 소년 시절에 남루한 차림으로 학교를 다녔으나 매우 총명했다. 그의 스승은 읽기와 쓰기를 가르치면서 그의 근면성을 이렇게 칭찬하곤 했다.

"계속해서 열심히 공부해라. 그러면 언젠가 교구대표자처럼 멋진 옷을 입고 다니게 될 게다."

한 시골 약사가 학교를 방문했을 때 이 소년의 튼튼한 팔뚝을 보고서는 자신의 조제실에서 약 빻는 일을 할 의향이 있는지 물었다. 보클랭은 공부를 계속할 수 있으리라는 희망에 그 제안을 받아들였다. 그러나 약사는 잠시라도 공부할 수 있는 틈을 주지 않으려고 했다. 공부를 계속할 가망이 없다는 것을 알자 소년 보클랭은 그 일을 그만두기로 결심하고, 생앙드레를 떠나 배낭을 메고 파리로 향했다. 파리에 도착하자 약방 조수로 일할 수 있는 곳을 찾아보았으나 일자리가 없었다. 그러다가 피로와 궁핍한 생활에 지쳐 병이 들어 병원으로 옮겨졌다. 그는 병원에서 죽을 거라고 생각했다. 그러나 더 좋은 일이 이 불쌍한 소년을 기다리고 있었다. 그는 회복되어 다시 일자리를 구하러 나섰다. 마침내 어느 약방에서 일자리를 구했다. 그로부터 얼마 지나지 않아 그의 이름이 저명한 화학자 푸르크루아Fourcroy에게 알려졌다. 그는 보클랭을 자신의 비서로 채용했다, 그 위대한 과학자가 세상을 떠나자 보클랭은 뒤를 이어 화학교수가 되었다. 1829년 칼바도스 유권자들이 그를 하원의원으로 선출해 오래 전에 가난하고 미래가 불투명한 상태에서 떠났던 그를 고향으로 금의환향하게 했다.

프랑스 육군에서 고위직에 진급한 사람들

영국에서는 사병이 군 고위직으로 진급한 경우가 없지만, 프랑스에서는 제1차 혁명 이래 그러한 경우가 흔히 있었다. "도구를 다룰 줄 아는 사람에게는 도구를 줘라."[*4]는 방침에 따라 파격적인 사례가

[*4]. 나폴레옹이 한 말이라며 칼라일이 자신의 수필에 인용했다

빈번했으며, 진급의 기회가 항상 열려 있었다. 오슈Hoche, 왕베르Humbert, 피슈그뤼Pichegru 장군은 각각 사병으로 군 생활을 시작했다. 오슈는 근위대에서 복무하는 동안 조끼에 수를 놓아 번 돈으로 군사학 책을 사서 읽었다.

왕베르는 소년 시절에 말썽만 피우다가 열여섯 살 때 가출해 낭시Nancy와 리옹Lyons을 전전하면서 상인과 수공업자 밑에서 하인 노릇을 하기도 하고 토끼 가죽 행상 밑에서 일하기도 했으나, 1792년 자원입대해 1년 만에 여단장이 되었다.

클레베르Kleber, 레페브르Lefevre, 쉬셰Suchet, 빅토르Victor, 란Lannes, 솔트Soult, 마세나Massena, 생시르St. Cyr, 델롱D'Erlon, 뮈라Murat, 오주로Augereau, 베시에르Bessieres, 네Ney는 모두 일반 사병에서 진급했다. 진급이 빠른 경우도 있지만 늦게 진급된 경우도 있었다. 생시르는 툴Toul에서 가죽 무두장이의 아들로 태어나 배우로 활동하다가 경기병 부대에 입대해 1년 만에 대위로 진급했다. 벨루노 공작Duc de Belluno 빅토르는 1781년 포병으로 입대했다가 대혁명이 발발하기 전에 제대했다. 그러나 전쟁이 나자마자 다시 입대해 대담성과 능력을 인정받아서 불과 몇 달 만에 소령으로 진급하고 대대장이 되었다. 위풍당당한 기병대 지휘관 뮈라는 페리고르Perigord 지방의 한 여관 주인의 아들로 태어나 말 돌보는 일을 했다. 그는 처음에 경기병 연대에 입대했으나 명령 불복종으로 불명예 제대했다가 다시 입대해 대령까지 진급했다. 네는 열여덟 살에 경기병 연대에 입대해 한 계급 한 계급 서서히 진급했다. 그런데 클레베르로부터 공훈을 인정받아 '불굴의 용사'라는 칭호를 받고 불과 스물다섯 살의 나이에 고급 부관으로 진급했다.

한편, 술트²는 입대한 날부터 하사관이 될 때까지 6년이나 걸렸다. 하지만 술트의 진급은 마세나에 비하면 빠른 편이었다. 마세나는 14년을 복무한 후에야 하사관으로 진급했다. 그러나 그 후에는 대령, 사단장, 원수까지 한 계급 한 계급 진급했다. 그는 무엇보다 하사관으로 진급하는 것이 가장 힘들었다고 술회했다.

프랑스 육군에서는 지금도 일반 사병부터 진급하는 관행이 계속되고 있다. 샹가르니에Changarnier는 1815년에 사병으로 왕실 근위대에 입대했다. 뷔고Bugeaud 원수는 일반 사병으로 4년을 복무한 후에 장교가 되었다. 국방장관인 랑동 원수는 북치기로 군 복무를 시작했다. 베르사유 미술관에는 북에 손을 얹어 놓고 있는 그의 초상화가 걸려 있다. 이 그림은 그가 직접 요청해 그린 작품이다. 이같은 사례는 프랑스 병사들에게 군복무에 대한 열정을 불러일으켜 사병도 언젠가는 자신의 배낭에 육군 원수 지휘봉이 들어 있으리라는 희망을 가지게 했다.

이와 같이 영국이나 외국에서 끊임없이 노력하고 정력적으로 일해 자기 자신을 가장 미천한 신분에서 유능하고 영향력이 있는 저명인사로 끌어 올린 사람들의 사례가 헤아릴 수 없을 만큼 많아서 이미 오래 전부터 이러한 사례를 특수한 경우라고 볼 수 없게 되었다. 훌륭한 사람들의 사례를 살펴보면, 어린 시절에 어려움과 불리한 상황을 겪는 것이 성공에 없어서는 안 될 필수조건이다.

영국 하원에는 자수성가한 사람들이 상당히 많다. 이들이야말로 근면한 성격을 가진 사람들의 대변자라 할 수 있다. 또한 이러한 사람들이 하원에서 환영받고 존경받는 것이 영국 의회의 권위를 더하는 것이기도 하다. '10시간 노동법안'에 대해 토의할 때, 샐퍼드Salford 출신 하원의원 조지프 브라더튼Joseph Brotherton은 자신이 어린 시절 면직물 공장에서 일하면서 겪은 고생과 노역을 열정적으로 상세히 밝혔다. 그는 자신이 입안한 결의안을 설명하면서 자신에게 그럴 만한 힘이 있다면 이 계층의 생활여건을 개선하기 위해 노력하겠다고 말했다. 그러자 제임스 그레이엄James Graham이 일어나서 예전에는 브라더튼의 출신 배경에 대해 알지 못했으나 그러한 역경을 딛고 일어선 사람이 세습귀족들과 동등한 신분으로 나란히 앉아서 국정을 논할 수 있다고 생각하니 하원의원이 된 것이 더할 나위 없이 자랑스럽다고 발언해 하원의원들의 박수갈채를 받았다. 올덤Oldham 출신 하원의원 폭스Fox는 자신의 과거를 회상할 때마다 버릇처럼 "내가 어린 시절 노리치Norwich에 있는 방직공장에서 일할 때"라는 말을 덧붙이곤 했다. 그 이외에도 아직 살아 있는 의원 중에도 미천한 집안에서 성장한 사람이 여럿 있다.

린지, 윌리엄 잭슨, 리처드 콥든

유명한 선주 린지Lindsay는 최근까지 선덜랜드Sunderland 출신 하원의원으로 활동했다. 그는 정적들의 공격에 맞서서 자신의 생애에 대해 웨이머스Weymouth 유권자들에게 간략하게 말한 적이 있다. 그는 열네 살에 고아가 되었다. 더 넓은 세상으로 가기 위해 글래스고에서 리버풀로 가려고 했는데 돈이 없어서 뱃삯 대신 배에서 잡일을 돕는 조건으로 선장으로부터 승선 허가를 받았다. 항해하는 동안 석탄 창고에서 석탄을 정리하는 일을 해주고 리버풀에 도착했으나 일자리를 구할 수 없어서 거의 굶다시피 하며 헛간에서 지냈다. 7주가 지난 뒤에야 간신히 서인도 무역선에서 일자리를 구해 다시 배를 탔다. 그는 어렸을 때부터 배를 타기 시작했으나 바르게 처신해 열아홉 살이 되기 전에 선장이 되었고, 스물세 살에 배를 떠나 육지에 정착해 빠르게 성공을 거두었다. 그는 이렇게 말했다.

"나는 꾸준히 노력하고, 부지런히 일을 하며, 남이 나에게 베푼 만큼 남에게 갚는다는 원칙을 지킴으로써 성공을 거둘 수 있었다."

버컨헤드Birkenhead 태생으로 노스더비셔North Derbyshire 출신 하원의원으로 재직하고 있는 윌리엄 잭슨William Jackson의 경력도 린지의 경력과 매우 흡사하다. 그의 아버지는 랭커스터Lancaster에서 외과의사로 일했으나 11명의 자녀를 남겨둔 채 세상을 떠났다. 윌리엄 잭슨은 일곱 번째 아들이었다. 형들은 아버지가 살아 있을 때 제대로 교육을 받았으나, 나이가 어린 자녀들은 앞길을 스스로 개척해나가야 했다. 윌리엄은 열두 살도 채 안 됐지만 학교를 그만두고, 부두에 가서 아침 6시부터 저녁 9시까지 고된 일을 했다. 그는 고용주가 병에 걸리자 회계사무소로 일자리를 옮기게 되었는데, 이곳에서는 다소 편하게 지낼 수 있었다. 책을 읽을 수 있는 여유가 생기고 『대영백과사전』을 이용할 수 있는 기회가 생겨 낮에도 틈나는 대로 읽었지만 주로 밤에 처음부터 끝까지 읽었다. 그 후 그는 무역에 손을 대고 열심히 일한 결과 성공했다. 이제 그는 전 세계의 모든 바다에 배를 띄우고 있으며, 지구상의 거의 모든 나라와 교역하고 있다.

같은 계층에 속한 사람 중에서 고인이 된 리처드 콥든Richard Cobden

도 생애를 미천한 신분으로 시작했다. 그는 서섹스Sussex 지방 미드허스트Midhurst에서 소농의 아들로 태어나, 어린 나이에 가족과 떨어져 런던에 있는 대형 도매상에서 일했다. 그는 근면하고 행실이 올바랐으며 지식을 쌓으려고 노력했다. 고루한 사고방식을 가진 주인은 책을 너무 많이 읽는다고 그를 나무랐으나, 그는 자기 방식을 꿋꿋이 밀고나가 책에서 발견한 재산을 머릿속에 차곡차곡 쌓아두었다. 그는 신임을 받아 승진을 거듭하고 고객 담당자가 되어 큰 거래처를 확보하기도 했으며, 독자적으로 맨체스터에서 직물 염색 사업을 시작했다. 그는 사회문제, 특히 교육에 대해 관심을 갖기 시작하고, 곡물법의 문제점에 주목해 이 법을 폐지하는 데 자신의 운명과 생애를 모두 바쳤다.

흥미로운 사실은 그가 일반 대중 앞에서 처음으로 한 연설이 완전히 실패작이었다는 것이다. 하지만 그는 엄청난 끈기와 노력, 정력을 쏟아 부으며 지속적으로 연습을 거듭한 결과, 가장 설득력 있고 효과적으로 자신의 주장을 일반 대중에게 전달하는 명연설가가 되었다. 그와 격렬하게 논쟁을 벌인 로버트 필Robert Peel마저 그의 명연설을 사심 없이 칭송할 정도였다. 프랑스 대사 드루앵 드 뤼Drouyn de Lhuys는 콥든으로부터 받은 소감을 이렇게 말했다.

"그는 한 사람의 장점, 끈기 그리고 노력이 어떤 성과를 이루어낼 수 있는지 보여주는 살아 있는 증거다. 가장 미천한 계층에서 태어나 순전히 자신의 자질과 노력만으로 가장 높은 지위에까지 오르게 된 사람의 모습을 가장 완벽하게 보여주고 있다. 영국인 특유의 강건한 기질을 보여주는 보기 드문 본보기다."

부유할수록 더 부지런해야 한다

위에서 설명한 바와 같이 명예는 정력적인 노력을 기울인 대가로 얻는 것이다. 나태함에 물들지 않고 변함없이 노력해야 남보다 뛰어난 경지에 오를 수 있다. 부지런한 손과 머리는 풍부한 교양은 물론 지혜와 사업의 성장을 일구어낼 수 있다. 부유하고 사회적으로 높은 신분을 가지고 태어난 사람도 개인적인 신망을 쌓으려면 열심히 노력해야 한다. 땅은 상속받을 수 있지만, 지식이나 지혜는 상속받을 수 없기 때문이다. 부유한 사람은 돈을 지불하고 자신의 일을 남에게 맡길 수 있다. 그러나 생각하는 일을 남에게 시키거나 교양을 돈 주고 살 수는 없는 노릇이다. 구둣방에서 일을 배운 것 이외에 학교라고는 다녀 본 적이 없는 드루Drew와 기포드, 크로마티Cromarty에서 일한 것 외에 대학이라고는 다녀본 적이 없는 휴 밀러의 경우와 마찬가지로, 어느 분야에서든지 탁월한 업적을 보이려면 열심히 노력해야 한다는 원칙은 부유한 환경에서 성장한 사람에게도 그대로 적용된다.

교양을 쌓는 데에는 부나 안락한 생활이 필요하지 않다. 그렇지 않다면 시대를 막론하고 이 세상이 미천한 신분으로 태어난 사람에게 그렇게 큰 신세를 졌을 리가 없다. 안락하고 사치스런 생활 속에서는 노력하려는 자세나 어려움을 극복하려는 태도를 배울 수 없다. 더구나 그런 생활 속에서는 활기차고 효과적으로 행동하는 데 필요한 힘을 깨우칠 수가 없다. 가난은 불행이라 할 수 없다. 오히려 적극적으로 자조의 노력을 함으로써 가난을 축복으로 바꿀 수도 있고, 세상과 투쟁할 수 있는 사람으로 성장할 수도 있다. 점차 안락한 생활에 젖어드는 사람도 있지만, 올바른 정신과 진실한 마음을 가진 사람은 그와 같은 투쟁을 통해서 힘과 자신감과 승리를 얻게 된다. 베이컨의 말을 들어보자.

"사람들은 자신이 가지고 있는 부나 힘을 제대로 이해하지 못하는 것 같다. 부에 지나칠 정도로 의지하는가 하면, 자신의 힘을 그다지 신뢰하지 않는다. 자기 신뢰와 극기를 통해서만이 자기 물통에 있는 물을 마시고 자기가 만든 달콤한 빵을 먹을 수 있다. 또한, 자기 생활을 꾸려나가기 위해 배우고 노력하는 법과 자신에게 맡겨진 좋은 것들을 신중하게 쓰는 법을 배울 수 있다."

인간은 본래 부유할수록 안락과 자기 탐닉에 빠지기 쉽다. 부유한 가정에서 태어났더라도 향락을 멀리하고 근면하게 생활하며 능동적인 역할을 하는 사람이 더 큰 영화를 누리는 것이다. 이 나라의 부유층은 게으르지 않기 때문에 존경받는다. 이들은 나라를 위해 각자 맡은 의무를 다할 뿐만 아니라, 자신이 감당해야 하는 것 이상으로 위험한 일을 자청하고 나선다. 이베리아 반도 전쟁에 참전했던 한 중위가 참으로 멋지게 표현한 적이 있다. 그는 연대와 나란히 보조를 맞추며 진흙 수렁을 묵묵히 걸어가는 한 사람을 바라보면서 이렇게 외쳤다.

"연봉을 1만 5000파운드씩이나 받는 분이 저렇게 걸어가다니!"

우리 시대에는 러시아 세바스토폴Sevastopol의 황량한 산기슭과 태양이 작렬하는 인도의 대지가 영국 상류층의 극기와 헌신의 현장을 지켜보았다. 용감하고 기품 있는 상류계층 사람들이 나라를 위해 목숨을 걸고 전장을 누비면서, 목숨을 잃어갔다.

부유층이라고 해서 철학이나 과학 분야에서 두각을 나타내지 못하는 것도 아니다. 예를 들면, 철학계에는 근대 철학의 아버지 베이컨이 있고, 과학계에는 우스터Worcester, 보일Boyle, 캐번디시Cavendish, 톨벗Talbot, 로스Rosse가 있다.

로스는 귀족 출신 가운데 가장 위대한 기계 발명가로 손꼽힌다. 설령 귀족으로 태어나지 않았더라도, 그는 발명가로서 높이 존경받았을 것이다. 어느 날 그의 신분을 알지 못하는 어느 생산업자가 그에게 큰 공장 작업반장을 맡아달라고 부탁한 적이 있었다. 그만큼 금속 세공에 대해 완벽한 지식을 갖추고 있었던 것이다. 로스가 손수 만든 망원경은 그때까지 만들어진 것 가운데 가장 훌륭하다.

로버트 필 : 평범함을 끈기로 이겨낸 이

하지만 영국의 상류층이 가장 열정적으로 참여하고 있는 분야는 정치계와 문학계다. 다른 분야와 마찬가지로 이 분야에서도 성공을 거두려면 근면성과 실천력이 있어야 하고 꾸준히 공부해야 한다. 위대한 장관이나 의회 지도자는 모두 가장 열심히 일하는 일꾼이다. 파머스턴, 더비Derby, 러셀Russell, 디즈레일리, 글래드스톤Gladstone이 모두 그런 사람이다. 이들은 '10시간 노동법'의 혜택도 받지 못하고, 거의 매일 밤낮 없이 2교대로 해야 할 일을 해냈다. 그러한 일꾼 가운데 근대에 가장 귀감이 되는 사람은 두말할 필요도 없이 로버트 필이다. 그는 지적인 노동을 지속적으로 할 수 있는 비범한 능력을 갖추고 있었을 뿐만 아니라, 전혀 몸을 아끼지 않았다. 그의 생애는 비교적 평범한 능력을 가진 사람이 끈기 있게 꾸준히 노력하면 얼마나 많은 업적을 달성할 수 있는지 보여주는 훌륭한 본보기라고 할 수 있다. 그는 40년 동안 의원직을 지키면서 지독하게 일했다. 그는 아주 꼼꼼해서 무슨 일을 하든지 철저하게 해냈다. 그가 행한 연설은 토의에 회부된 주제에 대해 그가 얼마나 신중하게 연구했는지 여실히 보여주는 증거다. 그는 지나칠 정도로 정성을 쏟았으며, 다양한 청중의 이해 능력에 맞추기 위해 수고를 아끼지 않았다. 게다가 그는 실용적인 지혜, 목적의식 그리고 꾸준히 관심을 가지고 실천 방향을 직접 이끌어가는 능력을 갖추고 있었다. 어떤 점에서 보면 그를 따를 사람이 거의 없었다. 세월이 흐를수록 그의 고결한 신조는 위축되기는커녕 더욱 강해졌고, 나이가 들수록 그의 인품은 원숙해졌다. 그는 죽는 순간까지 마음을 열고 새로운 견해를 받아들였다. 지나칠 정도로 조심스럽다는 평을 듣기는 했지만, 그와 같이 유식한 사람들은 자칫하면 과거 업적에 대해 늘어놓는 찬사에 분별력을 잃어 나이가 먹을수록 가련한 존재로 전락하기 쉬운데도, 그는 그러한 함정에 빠져들지 않기 위해 자신을 부단히 채찍질했다.

브루엄 : 구두닦이를 하더라도 최고가 되어라

브루엄Brougham도 지칠 줄 모르는 근면성으로 유명하다. 그는 60년이 넘게 공직에 머물러 있으면서, 법률, 문학, 정치, 과학 등 다양한 분야에서 훌륭한 업적을 달성했다. 그가 어떻게 그렇게 많은 위업을 달성할 수 있었는지 많은 사람이 신기하게 생각했다. 언젠가 새무얼 로밀리Samuel Romilly는 새로운 일을 맡아달라는 청탁을 받았을 때, 시간이 없다고 말하면서 이렇게 변명했다.

"그렇지만 브루엄에게 그 일을 맡겨보게. 그는 무슨 일이든 해낼 수 있는 시간이 있을 걸세."

그 비결은 단 일 분도 시간을 그냥 흘려보내지 않는 것이다. 게다가 그는 강철 같은 체력의 소유자였다. 대부분의 사람들이 은퇴해 귀하게 얻은 여가 시간을 즐기는 나이에 이르렀을 때에도 그는 빛의 법칙에 관한 조사에 착수해 심혈을 기울여 연구했다. 여가 시간을 즐긴다고 해봐야 그저 안락의자에 앉아서 조는 일밖에 있겠는가? 그가 연구 결과를 발표할 때에는 파리와 런던에 있는 과학계 인사는 거의 다 모여서 경청했다.

연구 활동을 하는 동안에도 그는 '조지 3세 시대의 과학계와 문학계의 인물들'에 대한 훌륭한 평전을 신문에 연재했고, 상원에서의 입법 활동과 정치 토론에 적극 참여했다. 당대 최고의 설교가이자 의회 개혁론자인 시드니 스미스Sydney Smith는 언젠가 그에게 이렇게 건의했다.

"건장한 사내 세 명이 해낼 수 있는 정도로 일을 줄이시는 게 좋겠습니다."

하지만 일에 대한 브루엄의 사랑은 이미 오래 전부터 습관이 돼버려서 아무리 많은 일을 해도 그다지 많게 느껴지지 않았다. 그는 무엇이든 남보다 뛰어나려고 하는 열망에 가득 차 있었기 때문에, 자신의 신분이 구두닦이라고 해도 영국에서 최고의 구두닦이가 되기 전에는 결코 만족하지 않았을 것이다.

불워 리턴 : 자발성과 끈기의 힘

귀족 출신으로 열심히 일한 사람 중에는 E. 불워 리턴Bulwer Lytton도 있다. 그보다 많은 작품을 쓴 작가는 거의 없을 것이다. 더구나 소설가, 시인, 극작가, 역사가, 수필가, 웅변가, 정치가 등 다양한 분야에서 그보다 높은 명성을 얻은 사람도 별로 없을 것이다. 그는 한 발 한 발 자신의 길을 닦아갔다. 쉬운 길을 택하지 않고 남보다 뛰어난 업적을 이루겠다는 열망으로 끊임없이 노력했다. 오직 근면성 한 가지만 놓고 보더라도, 그처럼 많은 작품을 쓴 영국 작가는 거의 없다. 게다가 그처럼 수준 높은 작품을 창작한 작가도 드물다. 불워의 근면성은 순전히 자발적으로 우러난 것이었기 때문에 더 많은 찬사를 받을 만하다. 사냥이나 즐기는 안락한 생활, 클럽이나 드나들면서 오페라나 관람하는 생활, 좋은 계절에는 런던 여기저기 구경이나 다니다가 궂은 날씨에는 시골 저택에 틀어박혀 잔뜩 비축해둔 식량이나 축내고 날씨가 좋으면 야외에서 여흥이나 즐기고 파리, 비엔나, 로마 등지로 해외여행을 다니는 생활, 이러한 생활 방식은 쾌락을 좋아하는 부자에게 아주 매력적인 삶이다. 이러한 환경 속에서 자발적으로 고된 일을 계속한다는 것은 결코 상상할 수 없다. 불워는 이와 같은 쾌락을 언제라도 즐길 수 있는 여유가 있었지만, 비슷한 신분으로 태어난 사람들과 달리 자신이 누릴 수 있는 쾌락을 거부하고 문인으로 경력을 쌓았다. 바이런과 마찬가지로 그가 발표한 첫 시집 『갈대와 야생화 *Weeds and Wild Flowers*』는 실패했다. 두 번째 작품으로 발표한 소설 『포클랜드 *Falkland*』도 실패했다. 심약한 사람이라면 집필을 그만두었겠지만, 불위는 용기와 끈기가 있었다. 그는 반드시 성공하리라는 확신을 가지고 집필 활동을 계속했다. 부단하게 노력하고 실패를 거울삼아 씩씩하게 성공에 도전했다. 『포클랜드』로 실패를 본 지 1년도 채 안 돼 소설 『재갈 Pelham』을 발표해 성공을 거두고, 그 뒤 30여 년에 걸쳐 문학 활동을 계속하면서 연속적으로 승리의 기쁨을 만끽했다.

디즈레일리 : 반드시 그때가 올 것이다

정치가이자 소설가인 디즈레일리도 근면과 노력의 힘으로 공직자로서의 명성을 쌓아 올린 사람이다. 그의 첫 문학 작품도 불위의 작품처럼 실패하고, 성공에 도달할 때까지 실패를 거듭했다. 『얼로이의 이상한 이야기 Wondrous Tale of Alroy』와 『혁명 서사시 Revolutionary Epic』는 비웃음만 사고, 문학적 정신 이상을 보여주는 징표라는 악평을 받았다. 하지만 그는 다방면으로 꾸준히 노력해 『코닝스비 Coningsby』 『시빌 Sybil』 『탕크레드 Tancred』 등 뛰어난 작품을 남겼다.

연설가로서 그가 하원에서 처음 한 연설도 실패작이었다. 희극배우보다 더 큰 목소리로 고함이나 질렀다는 평을 받았다. 한 문장 한 문장 거창하고 격한 어조로 연설했으나 크게 비웃음만 사고 말았다. 『햄릿』을 희극으로 연출한다 해도 이 연설만큼 비웃음을 받지는 않았을 것이다. 하지만 그가 마지막으로 했던 한 마디 말은 예언을 담고 있었다. 그의 과장된 웅변술에 폭소를 터뜨리는 청중에게 괴로움을 참으며 그는 이렇게 외쳤다.

"나는 많은 일을 여러 차례 시도한 끝에 반드시 성공을 거두었습니다. 지금은 입 다물고 자리에 앉아 있겠지만, 여러분이 제 말에 귀를 기울일 때가 반드시 올 것입니다."

마침내 그때가 왔다. 결국 세계 최고의 신사들의 주목을 받는 데 성공한 디즈레일리는 정력과 결단력만 있으면 반드시 해낼 수 있다는 본보기를 멋지게 보여주었다. 그는 끈질기게 노력해 자기의 위상을 확고하게 다진 것이다. 그는 다른 젊은이들과는 달리 한번 실패했다고 의기소침해 구석에 쪼그리고 앉아서 훌쩍이며 눈물이나 흘려대지 않고 더욱 열심히 노력했다. 나쁜 습관을 버리고 청중의 성격을 연구하고 연설법을 차근차근 실습하는 한편, 의회에 관한 기본적인 지식을 머릿속에 열심히 집어넣었다. 꾸준히 노력한 결과 성공이 그를 서서히 찾아왔다. 그러자 의회는 그를 비웃지 않고 그와 함께 활짝 웃었다. 그가 처음에 실패했던 기억은 말끔히 지워지고, 모든 사람이 그를 가장 완벽하고 유능한 의회 연설가로 인정했다.

알렉시스 드 토크빌 : 이웃의 도움에 감사할 줄 알라

이와 같은 사례와 앞으로 이야기할 사례에서 보는 바와 같이 자기 자신의 근면과 힘만으로도 많은 것을 성취할 수 있지만, 인생의 여정에서 남으로부터 얻는 도움도 매우 중요하다는 것을 인정해야 한다. 시인 워즈워스가 이러한 점을 아주 잘 지적해 주었다. "이 두 가지, 즉 자기 자신의 노력과 남의 도움은 서로 모순되는 것처럼 보이지만, 두터운 의존관계와 굳건한 자립, 돈독한 타자 의존과 굳건한 자기 의

존이 언제나 병행되어야 한다."

유아 시절부터 노년에 이르기까지 누구나 어느 정도 남에게 신세를 지면서 양육과 교육을 받는다. 따라서 가장 훌륭하고 강하게 성장하려면 그러한 도움을 감사하는 마음으로 받아들일 줄 알아야 한다. 알렉시스 드 토크빌을 예로 들어보자. 그는 친가와 외가가 모두 부유한 가문에서 태어났다. 아버지는 프랑스의 저명한 귀족이었고, 어머니는 귀족정치가 말제르브Malesherbes의 손녀였다. 그는 가문의 막강한 영향력으로 겨우 스물한 살의 나이에 베르사유 재판소 견습 재판관에 임명되었으나, 자신의 실력으로 정당하게 차지한 자리라고 생각하지 않은 것으로 보인다. 재판관직을 사임하고 그는 자신의 미래를 스스로 일구어나가기로 결심했다. '어리석은 결정'이라고 말하는 사람도 있을 것이다. 하지만 용감하게 결심을 실행에 옮겨 사임하자마자 프랑스를 떠나 미국 여행에 나섰다. 그가 미국 여행의 결과물로 발표한 것이 바로 위대한 저서 『미국 민주주의 Democracy in America』다. 그와 함께 여행한 친구 귀스타브 드 보몽Gustav de Beaumont은 여행하는 동안 옆에서 지켜본 토크빌의 지칠 줄 모르는 근면함을 이렇게 술회했다.

"그는 한가하게 빈둥거리는 것을 가장 싫어하는 성격의 소유자다. 여행을 하든지 쉬는 시간이든지 그의 머리는 항상 움직이고 있었다. 그가 가장 좋아하는 대화는 유익한 일에 관한 것이었다. 그에게 최악의 날은 쓸데없이 시간을 허비한 날이다. 잠시라도 시간을 허비하는 것을 싫어했다."

토크빌도 어느 친구에게 보낸 편지에 이렇게 썼다.

"인간은 일생 동안 단 한순간도 움직임을 멈출 수 없다. 외면적인 노력도 필요하지만 내면적으로 더 많은 노력이 필요하다. 나이를 먹으면 젊었을 때처럼 그렇게 많은 노력을 기울일 수 없겠지만 말이다. 나는 인간이란 더 추운 곳을 향해 쉬지 않고 걸어가는 여행자와 같다고 생각한다. 더 추운 지방으로 갈수록 더 빨리 걸어야 한다. 가장 큰 영혼의 병은 추위이기 때문이다. 이 무서운 악질에 대항하려면 정신 활동을 끊임없이 계속하고 동료들과의 접촉을 게을리 하지 말아야 한다."[3]

토크빌은 자기 자신의 힘으로 자립해야 한다는 확고한 신념을 가지고 있었지만, 한편으로 인간은 모두 남에게 어느 정도 신세를 지지 않을 수 없다는 사실을 알고 있었으며, 도움과 지원의 가치를 누구보다 더 인정했다. 그래서 그는 친구 드 케르고를레de Kergorlay에게서 받은 지적인 도움과 스토펠Stofells의 정신적 도움과 공감에 감사의 마음을 표시했다. 그는 드 케르골레에게 이런 편지를 썼다.

"자네는 내가 신뢰하는 유일한 사람일세. 나는 자네로부터 참으로 많은 감화를 받았네. 내 행동에 구체적으로 영향을 미친 사람은 많지만, 기본적인 사상과 행동규범의 원칙을 세우는 데 자네만큼 내게 영향을 준 사람은 없었네."

토크빌은 아내 마리에게도 큰 빚을 지었다고 서슴지 않고 털어놓았다. 차분한 태도와 올바른 정신 자세로 연구를 성공적으로 수행할 수 있었던 것은 오로지 아내 덕분이라고 말했다. 그는 고결한 인품을 지닌 여성은 은연중에 남편의 인품을 드높이지만, 비굴한 성격을 가진 여성은 남편의 인격마저 깎아내린다고 믿었다.[4]

스스로 돕는 자만이 성공한다

요컨대 인간의 성격은 수천 가지 오묘한 영향, 즉 본보기와 가르침, 친구와 이웃, 살고 있는 세계와 좋은 언행을 물려준 선조의 정신으로부터 영향을 받으며 형성된다. 물론 이러한 요인들이 지대한 영향을 미치지만, 사람은 반드시 자기 자신의 참된 행복과 덕행을 능동적으로 추구하는 존재가 돼야 한다. 남에게 아무리 많은 지혜와 선을 얻는다고 하더라도, 근본적으로는 스스로 돕는 사람이 돼야 한다.

2
근면, 위대한 창조의 비밀

| 새무얼 스마일즈의 자조론 |

앞으로는 일과 과학이 세계의 주인이다.

— 드 살반디 De Salvandy

영국에서 서민층이 발명에 기여한 공적을 생각해보라. 그리고 그들이 아니었다면 영국이 어떻게 발전했을지 상상해보라.

— 아서 헬프스 Arthur Helps

영국 국민의 가장 두드러진 특징 중 하나는 근면 정신이다. 이 정신은 과거 역사에서 뚜렷하게 나타났고, 지금도 과거 어느 때만큼이나 확실한 기질이다. 영국의 서민층이 보여준 이 정신이야말로 제국의 기초를 닦고 위대한 산업 업적을 쌓은 원동력이다. 이 나라의 활발한 성장은 주로 개개인의 자유로운 노력의 산물이며, 이러한 정신 속에서 수많은 손과 마음이 능동적으로 꾸준히 참여해 이루어낸 결과다. 땅을 경작하는 사람, 생활필수품을 만드는 사람, 연장이나 기계를 발명하는 사람, 책을 쓰는 사람, 예술 작품을 창작하는 사람 등 모든 사람이 함께 일구어낸 업적이다. 이와 같이 능동적인 근면 정신은 이 나라의 필수적인 규범인 동시에 법률의 오류나 헌법의 불완전성으로 인해 발생하는 문제를 해결하고 시정하는 수단이 되었다.

영국이 추구해온 근면성은 그 자체만으로도 가장 훌륭한 교육이다. 일에 꾸준히 전념하는 태도는 개개인에게는 가장 건전한 수련이고, 한 나라에는 가장 훌륭한 규율이 된다. 고결한 근면성에는 항상 의무가 수반되며, 신의 섭리로 이 두 가지는 행복으로 직결된다. 그래서 시인은 신들이 지복至福의 낙원으로 향하는 길에 노동과 수고를 놓아두었다고 표현했다. 육체노동이든 정신노동이든 자신의 노동으로 얻은 빵만큼 달콤한 것도 없다. 인간은 노동을 통해 땅을 개간하고 미개한 생활에서 구원받았다. 노동이 없다면 문명은 한 걸음도 발전하지 못했을 것이다. 노동은 필수적인 의무일 뿐 아니라 축복이기도 하다. 게으른 자만이 노동을 저주라고 생각한다. 노동의 의무는 팔 다리 근육, 손의 구조, 두뇌의 신경과 주름 구석구석에 새겨져 있다. 노동 학교에서는 가장 실용적인 지혜를 가르친다. 이 책을 읽다 보면 차차 알게 되겠지만, 육체노동을 통한 삶은 결코 고도의 정신문화와 상반되는 것이 아니다.

수고가 최상의 학교다

휴 밀러만큼 노동의 장단점을 정확하게 알고 있는 사람도 없다. 그는 가장 힘든 일이라 할지라도 기쁨과 자기 개선의 소재로 가득 차 있다고 자신의 경험을 통해 단언했다. 그는 성실한 노동이 가장 훌륭한 스승이고, 수고의 학교가 크리스천 학교를 제외하고는 가장 고귀한 학교라고 평가했다. 이 학교에서 쓸모 있는 인간이 갖춰야 할 능력을 습득할 수 있고, 독립 정신을 배우고, 참을성 있게 노력하는 습관을 얻을 수 있다. 그는 기계공 훈련을 받으면 여러 가지 사물을 매일 실제로 다루어봄으로써 관찰력을 연마할 수 있고 충실한 인생 경험을 얻을 수 있기 때문에 어느 다른 훈련보다도 자신에게 적합한 길을 선택하고 바른 사람으로 성장하는 데 도움이 된다고 말했다.

앞서 살펴 본 바와 같이 과학, 상업, 문학, 예술 등 다양한 분야에서 공적을 남긴 노동자 출신의 위인들은 가난이나 노동 때문에 겪는 어려움은 극복할 수 없는 것이 아니라는 사실을 보여주었다. 영국을 부강한 나라로 만든 위대한 고안과 발명은 대개 평민층 사람들이 이루어낸 업적이다. 이들의 활약을 빼고 다른 사람들의 나머지 업적만 놓고 보면 정말 미미하다.

자조정신의 기념비, 증기기관

발명가들은 세계에서 가장 위대한 산업을 가동시켰다. 우리 사회는 이들 덕분에 주요 필수품, 편리한 물건, 사치품을 갖게 되었고, 이들의 천재성과 노고로 인해 모든 면에서 더욱 편리하고 즐거운 생활을 누리게 되었다. 음식, 옷, 가구 그리고 빛을 집 안으로 들여보내는 동시에 추위를 막아주는 유리, 거리의 가로등을 밝히는 가스, 육지나 바다에서 이용되는 교통수단, 다양한 필수품과 사치품을 만드는 연장은 모두 많은 사람의 노고와 창의력의 산물이다. 인류는 이러한 발명품 덕분에 더욱 행복한 삶을 누리고 개인의 행복은 물론 공공복리도 증진할 수 있었다.

기계의 왕인 증기기관의 발명은 우리 시대에 이루어낸 업적이라고 할 수 있지만, 그 아이디어는 훨씬 오래 전부터 나온 것이다. 다른 고안이나 발견과 마찬가지로 그 아이디어는 오랜 세월을 두고 차츰차츰 발전했다. 당대에는 쓸모 없는 것처럼 보이지만 한 사람이 땀 흘려 얻은 결실을 후계자에게 넘기고, 후계자는 그것을 토대로 한 단계 더 발전시키는 방식으로 여러 세대에 걸쳐 연구가 계속되었던 것이다. 따라서 알렉산드리아의 헤론Heron[*1]이 발표한 아이디어가 결코 사라지지 않고, 이집트 미라의 손에 감추어져 있던 밀알처럼 싹트고 활발하게 성장해 현대에 이르러 드디어 빛을 발하게 된 것이다. 하지만 이론 상태에서 벗어나 유능한 기술자들의 손을 거치기 전까지 증기기관은 아무것도 아니었다. 그 경이로운 기계에 끈기와 근면으로 연구를 거듭하고 영웅적인 근면성으로 난관을 극복한 이야기가 담겨 있지 않은가! 그 기계는 참으로 자조 정신의 힘을 표상하는 기념비다. 증기기관 발명에 공헌한 사람으로는 군사 공학자 사바리Savary, 기관공 포터Porter, 토목공학자 스미턴Smeaton이 있으며, 근면과 끈기로 지칠 줄 모르고 연구를 계속한 수학측정기 제조기술자 와트가 누구보다 큰 공을 세웠다.

제임스 와트 : 재능은 노동, 전념, 경험을 통해 얻는 것

와트는 매우 부지런한 사람이었다. 그의 생애를 살펴보면, 최고의 업적을 달성한 사람은 천부적으로 강인한 힘이나 능력을 타고나는 사람이 아니라 자신이 가지고 있는 힘을 근면과 세심하게 연마한 재

[*1]. 헤론 : 1세기 경 그리스의 기하학자 겸 발명가로서 증기를 회전운동으로 바꾸는 장치를 처음 발명했으며, 이 장치는 '아에올리스의 공'이라고 불린다

능으로 쏟아 부은 사람이라는 것을 쉽게 알 수 있다. 재능은 노동, 전념, 경험을 통해서 얻는 것이다. 그 시대에 와트보다 더 풍부한 지식을 가진 사람은 많았지만, 그처럼 끊임없이 노력해 자신이 알고 있는 지식을 유익하고 실용적인 목적에 모두 쏟아 부은 사람은 아무도 없다. 그는 진실을 밝히기 위해 가장 끈기 있게 노력했으며, 적극적으로 집중하는 습관을 세심하게 연마했다. 이러한 습관이야말로 고도의 정신력을 좌우한다. 발명가이자 교육학자인 에지워스Edgeworth는 지능의 차이는 개개인의 능력 차이에서 비롯되는 것이 아니라 이러한 집중력을 얼마나 조기에 개발하느냐에 달려 있다고 주장했다.

와트는 어린 시절에도 장난감에서 과학의 원리를 깨달았다. 아버지가 운영하는 목공소 주변에 버려져 있던 사분의(옛날 천체 관측기)를 보고 광학과 천문학을 공부하기 시작했다. 건강이 좋지 않아서 생리학의 비밀을 캐보려고 했으며, 시골 길을 혼자 걸으면서 식물학과 역사학에 흥미를 가지게 되었다. 그는 수학측정기 제조업을 계속하는 한편, 오르간 제작 주문을 받았다. 그는 음악에는 문외한이었지만 화성학을 공부해 오르간을 제작하는 데 성공했다. 글래스고 대학교에 있는 뉴컴Newcome 식 증기기관을 수리해달라는 부탁을 받았을 때에도 열, 증발, 응축에 관한 그 당시 지식을 모두 섭렵하는 동시에 기계공학과 구조과학을 꾸준히 연구함으로써 응축 증기기관을 만드는 데 성공했다.

그는 10년 동안 고안과 발명을 계속했다. 기운을 북돋아줄 희망적인 일이나 친구도 거의 없었다. 하지만 그는 사분의를 만들어 팔고, 바이올린, 플루트 등 악기를 만들거나 수리하고, 석공 일, 도로 측량,

운하 건설 감독 등 성실하게 돈을 벌 수 있는 일이라면 무슨 일이든 닥치는 대로 하면서 연구를 계속했다. 그러던 중 와트는 다른 산업 분야에서 선구자 역할을 하던 버밍엄 출신의 매튜 볼턴Matthew Boulton을 동업자로 맞아들이게 된다. 다재다능하고 원기가 왕성하며 선견지명이 있는 볼턴과 손을 잡고 응축 증기기관을 동력으로 이용하는 사업을 적극적으로 펴나간 그는 역사에 커다란 발자취를 남기게 되었다.[5]

그 후 다재다능한 발명가들이 증기기관을 개량하고 보완하여 새로운 기능을 계속 덧붙이면서, 거의 모든 산업 분야가 증기기관을 동력으로 이용하게 되었다. 기계를 움직이고, 선박 추진력으로 이용하고, 곡식을 빻고, 책을 인쇄하고, 돈을 찍어내고, 망치질과 대패질을 하고, 쇠를 구부리는 등 기계로 작업하는 데 동력이 필요한 곳이라면 어디에든 사용되었다. 증기기관을 가장 유용하게 개량한 것은 트레비식Trevithick이 고안하고 조지 스티븐슨George Stephenson과 그의 아들이 완성한 철도 기관차였다. 기관차의 발명은 엄청난 사회적 변화를 불러일으켰다. 인류의 진보와 문명에 끼친 영향을 감안하면 와트의 응축 증기기관보다 훨씬 더 중대한 발명이었다.

방적기를 발명한 이발사, 리처드 아크라이트

와트의 발명으로 생산자들이 동력을 거의 무제한으로 사용할 수 있게 되면서 발명의 엄청난 효과가 처음으로 나타난 분야는 면직물 제조업이다. 이 거대한 산업 분야의 창립과 가장 밀접한 관련이 있는 사람은 리처드 아크라이트Richard Arkwright다. 그는 기계 발명의 창의력보다 기민하게 응용할 줄 아는 실용 능력이 뛰어난 사람이었다. 와트나 스티븐슨의 경우와 마찬가지로 그가 최초의 발명자라는 데에는 의문이 제기되었다. 와트의 증기기관, 스티븐슨의 기관차의 경우와 마찬가지로 아크라이트가 최초의 방적기 발명자는 아니다. 그는 단지 여기저기 흩어져 있던 발명의 실타래를 한데 모아 자신의 설계대로 엮어서 새롭고 독창적인 제품으로 만들어낸 것이다. 버밍엄 출신의 루이스 폴Lewis Paul이 아크라이트보다 30년 전에 롤러 방적기 발명에 대한 특허를 받았으나, 그가 만든 기계는 불완전한 부분이 많아서 작업에 사용하기에는 타산이 맞지 않았기 때문에 실패작이었다. 리Leigh 지방 출신으로 직조기 바디를 만들던 무명의 기계공 토머스 하이스Thomas Highs도 수력방적기를 발명했다고 전해지고 있으나, 그 역시 성공하지 못했다.

산업계의 요구가 쇄도하면 수많은 발명가의 머릿속에 똑같은 아이디어가 맴돌게 된다. 증기기관, 안전등, 전보 등 많은 발명품의 경우가 그러하다. 발명 소질이 풍부한 사람들이 고뇌하며 땀 흘려 연구하지만, 실용화에 강한 사람이 등장해 다른 사람들의 아이디어를 모아서 원리를 응용하는 데 성공하면 모든 일이 끝나버린다. 그러면 자신이 경쟁에서 앞서갔다고 생각하는 군소 발명가들로부터 강력한 반발이 터져나온다. 그래서 와트, 스티븐슨, 아크라이트와 같은 사람들은 실용화에 성공한 발명가로서의 명성과 권리를 빼앗기지 않으려고 열심히 방어해야 했다.

리처드 아크라이트는 위대한 기계기술자들이 대개 그러했듯이 가난한 평민 출신이다. 그는 1732년 프레스턴Preston에서 매우 가난한 집안의 열세 번째 자녀로 태어났다. 평생 학교에 다닌 적이 없고, 그가 받은 교육이라고는 독학한 것밖에 없기 때문에 글쓰기조차 제대로 하지 못했다. 어린 시절 그는 이발소에 견습생으로 들어가 이발 기술을 배운 뒤, 볼턴Bolton에서 지하실을 세내어 이발소를 차리고 이런 간판을 내걸었다.

"지하 이발사에게 오세요. 1페니에 면도해 드립니다."

손님을 빼앗기자 다른 이발소들도 이발료를 아크라이트의 요금 수준으로 낮추었다. 그러자 그는 한층 더 밀어붙이기로 결심했다.

"단돈 반 페니에 말끔하게 면도하세요."

몇 년 뒤 그는 지하 이발소를 닫고 가발 행상에 나섰다. 가발이 유행하던 시절이라 가발 제조가 이발업의 중요한 부분을 차지하고 있었다. 아크라이트는 가발용 머리카락을 사들이기 위해 방방곡곡 돌아다녔다. 긴 머리채를 확보하기 위해 젊은 여성들이 모여드는 랭커셔 지방 직공 채용 설명회장에 늘 참석했는데, 그는 흥정에 매우 능숙했다고 한다. 머리 염색약도 취급했는데, 그는 염색약을 능란하게 이용해 상당히 많은 단골을 확보했다. 하지만 강한 추진력에도 불구하고 그의 사업은 생활비나 겨우 벌어들이는 수준이었다.

가발 유행에 변화가 생기면서 가발제조업이 어려워지자, 기계를 다루는 데 소질이 있던 아크라이트는 기계 발명가로 변신한다. 그 당시에는 발명가를 흔히 '마법사'라고 불렀다. 이미 많은 사람이 방적기를 발명하려고 시도하고 있었지만, 이발사 아크라이트도 발명의 바다에 뛰어들어 다른 사람들과 경쟁을 벌이기로 결심한다. 같은 성향을 가지고 독학을 통해서 공부한 다른 사람들과 마찬가지로 그도 틈날 때마다 영구 무동력 자동기계 발명에 몰두한 적이 있다. 연구과제를 영구 무동력 자동기계에서 방적기로 바꾸는 것은 쉬운 일이었다. 실험에 몰두하게 되자 장사를 게을리 하고, 저축해 두었던 돈도 거의 바닥나 아주 궁핍한 생활에 시달리게 되었다. 시간과 돈을 쓸데없이 낭비하는 것을 참다못한 아내는 그가 만든 모형을 부숴버렸다. 가족을 궁핍으로 내몬 원인을 영원히 없애버리고 싶었던 것이다. 그러나 아크라이트는 고집이 세고 다혈질이었다. 그는 아내의 이같은 행동에 걷잡을 수 없이 화가 나 즉시 아내와 헤어졌다.

아크라이트는 전국 각지를 돌아다니다가 케이Kay라는 사람을 사귀게 되었다. 그는 워링턴Warrington에서 시계를 만들고 있었는데, 아크라이트가 영구자동기계에 사용할 몇 가지 부품을 만드는 일을 거들어주었다. 아크라이트에게 롤러 방적의 원리를 알려준 사람이 바로 케이라고 추정된다. 하지만 벌겋게 달아 오른 쇳덩이가 강철 롤러 사이를 지나가면서 늘어나는 광경을 아크라이트가 우연히 목격하면서 그 아이디어를 처음 떠올렸다는 이야기도 있다. 어떤 경로로 알게 되었든 간에 그 아이디어에 한번 빠져들자 그는 그 아이디어를 이용해 공정을 만드는 데 몰두했다. 이때 케이가 해줄 수 있는 말은 아무것도 없었다. 아크라이트는 이제 머리카락 수집하는 일은 완전히 그만두고 기계를 완성하는 데만 전념했다. 케이는 그의 지시에 따라 모형을 만들어 프레스턴에 있는 무료 문법학교 휴게실에 설치했다. 미국 독립전쟁에서 돌아온 버고인Burgoyne 장군이 하원의원에 선출되던 때, 아크라이트도 그 도시의 투표권이 있는 시민의 한 사람으로서 투표에 참여했다. 하지만 너무 가난해서 넝마처럼 다 떨어진 옷을 입고 투표에 참석해야 할 형편이라 여러 사람이 돈을 모아서 투표장에 입고 나갈 옷을 마련해주었다.

 육체노동으로 살아가는 근로자들이 많이 사는 도시에 기계를 전시하는 것은 매우 위험한 모험이었다. 기계를 전시한 교실 밖에서 험악하게 으름장을 놓는 소리가 시시때때로 들려왔다. 케이가 직조기의 북을 발명하자 성난 근로자들이 떼를 지어 몰려오는 바람에 랭커셔에서 도주해야 했다. 그 바로 얼마 전에도 블랙번Blackburn에서 하그리브스Hargreaves가 군중이 몰려와 방적기를 끄집어내어 산산조각을 만드는 바람에 불쌍하게도 모형을 싸들고 위험이 덜한 지역으로 피신하는 일이 있었다. 아크라이트는 이러한 일들을 감안해 노팅엄으로 장소를 옮겨 현지 은행 몇 군데에 자금 지원을 신청했다. 다행스럽게도 라이트 은행이 발명 수익금을 나누는 조건으로 자금을 대주기로 했다. 하지만 기계가 예상했던 것처럼 빨리 완성되지 않자 은행에서는 스트럿Strutt과 니드Need에게 자금을 부탁해보라고 아크라이트에게 조언했다. 스트럿은 양말 직조기를 발명해 특허권을 가지고 있었다. 그는 아크라이트의 발명품의 진가를 단번에 알아채고 아크라이트와 동업계약을 맺었다. 이제 아크라이트 앞에 행운의 문이 활짝 열린 것이다. '노팅엄의 시계제조공 리처드 아크라이트'라는 이름으로 1769년에 특허를 받았다. 와트도 그 해에 증기기관에 대해 특허를 받았다. 노팅엄에 처음으로 세워진 방적공장은 말의 힘으로 움직였지만, 그 뒤 얼마 지나지 않아 더비셔Derbyshire 주 크롬포드Cromford에 훨씬 더 큰 규모로 세워진 공장은 수차로 가동되었다. 그러한 연유로 그의 방적기가 수력 방적기로 알려지게 된 것이다.

하지만 아크라이트의 고생은 아직 시작에 불과했다. 그는 기계의 작업 능률을 실질적으로 끌어올릴 수 있도록 세부적인 부분을 완벽하게 만들어야 했다. 실용성과 수익성을 월등히 높은 수준으로 끌어올릴 때까지 꾸준히 수정하고 개량하는 일이 남아 있었다. 확실한 성공을 거두려면 오랫동안 인내심을 가지고 노력해야 했다. 몇 년 동안 연구를 거듭했으나 실망스러운 결과만 나오고 수익성도 없었으며, 막대한 자본이 투입되었으나 아무런 성과도 거두지 못했다. 성공이 거의 눈앞에 드러나기 시작하자, 랭커셔의 제조업자들이 아크라이트의 특허를 조금이라도 나누어 가지려고 달려들었다. 콘월 지방의 광산업자들이 와트와 볼턴이 증기기관에서 얻는 수익금을 빼앗으려고 달려들었던 것과 같은 상황이었다. 아크라이트는 근로자들의 적이라고 규탄받기도 했고, 군대와 경찰을 동원해 경비했으나 그가 촐리Chorley에 세운 공장은 폭도들의 습격을 받고 파괴되고 말았다. 랭커셔 지방 사람들은 그가 만든 제품이 가장 좋다고 인정하면서도 사지 않았다. 게다가 그가 발명한 기계를 사용하면서도 특허료를 지불하지 않고 공동으로 법원에 소송을 제기하기도 했다. 올바른 사고방식을 가진 사람이라면 혐오감을 느낄 정도로 그의 특허권은 부당하게 취소되었다. 재판이 끝난 뒤, 아크라이트가 소송 상대방들이 머물고 있는 호텔을 지나가자 들으라는 듯이 큰 소리를 떠드는 소리가 들렸다.

"이제야 저 늙은 면도사를 해치웠군."

그러자 그는 담담하게 이렇게 말했다.

"괜찮네. 자네들을 모두 말끔하게 밀어버릴 면도칼이 하나 또 남아 있으니까."

그는 랭커셔, 더비셔, 스코틀랜드 지방 뉴래너크New Lanark에 공장을 새로 세웠다. 스트럿과의 동업 계약기간이 만료되면서 크롬포드에 있는 공장도 그의 것이 되었다. 제품의 품질이 매우 우수해 그는 짧은 시일 안에 시장을 완전히 장악하고 가격을 마음대로 결정해 다른 방적기 업자들의 사업을 좌우하게 되었다.

아크라이트는 강인한 성격, 굽힐 줄 모르는 용기, 세속적인 기민성 그리고 거의 천재에 가까운 사업 수완을 가진 사람이었다. 한때 그는 새벽 4시부터 밤 9시까지 계속 극심한 격무를 감당해나가면서 수없이 많은 공장을 세우고 진두지휘했다. 쉰 살이 되었을 때 비로소 영문법을 공부하기 시작해 작문과 철자법을 익혔다. 그는 모든 장애물을 극복한 끝에 자신의 사업에서 충분한 보상을 거두어들였다. 첫 번째 기계를 만든 지 18년 만에 그는 주지사가 되었고, 곧 이어 조지 3세로부터 기사 작위를 받았으며 1792년에 별세했다. 좋든 나쁘든 그는 영국에 근대적 공장 제도를 창시한 사람이었다. 그가 일으킨 산업은 국민 개개인은 물론 국가에 막대한 부를 안겨주는 원천이 되었다.

면직 날염의 대가, 필 가문

영국의 모든 산업 분야에서 정력적인 사업가들을 찾아볼 수 있다. 이들은 자신이 몸담고 있던 지역에 많은 이익을 안겨주었을 뿐만 아니라, 공동체 전체의 힘과 부를 증대하는 데에도 공헌했다. 그러한 사람들 가운데에는 벨퍼Belper 출신의 스트럿 가문, 글래스고 출신의 테넌트 가문, 리즈Leeds 출신의 마셜Marshall 가문과 고트Gott 가문 그리고 사우스 랭커셔South Lancashire 출신의 필Peel 가문, 애시워스Ashworth 가문, 벌리Birley 가문, 필든Fielden 가문, 애슈턴Ashton 가문, 헤이우드Heywood 가문, 에인스워스Ainsworth 가문이 있다. 이들의 후손 중 일부는 영국 정치사에 뛰어난 업적을 남겼다. 사우스 랭커셔 출신의 필 가문에서도 걸출한 후손이 나왔다.

필 가문의 시조 로버트 필은 19세기 중반 블랙번 부근에 있는 홀하우스 농장을 운영하던 소규모 자작농이었다. 그는 나중에 그 도시의 피시레인Fish Lane 구역으로 이사했다. 로버트 필은 슬하에 자녀를 많이 두어 대가족을 이루었으나, 블랙번 부근은 땅이 거칠어 농사를 계속 지어봤자 전망이 없어 보였다. 하지만 그곳은 오랫동안 '블랙번 그레이'라고 불리는 직물의 가내공업 중심지였다. 이 직물은 씨실로는 아마를 사용하고 날실로는 면을 사용해 짠 섬유로서 주로 그 도시와 인근 지역에서 생산되었다. 아직 공장 제도가 도입되기 전이어서 그 당시 가족이 딸린 자작농은 밭에서 일하지 않을 때에는 집에서 직물 짜는 일을 했다. 그래서 로버트 필도 캘리코 섬유[*2] 가내공업을 시작했다. 그는 정직한 사람이어서 성실하게 물건을 만들고 검소하게 생활하면서 열심히 일한 결과, 사업이 번창했다. 한편 그는 진취적이어서 그 당시 막 발명된 소면기梳綿機[*3]를 최초로 도입하기도 했다.

그러나 로버트 필의 관심은 캘리코 섬유의 날염에 있었다. 날염법은 그 당시 거의 알려지지 않은 기술이었는데, 그는 기계로 날염하는

---

*2. 캘리코 : 평직으로 짠 면직물로서 직조한 다음에 단순한 도안을 넣어 염색한 것
*3. 소면기 : 섬유의 보풀을 세우는 기계

실험을 계속했다. 집에서 남몰래 실험을 진행하면서 집안 여자 중 한 사람에게 다림질을 전담했다. 그 당시 필과 같은 신분의 가정에서는 대개 주석으로 만든 접시를 식기로 사용했다. 어느 날, 접시에 그림이나 무늬를 그려 넣고 캘리코 섬유에 맞대어 찍으면 천에 무늬를 넣을 수도 있고 색상도 넣을 수 있다는 생각이 그의 머리를 스쳤다. 농장 끝에 있는 오두막집에 살고 있던 한 여인이 섬유 광택기를 가지고 있었는데, 그는 그 여인의 집을 찾아가서 접시의 그림이 그려져 있는 부분에 색을 입히고 캘리코 천을 그 위에 얹은 후 롤러를 돌렸다. 그 결과 천에 그럴싸한 무늬가 찍혔다. 이것이 캘리코 섬유 롤러 날염의 기원이라고 한다.

로버트 필이 그 공정을 완성해 처음 찍어낸 무늬는 파슬리 잎사귀다. 그래서 오늘날까지 블랙번 인근 지역에서는 그를 '파슬리 필'이라고 부른다. 캘리코 날염 공정은 '뮬 기계'라고 불리기도 하는 기계를 이용해 나무에 양각을 하는 방식이었는데, 훗날 필 회사의 대표가 된 그의 아들이 동판 위에 조각을 하는 방식으로 개선했다. 로버트 필은 새로운 기술 개발에 성공하자 농사를 그만두고, 블랙번에서 3킬로미터 가량 떨어진 브룩사이드Brookside라는 마을로 이사해 날염 사업에 전념했다. 그곳에서 아들들의 도움을 받으며 그는 몇 년 안에 사업을 성공적으로 번창하게 만들었다. 아들들도 활기차고 씩씩하게 성장해 각자 필 가문의 회사를 하나씩 세우고 사업을 확장해 나갔다. 이 회사들은 모두 산업 활동의 중심이 되고 수많은 사람에게 일자리를 제공했다.

로버트 필 1세는 통찰력이 있고, 지혜로우며 멀리 내다볼 줄 아는 사람이었다. 그는 생전에 아무런 작위도 받지 못했고, 그에 대해서 알려진 것이라고는 입에서 입으로 전해오는 이야기밖에 없으며, 그를 알고 지내던 사람들의 후손들도 일찍 죽었다. 그의 아들 로버트은 아버지에 대해서 겸손하게 말했다.

"아버지는 실질적으로 우리 가문을 일으켜 세운 시조라고 할 수 있습니다. 그는 국가 차원에서 상업을 통해 얻는 부의 중요성을 정확하게 인식하셨습니다. 아버지는 국가적인 소득에 비하면 교역을 통해서 개인이 얻는 소득은 대수롭지 않은 것이라고 종종 말씀하셨습니다."

필 가문의 첫 번째 준남작이자 제2대 경영인인 로버트 필은 아버지의 진취적인 정신과 능력과 근면성을 그대로 물려받았다. 처음 일을 시작했을 때 그의 처지는 평범한 근로자의 처지와 거의 다를 것이 없었다. 아버지가 번성할 수 있는 기초를 닦고 있었지만 자본이 부족해 온갖 어려움을 헤쳐나가야 했기 때문이다. 로버트는 불과 스무 살이 되었을 때 그때까지 아버지로부터 배운 면직 날염 사업을 독자적으로 시작하기로 결심했다. 숙부 제임스 호어스 James Howorth와 블랙번 출신의 윌리엄 예이츠 William Yates가 사업에 합류했으나 이들이 조달한 자본은 모두 합해야 500파운드밖에 되지 않았다. 예이츠의 아버지는 블랙번에서 평판이 좋고 존경받던 가장이었는데 사업을 해서 저축한 돈을 아들을 위해서 기꺼이 투자했다. 그 당시로서는 아직 초창기에 있었지만 수익성이 좋은 직물 날염 사업에 아들을 참여시키고 싶었던 것이다. 로버트 필은 아직 어린 나이였음에도 불구하고 사업에 실질적으로 필요한 지식을 공급했다. 그는 "젊은이의 어깨에 늙은이의 노련한 머리를 달고 다니는 사람"이라는 평을 받았다. 이들은 적은 돈을 들여 그 당시 이름도 거의 알려지지 않았던 마을, 베리Bury 부근에서 다 허물어진 방앗간과 인근 밭을 사들였다. 이 공장은 그 후 오랫동안 '본거지'라고 불렸지만, 그 당시에는 나무로 헛간 몇 채를 지어서 1770년 아주 초라하게 면직 날염 사업을 시작했고, 몇 년 뒤에 면사 방적 사업을 추가했다.

필의 동업자들이 얼마나 검약을 실천했는지 초창기에 있었던 일을 통해서 알 수 있다. 윌리엄 예이츠는 가족이 딸린 기혼자로 소규모 하숙을 운영하고 있었기 때문에 미혼이었던 필에게 편의를 제공하기 위해 그를 하숙생으로 맞아들였다. 필은 처음에 일주일에 8실링씩 하숙비를 냈으나, 예이츠는 너무 적다는 생각이 들어 1주 당 1실링을 더 내라고 요구했다. 그러나 필이 이 요구를 받아들이지 않아 두 동업자의 사이가 벌어지다가 결국 일주일에 반 실링을 올리기로 타협했다.

한편 윌리엄 예이츠의 맏딸 엘렌은 젊은 하숙생 필과 금방 아주 가까운 사이가 되었다. '본거지'에서 고된 하루를 보내고 집에 돌아오면 필은 어린 소녀를 무릎에 앉히고 이렇게 말하곤 했다.

"아리따운 넬리*4야! 내 아내가 되지 않을래?"

그러면 그 소녀는 여느 어린이처럼 서슴지 않고 "네." 하고 대답했다.

"넬리야, 그럼 네가 클 때까지 기다릴게. 나는 너와 꼭 결혼할 거야. 다른 사람하곤 결혼 안 해."

그리고 로버트 필은 실제로 기다렸다. 그 소녀가 아름다운 처녀로

---

*4. 넬리 : 엘렌의 애칭

성장하자 그녀가 다 클 때까지 기다리겠다는 결심은 더욱 굳어졌다. 로버트 필이 사업에 전념하고 사업이 급속도로 번창하는 동안 10년의 세월이 흘러 엘렌 예이츠가 열일곱 살이 되었을 때 두 사람은 마침내 결혼했다. 어머니의 하숙생이자 아버지의 동업자 무릎에 앉아 재롱을 떨던 귀여운 소녀가 필 부인이 되어 장차 영국의 총리가 될 아들을 낳았다.

필 부인은 고상하고 아름다운 여성으로 어떤 자리에 가든지 분위기를 환하게 해주는 사람이었다. 그녀는 비상한 정신력을 갖추고 있어서 긴급한 상황이 벌어질 때마다 남편의 기운을 북돋아주고 충실하게 조언했다. 결혼 후 몇 년 동안 그녀는 비서 역할을 하며 사업상 필요한 편지를 작성해 주었다. 필의 작문 실력이 신통치 않았기 때문이었다. 그녀는 남편이 준남작 작위를 받은 지 겨우 3년이 지난 1803년에 작고했다. 런던의 화려한 생활이 고향에서 누리던 생활과 너무 달라 건강을 해치게 되었다고 한다. 예이츠는 말년에 이렇게 말하곤 했다.

"로버트가 내 딸을 '준남작 부인'으로 만들지만 않았더라도 그 애는 아직 살아 있을 텐데……."

예이츠 필 합자회사는 지속적으로 크게 번성했다. 로버트 필 자신이 그 회사의 영혼이었다. 그는 실용적인 지혜와 최고 수준의 사업 수완을 겸비해 회사에 활력과 적응력을 불어넣었다. 초기 면방적업자들은 대체로 이러한 자질을 갖추지 못했다. 아크라이트가 면방적에서 큰 성공을 거두었듯이 그는 면직 날염에서 큰 성공을 거두었다. 그 회사에서 생산된 제품은 우수한 품질로 시장을 석권했으며, 그 회사의 기질이 랭커셔 지방을 대변하게 되었다. 이 합자회사는 베리 지역 발전에 크게 기여하는 한편, 어웰Irwell, 로치Roch 등 인근 지역에도 비슷한 규모의 공장을 건설했다. 이들은 제품의 품질을 최고 수준으로 끌어올리려고 노력하는 한편, 근로자들의 복지와 안락한 생활을 증진하고 어려운 시기에도 직원들에게 후한 보수를 주기 위해 최선을 다했다고 한다.

로버트 필은 새로운 공정과 발명의 가치를 제대로 인식하고 있었다. 캘리코 날염에 '방염작업'이라는 생산 공정을 채택한 것이 한 가지 예다. 이 작업은 면포 가운데 하얀 바탕색을 그대로 놔두어야 할 부분에 풀같이 반죽한 방염제를 바르는 공정이다. 이 방염제를 발견한 사람은 런던에서 가정을 방문하며 외판을 하는 사람이었는데, 필은 그로부터 이 약품을 아주 싼 값에 사들였다.

작업 공정을 완성해 실제로 작업에 활용하는 데에는 1년 내지 2년의 경험이 필요했다. 그러나 그 효과는 놀라웠다. 무늬의 윤곽이 선명하고 정확하게 살아나서 베리 공장의 캘리코 날염물의 품질은 어느 공장도 따라올 수 없을 정도가 되었다.

이 가문의 다른 후손들도 똑같은 정신을 이어받아 랭커셔 지방의 번리Burnley, 폭스힐 뱅크Foxhill Bank, 올섬Altham, 요크셔 지방의 샐리 애비Salley Abbey, 그리고 스태포드셔 지방의 버튼온트렌트Burton-on-Trent 지역에 회사를 설립했다. 이 회사들은 경영주들에게 부를 가져다주었을 뿐만 아니라 면직업의 본보기가 되었으며, 랭커셔 지방의 날염업자들과 제조업자들을 훈련시켜 성공을 거두는 데 일조했다.

양말 편직기를 발명한 윌리엄 리

　산업계의 저명한 창업자 중에서 양말 편직기의 발명가 윌리엄 리 William Lee와 보빈 레이스 편직기 발명가 존 히스코트John Heathcoat도 훌륭한 기계 기술과 끈기를 가진 사람으로 손꼽을 수 있다. 이들의 노고로 인해 노팅엄과 그 인근 지역 사람들에게 엄청난 일자리가 제공되었다. 양말 편직기를 발명하게 된 정황에 대해서는 상반되는 이야기가 많이 전하고 있어서 매우 혼란스럽지만, 발명자가 '윌리엄 리'라는 것은 의심할 여지가 없다. 그는 1563년경 노팅엄에서 12킬로미터 가량 떨어진 우드보로Woodborough라는 마을에서 태어났다. 소규모 자작농의 장남이었다는 말도 있고, 어린 시절부터 빈곤에 시달려야 했던 가난한 학자였다는 설도 있다.[6] 그는 1579년 5월 케임브리지 대학교 그리스도 대학에 장학생으로 입학했다가 세인트존스 대학으로 옮겨 1582년이나 1583년경 학사학위를 받았다. 그가 1586년 석사과정을 밟기 시작한 것은 분명하지만, 이 시점의 대학교 기록이 다소 애매모호하다. 법령을 위반하고 결혼을 했다는 이유로 쫓겨났다는 이야기가 전해지지만 이는 틀린 말이다. 그는 이 대학교의 교수가 된 적이 없었기 때문에 결혼을 해도 불이익을 당할 이유가 없었기 때문이다.

　양말 편직기를 발명할 당시, 리는 노팅엄 부근 캘버턴Calverton에서 부목사로 목회 활동을 하고 있었다. 일부 작가는 발명의 기원이 실연이었다고 주장한다. 부목사는 그 마을의 젊은 처녀를 깊이 사랑하게 되었으나 그녀는 냉담한 반응을 보였다. 집으로 찾아가도 그녀는 평소 습관대로 양말 짜는 일을 계속하면서 학생들에게 양말 짜는 법을 가르쳐주는 데에만 열중할 뿐 그를 거들떠보지도 않았다. 이렇게 하찮은 일로 그의 가슴속에는 손뜨개질을 혐오하는 마음이 싹트게 되었고, 손뜨개질로 돈을 벌지 못하도록 그 일을 대체할 수 있는 기계를 발명하겠다는 결심을 하게 되었다. 그는 3년 동안 발명에 열중해 모든 것을 희생하면서 자신의 새로운 아이디어에 매달렸다. 성공할 기미가 보이기 시작하자 그는 부목사직을 사임하고 기계 편직 기술 개발에 전념했다. 이는 헨슨Henson이라는 양말 편직공이 전한 이야기다.[7] 그는 앤 여왕 치세治世에 그 마을에서 견습공으로 일하기 시작해 아흔두 살에 노팅엄에 있는 콜린스 병원에서 죽었다. 이웃에 살았던 디어링Deering과 블래크너Blackner가 전하는 이야기도 같고, 기계 편직 업자 런던협회의 문장에도 한편에는 성직자가 있고 맞은편에는 지지자로서 한 여인이 서 있는 모습과 목제 본체가 없는 양말 편직기가 그려져 있다.[8]

양말 편직기의 기원에 관해 어떤 이야기가 사실이든 간에 그 기계를 발명한 사람이 보여준 천재성은 의심할 여지가 없다. 벽촌에 살고 있던 성직자가 평생 동안 책과 씨름하다가 그렇게 복잡하게 움직이는 기계를 고안함으로써 여자 한 명이 손가락으로 뜨개바늘 세 개를 잡고 고리에 실을 연속적으로 이어나가는 따분하기 그지없는 과정을 양말 편직기로 멋지고 빠르게 짜는 과정으로 발전시켜 놓은 것은 실로 놀라운 업적이 아닐 수 없으며, 기계 발명의 역사상 이와 견줄 만한 혁명적인 발명은 없을 것이다. 그 당시에는 손뜨개질조차 아직 걸음마 단계였고, 생산을 위한 기계를 고안하는 일에 아무도 관심을 가지지 않던 시절이어서 리의 업적은 더욱 위대하다. 그는 자신의 능력이 미치는 데까지 기계 부품을 손수 만들어내야 했고, 갖가지 어려움을 극복하기 위해 온갖 수단을 다 동원해야 했다. 연장이나 재료도 충분하지 않았고 그를 도와줄 숙련공조차 없었다. 전해오는 이야기에 의하면, 그가 만든 첫 번째 기계에는 12개의 게이지가 달려 있고, 납추는 없고 전체가 거의 나무로 만들어졌으며, 바늘도 나무 끝에 박혀 있었다고 한다. 바늘귀가 없었기 때문에 리에게 가장 힘든 부분은 바늘코를 만드는 일이었다. 하지만 그는 삼각줄로 바늘에 귀를 만들어 해결했다.[9] 이렇게 난관을 하나씩 극복해나가면서 성공해 3년을 고생한 끝에 마침내 사용하기에 적합한 기계를 완성하게 되었다. 자신의 기술에 큰 자부심을 느낀 전직 부목사는 캘버턴 마을에서 양말 편직을 시작해 몇 년 동안 그곳에서 작업을 계속하면서 그의 남동생과 친척들에게 기술을 가르쳤다.

그는 기계를 상당한 수준으로 완성하자 엘리자베스 여왕의 후원을 받으려는 욕심에 기계를 보여주려고 런던으로 갔다. 여왕이 편직 비단 양말을 무척 좋아한다는 소문이 널리 퍼져 있었기 때문이다. 그는 우선 궁정 관리들에게 기계를 보여주었다. 관리들 중에는 윌리엄 허드슨William Hudson도 있었는데, 그에게도 기계 작동법을 가르쳐주었다. 이들이 자리를 주선한 결과, 리는 마침내 여왕을 알현할 기회를 얻고 어전에서 기계를 시연해보였다. 그는 여왕의 지원을 기대했으나 여왕은 기계 발명에 거부감을 나타낸 것으로 알려지고 있다. 여왕은 손 뜨개질에 종사하는 가난한 사람들의 일자리를 빼앗기 위해서 기계를 만들었다고 생각했기 때문이다. 리는 다른 곳에서도 후원자를 구할 수 없었기에 자신과 발명품이 멸시당하고 있다고 생각했다.

그래서 앙리Henry 4세의 장관으로 있던 영민한 슐리Sully의 권유를 받아들여 프랑스 루앙으로 건너가 그곳의 직공들에게 양말 편직기를 제작, 사용하는 법을 가르치기로 했다. 그 당시 이곳은 프랑스 제조업의 중심지였다. 1605년 그는 동생과 7명의 직공과 함께 기계를 가지고 프랑스로 이주했다. 그는 정중한 환대를 받으며 루앙에 정착해 편직기 9대를 설치하고 양말 편직 공장을 대규모로 운영했다. 그러나 또 다시 불행이 닥쳐왔다. 그의 보호자이던 앙리 4세가 라바이야크Ravaillac라는 미치광이에게 피살된 것이다. 앙리 4세로부터 충분한 보상과 표창을 받으리라 기대했고 특권도 주겠다는 약속을 받아서 프랑스에 정착하기로 결심했던 것인데 이제 후원과 보호를 전혀 기대할 수 없게 된 것이다. 그는 궁정에 자신의 권리를 주장하기 위해 파리로 갔으나 외국인에다 신교도라는 이유로 완전히 무시당했다. 분노와 비탄으로 탈진한 나머지 이 뛰어난 발명가는 파리에서 극심한 가난과 절망 속에 이내 죽고 말았다.

리의 동생 제임스 리는 기계를 2대만 프랑스에 남겨둔 채 7명의 직공과 함께 나머지 기계를 운반해 프랑스를 탈출하는 데 성공했다. 노팅엄서로 돌아온 제임스 리는 애슈턴이라는 사람과 손을 잡았다. 애슈턴은 토로턴Toroton에서 방앗간을 운영하고 있었는데, 윌리엄 리가 영국을 떠나기 전에 그로부터 기계 편직 기술을 배운 적이 있다. 이 두 사람은 다른 직공들과 함께 토로턴에서 양말 생산을 시작해 상당히 성공했다. 인근에 있는 셔우드 지역에서 기르는 양에서 가장 긴 섬유를 뽑아낼 수 있었기 때문에 그곳은 입지조건이 매우 좋았다. 애슈턴은 납추가 달린 기계 제작법을 도입해 기계를 크게 개량했다고 전해지고 있다. 영국의 다른 지역에서도 편직기를 점차 널리 사용하기 시작하면서 양말 기계 생산업이 국가 산업의 주요 부문으로 발전하게 되었다.

양말 편직기에서 가장 중요한 수정 부분은 그 기계를 대규모 레이스 제조에 응용할 수 있게 개량한 것이다. 1777년, 프로스트Frost와 홈스Holmes라는 두 직공은 양말 편직기를 개조해 포인트 레이스를 만드는 일에 종사하고 있었다. 약 30년 동안 이 제조업 분야가 급속도로 성장해 포인트 레이스 기계가 1500대나 가동되고, 직공을 1만 5000명까지 고용하게 되었다. 그러나 전쟁이 나고 유행이 변하는 등 다른 요인이 겹쳐서 노팅엄의 레이스 제조업은 급격하게 쇠퇴해 붕괴 사태에 이르게 되었다. 그때 티버턴 출신 의원이었던 존 히스코트John Heathcoat가 보빈 레이스 기계를 발명해 레이스 제조업을 다시 한번 탄탄한 기초 위에 올려놓았다.

보빈 레이스 편직기 발명가, 존 히스코트

존 히스코트는 1783년 더비셔 지방 더필드Duffield에서 가난하지만 덕망 있는 농부의 막내아들로 태어났다. 학교에서는 좋은 성적을 꾸준히 보였으나 중퇴하고 러프버러Loughborough에 있는 편직공 밑으로 들어가 견습공이 되었다. 이 소년은 손재주가 뛰어나 연장 다루는 법을 금방 배우고 양말 편직기 부품에 대한 지식을 터득하고 더욱 복잡한 편직기 부품도 능숙하게 다루게 되었다. 그는 틈만 나면 이 부품들을 개량하는 법을 열심히 연구했다. 하원의원이 된 그의 친구 베이즐리Bazley는 이렇게 회고했다.

"히스코트는 열여섯의 어린 나이에 버킹엄 레이스나 프랑스 레이스에 버금가는 레이스를 생산할 수 있는 기계를 발명하려는 포부를 품었다. 그 당시 이 레이스는 모두 손으로 만들어졌다."

그가 처음으로 성공을 거둔 것은 편직기였다. 그는 독창적인 장치를 사용해 레이스 모양의 장갑을 만드는 데 성공했다. 이 성공을 계기로 그는 기계로 레이스 만드는 법을 계속 연구하기로 결심했다. 양말 편직기를 개량한 기계가 그 당시 이미 포인트 레이스 생산에 사용되어 양말의 고리를 짜는 방식으로 망사를 만들었으나 품질은 형편없었다. 오랜 기간 동안 노팅엄의 기계기술자들이 실로 만든 망사를 서로 꼬아서 그물을 만들 수 있는 기계를 발명하려고 애를 썼으나, 가난에 시달리다 죽은 사람도 있고, 정신병에 걸린 사람도 있고, 모두 연구 목적을 달성하지 못했다. 아무리 애를 써도 편직기를 조금도 개량할 수 없었다.

스물한 살을 갓 넘겼을 때, 히스코트는 노팅엄으로 가서 일자리를 구했다. 그는 금방 일자리를 얻었을 뿐만 아니라 곧 가장 높은 보수를 받고 양말 제조시설과 편직기를 설치하는 일을 맡게 되었다. 게다가 그는 발명 재능과 폭넓은 지식을 겸비하고 건전한 사고방식으로 올바르게 처신해 주위 사람들로부터 존경을 받게 되었다. 예전부터 항상 머릿속에서 떠나지 않는 연구 과제를 계속 연구하면서 망사를 꼬아 지그재그로 레이스를 만드는 기계를 고안하는 데 열중했다. 그는 우선 버킹엄 스타일의 필로 레이스를 손으로 뜨는 기술을 연구해 똑같은 동작을 기계로 재현해보려고 노력했다. 이 연구는 장기간에 걸쳐 끈기와 천재성을 가지고 도전해야 하는 고된 작업이었다. 그의 스승 엘리엇Elliot은 그를 창의력과 끈기가 있고 극기할 줄 알고 과묵하고 실패나 실수를 두려워하지 않으며, 자질 또한 우수한 사람이라고 평하면서, 기계에 전념하는 그의 바탕으로 보아 반드시 성공의 면류관을 쓰게 될 거라고 확신했다.[10]

이때 히스코트의 아내도 근심 속에 나날을 보내고 있었다. 그가 발명을 완성하려고 애를 쓰고 있지만 극복해야 할 시련과 난관이 얼마나 많은지 잘 알고 있었기 때문이다. 모든 난관을 무사히 극복하고 몇 년이 지난 후에도 이 부부는 고생하던 시절 어느 저녁에 둘이 나눈 대화를 생생하게 기억했다. 아내가 걱정스럽게 물었다.

"이번엔 잘 될까요?"

"아니, 다시 모두 분해해야겠어."

비관적인 대답뿐이었다. 히스코트는 희망적으로 보이려고 밝은 어조로 말했으나, 아내는 더 이상 감정을 억누를 수가 없어서 그 자리에 주저앉아 비통하게 울고 말았다. 하지만 불과 몇 주 지나지 않아 오랫동안 기다리던, 그리고 이 부부가 누릴 자격이 충분한 성공이 찾아왔다. 기계로 처음 생산한 보빈 레이스 조각을 들고 집에 돌아와 아내에게 건네주었을 때, 히스코트는 말할 수 없이 자랑스럽고 행복했다.

보빈 레이스 기계처럼 복잡한 발명품을 몇 마디로 간단히 설명하기란 매우 어렵다. 그 기계는 레이스를 쉽게 만들 수 있는 기계였다. 받침대 위에서 레이스 망사를 서로 엮고 매듭짓는 레이스 직공의 손

놀림을 천재적으로 흉내내어 만든 것이다. 히스코트는 손으로 만든 레이스 한 조각의 구성부분을 세밀하게 분석해 실을 세로와 대각선으로 분류할 수 있었다. 그는 일종의 틀 위에 날실 뭉치를 세로로 고정하고, 날실 사이로는 씨실을 집게로 집어넣은 후 반대쪽에서 다른 집게로 씨실을 잡아당기게 했다. 비스듬한 동작으로 실을 꼰 다음에 실을 바로 다음 줄로 다시 통과시키면 받침대 위에서 손으로 만드는 것처럼 망사를 엮을 수 있었다. 그 다음에 그가 고안해야 할 것은 이런 움직임을 정밀하게 작동시켜줄 수 있는 구조를 만드는 것이었으나 적지 않은 정신노동을 해야 했다. 오랜 세월이 지난 후 그는 이렇게 회상했다.

"제한된 공간에서 씨실을 꼬는 것만 해도 무척 어려운 공정이기 때문에 일단 완성한 다음에는 다시 그걸 완성해보겠다고 덤벼들지 못했을 것이다."[11]

다음 단계는 얇은 금속 원반으로 보빈을 만들어서 실이 날실 사이로 앞뒤로 왔다 갔다 할 수 있게 만드는 과정이었다. 이 원반을 날실 양쪽에 설치한 운반 장치에 배열한 다음, 적당한 기계로 실을 한쪽에서 다른 쪽으로 이동시켜 레이스를 짜게 만들었다. 그는 마침내 뛰어난 기술을 총동원해 자신의 원리를 실용화하는 데 성공, 스물네 살이 되었을 때 발명품에 대한 특허를 받을 수 있었다.

생산성이 입증된 발명품에는 으레 분쟁이 뒤따르기 마련이어서 히스코트의 특허도 예외는 아니었다. 그의 특허도 분쟁에 휘말려 발명자라는 그의 주장에 이의가 제기되었다. 히스코트의 특허가 무효라고 생각한 레이스 제조업자들은 보빈 레이스 기계를 제멋대로 만들어 사용하면서 발명자를 무시했다. 한편으로는 이 기계를 개량 또는 개조했다고 주장하는 사람들에게도 특허가 발급되었다. 그런데 새로 특허를 발급받은 사람들 사이가 벌어지고 서로 맞소송을 거는 일이 생기면서 히스코트의 특허권이 확실히 보장받게 되었다. 한 레이스 생산업자는 다른 생산업자가 자신의 특허를 침해했다고 주장하면서 그 사람을 상대로 소송을 제기했으나 배심원은 피고가 승소했다고 평결했다. 판사도 쟁점이 된 기계가 모두 히스코트의 특허를 침해한 것이라는 이유로 배심원 평결에 동의했다.

'보바일 대 무어Bovile v. Moore' 사건 재판에서 히스코트의 권리를 방어하기 위해 선임된 변호사로서 훗날 린드허스트Lyndhurst라는 작위를 받은 존 코플리John Copley는 발명 내용을 세부적으로 파악하기 위해 직접 보빈 레이스 편직기를 조작하는 법을 배웠다. 그는 법정에서 변론 준비 서면을 읽으면서 이 사건의 쟁점을 확실히 이해하지 못했다고 실토하고, 즉시 기계가 있는 시골로 내려가 완전히 이해할 때까지 기계에 대해 공부하겠다고 히스코트에게 제안했다.

"그렇게 해야 내 능력을 최대한 발휘해 당신의 권리를 방어할 수 있을 것입니다."

코플리는 그날 밤 우편 마차를 타고 노팅엄으로 내려갔다. 아마 자신이 맡은 사건에 대해 이런 식으로 공부한 변호사는 그 이전에 단 한 명도 없었으리라. 다음 날 아침, 변호사는 편직기 앞에 직접 앉아서 자기 손으로 보빈 레이스를 능숙하게 만들고 기계에 대해 소상하게 파악하는 한편 기계의 원리를 완전히 이해할 때까지 기계 앞을 떠나지 않았다. 재판이 열렸을 때, 변호사는 책상 위에서 솜씨 있게 견본을 만들고 발명의 성격을 정확하고 멋들어지게 설명해 판사, 배심원, 방청객을 모두 놀라게 했다. 이렇게 사건을 세심하고 능란하게 다룬 그의 노력은 법원 결정에 커다란 영향을 미쳤다.

재판이 끝났을 때, 히스코트는 자신의 특허를 모방해 사용하고 있는 기계가 약 600대에 이르는 것으로 파악하고, 기계 소유주들에게 막대한 금액의 특허사용료를 청구하기 시작했다. 그러나 레이스 생산업자들이 벌어들이는 이익금이 엄청났기 때문에 편직기는 급속도로 널리 보급되었다. 그 후 25년 동안 레이스 가격이 점차 하락해 1평방 야드*5 당 5파운드에서 약 5펜스가 되었으나, 이 기간 동안 레이스 거래의 연간 평균 수익은 400만 파운드 이상 되었고, 약 15만 명의 근로자에게 일자리가 마련되었다.

다시 히스코트의 개인적인 역사로 되돌아가보자. 1809년 그는 레스터셔Leicestershire 주 러프버러에서 레이스 생산업자로서의 입지를 완전히 굳혔다. 사업이 계속 번창하고 많은 기능공을 고용해 주급 5파운드에서 10파운드에 이르는 보수를 기능공들에게 주었다. 그러나 새로운 기계를 도입해 레이스 생산에 종사하는 인력의 수가 크게 증가했음에도 불구하고, 기계가 인력을 대체하고 있다는 소문이 근로자 사이에 퍼지기 시작하면서 기계를 발견하는 대로 파괴하려는 음모가 광범위하게 확산되었다. 1811년부터 노팅엄셔 주 서남부 지역과 더비셔와 레스터셔 인근 지역에서 양말과 레이스 산업에 종사하는 고용주와 근로자 사이에 분쟁이 빈번히 일어나기 시작했다. 그 결

---

*5. 1평방 야드 : 약 0.83평방미터

과, 애시필드Ashfield 지방 서턴Sutton에서 폭도들이 무리를 지어 양말 편직기와 레이스 편직기를 파괴하는 일이 발생했다. 주모자 일부가 체포되어 처벌을 받고 불평분자들은 주의를 받았다. 하지만 기회만 있으면 비밀리에 기계가 계속 파괴되었다. 매우 정밀한 구조로 이루어진 기계이기 때문에 망치로 한 번만 내리쳐도 기계는 무용지물이 되어버렸고, 공장이 대부분 마을에서 멀리 떨어진 개인 주택이나 따로 떨어진 건물에 있었기 때문에 기계를 파괴할 기회를 포착하기가 아주 쉬웠다. 소요의 중심지가 되었던 노팅엄 지역에서는 기계 파괴자들이 정규 조직을 결성해 야음을 틈타 회의를 소집하고 기습 계획을 모의했다. 가담자들에게 확신을 심어주기 위해 이들은 전설적인 인물 네드 러드Ned Ludd의 이름을 따서 러드 장군이 지휘한다는 소문을 퍼뜨렸다. 그래서 이들에게 '러다이트Luddite'라는 이름이 붙게 되었다. 이와 같은 조직 아래 이들은 1811년 겨울 내내 맹렬한 기세로 기계 파괴를 계속해 지역사회에 큰 고통을 주고 많은 근로자를 일자리에서 내몰았다. 한편, 기계 소유주들은 기계를 마을이나 한적한 주택에서 도시에 있는 창고나 공장으로 옮겨 보호책을 강화했다.

체포되어 재판을 받은 동료들이 관대한 처벌을 받자 러다이트는 한층 고무되었다. 얼마 지나지 않아 광적인 분위기가 되살아나 북부와 중부에 있는 공장 지대로 급속하게 확산되었다. 이들은 조직을 비밀리에 결성하면서 주동자들이 내리는 명령에 복종하고, 배신하면 죽음도 감수하겠다는 서약을 조직원들로부터 받아냈다. 이제 모든 기계가 파괴될 운명에 처했다. 의류 제조용이든 캘리코 편직용이든 레이스 편직용이든 닥치는 대로 파괴되면서 공포 분위기는 몇 년 동안 지속되었다. 요크셔와 랭커셔 지방 공장들은 무장한 폭도들의 대담한 공격을 받아서 파괴되거나 잿더미로 변했다. 결국 군대와 기마의용대가 나서서 공장을 경비하기에 이르렀다. 고용주들도 폭행을 당하거나 피살되었다. 마침내 법을 강력하게 집행해 러다이트 조직원들을 소탕하고 그중 일부를 사형에 처했다. 격렬한 소요사태가 몇 년 동안 지속되다가 마침내 기계 파괴 폭동이 진압되었다.

보빈 레이스 기계를 발명한 히스코트도 러다이트의 공격을 피할 수 없었다. 1816년 여름 어느 화창한 날, 폭도들이 러프버러에 있는 그의 공장에 들어와 불을 질러, 37대의 레이스 편직기를 파괴하고 약 1만 파운드의 재산 피해를 입혔다. 폭도 10명이 중죄 혐의로 체포되고, 그 중 8명이 처형되었다. 히스코트는 주정부를 상대로 손해를 배상하라고 요구했으나 주정부는 요구에 응하지 않았다. 하지만 고등법원은 히스코트에게 승소 판결을 내리고 그에게 1만 파운드를 손해배상금으로 지불하라고 주정부에게 명령했다. 하지만 판사들은 손해배상금을 레스터 주에서만 사용하라는 조건을 붙이려고 했다. 그러나 히스코트는 공장을 다른 곳으로 이전하려고 이미 결심했기 때문에 이에 동의하지 않았다.

그는 데번셔Devonshire 주 티버턴Tiverton에서 큰 건물을 발견했다. 그 건물은 과거에 양모 공장으로 사용되었던 곳이나 티버턴의 의류 시장이 쇠퇴하면서 오랫동안 비어 있었고 도시 전체가 매우 가난에 쪼들리는 상태였다. 히스코트는 이 오래된 공장을 매입해 개조하고 예전보다 더 큰 규모로 레이스 생산에 다시 착수했다. 300대의 기계가 완전 가동되었고 많은 숙련공을 고용해 후한 보수를 주었다. 그는 레이스 생산을 계속하는 한편, 방적, 그물 제작·가공 등 레이스와 관련이 있는 사업을 다양하게 추진했다. 또한 농기구 생산을 위한 주물공장을 티버턴에 설립해 그 지역 주민에게 큰 편의를 제공했다. 그는 중노동이 필요한 작업에는 모두 증기 동력을 활용할 수 있다고 생각하고 장기간을 투자해 증기동력 쟁기를 발명했다. 1832년 그는 발명품을 완성해 특허를 받을 수 있었다. 오래지 않아 파울러Fowler가 발명한 증기동력 쟁기에 밀려나긴 했지만, 그가 발명한 쟁기는 그 당시 발명된 기계 중 가장 훌륭한 것이라는 평가를 받았다.

히스코트는 천부적인 재능을 타고난 사람이다. 그는 건전한 분별력, 빠른 통찰력, 그리고 비범한 사업 능력을 갖추고 있었다. 이러한 재능과 더불어 참으로 아름다운 인격의 진수라고 할 수 있는 정직성, 성실성, 청렴성도 겸비했다. 그는 항상 독학을 게을리 하지 않아 젊은 시절에는 그 덕분에 좋은 일자리를 확보했고, 재능과 능력을 한층 더 향상시킬 수 있었다. 바쁜 와중에도 틈을 내서 프랑스어와 이탈리아어를 자유자재로 구사할 수 있을 정도로 공부하고 정확한 문법 지식을 익혔다. 그의 머릿속에는 최고의 문학 작품을 열심히 공부한 성과가 가득 들어 있었고, 정확한 견해를 독자적으로 내지 못할 주제가 거의 없을 정도로 다방면에 해박했다. 그가 고용한 2000명의 근로자들은 그를 아버지처럼 대했으며, 그는 이들에게 안락한 생활을 제공하고 이들의 생활수준을 나날이 향상시켜주었다. 풍족해지면 졸부의 추태를 보이는 사람이 많지만, 그는 부유해진 뒤에도 변하지 않았다. 가난하고 고통에 시달리는 사람을 외면하지 않고 항상 동정과 도움을 베풀었다. 근로자들의 자녀 교육을 위해 약 6000파운드를 투자해 학교를 지었다. 그는 쾌활하고 낙천적이어서 계층을 막론하고 모든 사람으로부터 환영을 받았으며, 그를 잘 아는 사람일수록 그를 깊이 존경했다.

1831년 티버턴의 유권자들은 그 고장 발전에 크게 기여한 히스코트를 하원의원으로 선출했으며, 그 뒤 그는 30년 동안 의회에서 활동했다. 의회에서 활동하는 동안 그는 주로 파머스턴과 교분을 나누었는데, 파머스턴은 공식석상에서도 여러 차례 히스코트에게 경의를 표하는 발언을 했다. 그는 점차 연로하고 쇠약해지자 1859년 의원직에서 물러났다. 이때 근로자들이 존경의 표시로 그에게 은으로 만든 잉크스탠드와 금으로 만든 펜을 증정했다. 그는 불과 2년 남짓 은퇴 생활을 즐기다가 일흔일곱 살 되던 1861년에 세상을 떠났다. 그의 후손들은 그가 이 세상에 남기고 간 고결함, 덕행, 인격 그리고 기계 발명의 천재성을 자랑스럽게 여기고 있다.

무늬 직물 직조기를 발명한 자카르

이제 매우 색다른 경력을 가진 인물을 살펴보자. 자카르Jacquard는 눈부신 업적을 남겼지만 불운했다. 그의 일생은 가장 보잘것없는 평민 출신이라도 국가 산업에 얼마나 큰 영향을 미칠 수 있는지 잘 보여준다. 자카르는 프랑스 리옹에서 고된 일을 하는 부모 사이에 태어났다. 그의 아버지는 직조공이었고 어머니는 의류 패턴을 정리하는 일을 했다. 이들은 너무 가난해서 아들에게 초등 교육밖에 시키지 못하고, 아이가 일을 배울 나이가 되자 제본 공장에 들여보냈다.

자카르는 그 공장에서 경리를 보던 늙은 사무원으로부터 간단한 산수를 배웠는데, 얼마 지나지 않아 기계에 놀라운 재능을 보이기 시작했다. 그 사무원은 자카르가 고안한 기계를 보고 놀라서 그의 아버지에게 독창적인 능력을 살릴 수 있도록 다른 일자리를 구해주라고 충고했다. 그래서 그는 칼을 만드는 사람 밑에 견습공으로 들어갔는데, 주인이 그를 혹사하자 금방 그곳을 뛰쳐나와 활자 주조공장으로 옮겼다.

부모가 죽자 자카르는 아버지의 직조기 2대를 물려받고 직조공의 일을 이어갈 수밖에 없는 상황에 놓였으나, 즉시 직조기를 개량하는 일에 착수했다. 발명에 너무 몰두한 나머지 일을 등한시해 빚더미에 앉게 되었다. 직조기를 팔아 빚을 갚았지만 결혼 후 부양할 식구가 늘어나자 점점 더 쪼들리게 되었다. 빚을 또 갚기 위해 오두막집마저 팔아치우고, 일자리를 구하려고 애썼으나 소용이 없었다. 발명한답시고 공상에 사로잡혀 게으름이나 피우고 있다는 낙인이 찍혀 그를 채용하려는 사람이 없었다. 그러다가 어렵사리 브레스^{Bresse}에서 아마포 직조 공장에 일자리를 얻어 고향을 떠났다. 아내는 리옹에 남아서 밀짚모자를 만들어 근근이 생활을 꾸려나갔다.

그 후 그의 행적에 대해는 알려진 것이 전혀 없으나, 1790년 날실을 고르는 장치를 개발했던 것으로 미루어볼 때 무늬가 들어간 직물의 품질을 높이기 위해 연구를 계속했던 것으로 보인다. 이 장치가 개발되면서 직조기 앞에서 날실을 들어 올리던 아이의 역할이 필요 없게 되었다. 이 기계는 비록 느린 속도로 보급되었지만 10년 후에는 리옹 지역에서만 4000대가 사용되었다. 자카르의 연구는 프랑스 혁명이 일어나면서 중단되었고, 1792년 그는 리옹 의용군에 가담해 뒤부아 크랑스Dubois Crance가 이끄는 국민공회 군대에 맞서 싸웠다. 도시가 함락되자 자카르는 탈출해 라인Rhine 군대에 합류해 하사관까지 진급했다. 계속 군대에 남아 있을 수도 있었지만, 아들이 바로 곁에서 총에 맞아 죽자 탈영해 리옹에 있는 아내 곁으로 돌아갔다. 아내는 여전히 다락방에서 밀짚모자 짜는 일을 하고 있었다. 아내와 함께 숨어서 지내는 동안 오랫동안 마음속에 품어왔던 발명에 대한 집념이 되살아났지만, 일을 착수할 방법이 전혀 없었다. 자카르는 은신처에서 나와 일자리를 구할 수밖에 없었다. 그는 마침내 어느 지적인 제조업자에게서 일자리를 구해 낮에는 일하고 밤에는 발명을 계속했다. 무늬가 있는 제품을 생산하려면 직조기를 대폭적으로 개량할 필요가 있었다. 그러던 어느 날 그는 우연한 기회에 공장 주인에게 그 문제를 언급하면서 여건이 되지 않아 아이디어를 실용화하지 못하고 있다고 털어놓았다. 다행스럽게도 공장 주인은 자카르의 아이디어가 가치가 있다고 판단하고 돈을 내놓으면서 마음대로 써도 좋으니 틈날 때마다 직조기 개량에 힘써 보라고 크게 아량을 베풀었다.

자카르는 그로부터 3개월 만에 고되고 따분한 노동을 기계가 대신해줄 수 있는 직조기를 발명했다. 이 직조기는 1801년 파리에서 개최된 전국 산업박람회에 출품되어 동메달을 받았다. 또 자카르는 카르노Carnot 장관이 친히 리옹으로 그를 방문하는 영예도 입었다. 카르노는 자카르의 발명을 직접 축하해주기 위해 방문한 것이었다. 그 다음 해, 런던에 있는 기술협회는 어망과 선박 승선용 안전망 생산을 위한 기계 발명을 공모했다. 이 소식을 들은 자카르는 어느 날 평소 습관대로 들판을 산책하면서 그 문제를 골똘히 생각하다가 그러한 용도에 적합한 기계를 고안해냈다. 이제 그의 친구가 된 공장 주인이 이번에도 아이디어를 실용화할 수 있는 자금을 마련해 준 덕분에 자카르는 3주일 만에 발명품을 완성했다.

자카르의 업적을 들은 도지사가 그를 불러들였다. 자카르가 기계의 작동 원리에 대해 설명하자 도지사는 황제에게 보고서를 올렸다. 자카르는 기계를 가지고 즉시 파리로 오라는 명령을 받고 황제를 알현했다. 황제는 그의 천재성을 높이 치하하며 그를 환대했다. 황제와의 면담은 2시간 동안 계속되었고, 자카르는 황제가 다정하게 대하자 편안한 마음으로 무늬 있는 직물을 짜는 기계를 어떻게 개량하려고 하는지 설명했다. 그 결과, 공예대학Conservatoire des Arts et Métiers 숙소를 제공받고 그곳에 머무는 동안 연구실을 마음대로 이용하고 체재비까지 제공받았다.

대학에 자리 잡은 자카르는 직조기의 세부적인 개량작업을 마무리했다. 그는 정교한 장치를 잔뜩 모아놓은 전시실에서 다양한 기계를 세밀하게 관찰할 수 있는 기회를 십분 활용했다. 특히 그의 시선을 끄는 기계는 꽃무늬 비단을 짜는 직조기였다. 그는 유명한 자동장치 발명가인 보캉송Vaucanson이 만든 이 기계를 보고 자극을 받아 발명에 더욱 박차를 가했다.

보캉송은 구조 발명에 뛰어난 천재였다. 그는 창작 욕구가 너무 강해 솟구치는 걱정을 스스로 주체할 수 없을 정도였다. 시인은 태어나는 것이지 만들어지는 게 아니라는 말은 발명가에게도 딱 들어맞는 말이다. 물론 다른 사람들과 마찬가지로 주어진 성장 환경과 기회에 따라 달라질 수 있지만, 주로 자신의 본능을 충족하기 위해 기계를 고안하고 제작한다. 특히 보캉송의 경우에는 그러했다. 그의 역작들은 실용적인 측면에서 월등하게 뛰어난 것은 아니지만 호기심 많은 천재의 관심을 그대로 드러내고 있다. 그는 아주 어렸을 때 일요일마다 어머니와 대화를 나누었는데, 그때마다 칸막이벽을 통해 옆방에 걸려 있는 괘종시계의 움직임이 살짝 보였다. 그는 시계의 움직임이 신기해 그 원리를 이해하려고 몇 달 동안 애쓴 나머지 탈진기*6의 원리까지 발견했다.

그때부터 보캉송은 기계 발명의 묘미에 깊이 빠져버린다. 그는 자신이 고안한 조잡한 연장을 가지고 기가 막히게 시간이 정확한 시계를 나무로 만들어냈다. 교회 모형을 만들면서 그 속에 날개를 움직이는 천사와 종교 예식을 거행하는 사제의 모형을 만들어 넣기도 했다. 그는 자신이 고안한 자동인형을 만들어보기 위해 해부학, 음악, 기계공학 연구에 몇 년 동안 몰두했다. 튈르리^{Tuileries} 궁전 정원에 있는 플루트 연주자의 동상을 보고는 실제로 연주하는 인형을 만들겠다고 결심했다. 몇 년 동안 병마와 씨름하며 연구를 하고 작업을 한 끝에 그는 자신이 구상한 대로 인형을 만드는 데 성공했다. 그 다음에는 플래절렛*7 연주자 인형을 만들고, 그의 작품 중에서 가장 걸작이라고 할 수 있는 오리를 만들어냈다. 오리 모형은 진짜 오리처럼 헤엄도 치고, 철퍼덕거리며 물을 튀기기도 하고, 꽥꽥 울기도 했다. 비극

---

*6. 탈진기 : 동력장치로부터 톱니바퀴에 일정한 간격으로 동력을 전달하는 시계 부품
*7. 플래절렛 : 구멍이 앞쪽에 네 개, 뒤쪽에 두 개 있는 통소

〈클레오파트라〉 공연에 사용된 코브라 모형을 만들기도 했는데, 이 독사는 쉭쉭거리며 여배우의 가슴으로 달려드는 모습을 보여주었다.

보캉송은 자동인형만 만든 것이 아니었다. 그의 천재성을 인정한 플러리 추기경은 그를 프랑스 비단 제조업체 검열관에 임명했다. 그는 이 직책을 맡자마자 발명 본능을 억제하지 못하고 비단 직기 개량에 착수했다. 이때 그가 만든 기계 중에는 견사 꼬는 기계도 있었는데, 리옹의 직조공들은 이 기계가 발명되자 분노를 터뜨렸다. 일자리를 잃지 않을까 염려했기 때문이다. 보캉송은 이들로부터 돌팔매를 맞아 거의 죽을 지경에 이르기도 했다. 그럼에도 불구하고 그는 발명을 계속해 꽃무늬 비단 직기를 개발했다. 이 기계에는 견사를 손질해 얼레나 실타래의 두께를 일정하게 만들어주는 장치가 부착되어 있었다.

1782년 오랜 투병생활 끝에 숨을 거두면서 보캉송은 자신이 발명한 기계를 모두 황후에게 바친다는 유언을 남겼으나, 황후가 대수롭지 않게 여기는 바람에 기계들은 곧 사라지고 말았다. 그러나 다행스럽게도 꽃무늬 직기가 공예대학 박물관에 보존되어 있어서 자카르가 그곳에서 이 기계를 발견하게 되었던 것이다. 박물관 소장품 중에는 흥미로운 것이 많이 있었으나, 그는 이 기계의 가치를 알아보고 즉시 개조해 개량 직기를 선보이게 되었다.

보캉송이 발명한 걸작품 가운데에는 구멍을 뚫은 원통형 실린더가 있다. 이 실린더를 회전시키면 뚫려 있는 구멍에 따라 바늘의 움직임이 조정되어 날실이 옆으로 움직여 단순한 무늬가 생긴다. 자카르는 이 장치의 특징에 매료된 나머지 자신의 천재성을 발휘해 개량작업에 착수했다. 꼬박 한 달을 노력한 끝에 새로운 직기를 완성했다. 그는 두꺼운 판지에 구멍을 많이 뚫은 다음 그 판지를 보캉송의 실린더에 덧대어 날실이 그 판지를 통해 직기에 들어가도록 만들었다. 직공이 꼬아야 할 북 실의 색깔을 직공에게 보여주는 장치도 만들어 붙였다. 따라서 날실을 조작하는 보조원과 무늬 검사원이 필요 없게 되었다. 자카르는 새로운 직기로 화려한 무늬가 들어 있는 직물을 짜서 조제핀 황후에게 바쳤다. 나폴레옹은 발명가의 노고를 높이 치하하고 가장 유능한 숙련공들을 시켜 자카르의 직기를 많이 만들어 자기에게 바치라고 명령했다.

    그 뒤 자카르는 리옹으로 돌아왔으나 발명가들이 흔히 겪는 운명이 그를 기다리고 있었다. 그 고장 사람들로부터 적으로 인정받아 케이, 하그리브스, 아크라이트가 랭커셔에서 겪은 것과 같은 봉변을 겪게 된 것이다. 근로자들은 새로운 직기가 자기들의 직업에 치명적인 영향을 마친다고 생각하고 그 기계 때문에 굶게 되는 것은 아닌지 두려워했다. 테로 광장Place des Terreaux에 폭도들이 모여 기계를 파괴하기로 결의했다. 그러나 군대가 막는 바람에 파괴에 나서지는 못하고, 자카르를 비난하면서 그의 인형을 만들어 교수형에 처했다. 노동법원Conseil des prud'hommes 심판관들이 나서서 폭동을 가라앉히려고 했으나 소용이 없었고 이들도 규탄의 대상이 되었다. 나중에는 군중심리에 휩싸인 심판관들이 자카르의 직기 하나를 꺼내어 대중 앞에서 산산조각 냈다. 심판관 대부분이 노동자 출신이었기 때문에 노동자들과 동조한 것이다. 폭동이 계속되면서 포악해진 폭도들이 자카르를 부두로 끌고 가서 물에 빠뜨리려고 했으나 간신히 구조되었다.

하지만 자카르 직기의 가치는 아무도 부인할 수 없는 것이기 때문에 성공은 시간문제였다. 영국의 비단 생산업자들은 자카르에게 영국으로 건너와 정착하라고 강력하게 권했다. 고향 사람들로부터 혹독하고 무자비하게 당하긴 했지만 그의 애국심은 그런 제의를 받아들이지 않았다. 하지만 영국 생산업자들도 그의 직기를 도입했다. 그때야 비로소 리옹 사람들도 그 분야에서 내몰리지 않을까 두려워 자카르의 직기를 적극적으로 사용하기 시작했고, 오래지 않아 자카르의 직기가 거의 모든 직조 공정에 활용되었다. 그 결과 노동자들의 두려움은 전혀 근거 없는 것으로 밝혀졌다. 일자리가 줄어들기는커녕 자카르의 직기로 일자리가 최소한 10배 증가했다. 레옹 포세Leon Faucher가 발표한 바에 따르면 1833년 당시 리옹에서 무늬 직물 생산에 종사하는 사람의 수가 6만 명에 달했으며, 그 이후에도 숫자가 상당히 증가했다.

자카르는 말년을 평화롭게 지냈으나 한 차례 그 평화가 깨진 적이 있다. 그를 부두로 끌어내 물에 빠뜨리려고 하던 노동자들이 이번에는 그의 생일을 축하하기 위해 그를 앞장세우고 바로 그 길을 따라 행진하려고 했던 것이다. 그러나 자카르는 겸손하게 행진에 참여하기를 사양했다. 리옹 지방의회가 지역 산업을 위해 기계를 개량하는 데 전념해 달라고 요청하자, 그는 자신이 정한 대로 연금을 적게 받기로 하고 그 요청을 받아들였다. 자신의 발명품을 완벽하게 개량한 뒤 그는 예순 살에 은퇴해 아버지의 고향인 울랭Oullins에서 여생을 보냈다. 1820년 레지옹 도뇌르 훈장을 받고 1834년 세상을 떠나 그곳에 묻혔다. 그를 기념하는 동상이 세워졌으나, 그의 가족은 여전히 가난을 면하지 못했다. 그가 죽은 지 20년 뒤, 그의 두 조카딸은 궁핍에 시달리다 못해 루이 18세가 그에게 하사한 금메달을 몇 백 프랑에 팔아버렸다. 한 프랑스 작가는 이렇게 썼다.

"그것이 자신들에게 호화로운 생활을 안겨준 사람에게 리옹의 생산업자들이 보여준 감사의 표시였다."

발명가들의 수난 역사를 길게 설명하려면 끝이 없고, 자신의 삶에는 아무런 보탬이 되지 못한 채 당대의 산업 발전에 기여한 위인들의 이름을 좀더 나열하기는 매우 쉽다. 천재들은 나무를 심었으나 열매를 거두어들이는 데에는 우둔했기 때문이다. 그래서 비교적 최근 기계를 발명한 천재들이 극복해야 했던 곤경과 궁핍한 환경을 살펴봄으로써 발명가에 관한 이야기는 끝을 맺을까 한다. 소면기를 발명한 조슈아 하일만Joshua Heilman이 바로 그 사람이다.

조슈아 하일만의 소면기

조슈아 하일만은 1796년 알자스 지방의 면방 산업 중심지였던 뮐루즈Mulhouse에서 태어났다. 그의 아버지도 면방산업에 종사하고 있었고, 조슈아도 열다섯 살의 나이에 아버지 회사에 들어갔다. 그는 그 회사에서 2년간 일하면서 남는 시간에는 기계 도면을 그리는 데 열중했다. 그 뒤에는 파리에 있는 숙부의 은행에서 2년간 일하면서 밤에는 수학을 공부했다. 그의 인척들이 뮐루즈에 조그만 면방적 공장을 세우면서 젊은 하일만을 파리에 있는 티소 레Tissot and Rey 회사에 입사시켜 그 회사의 실무를 배우게 했다. 그는 회사에 입사하는 동시에 공예대학에 입학해 강의를 듣고 박물관에서 기계를 공부했다. 한편으로는 장난감 공장에서 실무를 배우기도 했다. 얼마 동안 그렇게 열심히 공부한 뒤 알자스로 돌아와서 비외탕Vieux-Thann에 새로 건립해 막 가동되기 시작한 공장에서 기계 조립을 감독하게 되었다. 하지만 시장에 위기가 닥쳐 심각한 타격을 받고 공장이 다른 사람 손에 넘어가자 하일만은 뮐루즈에 있는 가족에게 돌아갔다.

그 후 하일만은 틈날 때마다 발명에 전념하고, 특히 면화 직조와 방적용 섬유 준비에 관련된 기계 발명에 열중했다. 그가 6개월 동안 노력한 끝에 처음 완성한 장치는 20개의 바늘이 동시에 움직여 자수를 놓는 기계였다. 그는 이 발명품을 1834년 박람회에 출품해 금메달과 레지옹 도뇌르 훈장을 받았다. 곧 이어서 직기 개량, 직물을 재고 접는 기계 발명, 영국 방적기의 얼레와 연사기 개량, 씨실 감는 기계 발명 등 끊임없이 연구를 계속하고, 견직과 면직의 준비·방적·직조에 필요한 기계를 꾸준히 개량했다. 그 중에서도 천재성이 가장 돋보인 기계는 벨벳처럼 보풀이 많은 직물을 두 필씩 동시에 짜는 직기였다. 두 필을 함께 짜다가 칼과 가로지른 절단기로 분리시키는 방식이었다. 하지만 무엇보다 가장 아름답고 천재성이 뛰어난 발명은 면화를 고르게 빗질하는 데 쓰이는 소면기였다. 이제 소면기의 역사를 짤막하게나마 살펴보자.

하일만은 몇 년 동안 장섬유 면화를 빗질해 고르는 기계를 발명하기 위해 연구하는 동안 평범한 소면기는 방적용 원료, 특히 가느다란 실을 준비하는 데 비효율적이고 원료의 낭비가 심하다는 것을 발견했다. 이러한 폐단을 없애기 위해 알자스의 면방적업자들은 5000프랑의 상금을 걸고 소면기 개량품을 공모했다. 하일만은 이 상금을 타기 위해 즉시 공모에 지원했다. 상금을 타는 것이 목적은 아니었다. 아내에게 상당히 많은 재산이 있어서 그는 비교적 부유하게 생활할 수 있었다. 그는 이렇게 말했다.

"이 일을 하면 얼마나 벌게 될까 하고 끊임없이 자문하는 사람은 결코 위대한 일을 해낼 수 없다."

그를 계속 다그치며 발명을 계속하게 한 원동력은 억누를 수 없는 그의 본능이었다. 자기 앞에 놓인 문제를 즉시 해결하지 않고서는 견딜 수가 없었다. 하지만 이 기계가 안고 있는 문제는 예상했던 것보다 훨씬 어려웠다. 세심하게 연구에 몰두했으나 몇 년이라는 세월이 그냥 흘러가버리고, 비용도 엄청나게 들어가서 아내의 재산도 거의 바닥이 날 지경이었다. 기계는 완성하지도 못한 채 가난에 시달리게 된 것이다. 그때부터 그는 친구들의 도움을 받으며 겨우겨우 연구를 계속해나갔다.

아내는 가난과 곤경에 시달리며 남편이 폐인이 되고 말았다고 염려하다가 먼저 세상을 떠났다. 하일만은 아내가 죽자 곧 영국으로 건너가 맨체스터에서 머물면서 기계를 계속 연구했다. 그는 저명한 기계 제조업체인 샤프, 로버츠 앤드 컴퍼니Sharpe, Roberts and Company가 만들어준 모형을 가지고 있었으나 그 모형이 흡족하게 작동되도록 만들 수가 없어 단념했다. 그는 가족을 방문하기 위해 프랑스로 돌아왔지만 기계가 여전히 그의 마음을 사로잡고 있었다. 어느 날 저녁 난로 옆에 앉아서 발명가들의 불운한 말로와 그들의 가족이 겪은 불행에 대해 생각하다가 무심코 딸들이 빗질하는 모습을 보게 되었다. 딸들은 긴 머리를 늘어뜨리고 손가락 사이로 머리카락을 빗어 내리고 있었다. 그 광경을 보는 순간 좋은 아이디어가 떠올랐다. 긴 머리카락을 빗어 내리고 짧은 머리카락은 빗으로 다시 되돌려 빗어 올리는 동작을 기계에 응용하는 데 성공한다면 곤경에서 헤어날 수 있을 것 같았다. 엘모어Elmore는 하일만의 이 사건을 주제 삼아 아름다운 그림을 그려 1862년 왕립학회 전시회에 출품하기도 했다.

하일만은 이 아이디어를 가지고 겉보기에는 아주 단순하지만 실제로는 아주 복잡한 과정을 기계로 처리하는 공정을 도입해 발명품을 완성하는 데 성공했다. 이 공정의 아름다움은 기계가 작동하는 광경을 목격한 사람들만이 알 수 있다. 일단 보면 머리카락을 빗질하는 동작과 비슷하다는 것을 금방 알 수 있다. 이 기계는 "인간의 손가락처럼 섬세하게 움직인다."는 평을 받았다. 이 기계는 면화 뭉치를 양쪽 끝에서 빗질해, 각 섬유가 서로 정확하게 평행이 되게 가지런히 놓은 다음 긴 섬유와 짧은 섬유를 분리하여 따로 따로 묶는다. 이 기계는 손가락의 섬세한 정확성뿐만 아니라 인간의 예민한 지성까지 본 따 움직이는 것이었다.

이 발명품의 주된 상업적 가치는 품질이 떨어지는 면화로 고급 방적사를 만들 수 있다는 데에 있다. 따라서 제조업자들은 고가 직물에 가장 적합한 섬유를 고를 수 있고, 고급 면사를 대량으로 생산할 수 있게 되었다. 이 기계를 사용하면 실을 아주 가늘게 만들 수 있기 때문에 1파운드(약 450그램)의 면화에서 약 5375미터의 실을 뽑아낼 수 있고, 이 실로 고급 레이스를 만들면 1실링어치의 면화나 양모가 소비자의 손에 넘어갈 때에는 300파운드 내지 400파운드짜리 고급 제품으로 바뀐다.

 영국 면방적업자들은 하일만이 만든 발명품의 진가와 실용성을 즉시 인정했다. 랭커셔 지방에 있는 6개 업체가 연합해 영국 내에서 면방적에 사용할 수 있는 권리를 3만 파운드에 사들였다. 양모방적업자들도 같은 가격을 지불하고 그 공정을 양모에 응용하는 권리를 얻었다. 리즈에 있는 마셜 회사는 2만 파운드라는 거금을 지불하고 그 특허를 아마포에 사용했다. 마침내 가난한 하일만에게 돈이 마구 쏟아졌다. 그러나 그는 이 돈을 쓸 시간이 없었다. 기나긴 고생 끝에 성공을 거두자마자 세상을 떠났고, 역경을 함께 겪었던 그의 아들도 곧 그의 뒤를 따랐다. 경이로운 문명은 모두 이러한 생명의 대가로 얻은 것이다.

3
도예의 3대 명장

| 새무얼 스마일즈의 자조론 |

끈기는 불굴 정신의 요체다. 끈기는 모든 기쁨의 근원이자 힘의 원천이다. 소망이 있다 해도 끈기가 없으면 행복을 얻을 수 없다.

— 존 러스킨John Ruskin*1

25년 전 나는 겉에 유약을 바른 잔을 보고 그 아름다움에 매료되었다. 도기에 대해서는 아무런 지식이 없었지만, 그 이후로 나는 어둠 속을 헤매는 사람처럼 유약을 찾기 시작했다.

— 베르나르 팔리시Bernard Palisy

---

*1. 존 러스킨(1819~1900) : 영국의 작가 · 비평가 · 예술가

요업의 역사에서 특히 끈기 있게 노력한 위인을 많이 찾아볼 수 있다. 이들 가운데 가장 두드러진 업적을 남긴 세 사람, 프랑스의 베르나르 팔리시, 독일의 요한 프리드리히 뵈트거Johann Friedrich Böttgher, 영국의 조사이아 웨지우드Josiah Wedgwood의 일생을 살펴보기로 한다.

　　흙으로 그릇을 빚는 기술은 고대 국가에도 널리 보급되어 있었지만, 유약을 발라 도기를 만드는 기술을 가진 나라는 흔치 않았다. 하지만 기원전에 이미 에트루리아[*2]에서 이 기술을 사용했다는 증거를 보여주는 그릇이 골동품 중에서 발견되고 있다. 이 기술은 한동안 완전히 사라졌다가 비교적 근세에 들어와서야 재현되었다. 에트루리아의 도기는 고대에 매우 귀한 물건이어서 아우구스투스 황제 시대에는 꽃병 하나가 같은 무게의 금과 맞먹는 값에 거래되었다. 한편, 무

---

*2. 에트루리아 : 이탈리아 중서부 지역에 있던 고대 국가

어 인*3들도 이 기술을 보존하고 있었던 것으로 보인다. 1115년 피사Pisa 함대가 지중해에 있는 마요르카Majorca 섬을 점령했을 때, 무어 인들이 이 기술을 이용해 도기를 만드는 것이 목격되었다. 피사 군대는 무어 인의 도기 접시를 약탈해 승리의 기념으로 피사의 고대 교회 벽에 붙여놓았다. 그곳에 가면 지금도 그 그릇들을 볼 수가 있다. 그로부터 약 2세기가 지났을 무렵부터 이탈리아 인들은 무어 인의 도기를 모방해 유약을 바른 그릇을 만들기 시작했으며, 최초 생산지 이름을 따서 그 그릇을 마욜리카Majolica라고 불렀다.

유약의 재발견, 루카 델라 로비아

이탈리아에서 유약 기술을 재발견해 되살린 사람은 피렌체의 조각가 루카 델라 로비아Luca della Robbia였다. 바사리Vasari*4가 전하는 바에 따르면, 그는 지칠 줄 모르는 끈기를 가졌으며, 낮에는 끌을 들고 조각을 하고 밤에는 그림을 주로 그렸다고 한다. 루카는 그림에도 아주 열중해 밤늦게 작업을 할 때는 발이 얼지 않게 하려고 대팻밥을 담은 바구니에 발을 담근 채 작업을 했다. 바사리는 이렇게 전한다.

"나는 그런 모습을 보고 전혀 놀라지 않았다. 더위, 추위, 배고픔, 목마름 그리고 어떠한 불편도 이겨낼 수 있는 힘을 기르지 않고서는 어떤 분야에서든 뛰어난 업적을 남길 수 없기 때문이다. 안락한 생활

---

*3. 무어 인 : 8세기경에 스페인을 정복한 아랍 부족
*4. 바사리(1511~1574) : 이탈리아의 건축가 · 화가 · 작가

을 누리고 온갖 쾌락을 즐기고도 영예로운 대우를 받고자 한다면, 그것은 자기 자신을 속이는 일이다. 탁월한 기량과 명성은 편안하게 자는 동안 저절로 쌓이는 것이 아니라, 깨어 일어나 정신을 바짝 차리고 꾸준히 노력해야만 얻을 수 있는 것이다."

루카는 부지런히 작업에 전념했으나 조각으로 벌어들이는 수입만으로는 생활하기가 어려웠다. 그러던 어느 날 대리석보다 구하기 쉽고 비싸지 않은 재료로 모형을 제작하는 게 좋겠다는 생각이 떠올랐다. 그래서 그는 진흙으로 모형을 만들고 나서 모형을 단단하게 만들기 위해 표면에 유약을 칠하고 불에 굽는 실험을 했다. 여러 차례 시험한 끝에 진흙으로 빚은 모형에 재료를 덧씌우는 방법을 발견했다. 이 재료를 덧씌워 불가마 속에 넣은 다음 강한 열을 가하면 그 재료가 거의 영구적인 유약으로 변했다. 그 후 그는 유약에 색을 집어넣는 방법도 발견해 도기를 더욱 아름답게 만드는 데 성공했다.

루카의 명성은 유럽 전역에 알려지고 그의 작품이 널리 보급되었다. 프랑스와 스페인에도 그의 작품이 전해져 높은 평가를 받았다. 그 당시 프랑스에 질그릇이라고는 조잡한 갈색 단지와 옹기밖에 없었다. 이러한 사정은 팔리시 시대에도 별로 나아진 것이 없었다. 팔리시는 엄청난 난관을 극복하고 파란만장한 사건을 겪으면서 용감하게 도전해 마치 아름다운 장편 서사시같이 빛나는 업적을 남겼다.

베르나르 팔리시

베르나르 팔리시는 1510년경 프랑스 남부에 있는 아장^{Agen}에서 태어난 것으로 추정된다. 그의 아버지는 유리를 만드는 직공이었던 것으로 추측되며, 베르나르도 이 기술을 배우며 성장했다. 가정 형편이 너무 어려워서 학교 교육은 전혀 받지 못했다. 그는 뒷날 이렇게 회상했다.

"나는 책이라고는 가져본 적이 없다. 하늘과 땅이 내 책이었다. 이 책은 누구나 이용할 수 있는 것이 아닌가."

그는 유리 채색 기술을 먼저 배운 다음, 그림 그리기를 배우고 나서야 읽기와 쓰기를 익힐 수 있었다.

열여덟 살이 되었을 때 유리업계가 쇠퇴하자 배낭을 메고 집을 떠나 세상 밖으로 나가 자신에게 맞는 일자리가 있는지 찾아다녔다. 개스코니Gascony로 가서 우선 유리 만드는 공장에 취직하고 부업으로 토지 측량을 했다. 그리고 북쪽을 향해 다시 길을 떠나 플랑드르Flanders 지방과 남부 독일 이곳저곳을 돌아다녔다.

유약을 찾아서 : 그래도 희망은 있다

10여 년 동안 그렇게 떠돌이 생활을 하다가 결혼을 하고 프랑스 샤랑트Charente 지방에 있는 조그만 마을 생트Saintes에 정착해 유리 채색과 토지 측량을 생업으로 삼았다. 그러나 자식이 하나둘씩 늘어가면서 부양에 대한 책임도 무거워지고 생활비도 점점 많이 들어가는데, 생업으로 벌어들이는 수입은 가족을 부양하기에 턱없이 부족했다. 무언가 돌파구를 찾아야 했다. 유리 채색처럼 불안정한 일자리에서 고되게 일하는 것보다 더 나은 일이 있을 거라고 생각했다. 그래서 그는 유사한 업종 가운데 질그릇에 그림을 그리고 유약을 바르는 기술에 관심을 기울이게 되었다. 그러나 이 분야에 대해 아는 것이 전혀 없었다. 이 사업을 시작하기 전에는 흙을 굽는 공정도 본 적이 없었다. 주위의 도움 같은 건 전혀 받지 못하고 혼자서 모든 것을 익혀 나가야 했다. 그렇지만 희망을 가득 품고 배우려고 노력하면서 끈기와 인내심으로 모든 어려움을 극복해 나갔다.

팔리시는 이탈리아에서 만든 우아한 잔을 보고 이 신기술에 처음으로 관심을 가지게 되었다. 아마도 루카 델라 로비아가 만든 잔이었을 것이다. 평범한 사람이라면 그냥 지나쳤을 수도 있을 것이다. 팔리시도 평상시였다면 대수롭지 않게 생각했을지도 모른다. 하지만 직업을 바꾸려고 고민하고 있었기 때문에 그 잔을 본 순간 그대로 만들어보고 싶은 열망이 불끈 솟아올랐다. 이 잔을 보고 나서 그는 완전히 혼란에 빠졌다. 그와 같은 유약을 찾아내 도기에 칠하겠다는 결심이 격정처럼 그를 사로잡았다. 독신이었다면 유약의 비밀을 찾아서 이탈리아로 떠났겠지만 가족이 있는 몸이라 그럴 수가 없었다. 그래서 그들 곁에 머물면서 도기를 만들어 유약을 칠하는 공정을 발명하겠다는 소망을 품고 어둠 속을 무작정 더듬기 시작했다.

처음에 그는 유약의 재료를 대충 짐작하고 갖은 방법을 동원해 재료의 성분을 확인하는 실험을 했다. 유약 성분이 들어 있을 만한 물질을 모두 가루로 빻고, 흙으로 만든 보통 항아리를 사서 깨뜨린 다음 항아리 파편 위에 자신이 만든 가루를 바르고 불가마에 넣어보았다. 그러나 실험은 번번이 실패했다. 남은 것이라곤 깨진 항아리 조각뿐이었고, 연료, 약품, 시간 그리고 노동력만 낭비했다. 여자들은 이러한 실험에 공감하기 어렵다. 눈이 보이는 결과라곤 자녀들에게 입힐 옷과 먹일 음식을 살 돈을 낭비한 것밖에 없지 않은가? 팔리시의 아내는 다른 면에서는 남편을 따랐으나 항아리를 더 이상 사들이는 데에는 동의할 수 없었다. 그저 깨뜨려 버리기 위해서 사는 것처럼 보였기 때문이다. 그러나 이내 남편의 말에 따랐다. 유약의 비밀을 반드시 캐내고야 말리라는 집념에 사로잡혀 있어서 말린다한들 팔리시가 포기할 리 없었기 때문이다.

몇 달이 흐르고 몇 년이 지나도 팔리시는 실험에만 계속 매달렸다. 첫 번째 가마가 실패작이라는 것이 밝혀지자, 그는 야외에 두 번째 가마를 만들었다. 나무를 더 많이 때고 약품과 항아리를 더 낭비하고 시간을 허비했으나 아무런 성과도 없이 그의 가족은 가난의 늪으로 빠져 들어갔다. 그는 그때를 이렇게 회상했다.

"몇 년을 허비했지만 마음먹은 대로 만들어낼 수 없었다. 그저 슬프고 한숨만 나왔다."

실험을 하는 동안 간간이 유리 채색도 하고 초상화도 그리고 토지 측량도 했지만 수입은 미미했다. 연료비가 너무 많이 들어 실험을 계속할 수 없는 지경에 이르렀다. 그렇지만 그는 질그릇 조각을 사들여 예전처럼 300조각, 400조각으로 만들어 그 위에 약품을 바른 다음, 생트에서 7킬로미터가량 떨어진 타일 공장으로 운반해 가마 속에 넣고 구웠다. 구운 조각을 꺼내보았으나 절망스럽게도 이번에도 완전히 실패작이었다. 결과는 실망스러웠으나 그는 굴복하지 않고 바로 그 자리에서 다시 시작하겠다고 새롭게 다짐했다.

토지 측량 때문에 실험을 잠시 중단해야 할 일이 생겼다. 주정부의 칙령에 따라 토지세를 징수하기 위해 생트 지역에 있는 염습지*5를 측량해야 했다. 팔리시는 이 측량 업무를 맡아 지도를 작성했다. 한동안 이 일에만 전념해 후한 보수를 받았다. 그러나 측량이 끝나자마자 예전보다 더욱 열심히 유약을 찾는 일에 몰두했다. 새로 사들인 질그릇 30여 점을 깨뜨려서 각종 혼합 재료를 그릇 파편에 발라 인근 유리공장 가마에서 구웠다. 그러자 희망의 빛이 어렴풋이나마 나타났다. 유리 공장 가마의 온도가 높아서 혼합 재료 가운데 일부가 녹았던 것이다. 그러나 흰색을 띤 유약은 아무리 찾아도 발견할 수 없었다.

2년 이상 더 실험을 계속했으나 만족할 만한 성과를 거두지 못한 채, 염습지 측량으로 벌어들인 돈이 거의 바닥나 다시 가난에 시달리게 되었다. 그러나 그는 마지막으로 기운을 내 예전보다 더 많은 항아리를 부수기 시작했다. 항아리 파편 300여 점에 혼합 유약을 바른 다음 유리 공장 가마에 집어넣고 파편이 구워지는 과정을 지켜보았다. 4시간이 지나 가마를 열었다. 질그릇 파편 300점 가운데 단 한 점에서 유약이 녹아 있었다. 그는 그것을 재빨리 꺼내어 식혔다. 표면이 굳어지면서 점점 흰색이 나고 윤이 나는 게 아닌가! 팔리시의 표현대로 한다면, 그 조각은 "오묘하고 아름다운" 광채를 내며 흰색 유약으로 덮여 있었다. 그토록 오매불망 기다렸으니 그의 눈에 아름답게 보이지 않았을 리가 없다. 그는 그것을 들고 아내에게 달려갔다. 다

---

*5. 염습지 : 소금 성분이 많이 함유된 바닷물이 드나들고 식물이 무성하게 자라 배수가 잘 되지 않는 해안 저지대

시 태어난 기분이었다. 그러나 고생한 결실을 거두기에는 아직도 갈 길이 멀었다. 마지막으로 안간힘을 다해 부분적으로는 성공을 거두었지만 여전히 실험과 실패를 거듭해야 했다.

그는 성공의 순간이 눈앞에 다가왔다고 믿고, 발명을 완성하기 위해 집 근처에 유리 가마를 직접 만들기로 결심했다. 그렇게 하면 남들 눈에 띄지 않고 비밀리에 작업을 계속할 수 있을 테니까. 그는 손수 가마를 만들고, 벽돌 공장에서부터 벽돌을 등에 짊어지고 날랐다. 벽돌 쌓는 일, 잡부 일 등 모든 일을 혼자 감당한 결과, 7, 8개월이 지나 가마를 완공할 수 있었다. 한편 그는 틈틈이 흙으로 그릇을 빚어서 유약을 칠할 준비를 해놓았다. 초벌구이가 끝난 뒤에 유약을 바르고 가마에 다시 넣어 운명을 판가름하게 될 실험을 할 작정이었다. 자금이 동나기 전에 팔리시는 마지막 실험을 하는 데 충분한 양의 땔감을 미리 마련해두었다. 마침내 불을 지피고 그릇 조각을 굽기 시작했다. 하루 종일 가마 옆에 앉아서 땔감을 집어넣었다. 밤새 가마를 지켜보면서 부지런히 땔감을 넣었으나 유약은 녹지 않았다. 어느새 날이 밝아오고 해가 솟았다. 궁색한 살림이라 먹을 것도 부족했지만, 아내가 아침식사를 차려왔다. 남편이 계속 땔감을 집어넣으며 잠시도 가마를 떠나지 않을 것이라고 짐작했기 때문이다. 이틀이 지나도 유약은 녹지 않았다. 해가 저물고 다시 그 다음 날이 밝았다. 창백하고 초췌한 얼굴에 수염도 다듬지 않은 채 가마 곁에 앉아서 유약이 녹기만 기다리던 팔리시는 당황스러웠으나 희망을 버리지 않았다. 사흘이 지나고 나흘, 닷새, 엿새가 지났으나 팔리시는 포기하지 않고 가마를 지켜보면서 계속 불을 땠다. 그런데도 유약은 녹지 않았다.

불현듯 유약 재료에 문제가 있는 것이 아닌가 하는 생각이 뇌리를 스쳤다. 용해액이 뭔가 부족한 것 같았다. 새로운 재료를 빻아서 섞고 실험을 준비하는 동안 또다시 2, 3주가 흘렀다. 그런데 항아리는 무슨 수로 사들인단 말인가? 첫 번째 실험을 위해서 준비했던 조각은 너무 오래 구워서 다시 쓸 수가 없었다. 이제 돈은 한 푼도 남지 않았다. 그래도 돈을 변통할 수는 있었다. 아내와 이웃 사람들은 그가 쓸데없는 실험으로 어리석게 재산을 탕진한다고 생각했지만, 다행히도 그에 대한 평판은 아직 좋았다. 친구로부터 땔감과 항아리를 사들이고 실험을 한 번 더 하기에 충분한 돈을 빌릴 수 있었다. 새로운 유약을 항아리 조각에 바른 다음, 가마에 그릇 조각을 넣고 불을 다시 지폈다.

절박한 심정으로 마지막 실험을 시작했다. 불꽃이 피어오르고 열기가 점점 강해졌으나 유약은 녹지 않았다. 땔감이 바닥나기 시작했다. 무슨 수로 불을 계속 지피나? 정원에 있는 말뚝이 눈에 띄었다. 말뚝을 뽑아 가마에 던져 넣었다. 그래도 유약은 녹지 않았다. 10분만 불을 더 때면 녹을 것 같았다. 무슨 수를 써서라도 땔감을 더 구해야 했다. 집 안에 가구와 선반이 있었다. 가구를 때려 부수는 소리에 아내와 아이들이 비명을 질렀다. 팔리시는 이제 완전히 이성을 잃은 사람 같았다. 식탁을 쪼개어 불속으로 던졌다. 목재를 비틀어 떼어내는 소리가 온 집 안에 울려 퍼졌다. 이번에는 선반을 부셔서 가마 속으로 내던졌다. 아내와 아이들이 집 밖으로 뛰쳐나와 불쌍한 가장이 이제는 미쳐서 가구를 몽땅 땔감으로 쓰고 있다고 외치며 온 동네를 돌아다녔다.[12]

유약의 발견 : 10년, 그리고 또 8년

팔리시는 한 달 내내 옷도 갈아입지 못하고 제대로 먹지도 못한 채 고생과 근심 속에 가마를 지키느라 완전히 녹초가 되었다. 빚더미에 올라 앉아 파산하기 직전이었다. 그러나 마침내 비밀이 밝혀졌다. 마지막으로 가한 열기가 유약을 녹인 것이다. 열을 식힌 다음 그릇 조각을 가마에서 꺼내자 가정에서 쓰는 평범한 갈색 단지가 새하얀 빛을 뿜었다. 이제 온갖 질책, 모욕, 비난을 견뎌내며 자신이 발견한 비밀을 사업에 활용할 수 있는 기회가 오기만을 끈질기게 기다리기만 하면 되었다.

팔리시는 도공을 고용해 자신이 고안한 대로 도기를 만들게 하고, 자신은 유약을 칠할 원형 양각 장식을 만들기 시작했다. 그러나 그릇을 만들어 팔게 될 때까지 생계를 어떻게 꾸려나갈 것인가? 다행히 팔리시의 판단력은 신뢰하기 어렵지만 정직성만큼은 믿을 만하다고 생각하는 사람이 있었다. 생트에서 여관을 운영하는 사람이 6개월 동안 그에게 음식과 잠자리를 제공해주기로 한 것이다. 하지만 고용한 도공에게는 약속한 대로 임금을 지불하지 못했다. 집까지 날려버렸으니 남은 것이라곤 자기 몸에 걸친 것밖에 없었다. 밀린 임금 대신 옷을 벗어주고 도공을 내보냈다.

팔리시는 가마를 개량해 다시 만들었으나 내벽에 돌조각이 박힌 곳이 몇 군데 있었다. 열을 가하자 돌조각이 갈라지고 터지면서 작은 파편이 바늘처럼 튀어서 도기에 박혀버렸다. 유약 빛깔은 제대로 나왔는데 작품이 엉망이 되어 6개월 이상 고생한 것이 허사가 되었다.

도기에 흠집이 있더라도 싼 값에 사겠다는 사람들이 나섰으나, 팔리시는 자신의 명예를 더럽히는 일이라고 여겨 도기를 팔지 않고 모두 깨뜨려버렸다. 그는 이렇게 말했다.

"하지만 나는 희망을 잃지 않고 사내답게 버텼다. 간혹 손님이 찾아오면 농담도 건넸지만, 가슴은 슬픔으로 가득 차 있었다. 가장 견디기 힘든 것은 가족의 비웃음과 구박이었다. 이들은 황당하게도 내가 맨주먹으로 일하기를 바랐다. 가마에는 덮개도 없고 바람막이도 없었다. 나는 밤새 비바람을 맞으며 며칠씩 가마를 지켜야 했다. 가마 한쪽에서 고양이 울음이나 개 짖는 소리만 들려올 뿐, 도와주거나 위로해주는 사람이 없었다. 때때로 가마를 내버려둔 채 집 안으로 들어가고 싶은 충동이 강하게 일었다. 비에 폭 젖어서 별 도리 없이 지친 몸을 간신히 가누고 불빛 하나 없고 진창이 된 길을 비틀비틀 걸어 한밤중이나 새벽녘에 집으로 들어갈 때면 마치 술 취한 사람 같았다. 며칠씩 밤새 지켜보면서 그렇게 오랫동안 고생했는데 아무런 보람이 없었다는 슬픔 때문에 더더욱 힘들었다. 하지만 집도 안식처가 되지 못했다. 비에 흠뻑 젖고 여기저기 진흙이 묻은 몰골로 집에 들어서면 구박이 더 심했다. 이제 돌이켜 생각하니 그런 슬픔 속에서도 완전히 미쳐버리지 않은 게 신기하다."

이 당시 팔리시는 기가 꺾이고 아무런 희망도 보이지 않아 신경쇠약에 걸릴 지경이었다. 너덜너덜해진 옷을 입고 뼈만 앙상하게 남은 모습에 우울한 표정을 하고 생트 근방 들판을 방황했다. 그가 남긴 글 가운데 흥미로운 대목이 있다. 종아리 살이 어찌나 많이 빠졌는지 양말이 흘러내리지 않게 묶어놓은 대님이 걸을 때마다 발뒤꿈치까지 흘러내려 아무런 소용이 없었다고 한다.[13] 가족은 그를 무모하다고 힐난하고 이웃 사람들은 어리석은 고집불통이라고 흉을 보았다. 그래서 다시 예전 직업으로 되돌아가 약 1년 정도 열심히 일했다. 가족의 생계비를 벌고 이웃 사람들의 신망도 어느 정도 되찾게 되자 좋아하는 일에 다시 전념했다. 유약을 찾는 데 거의 10년을 허비했지만 발명을 완성하기까지 지루한 실험이 8년이나 더 계속되었다. 그는 점차 손재주를 익히고 실패를 거듭하면서 현장에서 쌓은 지식으로 결과를 확인하는 법을 터득하게 되었다. 실패를 거듭할 때마다 새로운 교훈을 배우고, 유약의 성질, 점토의 속성과 촉감, 가마 제작과 관리에 대해 새로운 지식이 쌓였다.

팔리시, 스스로 도공이라 부르다

약 16년간 고생한 끝에 마침내 팔리시는 용기를 내어 스스로 도공이라고 불렀다. 16년이라는 장구한 세월이 그에게는 이 기술을 익히는 실습 기간이었던 셈이다. 맨 처음부터 그는 독학으로 이 분야를 개척했다. 이제 그릇을 팔아서 가족이 편안히 살 수 있게 되었다. 그러나 그는 만족하지 않고 한 단계 한 단계씩 그릇을 개량해나가면서 완벽한 제품을 만들려고 노력했다. 도기 문양을 만들기 위해 각종 사물을 관찰했다. 저명한 박물학자 뷔퐁Buffon은 그를 이렇게 평했다.

"그는 대자연만이 만들어낼 수 있는 걸작을 만든 위대한 자연주의자다."

장식 문양이 들어간 그의 작품은 이제 미술품 애호가들이 애지중

지하는 귀한 보물이 되었고, 믿기 어려울 정도로 비싼 가격에 팔렸다.[14] 그릇에 그려 넣은 장식 문양은 대부분 생트 주변 들판에서 볼 수 있는 야생 동물, 도마뱀, 식물을 정확하게 본떠서 접시나 꽃병 소재와 잘 어울리게 집어넣은 것이었다. 팔리시의 기술이 정점에 도달했을 때 비로소 그는 자신을 '전원풍 도기의 도공이자 발명가'라고 소개했다.

하지만 팔리시의 고난이 여기에서 끝나지 않으니, 아직도 들려줄 이야기가 남아 있다. 프랑스 남부에서 종교 박해의 열풍이 거세지고 있을 무렵, 신교도였던 그는 자신의 견해를 아무 두려움 없이 밝혔다가 위험한 이단자로 몰리게 되었다. 그를 미워하던 무리로부터 고발이 들어오자 '정의'를 내세우는 관리들이 생트에 있는 그의 집을 수색하고 작업장에 난입해 도기를 깨고 작업장을 폐허로 만들어버렸다. 그는 한밤중에 끌려나와 보르도의 지하 감옥에 갇히는 신세가 되었다. 화형을 당할지, 교수형을 당할지 처분만 기다리는 운명이었다. 화형 선고를 받았으나 그는 유력한 귀족이었던 몽모랑시Montmorency 콩스타블Constable*6의 중재로 간신히 목숨을 건졌다. 몽모랑시는 팔리시의 신앙을 특별히 배려해 구해준 것이 아니었다. 그때 마침 몽모랑시는 파리에서 약 20킬로미터 떨어진 에쿠엥Ecouen에 거대한 성을 짓고 있었는데 보도에 깔 유약 칠한 타일을 만들 수 있는 공예가라고는 그

---

*6. 콩스타블 : 11세기 경 프랑스의 가장 중요한 관직 5개 중 하나가 되어 사법권과 기병대 지휘권을 행사하다가 점차 권한이 늘어나 14세기 중엽에는 군대 최고 지휘권을 갖게 되었다. 그러나 1523년 콩스타블인 샤를 드 부르봉이 반역을 일으킨 뒤부터 점차 권한이 약화되었다

밖에 없었기 때문이었다. 그가 영향력을 발휘해 팔리시를 왕과 콩스타블 전속 전원풍 도기 발명가로 임명하는 칙령을 공표하자, 보르도 사법기관은 팔리시를 즉시 석방했다. 팔리시는 결국 자유의 몸이 되어 생트로 돌아왔으나 집은 이미 폐허로 변해 있었다. 작업장은 지붕이 벗겨져 하늘이 보이고, 작품도 모두 산산조각 나서 여기저기 나뒹굴고 있었다. 그는 분연히 생트를 떠나 두 번 다시 그곳에 돌아가지 않았다. 그 길로 파리로 이사해 튈르리 궁전에 머물면서 콩스타블과 황태후의 분부를 받아 작품을 계속 제작했다.[15]

팔리시는 두 아들의 도움을 받으며 도기를 만드는 한편, 동족들을 가르쳐서 자신이 저지른 실수를 다른 사람들이 되풀이하지 않게 하려고 말년에는 책을 몇 권 집필했다. 농업, 축성법, 박물학, 자연사에 관해 썼으며, 특히 자연사에 대해서는 강의를 하기도 했다. 점성술, 연금술과 같은 미신을 반대하는 운동을 일으켜 많은 적을 만들고, 이단자라는 손가락질을 당하고, 결국 신앙을 이유로 다시 체포되어 바스티유 감옥에 갇혔다. 그 당시 이미 일흔여덟 살의 고령이 되어 죽음의 문턱에 거의 다다른 상태였으나 정신만은 여전히 용감했다. 그의 주장을 철회하지 않으면 사형을 당한다는 위협을 받았으나 그는 유약의 비밀을 찾아 헤맬 때와 마찬가지로 꿋꿋하게 자신의 신앙을 지켰다. 국왕 앙리 3세까지 감옥으로 찾아와 신앙을 포기하겠다고 맹세하라고 권했다.

"이 사람아! 자네는 45년 동안이나 내 모친과 나를 섬겨왔네. 화형과 학살이 자행될 때에도 우리는 자네의 신앙을 존중해주었네. 지금 나는 기즈 가문Guise*7과 백성들로부터 압력을 받고 있어서 부득이 자네를 그들에게 넘겨줄 수밖에 없게 되었네. 회개하지 않으면 자네는 내일 당장 화형을 받게 된다는 말일세."

"폐하!"

노인은 조금도 소신을 굽히지 않고 이렇게 대답했다.

"저는 하느님의 영광을 위해 목숨을 바칠 준비가 되어 있습니다. 폐하께서는 제가 불쌍하다고 여러 차례 말씀하셨지만, 부득이 넘겨줄 수밖에 없다고 하시는 폐하가 더 측은해보입니다. 폐하께선 그런 말씀을 하시면 안 됩니다. 폐하나 폐하에게 압력을 가하는 가문이나 폐하의 백성들 모두 제 소신을 바꿀 수 없습니다. 저는 어떤 죽음이 가치 있는지 잘 알고 있습니다."[16]

팔리시는 끝내 굽히지 않고 버티다가 얼마 지나지 않아 죽었다. 화형을 당하지는 않았으나, 약 1년 동안 바스티유 감옥에서 옥고를 치르다가 영웅적인 노력, 엄청난 참을성, 강직한 자세 그리고 갖가지 고귀한 덕성의 모범을 보여주고 일생을 평화롭게 마감했다.[17]

가짜 연금술사, 요한 프리드리히 뵈트거

경질자기를 발명한 요한 프리드리히 뵈트거는 팔리시와 매우 대조적인 일생을 살았다. 그의 일생에서는 특이하고 낭만적인 면을 많이 찾아볼 수 있다. 뵈트거는 1685년 독일 포이그틀란트Voightland 지방 슐라이츠Schleiz에서 태어났으며, 열두 살 되던 해에 약국에 견습생으

---

*7. 기즈 가문 : 16세기 프랑스 종교전쟁 당시 구교파의 수령으로 활약한 귀족 가문

로 들어갔다. 그는 어려서부터 화학을 무척 좋아해 여가 시간에도 실험에 몰두했다. 그의 실험은 대개 한 가지 목표에 집중되었다. 일반 금속을 금으로 바꾸는 기술을 개발하는 것이다. 몇 년이 흐른 후에 뵈트거는 연금술사의 만능용액을 발견한 척 행동하면서 그 용액으로 금을 만드는 데 성공했다고 떠벌였다. 그는 스승인 약제사 최른Zörn 앞에서 자신의 능력을 과시하고, 속임수를 이용해 스승과 몇몇 목격자로 하여금 구리가 실제로 금으로 바뀌었다고 믿게 했다. 약제사의 견습생이 엄청난 비법을 발견했다는 소식이 삽시간에 널리 퍼져나가자, 이 젊은 '황금 요리사'의 신기한 묘기를 보려고 군중이 약국으로 몰려들었다. 프리드리히 1세 국왕도 그를 만나 금으로 바꾸는 광경을 보고 싶어 했다. 뵈트거가 구리를 금으로 바꾼 것이라고 거짓말을 하고 금 조각 하나를 바치자, 국왕은 막대한 양의 금을 확보할 수 있게 되었다는 생각에 그만 현혹되고 말았다. 그 당시 프로이센은 재정 위기에 빠져 있었기 때문에 국왕은 뵈트거를 곁에 두기로 결심하고 난공불락의 요새 슈판다우Spandau에서 금을 만들게 했다. 그러나 젊은 약제사 뵈트거는 국왕이 자기를 가두어버리지 않을까 의심하는 한편, 거짓말이 탄로날까 두려운 나머지 도망가기로 결심했다. 그는 국경을 넘어 작센 지방으로 도망치는 데 성공했다.

뵈트거를 잡는 사람에게 은화 1000탈러[*8]를 주겠다고 현상금을 내걸었으나 소용이 없었다. 그는 비텐베르크로 가서 작센 선제후[*9]

[*8]. 탈러 : 독일의 옛 3마르크 은화
[*9]. 선제후 : 신성로마제국 황제를 선출할 수 있는 자격을 가진 제후

이자 폴란드 국왕인 프리드리히 아우구스트 1세에게 보호를 청했다. '강건왕'이라고도 불리던 프리드리히 국왕은 그 당시 돈에 아주 쪼들리던 처지라 젊은 연금술사의 도움을 받아 금을 원하는 대로 만들어낼 수 있으리라는 기대에 무척 기뻐했다. 뵈트거는 비밀리에 근위대의 호위를 받으며 드레스덴으로 즉시 이송되었다. 그가 비텐베르크를 떠난 지 얼마 지나지 않아 프로이센 근위병 대대가 성문에 들이닥쳐 연금술사를 인도하라고 요구했다. 그러나 너무 늦었다. 뵈트거는 이미 드레스덴에 도착해 삼엄한 경비 속에서 극진한 대접을 받고 있었다.

하지만 선제후가 한동안 그를 남겨둔 채 폴란드에 가야 할 일이 생겼다. 그 당시 폴란드는 거의 무정부 상태에 빠져 있었기 때문이다. 선제후는 금에 대한 욕심을 참지 못하고 바르샤바에서 뵈트거에게 편지를 보내서 연금술 비법을 알려달라고 요구했다. 연금술을 직접 실험해보고 싶었던 것이다. 젊은 '황금 요리사'는 마지못해 프리드리히 선제후에게 불그스름한 액체가 들어 있는 조그만 약병을 보내면서 금속을 녹인 다음 그 액체를 섞으면 모든 금속을 금으로 만들 수 있다고 편지를 썼다. 퓌르스트 폰 퓌르스텐부르크Fürst von Fürstenburg 왕자가 이 귀중한 약병 수송의 총책임자를 맡고, 근위병 1개 연대가 호위하는 가운데 부랴부랴 바르샤바로 약병을 운반했다. 약병이 도착하자마자 국왕은 즉시 실험에 들어갔다. 국왕과 왕자는 궁전의 밀실에 들어가 문을 걸어 잠근 뒤 가죽 앞치마를 두르고 구리를 도가니에서 녹인 다음 뵈트거의 빨간 액체를 구리에 넣었다. 그러나 만족스러운 결과를 얻을 수 없었다. 아무리 애써도 구리는 원래 상태에서 좀처럼 변하지 않았다. 국왕은 연금술사의 설명서를 다시 읽고 나서야 무엇이 잘못되었는지 발견했다. 성공하려면 "마음이 아주 깨끗한 상태"에서 그 액체를 사용해야 한다고 설명서에 써 있었다. 국왕은 그날 저녁 아주 못된 자들과 어울렸던 것을 깨닫고 실험에 실패한 원인은 자신에게 있다고 자책했다. 그러나 두 번째 실험 결과도 달라진 것이 없자 국왕은 화가 머리끝까지 솟구쳤다. 두 번째 실험을 하기 전에는 고해성사를 하고 모든 죄를 다 용서받았으니 잘못될 이유가 없었던 것이다.

프리드리히 아우구스트 국왕은 이제 연금술의 비결을 강제로 털어놓게 뵈트거를 협박하는 수밖에 없다고 결론지었다. 긴박한 재정 위기를 극복할 수 있는 길은 그 길밖에 없었다. 국왕의 의중을 전해들은 뵈트거는 다시 도망하기로 결심했다.

경비병을 무사히 따돌리고 사흘 밤낮을 도주해 오스트리아의 엔스Ens에 당도하자 이제는 안전할 거라고 생각했다. 하지만 선제후의 수하들이 바로 뒤쫓아왔다. 그가 묵고 있던 호텔을 에워싸고 뵈트거를 침대에서 끌어내렸다. 온 힘을 다해 저항하고 오스트리아 정부에 도와달라고 탄원했으나 그는 결국 드레스덴으로 끌려갔다. 이때부터 감시가 더욱 심해져, 결국 철통같은 요새인 쾨닉스타인Köningstein으로 이송되었다. 왕궁 재정이 완전히 바닥난 상태이고, 폴란드 군 10개 연대 병력이 급여를 받지 못했으니 금 생산을 서둘러야 한다는 지시를 받았다. 국왕이 그를 친히 찾아와서 즉시 금을 만들어내지 못하면 교수형에 처하겠다고 윽박질렀다.

붉은 색 도기를 만들다

그러나 몇 해가 지나도 뵈트거는 금을 만들어내지 못했다. 하지만 교수형을 당하지는 않았다. 그에게는 구리를 금으로 바꾸는 일보다 훨씬 더 중요한 일을 맡게 될 운명이 기다리고 있었다. 그것은 진흙을 도자기로 바꾸는 일이었다.

포르투갈 인들은 이 귀한 그릇을 중국에서 수입해 금보다 더 비싼 값에 팔고 있었다. 뵈트거는 광학기기 발명가이자 연금술사였던 발터 폰 취른하우스Walter von Tschirnhaus로부터 이 분야에 관심을 가져보라는 권유를 처음 받았다. 취른하우스는 학식과 덕망이 높아 선제후는 물론 퓌르스텐부르크 왕자로부터 존경을 받는 인물이었다. 그는 교수형을 당하게 될까봐 두려움에 떨고 있는 뵈트거에게 이렇게 충고했다.

"금을 만들 수 없으면 다른 일을 해보게. 도자기를 만들어보게나."

뵈트거는 그 충고를 실행에 옮겨 밤낮으로 실험을 계속했다. 하지만 몇 년 동안 온 힘을 다해 연구했으나 허사였다. 그러다가 마침내 빨간 진흙을 발견하면서 비밀의 실마리가 풀리기 시작했다. 그 흙은 도가니를 만들려고 가져온 것인데 높은 온도로 열을 가하니까 유리질로 바뀌고 그 형태가 그대로 보존되었으며 질감이 도자기와 매우 흡사했다. 다만 불투명한 것과 색깔이 문제였다. 하지만 그는 우연히 이 붉은 색 도자기를 발견하게 되었고, 이것을 만들어서 도자기라고 팔기 시작했다.

백자 발명에 성공하다

뵈트거는 도자기의 진수는 흰색에 있다는 것을 잘 알고 있었기 때문에 비법을 반드시 알아내리라는 희망을 품고 실험을 계속했다. 다시 몇 년이 흘렀으나 거듭 실패했다. 그런데 이번에도 '우연'이라는 운명의 여신이 그의 편에 서서 백자 만드는 기술을 터득하게 도와주었다. 1707년 어느 날, 항상 머리에 쓰던 가발이 평소보다 무겁게 느껴져서 시종에게 그 이유를 물었다. 그러자 시종은 가발에 뿌린 가루 때문이라고 대답했다. 이 가루는 일종의 흙이었는데 그 당시 머리에 뿌리는 분으로 사용되고 있었다. 영리한 뵈트거의 머릿속에 순간적으로 그럴듯한 아이디어가 떠올랐다. '이 하얀 흙가루가 내가 찾고 있던 바로 그 흙일지도 모른다. 무슨 일이 있어도 기회를 그냥 놓쳐서는 안 된다.' 그는 즉시 그 흙의 정체가 무엇인지 확인했다. 세심한 주의력과 사소한 일도 예사롭게 넘기지 않는 관찰력 때문에 그는 마침내 노력의 대가를 얻었다. 실험을 해보니 그 머리분의 주성분은 백토였다. 그렇게 오랫동안 갖은 고생을 다하면서 애타게 찾던 바로 그 흙이었다.

백토를 발견하자 뵈트거는 비상한 손재주를 발휘해 엄청난 성과를 거두었다. 쇳덩이를 금으로 바꾸는 능력이 있다고 전설처럼 전해 내려오는 '철학자의 돌'을 발견한 것보다 훨씬 더 소중한 발견이었다. 1707년 10월, 그가 처음으로 구운 백자를 바치자 선제후는 무척 기뻐하며 뵈트거가 발명을 완성할 수 있도록 모든 물자를 지원해주었다. 그는 네덜란드의 도자기 주산지 델프트Delft에서 숙련공을 데려다가 도자기 제조 공정을 완성하는 데 성공했다. 이제 연금술은 완전히 포기하고 도자기 만드는 일에만 전념하기로 했다. 그는 이런 문구를 새겨서 작업장 문 위에 걸어놓았다.

"전능하신 하느님, 위대하신 창조주께서 연금술사를 도공으로 바꾸셨도다!"[18]

하지만 선제후는 남에게 비밀을 알려주거나 선제후의 휘하에서 도망치지 못하도록 그를 엄중하게 감시했다. 그에게 새로 마련해준 작업장과 가마에 군대가 주둔하며 밤낮으로 경비를 했고, 6명의 고위급 장교가 뵈트거의 신변 보호 책임을 맡았다.

새로 만든 가마로 실험을 계속한 결과 큰 성공을 거두고 그가 만든 도자기가 비싼 값에 팔려 나가자, 왕립 도자기 공장이 설립되었다. 네덜란드는 델프트 도자기를 생산해 엄청난 부를 축적했다. 그렇다면 선제후도 도자기를 생산해 그와 같은 부를 축적하지 말란 법이 어디 있겠는가? 1710년 1월 23일, 마이센^{Meissen} 지방 알브레히츠부르크^{Albrechtsbrug}에 대규모 백자 공장을 설립하라는 칙령이 공표되었다. 이 칙령은 라틴어, 프랑스어, 네덜란드어로 번역되어 유럽 각국에 주재하고 있는 선제후의 대사들에게 배포되었고, 프리드리히 아우구스트 선제후는 스웨덴의 침략으로 고통을 받아온 작센 지방의 복지를 증진하기 위해 이 공장을 설립한다고 발표했다. 아울러 그는 이 나라의 지하 보물에 관심을 가지고 유능한 사람들을 고용해 조사를 벌인 결과, 인도의 명품 도자기보다 훨씬 품질이 뛰어난 붉은색 그릇을 생산하는 데 성공했으며,[19] 그릇을 조각내고 빻고 유약을 칠해본 결과, 인도의 도자기와 품질이 아주 똑같은 유채색 그릇과 접시를 만들었다고 자랑했다. 끝으로 백자 개발에도 이미 성공했으며 이 고급 도자기도 곧 대량으로 생산될 것이라고 덧붙였다. 칙령 말미에 선제후는 작센에 와서 신설 공장에서 보조로 일하면 높은 급여를 주고 자신이 보호해주겠다고 외국 예술가들과 공예가들을 초청했다. 이 칙령을 통해 그 당시 뵈트거의 발명이 실제로 어떤 상황이었는지 정확하게 알 수 있다.

독일에서 출판된 서적에 의하면, 뵈트거는 선제후와 작센에게 기여한 큰 공로로 왕립 도자기 공장 관리자로 임명되고 남작의 작위까지 받았다. 그에게는 이러한 영예를 얻을 만한 자격이 충분했으나, 실제로 그가 받은 대우는 이와는 전혀 판판이었다. 비열하고 잔인하고 비인도적인 대우를 받았던 것이다. 마티유Mattieu와 네미츠Nehmitz라는 관리 두 명이 공장 책임자로 있었으며, 뵈트거는 도공들의 십장 신분에 불과한 왕의 포로일 뿐이었다. 마이센에 공장을 짓는 동안에도 그의 도움이 절실하게 필요했기 때문에 병사들의 감시를 받으며 드레스덴과 마이센을 왕래했다. 하루 일과가 끝난 다음에도 밤새 방에 갇혀 지내야 했다. 이러한 대우에 마음이 괴로워 왕에게 여러 차례 탄원서를 보내 자신에게 좀더 자유를 달라고 간청했다. 그의 편지 가운데 가슴 뭉클한 내용이 있다.

"도자기 만드는 기술에 제 영혼을 온전히 바치겠습니다."

이렇게 쓴 적도 있다.

"역대 어느 발명가보다 더욱 성실하게 일하겠습니다. 제가 바라는 것은 오직 자유, 자유뿐입니다!"

국왕은 그의 탄원에 전혀 귀를 기울이지 않았다. 돈이나 특혜는 얼마든지 줄 수 있지만, 자유만은 절대로 주고 싶지 않았다. 그는 뵈트거를 노예로 취급했던 것이다. 뵈트거는 이러한 구속 속에서도 계속 일했으나 한 해 두 해 세월이 지나면서 점점 일을 게을리 했다. 세상만사와 자기 자신이 모두 역겹게 느껴져 술에 빠지기 시작했다. 그가 술에 의지하는 악습에 빠졌다는 소문이 도공들에게 알려지자, 그의 행실을 보고 마이센 공장에 있는 노동자들도 술꾼으로 변했다. 공장 안에서 언쟁과 싸움이 끝없이 이어져서 이른바 '옹기장이'라는 별명이 붙은 도공들의 치안을 유지하기 위해 군대가 동원되는 횟수가 잦아졌다. 급기야 300명 이상 되는 도공들이 모두 알브레히츠부르크에 갇혀서 죄수 취급을 받는 사태가 벌어졌다.

불행한 말로

뵈트거는 마침내 중병에 걸렸다. 1713년 5월에 들어서자 죽음이 시시각각 그에게 다가왔다. 그때야 왕은 귀중한 노예를 잃어버리지 않을까 걱정이 되어 그에게 경비병 한 명을 붙여 마차를 타고 여행을 해도 좋다고 허락했다. 그 덕분에 건강이 다소 회복되었을 때에는 이따금 드레스덴으로 여행하기도 했다. 1714년 4월, 국왕은 뵈트거에게 완전한 자유를 약속하는 편지를 보냈다. 그러나 이미 너무 늦어버렸다. 격무와 술로 심신이 만신창이가 되었고, 이따금 고결하게 살아보려는 욕구가 희미하게 되살아났으나 오랜 감금 생활로 얻은 지병으로 고생하면서 몇 년 더 간신히 목숨을 부지하다가 1719년 3월 13일 서른다섯 살의 나이로 마침내 고통에서 완전히 해방되었다. 그는 마치 개처럼 한밤중에 마이센에 있는 요하니스 공동묘지에 묻혔다. 그것이 작센 사람들에게 가장 큰 기여를 한 사람이 받은 초라한 대우이자 불행한 말로였다.

도자기 제조업은 즉시 국가의 주요 세입원이 되었다. 작센 선제후가 이같은 강력한 생산 수단을 갖게 되자, 유럽의 다른 제후들도 서로 앞을 다투어 요업을 장려했다. 연질자기는 뵈트거가 경질 도자기를 발명하기 14년 전부터 프랑스의 생클루St. Cloud에서 생산되기 시작했으나, 경질자기의 우수성이 곧 널리 알려지게 되었다. 프랑스에서는 1770년부터 세브르Sevres 지역에서 경질자기 생산이 시작되어 연질자기는 거의 사라지게 되었다. 이제 요업은 프랑스에서 가장 번창한 산업이 되었고, 최고급 제품을 생산하고 있다.

영국 요업의 희망, 조사이아 웨지우드

영국의 도공 조사이아 웨지우드는 팔리시나 뵈트거에 비해 고생을 덜 하고 비교적 부유하고 행복하게 살았다. 18세기 중반으로 거슬러 올라가면, 영국은 유럽에서 요업이 가장 뒤떨어진 나라였다. 스태퍼드셔Staffordshire 지방에 도공이 많이 있었고, 웨지우드의 일가도 대대로 도공이었지만, 제품은 대부분 질이 거칠고 평범한 갈색 토기였으며, 무늬라고는 진흙이 마르기 전에 긁어 파서 그려 넣은 것이 고작이었다. 품질 좋은 도기는 네덜란드 델프트 지방에서, 돌로 만든 술잔은 독일의 쾰른에서 들여왔다. 엘러스Elers 형제가 독일 뉘른베르크에서 스탠퍼드셔로 이주해 개량된 제조법을 가르쳤으나, 이들은 곧 첼시Chelsea 지방으로 옮겨 장식품 생산에만 주력했다. 단단하고 뾰족한 물체에 긁히지 않는 경질자기는 그때까지 영국에서 생산되지 않았다. 스탠퍼드셔에서는 오랫동안 '백자'가 생산되었으나 흰색이 아니라 크림색이었으며 표면도 매끄럽지 못했다. 이것이 1730년 조사이아 웨지우드가 버슬렘Burslem에서 태어날 당시 영국 요업계의 실정이다. 그러나 64년 후 그가 죽을 때에는 상황이 완전히 바뀌었다. 그는 정력, 기술 그리고 천재성을 발휘해 영국의 요업을 새롭고 단단한 반석 위에 올려놓았다. 그의 묘비명에는 이런 문구가 있다.

"거칠고 별 볼일 없는 산업을 고상한 예술이자 국가 산업의 주요 부문으로 바꾸어놓았다."

오직 최고급품만을 꿈꾸다

조사이아 웨지우드도 평민 출신으로 지칠 줄 모르는 끈기를 가진 사람이다. 평민들 가운데 이런 인물이 많이 배출되었는데, 이들은 정열적인 성격으로 노동자들에게 부지런한 생활 습관을 가르쳐주었을 뿐만 아니라, 근면과 끈기의 모범을 보여줌으로써 일반 국민의 활동에 다방면으로 영향을 주고 국민성을 형성하는 데에도 지대한 공헌을 했다. 그는 아크라이트와 마찬가지로 13명의 형제 가운데 막내로 태어났다. 그의 할아버지 세대도 도공이었고 아버지 역시 도공이었으나, 아버지는 그가 아주 어렸을 때 불과 20파운드의 유산만 남긴 채 세상을 떠났다. 그는 마을에 있는 학교에서 읽기와 글쓰기를 배웠는데, 아버지가 죽자 학교를 그만두고 형이 운영하는 조그만 도자기 공방에서 물레 돌리는 일을 시작했다. 그의 표현을 빌리자면, 겨우 열한 살의 나이로 "인생 사다리의 맨 밑바닥부터" 직업 전선에 뛰어든 것이다. 그런데 얼마 지나지 않아 악성 천연두에 걸려 평생 동안 후유증에 시달려야 했다. 병이 오른쪽 무릎으로 퍼져 자주 재발하는 바람에 몇 년이 지난 후 다리를 절단할 수밖에 없었다. 정치가 글래드스톤은 버슬렘에서 행한 감명적인 추도사에서 웨지우드를 이렇게 추모했다.

"그의 병이 위대한 업적을 남기게 된 계기가 되었다고 볼 수도 있습니다. 그는 병으로 인해 팔다리가 온전하고 건장한 영국의 노동자로 성장하지 못했습니다. 그러나 그는 그 대신 다른 길을 찾아 무언가 더 위대한 일을 할 수 있을 거라고 생각했습니다. 그는 내면의 소리에 귀를 기울이며, 자신만의 원리와 비법을 깊이 연구하기 시작했습니다. 그 결과, 그것을 제대로 파악하게 되었을 때에는 아테네의 도공들이 가지고 있던 기술을 뛰어넘어 그들도 부러워할 만한 경지에 이르게 되었습니다."[20]

형 밑에서 견습을 마친 후, 웨지우드는 다른 도공과 동업으로 공방을 차려 가정용 칼자루, 상자 그리고 잡화를 만들기 시작했다. 그 후 다시 동업으로 멜론 모양의 접시, 초록색 잎사귀가 그려진 피클 접시, 촛대, 담뱃갑 등을 만들었으나 별다른 진전을 보지 못하다가 1759년 버슬렘에서 독자적으로 사업을 시작했다. 그는 이때부터 자신의 직업에 더욱 열심히 전념해 새로운 품목을 만들고 사업을 확장해나갔다. 주요목표로 삼은 것은 그 당시 스태퍼드셔에서 생산되는 제품보다 모양, 빛깔, 광택, 내구력 면에서 한층 더 품질이 좋은 크림색 그릇을 만드는 것이었다. 그는 자신의 과제를 철저하게 파악하기 위해 여가 시간에는 화학을 공부하고, 용매, 유약, 각종 진흙에 대해 갖가지 실험을 했다. 그는 세밀한 조사와 정확한 관찰을 통해 이산화규소가 들어 있는 진흙이 검은 색을 띄고 있지만 가마에서 열기에 노출되면 흰색으로 변하는 현상을 발견했다. 이러한 현상을 관찰하고 곰곰이 생각한 끝에 이산화규소를 도기 만드는 붉은색 가루와 섞어서 열을 가했다. 그러자 그 혼합물이 흰색으로 변했다. 그리고 이 재료에 투명한 유약의 유리질을 입혀 마침내 도기 제조 기술로 만들 수 있는 가장 값진 제품을 만드는 데 성공했다. 이 제품은 영국제 도자기라는 이름으로 큰 상업적 가치를 지니고 광범위한 용도로 사용되었다.

웨지우드도 한동안 가마 때문에 애를 먹었다. 팔리시만큼은 아니었지만, 그도 실험을 반복하고 잠시도 쉬지 않고 끈질기게 노력한 결과 어려움을 극복했다. 초기에는 식탁용 도자기를 만들려는 시도가 계속 참담한 실패로 끝났다. 몇 달 동안 노력한 것이 하루아침에 수포로 돌아가는 일이 허다했다. 쓸 만한 유약을 발견할 때까지 오랫동안 시간, 돈 그리고 노력을 쏟아 부어야 했지만, 그는 조금도 의지를 굽히지 않고 끈질기게 노력한 결과 성공을 거둘 수 있었다. 도자기의 개량이 그의 열망이었으며, 한순간도 그 열망을 잊지 않았다. 모든 난관을 헤치고 국내용과 수출용 백자와 크림색 도자기를 대량으로 생산해 큰 부자가 된 후에도 그는 제품을 완벽하게 만들려고 꾸준히 노력하고, 모든 면에서 모범을 보이면서 지역사회 전체에 활기를 불어넣었다. 그 결과 요업이 영국 산업의 주요 분야로서 확고한 기반을 잡게 되었다. 그는 항상 최고급품만을 목표로 했는데, 자신의 각오를 이렇게 밝혔다.

"어떤 물건을 만들든지 품질을 떨어뜨리느니 차라리 생산을 그만두겠다."

웨지우드는 각계각층에 있는 사람들로부터 도움을 받았다. 진실한 마음으로 일을 하고 도움을 기꺼이 받아들이고 다른 성실한 노동자들을 격려할 줄 알았다. 그는 샬럿Charlotte 왕비를 위해 최초의 영국제 왕실용 식기 세트를 만들었다. 이러한 인연으로 이 식기 세트는 훗날 '퀸즈웨어Queen's-ware'라고 불리게 되고, 그는 왕실 전속 도공으로 임명되었다. 그는 이 직위를 남작의 작위보다 더 소중하게 생각했다.

바르베리니 화병을 복제하다

그는 희귀한 도자기를 복제하는 일을 성공적으로 해냄으로써 많은 사람으로부터 칭송을 받았다. 윌리엄 해밀턴William Hamilton이 헤르쿨라네움Herculaneum*10 섬에서 출토된 고대 자기를 빌려주었는데, 웨지우드는 복제품을 아주 정확하고 아름답게 만들어냈다. 포틀랜드 공작부인은 로마의 귀족 바르베리니Barberini 가문이 소장하고 있던 꽃병이 경매시장에 나왔을 때 웨지우드보다 비싼 값을 불러 그 꽃병을 손에 넣었다. 웨지우드는 1700기니*11를 불렀으나, 공작부인은 1800기니

---

*10. 헤르쿨라네움 : 이탈리아 나폴리 근해에 있는 섬으로 베수비오 화산이 폭발할 때 폼페이와 함께 매몰되었다

를 불러 그 물건을 확보했다. 그러나 웨지우드가 그 꽃병을 복제하기 위해서 사려고 했다는 말을 듣고 공작부인은 서슴지 않고 그 꽃병을 웨지우드에게 빌려주었다. 그는 2500파운드를 들여 그 꽃병의 복제품 50개를 만들었으나 다 팔아도 그 비용을 충당할 수 없었다. 하지만 그는 목적을 달성했다. 그의 목적은 무슨 도자기든 영국의 기술과 능력으로 만들 수 있다는 것을 보여주는 것이었다.

웨지우드는 화학자의 도가니, 골동품상의 지식, 미술가의 재능을 모두 활용했다. 그는 젊은 플랙스먼Flaxman을 발굴해 그가 자유롭게 자신의 재능을 펼칠 수 있도록 도와줌으로써 아름다운 도자기 도안을 수없이 그려내게 했다. 웨지우드는 이 도안을 운치 있고 우아하면서도 실용적인 물건으로 만들어서 고전적인 예술을 일반 대중에게 널리 보급했다. 그는 세심한 실험과 연구를 통해 도자기 꽃병과 같은 제품에 그림을 그려 넣는 기술을 재발견했다. 이 기술은 고대 에트루리아인들이 사용하던 것이었으나 로마의 작가 플리니우스 시대 이후 사라졌다. 그는 과학에도 크게 공헌하여 고온계 발명가로 이름을 남기기도 했다. 또한 그는 공공시설 확충도 적극적으로 지원했으며, 동부와 서부 사이를 배로 오갈 수 있도록 트렌트Trent 강과 머지Mersey 강에 건설한 운하도 브린들리의 기술과 웨지우드의 투철한 공공심이 만들어낸 합작품이다. 도자기 주산지인 포터리즈Potteries 지역을 관통하는 길이 16킬로미터의 간선 도로를 설계·건설해 열악한 도로 사정을 해소하기도 했다. 그가 일생 동안 얻은 명성으로 버슬렘에 있는 그의 작

---

*11. 기니 : 영국의 옛날 화폐 단위로 1기니는 21실링에 해당했다

업장과 그가 발견해 복원한 에트루리아 작업장은 유럽 각지에서 온 저명인사들이 방문하는 관광명소가 되었다.

영국의 주요 산업으로 성장한 요업

웨지우드가 노력한 결과, 가장 열악한 상태에 있던 도자기 제조업이 영국의 주요 산업이 되었다. 영국은 과거에 가정용 그릇을 외국에서 수입했으나, 이제는 영국 상품에 대한 엄청난 관세에도 불구하고 세계 각국에 도자기를 공급하는 주요 수출국이 되었다. 웨지우드는 1785년 의회에서 자신의 생산 현황에 대해 증언했다. 도자기 생산에 종사하던 노동자들은 과거에 열악한 환경에서 형편없는 보수를 받으며 일했고 그나마 일자리도 소수에 그쳤으나, 그가 사업을 시작한지 불과 30년 만에 이 업종으로 생계를 유지하는 노동자의 숫자가 2만 명으로 증가했다. 이밖에도 고용 증대 효과가 석탄 광업, 육상 및 해상 운송업계를 비롯해 전국적으로 다양한 분야에 파급되었다. 그러나 웨지우드는 그때까지 중대한 발전을 이룩했지만 제조업이 아직 초기단계를 벗어나지 못하고 있다고 생각했다. 그가 이루어낸 개선효과는 도자기 제조기술의 잠재력에 비하면 대수롭지 않은 것이라고 생각했다. 생산자들이 꾸준히 노력하면서 지식을 넓히고, 대영제국이 누리고 있는 천혜의 여건과 정치적 이점을 활용하면 훨씬 더 큰 성과를 거두리라고 믿었다. 이 주요 산업이 거둔 발전상을 감안하면 이러한 전망이 충분히 가능했다. 1852년 한 해 동안 국내용 도자기를 제외하고 영국이 외국에 수출한 도자기의 수량만 계산해도 8400만

점을 초과했다. 제품의 수량이나 가치 면에도 상당히 발전했으나, 이 위대한 산업은 국민의 생활 여건을 개선하는 데에도 크게 기여했다. 웨지우드가 일을 시작하던 당시 스태퍼드셔는 제대로 개발되지 않은 주였다. 주민은 가난하고 배우지도 못했고, 인구도 적었다. 웨지우드의 제조업이 확고하게 자리 잡았을 때에는 인구가 세 배로 늘어났어도 좋은 급여를 받는 일자리가 충분했고, 주민들의 도덕심도 물질적인 생활수준과 함께 향상되었다.

이와 같은 위인들은 '문명 세계의 산업 영웅'이라고 불릴 만한 자격이 있다. 이들은 시련과 고난 속에서도 끈질기게 자립심을 지키고 가치 있는 목표를 추구하는 용기와 끈기를 발휘했다. 이 산업계의 용감한 지도자들이 달성한 위업은, 그것을 지키는 것을 의무이자 자랑으로 삼고 용맹하고 헌신적으로 자신의 직분을 다한 군인이나 선원들의 노고에 비해 결코 뒤지지 않는다.

4
헌신과 끈기, 성공의 절대 비결

| 새무얼 스마일즈의 자조론 |

끊임없이 노력하고 자연이 베풀어주는 시간을 활용하는 사람은 부유하다. 자신의 모래시계에서 모래가 다 떨어지더라도 무수한 별을 모으듯 허리를 구부리고 끊임없이 모래를 모두 주워 담는 사람은 부유하다.

— 윌리엄 대버넌트 William D'Avenant [1]

앞으로 나아가라. 그러면 신념이 생길 것이다!

— 장 르 롱 달랑베르 Jean Le Rond D'Alembert [2]

---

[1] 윌리엄 대버넌트(1606~1668) : 영국의 시인 · 극작가
[2] 장 르 롱 달랑베르(1717~1783) : 프랑스의 철학자 · 수학자

인생의 가장 큰 위업은 대체로 단순하고 평범한 수단과 자질로써 달성된다. 평범한 일상생활 가운데에서도 관심을 가지고 필요를 느끼며 의무를 다하면 최상의 경험을 얻을 기회가 풍부하다. 진정한 일꾼은 많은 사람이 왕래해 잘 다져진 길을 택해야 노력의 결실을 풍부하게 거두고 자기 발전을 꾀할 수 있다. 예전이나 지금이나 꿋꿋이 근면하게 일할 때 번영에 이르는 길에 들어설 수 있다. 끈기와 성실한 마음으로 일하는 사람이 성공하게 마련이다.

　흔히 행운의 여신은 눈이 멀었다고 불평하지만, 인간만큼 눈이 멀지는 않았다. 실생활을 자세히 살펴보면 바람과 파도가 유능한 항해사의 편이듯 행운의 여신은 근면한 사람 곁에 서 있다. 아무리 높은 이치를 탐구하는 경우라도 가장 쓸모 있는 자질은 상식, 주의, 전념, 끈기와 같이 평범한 자질이다. 천재적인 재능이 필요한 것이 아니다. 또한 아무리 천재라도 이와 같이 평범한 자질을 쓸모 없는 것으로 여기지 않는다. 위대한 사람은 천재적인 능력을 그다지 신뢰하지 않는다. 아무리 위대한 사람이라도 평범한 사람과 마찬가지로 슬기롭게 처신하고 끊임없이 노력해야 성공을 거둔다. 천재성이란 '증진된 상식'이라고 정의하는 사람도 있다. 저명한 교육자이자 한 대학의 총장이었던 사람은 천재성을 '노력하는 능력'이라고 표현했다. 저명한 작가이자 언론인인 존 포스터는 "천재성이란 자기 자신의 불을 지피는 힘"이라고 정의하고, 프랑스의 자연사학자 뷔퐁은 "천재성이란 인내심"이라고 말했다.

성공의 비결, 전념과 끈기

아이작 뉴턴Isaac Newton은 더 할 나위 없이 최상의 사고력을 가진 사람이다. 그런데도 어떻게 그렇게 놀라운 발견을 했느냐는 질문을 받으면 겸손하게 이렇게 대답하곤 했다.

"항상 과제를 눈앞에 놓고, 동녘이 서서히 밝아오기 시작한 세상이 빛으로 가득해질 때까지 기다렸다."

다른 사람들과 마찬가지로 뉴턴의 경우에도 꾸준한 전념과 끈기로 큰 명성을 얻게 된 것이다. 그는 여가 시간조차 한 가지 과제에서 다른 과제로 연구 과제를 바꾸는 시간으로 생각했다. 그는 벤틀리Bentley 박사에게 이렇게 말했다.

"내가 국가에 공헌한 것이 있다면, 그것은 오로지 부지런함과 끊임없는 사색 덕분이다."

위대한 천문학자 케플러도 자신의 연구 업적과 성과에 대해 이렇게 말했다.

"베르길리우스Vergilius*3의 시에 이런 구절이 있다. '파마*4 여신은 민첩하게 움직일수록 강해지고, 많이 돌아다닐수록 더 큰 힘을 얻는다.' 나도 마찬가지다. 사색에 열중하다 보면 사색에 더욱 깊이 빠져들게 되어, 온 정신을 집중해 연구 과제에 몰두하게 된다."

순전히 근면과 끈기로 비범한 업적을 이루는 것을 보면 천재성이라는 선천적인 재능이 흔히 말하는 것처럼 특별한 재능은 아닐 것이라고 의심한 저명인사들이 많았다. 프랑스의 사상가 볼테르Voltaire는 이렇게 말했다.

"천재적인 사람과 평범한 사람은 차이가 거의 없다."

이탈리아의 형법학자이자 경제학자인 베카리아Beccaria는 모든 사람이 시인이자 웅변가라고 말했고, 영국의 초상화가이자 미학자인 레이놀즈Reynolds는 누구나 화가이자 조각가라고 말했다. 이 말이 사실이라면 이탈리아의 조각가 카노바가 임종하는 자리에서 그의 형제에게 "그의 일을 이어받을 용의가 있느냐?"고 물었던 그 영국인이 크게 잘못한 것은 아닐 것이다. 영국 철학자 로크Locke, 프랑스 철학자 엘베시우스Helvetius, 프랑스 문필가 디드로Diderot는 누구나 모두 천재가 될 소질을 가지고 있고, 어떤 사람이 지능의 작용을 조절하는 법칙에 따라 해낼 수 있는 일은 똑같은 환경에서 똑같은 분야에 전념하면 다른 사람도 해낼 수 있다고 믿었다. 하지만 노력으로 달성한 경이로운 업

---

*3. 베르길리우스(BC 70~19) : 로마의 위대한 시인
*4. 파마 : 그리스 신화에는 페메Pheme, 로마 신화에는 파마Fama라는 이름으로 등장하는 소문의 여신. 베르길리우스는 이 여신을 새처럼 생기고 눈, 입술, 혀, 귀가 많이 달려 있고 머리는 구름 속에 두고 땅 위를 재빠르게 여행하는 괴물로 묘사했다

적을 전적으로 인정하고, 뛰어난 천재성으로 유명한 사람들이 모두 불굴의 의지로 열심히 일한 사람들이라고 인정하더라도, 타고난 가슴과 두뇌가 없다면 아무리 노력해도 셰익스피어, 뉴턴, 베토벤, 미켈란젤로와 같이 될 수는 없다.

천재라는 찬사를 받은 영국의 화학자 돌턴Dalton은 자신은 천재가 아니라고 부인하면서 자신의 업적은 그저 부지런하게 쌓아올린 결과라고 말했다. 저명한 외과의사 존 헌터는 이렇게 자평했다.

"내 마음은 벌통과 같다. 겉으로 보기엔 온통 윙윙거리는 소리로 소란스럽지만 그 속은 질서와 규칙 그리고 최고의 자연 저장소에서 열심히 거두어들인 식품으로 가득 차 있다."

위대한 인물들의 전기를 보면 발명가, 예술가, 사상가 그리고 모든 분야의 일꾼들이 대부분 지칠 줄 모르는 근면성과 전념으로 성공을 거두었다는 사실을 한눈에 알 수 있다. 이들은 모든 것, 시간까지도 황금으로 변화시킨 사람들이다. 정치가 디즈레일리는 이렇게 생각했다.

"성공의 비결은 자신의 과제에 통달한 사람이 되는 것이다. 성공은 지속적인 전념과 고찰을 통해서만 성취할 수 있다."

그러므로 세계를 움직인 사람들은 대개 천재적인 사람들이 아니었다. 엄격하게 말하자면, 평범하지만 증진된 능력과 지칠 줄 모르는 끈기를 가진 사람들이다. 눈부시게 뛰어난 소질을 타고나지 못했지만, 어떤 분야에 몸담고 있든 자신의 일에 부지런히 전념했다. 똑똑하지만 경솔한 아들을 둔 어느 과부는 이렇게 한탄했다.

"아! 내 아들은 천성적으로 끈기 있게 지속할 능력이 없구나."

끈기가 부족하고 변덕이 심한 사람은 우둔하지만 근면한 사람에게 인생의 경주에서 뒤쳐진다. 이탈리아에는 이런 속담이 있다.

"천천히 달리는 사람이 오래 그리고 멀리 간다."

반복과 인내의 힘

일하는 습성을 키우는 데 목표를 둬야 한다. 일단 습성이 몸에 배면 경주가 훨씬 쉽게 느껴질 것이다. 훈련을 반복하고 또 반복해야 한다. 노력하는 만큼 재능이 생긴다. 훈련하지 않고서는 아무리 간단한 기술이라도 익힐 수 없고, 그것이 얼마나 익히기 어려운 것인지 깨닫게 될 뿐이다. 로버트 필은 비록 평범한 능력의 소유자였지만 어려서부터 훈련을 반복해 놀라운 능력을 배양했으며 영국 상원을 상징하는 인물이 되었다. 소년 시절 드레이턴Drayton 영지에서 살 때, 그의 아버지는 그를 식탁 위에 세워놓고 즉석연설을 시키곤 했다. 일요일에는 교회에서 들은 설교를 기억나는 대로 반복해보라고 시켰다. 처음에는 거의 발전이 없었지만, 꾸준히 훈련한 결과로 주의력이 점점 강해져서 마침내 설교를 처음부터 끝까지 그대로 반복할 수 있게 되었다. 훗날 그가 의회에 진출했을 때 반대파의 주장을 그 자리에서 반박하는 그의 능력은 아무도 당할 수가 없었다. 시시때때로 그가 보여준 정확하고 비상한 기억력은 드레이턴 교구 교회에서 어렸을 때부터 훈련받은 것이었다.

평범한 일에 지속적으로 전념해 거두게 되는 효과는 실로 놀랍다. 바이올린 연주는 간단한 일같이 보인다. 하지만 얼마나 오랫동안 심혈을 기울여 연습해야 하는지 아는가? 이탈리아의 유명한 바이올린 연주자이자 작곡가 지아르디니Giardini는 바이올린을 배우려면 얼마나 걸리느냐고 묻는 젊은이에게 이렇게 대답했다.

"24시간씩 20년."

노력하면 곰도 춤추게 만들 수 있다고 한다. 솜씨가 서투른 무용수가 무대에서 각광을 받으려면 아무런 소득도 없이 수년 동안 끊임없이 노력해야 한다. 이탈리아의 무용수이자 안무가 탈리오니Taglioni는 저녁 공연을 준비할 때 아버지로부터 2시간 동안 혹독한 훈련을 받다가 기진맥진해 쓰러지곤 했다. 그러면 옷을 벗기고 해면으로 간단히 목욕을 시켜 다시 소생시켰다. 저녁 공연에서 민첩한 도약을 확실히 보여주려면 그와 같은 대가를 치러야 했다.

최상의 진보는 늦은 속도로 진행된다. 위대한 업적은 단번에 성취할 수 있는 것이 아니다. 인생행로를 한 발 한 발 걸어가며 발전하는 자신의 모습에 만족해야 한다. 프랑스의 유명한 외교관이자 사상가 메스트르Maistre는 이렇게 말했다.

"기다릴 줄 아는 것이 바로 위대한 성공의 비결이다."

수확을 하려면 씨를 먼저 심은 다음, 희망을 가지고 참을성 있게 오랫동안 기다려야 한다. 기다릴 만한 가치가 있는 좋은 열매는 천천히 익는 법이다. 동양에는 이런 속담이 있다.

"시간과 인내가 뽕잎을 비단으로 바꾼다."

쾌활하게 일하라

하지만 인내심을 가지고 기다리려면 쾌활하게 일해야 한다. 쾌활함은 인격에 융통성을 더해주는 탁월하고 실질적인 자질이다. 어느 주교는 이렇게 말했다.

"그리스도교 신앙의 90퍼센트는 참을성이다."

실질적인 지혜의 90퍼센트는 쾌활하고 부지런한 마음가짐이다. 그것이 바로 성공과 행복에 생명과 영혼을 불어넣어주는 원동력이다. 인생의 가장 큰 기쁨은 상쾌한 마음으로 지속적으로 일하는 데 있을 것이다. 정력, 신념 그리고 그밖의 좋은 자질은 이러한 마음가짐에 달려 있다. 영국 최고의 설교가 시드니 스미스는 요크셔 주에 있는 포스턴르클레이Foston-le-Clay라는 마을에서 신부로 일할 때 자신이 그 일에 적합하다고 생각하지는 않았지만 최선을 다하겠다고 결심하고 즐거운 마음으로 일했다. 그는 이렇게 말했다.

"나는 그 일을 좋아하기로 마음먹고 나 자신을 그 일에 맞추기로 결심했다. 그렇게 하는 것이 내 능력에 미치지 못하는 일을 맡은 것처럼 행동하거나 쓰레기처럼 버림받았다고 불평이나 늘어놓는 것보다 훨씬 사내답다고 생각했기 때문이다."

후크 박사도 그랬다. 새로운 일을 찾아 리즈를 떠나면서 이렇게 말했다.

"어느 곳에 가든지 나는 하느님의 축복 속에서 내 손으로 할 수 있는 것이라면 무엇이든 최선을 다 할 것이다. 일거리를 찾지 못하면 일거리를 만들어내겠다."

공공의 이익을 위해 일하는 사람들은 특히 오랫동안 참을성 있게 일해야 한다. 즉각적인 보상이나 결과가 나타나지 않기 때문에 마음이 내키지 않을 수도 있다. 이들이 뿌린 씨앗이 겨울 눈 속에 파묻혀

버리고, 씨앗을 뿌린 농부는 봄이 오기도 전에 영면의 길로 떠나는 경우가 가끔 있다. 모든 공직자가 로울런드 힐Rowland Hill처럼 생전에 자신의 위대한 사상이 결실로 맺는 것을 볼 수 있는 것은 아니다. 아담 스미스Adam Smith는 자신이 오랫동안 몸담고 있던 우중충하고 오래된 글래스고 대학교에 위대한 사회 개선의 씨앗을 심어놓고, 그곳에서 『국부론Wealth of Nations』의 기초를 다졌다. 그러나 그의 저서가 실질적인 결실을 맺기까지는 70년이 걸렸고, 아직도 그 결실을 모두 거두어들이지 못했다.

커레이와 영 : 희망의 힘

희망의 상실을 보상할 수 있는 것은 아무것도 없다. 희망을 상실하면 인격이 완전히 바뀐다.

"모든 희망이 사라졌는데, 어떻게 일을 할 수 있을까, 어떻게 행복할 수 있을까?"

위대하지만 불행했던 어느 사상가는 이렇게 한탄했다. 가장 쾌활하고 용감하며 희망에 가득 찬 일꾼 가운데 커레이라는 선교사가 있었다. 인도에 있을 때 그는 잘난 체하며 거드름을 피우는 사람 세 명을 사무원으로 채용했는데 이들은 하루 만에 모두 지쳐버렸지만, 그는 일이 바뀔 때만 잠시 휴식을 취할 뿐이었다. 제화공의 아들로 태어난 커레이는 목수의 아들 워드Ward와 직조공의 아들 마셤Marsham의 도움을 받았다. 이들의 노력으로 세람포레Serampore에 거대한 대학이 설립되고, 16개의 선교 거점이 세워져 활발하게 발전했으며, 성경이

16개 언어로 번역되고, 영국령 인도에 도덕적 혁명의 씨앗이 뿌려져 좋은 결실을 맺었다. 커레이는 자신이 미천한 집안 출신이라는 점을 부끄럽게 생각하지 않았다. 언젠가 총독이 베푼 만찬석상에서 맞은편에 앉은 장교 한 명이 그에게 들릴 만큼 큰 목소리로 다른 장교에게 커레이는 과거에 제화공이 아니었느냐고 묻는 말을 들었다. 그러자 커레이는 이렇게 외쳤다.

"아닙니다. 저는 제화공 밑에서 구두수선공으로 일했습니다."

소년 시절에 그가 얼마나 집념이 있었는지 확실히 보여주는 일화가 하나 있다. 어느 날 그는 나무에 오르다가 땅으로 미끄러져 다리가 부러졌다. 몇 주 동안 꼼짝 못하고 침대에 누워 지냈으나, 몸이 완쾌되어 남의 도움 없이 혼자 걸을 수 있게 되자 그가 맨 처음 한 일은 그 나무에 다시 오르는 것이었다. 일생 동안 위대한 선교 사업을 하려면 이처럼 불굴의 용기가 필요했고, 커레이는 그와 같은 용기로 선교 사업을 훌륭하게 해냈다.

철학자 영 박사에게는 이런 좌우명이 있었다.

"남이 해낸 일이라면 누구든지 할 수 있다."

그는 자신이 스스로 택한 고초에서 한 번도 물러선 적이 없었다. 그가 말을 처음 탔을 때, 우리Ury의 영주이자 유명한 스포츠맨 바클리Barclay의 손자가 동행했다. 동행자가 높은 울타리를 뛰어넘자 영도 흉내를 내다가 그만 말에서 떨어졌다. 영은 입을 꼭 다문 채 말에 다시 올라타 두 번째 시도를 했다. 이번에도 실패했으나 간신히 말의 목을 붙잡아 떨어지지는 않았다. 그는 세 번째 시도에 성공해 울타리를 뛰어넘었다.

헌신과 끈기, 성공의 절대 비결 153

오두본과 칼라일의 열정

타타르 부족의 티무르가 역경에 처해 있을 때 거미에게서 끈기에 대한 교훈을 배운 이야기는 너무나 유명하다. 이에 못지않게 흥미로운 이야기로 미국 조류학자 오두본Audubon이 직접 전해준 일화가 있다.

"나는 그려놓은 그림 200점을 사고로 모두 잃고 난 후 조류학 연구를 중단할 뻔했다. 이 이야기를 전하는 이유는 열정을 가지면 아무리 힘든 난관도 극복할 수 있다는 것을 보여주려는 것이다. 자연 보존에 앞장서고 있던 나로서는 끈기를 열정이라고밖에 표현할 수 없다. 그때 나는 오하이오 강변에 있는 켄터키 주 헨더슨Henderson 마을에 몇 년 동안 머물고 있었는데 필라델피아에 갈 일이 생겼다. 떠나기 전에 그림을 챙겨 정성스럽게 나무 상자에 넣어서 친척에게 맡기면서 훼손되지 않게 잘 보관해달라고 당부했다. 몇 달 후에 돌아와 집에 돌아온 기쁨을 며칠 동안 만끽하고는 그 보물 상자를 찾아다가 열어보았다. 그런데 노르웨이 쥐 한 쌍이 상자 안을 온통 헤집어놓은 것이 아닌가? 그림을 갉아먹고 종이 사이에 새끼까지 낳아 기르고 있었다. 한 달 전만 해도 거의 1000마리 가까운 새가 그 그림 속에 있었는데…… 독자들도 그때 내 심정이 어땠을지 상상할 수 있을 것이다. 그 광경을 보는 순간 피가 머리끝까지 솟구치고 온 신경이 곤두서서 참을 수가 없었다. 나는 며칠 밤을 아무것도 하지 않은 채 그냥 잠만 잤다. 그렇게 망각 상태에서 며칠을 지내다가 동물적인 힘이 발동해 기력을 되찾게 되었다. 총, 노트, 연필을 챙겨 들고 아무 일도 없었다는 듯 즐거운 마음으로 숲으로 들어가니 예전보다 더 나은 그림을 그릴 수 있을 것 같은 기분이 들었다. 그러고는 3년이 채 지나기도 전에 내 화첩은 다시 그림으로 가득 찼다."

아이작 뉴턴의 논문이 불에 타버린 사건도 너무나 유명해서 여기 되풀이해서 이야기할 필요가 없을 것이다. 그의 애완견 '다이아몬드'가 책상에 놓인 촛대를 쓰러뜨려 뉴턴이 몇 년 동안 공들여 쓴 논문이 한순간에 재로 변한 것이다. 이 사고로 뉴턴은 깊은 슬픔에 잠겨 건강이 몹시 나빠지고 분별력도 많이 잃었다고 한다. 역사가 칼라일Carlyle도 이와 비슷한 사고로 『프랑스 혁명』 제1권 원고를 잃어버렸다. 그는 문필에 조예가 있는 이웃 사람에게 원고를 검토해달라고 맡겼다. 그러나 운이 나빴던지 이웃 사람은 그 원고를 거실 바닥에 놓아둔 채 까맣게 잊어버렸다. 몇 주가 흐른 뒤 출판사에서 원고를 넘겨달라고 재촉을 하자 칼라일은 원고를 찾아오라고 사람을 보냈다. 원고가 보이지 않아 여기저기 뒤져보았으나 찾을 수 없었다. 그런데 하녀가 거실 바닥에 놓여 있던 원고가 폐지처럼 보여서 부엌과 거실에서 불을 피울 때 불쏘시개로 사용했다는 것이 아닌가. 칼라일이 그런 말을 들었을 때 어떤 기분이었을지 상상이 갈 것이다. 그러나 책을 다시 쓰는 수밖에는 다른 도리가 없었다. 결국 그는 마음을 가라앉히고 원고를 다시 쓰기 시작했다. 초고가 없어서 역사적 사실, 자신의 생각, 표현 등을 다시 되살려보려고 애썼으나 이미 오래 전에 기억 속에서 사라져버린 상태였다. 그 책을 처음 쓸 때는 기쁜 마음이었으나, 두 번째 다시 쓰는 작업은 믿기 어려울 정도로 고통스러웠다고 한다. 그런 처지에서 모든 어려움을 감내하며 원고를 다시 완성한 그는 어떠한 난관이 있어도 목적을 달성하겠다는 의지를 잘 보여준 귀감이라 할 것이다.

뛰어난 발명가들의 일생도 끈기를 보여주는 좋은 본보기다. 조지 스티븐슨은 젊은이들에게 연설할 기회가 있을 때마다 이렇게 짤막한 충고를 덧붙였다.

"저처럼 하십시오! 어떤 시련에도 굴하지 않고 끈기 있게 노력하라는 말입니다."

그는 기관차 개량에 몰두한 지 15년 만에 레인힐Rainhill에서 벌어진 기관차 시합에서 결정적인 승리를 거두었다. 와트도 응축증기기관 개발에 나서 완성하기까지 15년 동안 그 일에만 전념했다. 과학, 예술, 산업 등 다른 분야에도 이와 같이 불굴의 노력을 보여준 감명 깊은 사례가 많다.

니네베를 발견한 아주 평범한 세 사람

니네베Nineveh 비석을 발굴해 오래 전에 사라진 설형문자를 발견한 이야기도 매우 흥미롭다. 이 비석에는 화살촉같이 생긴 문자가 새겨져 있었는데 이 문자는 마케도니아가 페르시아를 정복한 이후로 세상에서 사라졌다. 오랜 세월이 흘러 페르시아 케르만샤Kermanshah에 주재하고 있던 동인도회사의 한 수습사원이 인근 지역에서 오래된 기념비들에 기이한 설형문자가 새겨져 있는 것을 발견하고는 유심히 관찰했다. 너무 오래 전 일이라 역사에는 아무런 기록도 남아 있지 않았다. 그는 비문을 그대로 베껴두었는데 그중에는 평지에서 약 518미터 높이로 우뚝 솟아 있는 수직 암석 위에 새겨진 유명한 베히스툰

Behistun 비문도 있었다. 이 암석 아랫부분에는 페르시아어, 스키타이어, 아시리아어로 된 비문이 약 90미터 가량 새겨져 있었다. 헨리 롤린슨Henry Rawlinson이라는 이 젊은 사원은 세상에 알려진 지식과 알려지지 않은 지식을 비교하고 그 당시 사용되고 있는 언어와 사라진 언어를 서로 대조하면서 설형문자를 조금씩 해독하고 문자체계도 정리했다. 그는 탁본한 비문을 검토해달라고 본국으로 보냈는데, 대학교수 중에도 설형문자에 대해서 아는 사람이 전혀 없었다. 그러나 동인도회사에서 사무원으로 일하다 은퇴한 노리스Norris라는 사람이 거의 알려지지 않은 이 문자를 연구 과제로 삼고 있었다. 그의 지식은 아주 정확했다. 그는 베히스툰 암벽을 본 적도 없는데 탁본을 보자마자 그 사원이 비문을 정확하게 베끼지 않았다고 지적했다. 암벽 인근에서 근무하고 있던 롤린슨이 탁본을 비석으로 가지고 가서 대조한 결과 노리스의 말이 맞았다. 그 뒤 세심하게 대조하고 조사해 설형문자에 대한 연구가 크게 진전되었다.

하지만 이 독학자 두 사람이 터득한 지식을 활용하려면 이들이 기술을 발휘할 수 있는 재료를 공급해줄 제3의 인물이 필요했다. 그러한 인물로 자진해서 나선 사람이 오스틴 레이어드Austin Layard다. 그는 런던에 있는 한 변호사 사무소에서 견습 사무원으로 일하고 있었다. 수습사원, 동인도회사 퇴직자 그리고 법률사무소의 사무원이 사라진 언어를 발견하고 바빌론의 땅속 깊이 묻힌 역사를 발굴해낼 거라고는 꿈에도 상상하기 어렵다. 그러나 그것이 사실이다. 레이어드는 불과 스물두 살의 나이로 유프라테스 강 너머에 있는 지역에 가보고 싶은 열망에 사로잡혀 동양으로 여행을 떠났다. 단 한 명의 동료와 함께 여행을 떠난 그에게 의지할 것이라곤 자신의 팔뚝밖에 없었지만, 쾌활하고 상냥하고 의협심이 강한 성격 덕분에 치열하게 전쟁을 벌이고 있는 부족들 틈을 무사히 통과했다. 여행길에 오른 지 몇 년이 지나자 수중에 남은 돈이 별로 없었지만 집념과 끈기, 확고한 의지와 목적의식, 강한 인내심으로 무장하고 발견과 연구에 대한 열성으로 버텨 역사적인 보물을 발굴하는 데 성공했다. 그가 발견한 유물들은 그 이전에 어느 누구도 수집하지 못한 것이었다. 장장 3킬로미터가 넘는 양각 벽화가 그의 노력으로 세상에 모습을 드러내게 되었다. 마치 새로운 계시처럼 갑자기 세상에 나타난 이 소중한 고대 유물은 약 3000년 전에 일어난 사건을 소상하게 기록한 경전이었는데 지금 대영박물관에 소장되어 있다.

레이어드 자신이 그의 저서 『니네베의 기념비 *Monuments of Nineveh*』에서 밝힌 바와 같이 이 놀라운 유물을 발굴한 이야기는 개인의 모험심, 근면성 그리고 능력을 사실 그대로 전해주는 아주 매력적인 기록이다.

뷔퐁, "천재는 인내의 결정체다"

"천재는 인내의 결정체"라는 그의 말에서도 알 수 있듯이 콩트 드 뷔퐁 Comte de Buffon의 생애는 인내와 근면의 힘을 보여주는 훌륭한 사례다. 그는 자연사 분야에 위대한 업적을 남겼지만, 젊은 시절에는 그저 평범한 재능을 지닌 청년에 지나지 않았다. 지식을 깨우치는 속도가 늦고 얻은 지식을 기억해내는 데도 느렸다. 게다가 천성이 게으른 편이어서, 좋은 가문에서 태어나 자신이 원하는 대로 편안하고 사치스러운 생활을 누릴 수도 있었다.

그러나 어렸을 때부터 쾌락을 멀리하겠다고 결심하고 공부와 자기계발에 온 힘을 기울였다. 아침에 침대에 누워 몇 시간씩 허비하는 버릇이 있었는데 제한된 보물인 시간을 낭비하고 있다는 생각이 들자 나쁜 버릇을 고치겠다고 결심했다. 한동안 버릇을 고쳐보려고 애를 써보았지만 스스로 정해놓은 시간에 일어날 수 없었다. 그는 하인 조지프를 불러서 도와달라고 청하면서, 6시 전에 자신을 일으켜 세울 때마다 5실링짜리 은화 한 닢씩 주겠다고 약속했다. 처음에는 하인이 불러도 일어나지 않고 아프다고 핑계를 대거나, 성가시게 군다고 화를 내는 척했다. 조지프는 주인을 깨워서 돈을 벌기는커녕 깨우라는 명령을 어기고 계속 자게 내버려두었다고 야단만 맞았다. 하인은 이럴 바엔 차라리 돈이나 벌어야겠다고 결심을 하고 뷔퐁을 강제로 흔들어 깨우기 시작했다. 뷔퐁이 애원하고 타이르기도 하고 당장 내쫓아버리겠다고 협박을 해도 막무가내였다. 어느 날 아침 뷔퐁은 평상시와 달리 완강하게 버텼다. 그러자 조지프는 극단적인 수단을 쓰는 수밖에 없다고 판단하고 얼음물이 들어 있는 세수 대야를 침대보 속에 집어넣었다. 그러자 즉각 효과가 나타났다. 이러한 방법을 계속 사용한 결과, 뷔퐁은 마침내 악습을 고치는 데 성공했다. 그는 훗날 자신의 자연사 저서 중 서너 권은 조지프가 쓴 것이나 다름없다고 입버릇처럼 되뇌었다.

뷔퐁은 40년 동안 매일 아침 9시부터 오후 2시까지 책상에 앉아 집필하고, 오후에도 5시부터 9시까지 일했다. 규칙적으로 꾸준히 일하는 것이 습관처럼 되었다. 그의 전기를 집필한 작가는 그를 이렇게 평했다.

"일은 그에게 필수품이었고, 연구는 인생의 매력이었다. 영광스러운 일생이 말년에 다다랐을 때에도 그는 몇 년만 더 연구에 몰두하면 좋겠다고 말하곤 했다."

그는 아주 꼼꼼한 사람으로 독자들에게 자신의 생각을 가장 좋은 방법으로 전달할 수 있도록 끊임없이 연구했다. 그는 문장이 거의 완벽해질 때까지 주저하지 않고 다듬고 또 다듬었다. 『자연의 신기원 *Epoques de la Nature*』을 집필할 때는 무려 50년 동안 연구를 거듭해온 주제였지만, 만족할 때까지 무려 열한 번이나 원고를 다듬었다. 그는 모든 일을 철두철미하게 처리하고 실무 능력이 뛰어난 사람이었다. 그는 천재라 할지라도 규칙적으로 생활하지 않으면 자신의 능력 중 4분의 3은 잃어버린다고 말했다. 그가 작가로서 크게 성공한 것은 주로 뼈를 깎는 노력과 부지런한 전념의 결과였다. 당대에 유명했던 살롱 주인 네케르Necker 부인은 이렇게 전했다.

"뷔퐁은 천재란 특정 과제에 깊이 집중한 산물이라는 신념을 가지고 있었다. 그는 초고를 끝내면 기진맥진해지지만 이미 어느 정도 완벽한 수준에 도달했다는 생각이 들어도 다시 되풀이해서 원고를 검토한다고 말했다. 이렇게 정성을 쏟아 길고 긴 교정 과정을 거치는 동안 진력이 나기는커녕 즐겁게 느껴진다고 했다."

끝으로, 뷔퐁은 인체에 가장 큰 고통을 주는 병에 걸려 투병을 하면서도 위대한 저서를 집필하고 출판했다는 말을 덧붙여야 할 것 같다.

월터 스콧의 근면한 삶

문인의 일생도 끈기 있는 생활의 모범을 잘 보여주는 사례라고 할 수 있다. 이러한 점에서 월터 스콧Walter Scott의 일생만큼 우리에게 교훈을 주는 사례도 없을 것이다. 그의 탁월한 근면성은 법률사무소에서 일하면서 단련된 것이다. 그는 그곳에서 문서를 베끼는 지루한 일을 오랫동안 맡았다. 매일 똑같은 일이 되풀이되는 하루 일과 중에서 가장 달콤한 시간은 자기 마음대로 쓸 수 있는 저녁 시간이었다. 그는 이 소중한 시간을 모두 독서와 연구에 바쳤다. 평범한 문필가들은 근면성이 부족한 경우가 종종 있는데, 절도 있게 꾸준히 연구에 전념하는 습관을 가지게 된 것은 단조로운 법률사무소 업무를 처리하면서 몸에 배었기 때문이라고 털어놓은 적도 있다. 문서를 베끼는 일을 하면 일정한 단어수로 계산해 1장 당 3펜스씩 받았는데, 근무 시간을 초과해 일하면 24시간 동안 약 120장을 베낄 수 있어서 약 30실링을 벌 수 있었다. 그래서 그는 때때로 초과근무를 해 평상시 수입으로는 넘보지도 못할 희귀도서를 사들이기도 했다.

스콧은 만년에 실무 능력이 뛰어난 점을 자랑하면서, 소네트 시인들은 천재는 인생의 평범한 도리를 지킬 필요가 없다고 공염불 같은 말을 늘어놓지만 천재성과 삶의 평범한 도리에 대한 혐오감이나 경멸감 사이에는 아무 관계가 없다고 단언했다. 그는 오히려 매일 실질적인 일을 어느 정도 하는 것이 자질을 높이는 데 도움이 된다는 견해를 가지고 있었다. 그는 에든버러에 있는 최고민사법원에서 서기로 일하면서 아침에는 집필을 하고, 낮에는 법원에 출근해 등록증서와 각종 문서를 공증하는 업무를 처리했다. 비평가이자 전기 작가인 록하트Lockhart는 이런 평가를 내렸다.

"적극적으로 집필 활동을 한 기간에도 1년 중 거의 반이라는 많은 시간을 들여가며 전문적인 직무를 꼼꼼하게 처리한 것이 그의 생애에서 가장 두드러진 특징이라고 할 수 있다."

그의 생활신조는 생활비는 일을 해서 벌어야지 저술 활동으로 벌어서는 안 된다는 것이었다. 언젠가 그는 이렇게 말했다.

"나는 문학을 내 지팡이로 삼기로 결심했다. 목발로 사용하지 않을 것이다. 집필 활동에서 생긴 수익은 달리 요긴하게 쓸 수 있겠지만 일상생활에 들어가는 비용으로는 쓰지 않겠다."

그는 시간을 엄수하는 습관을 매우 열심히 길렀다. 그렇지 않았다면 그렇게 방대한 양의 저술 활동을 감당하지 못했을 것이다. 그는 편지를 받고 나서 조사를 해보거나 심사숙고해야 할 내용이 없으면 그날 중으로 답장을 보내는 것을 철칙으로 삼았다. 그런 습관이 없었다면 때때로 그의 착한 성격을 호된 시험에 들게 할 만큼 물밀듯이 쇄도하는 편지에 일일이 답장을 보내지 못했을 것이다. 그는 5시에 일어나 손수 불을 지피고 면도를 한 다음, 단정하게 옷을 골라 입고 6시까지 책상 앞에 앉아 있었다. 원고를 책상 위에 항상 가지런히 정돈해놓고, 책상 주변에는 참고서적을 빙 둘러가며 정렬해놓았으며, 책을 늘어놓은 너머에는 애견 한 마리가 그를 지켜보며 앉아 있게 했다. 아침식사 전에 일할 수 있는 시간이 충분해서 9시와 10시 사이에 가족이 모여 식사를 할 때쯤이면, 그날 일과를 이미 반 이상 처리해놓았다. 그는 이렇게 열심히 일하고 방대한 지식을 가지고 있었지만 자신의 능력에 대해서는 아주 겸손하게 말했다.

"나는 평생 동안 나 자신의 무지 때문에 시달림과 애로를 느꼈다."

이것이 진정한 지혜이자 겸손이다. 많이 알면 알수록 자만심이 줄어드는 법이다. 트리니티 대학에 다니는 학생이 교수를 찾아가 "공부를 마쳤으니" 이제 떠나겠다고 말하자, 교수는 이렇게 현명할 말로 그를 꾸짖었다.

"그런가? 내 공부는 아직도 시작 단계에 있는데……."

잡다한 지식을 수박 겉핥기식으로 얻었지만 한 가지도 제대로 알지 못하는 천박한 사람은 자신의 재능을 자랑스럽게 여기겠지만, 현자는 겸손하게 고백할 것이다.

"내가 알고 있는 것이라고는 아무것도 알지 못한다는 사실뿐이다."

아니면 뉴턴처럼 말할 것이다.

"나는 바닷가에 널려 있는 조개껍질을 주었을 뿐이다. 내 앞에 웅대하게 펼쳐져 있는 진리의 바다는 전혀 탐사해보지 못했다."

존 브리튼과 존 라우든

이름이 덜 알려진 문인의 생애에서도 놀라운 끈기의 힘을 찾아볼 수 있다. 『잉글랜드와 웨일즈 지방의 미 The Beauties of England and Wales』와 귀중한 건축 서적을 많이 남기고 세상을 떠난 존 브리튼 John Britten은 윌트셔 Wiltshire 지방 킹스턴 Kingston에 있는 초라한 오두막집에서 태어났다. 그의 아버지는 제빵업자 겸 맥아 제조업자였는데, 브리튼이 아직 어렸을 때 사업에 실패해 정신이상자가 되었다. 브리튼은 어린 시절

교육을 거의 받지 못하고 주위에서 나쁜 행실만 보고 자랐으나 다행히 물들지 않고 바르게 성장했다. 그는 어린 나이에 클러컨웰Clerkenwell에서 선술집을 경영하는 삼촌 밑에서 일하기 시작해 5년 넘게 포도주를 병에 담고 코르크 마개를 끼우고 상자에 담아 저장소로 옮기는 일을 했다. 그러나 건강이 나빠져 일을 할 수 없게 되자 삼촌은 5년 동안 일한 대가로 그에게 겨우 2기니를 주고 내쫓아버렸다. 그는 그 돈을 주머니에 넣고 세상 밖으로 내몰리게 되었다. 그 후 7년 동안 그는 온갖 변화와 역경을 겪어야 했다. 하지만 그는 자서전에서 그때를 이렇게 회상했다.

"일주일에 18펜스씩 내고 초라한 하숙방을 얻어 어둠침침한 속에서도 공부에 몰두했다. 겨울에는 불을 땔 형편이 못 돼 침대에 누워 책을 읽는 날이 많았다."

바스Bath까지 걸어가 술 저장실 관리인으로 취직했으나 이내 빈털터리가 되어 상의도 걸치지 못한 채 맨발로 런던까지 걸어서 되돌아와야 했다. 하지만 런던에 있는 술집 저장실 관리인으로 다시 취직되었다. 그가 맡은 일은 아침부터 밤 11시까지 지하 저장실을 지키는 것이었다. 어둠 속에 갇혀 있는 생활에 고된 일까지 겹치다 보니 건강이 나빠져서, 일주일에 15실링을 받기로 하고 변호사 사무실로 일자리를 옮겼다. 그곳에서 일하는 동안 단 몇 분이라도 짬이 나면 글 솜씨를 열심히 익혔다. 여가 시간에는 책을 살 형편이 되지 않아 주로 헌책방을 순회하며 책을 슬쩍슬쩍 훑어보면서 단편적인 지식을 쌓아나갔다. 다른 사무소로 자리를 옮겨 주급이 일주일에 20실링으로 오른 뒤에도 독서와 공부를 게을리 하지 않았다. 스물여덟 살에 책을 쓸 능력을 갖추게 되자 『용감무쌍한 피사로의 모험The Enterprising Adventures of Pizarro』이라는 제목으로 처녀작을 출판한 이래 죽을 때까지 55년 동안 브리튼은 열심히 문필가로 활동했다. 그는 작품을 87편 이상 발표했는데 14권으로 되어 있는 『영국의 성당 유물The Cathedral Antiquities of England』이라는 방대한 저서를 그의 대표작으로 손꼽을 수 있다. 이 저서가 바로 존 브리튼의 끊임없는 노력을 대변해주는 기념비적인 작품이다.

조경사 존 라우든John Loudon도 비슷한 성격의 소유자로 비범한 근면성을 가지고 있다. 그는 에든버러 근방에 사는 농부의 아들로 태어나 어려서부터 일하는 데 익숙했다. 능숙하게 설계도면이나 풍경화를 그리는 것을 보고 아버지는 그를 조경사로 훈련시켰다. 견습공으로 일하는 동안 그는 매주 이틀씩 밤을 새며 공부하고도 낮에는 여느 노동자보다 더욱 열심히 일했다. 그는 밤마다 독학으로 프랑스어를 익혀 열여덟 살이 되기도 전에 백과사전에 싣기 위해 프랑스의 신학자 아벨라르Abelard의 전기를 번역했다. 그는 자기계발에 전력을 기울여 불과 스무 살에 잉글랜드 지방에서 정원사로 일하는 동안 노트에 이렇게 적었다.

"나는 이제 스무 살이 되었다. 내 인생의 3분의 1이 이미 지나가버린 셈이다. 그런데 나는 내 동포를 위해서 무엇을 했단 말인가."

그는 프랑스어에 이어서 독일어 공부를 시작해 짧은 기간 내에 그 언어를 완벽하게 습득했다. 그 후 큰 농장을 인수하고 스코틀랜드의 개량 농사법을 도입해 상당히 많은 소득을 올렸다. 전쟁이 끝나 유럽 대륙으로 가는 길이 열리자 그는 조경업과 농업 실태를 조사하기 위해 외국으로 건너갔다. 그는 두 차례의 여행을 통해서 얻은 지식을 백과사전 형태로 출판했는데 그런 종류의 책 중에서 매우 뛰어난 작품이었다. 이 책에는 누구와도 비교할 수 없을 만큼 많은 노력과 수고를 들여 수집한 유익한 지식이 담뿍 담겨 있어 일약 그의 이름은 널리 알려지게 되었다.

새무얼 드루, 문제아에서 형이상학자로

새무얼 드루Samuel Drew의 생애도 지금까지 언급한 다른 사람들의 생애에 못지않다. 그의 아버지는 콘월Cornwall 주 세인트오스틀St. Austell 행정구에서 아주 열심히 일하는 노동자였다. 그는 비록 가난했지만 두 아들은 어떻게 하든 일주일에 1페니씩 내는 인근 학교에 보내려고 했다. 큰 아들 제이비즈Jabez는 공부를 잘 해서 좋은 성적을 보였지만, 작은 아들 새무얼은 공부도 못하고 말썽만 피우고 무단결석이 잦기로 악명이 높은 문제 학생이었다. 결국 새무얼은 여덟 살의 어린 나이에 직업 전선에 나서 주석 광산에서 하루에 3펜스 반씩 받고 광석 씻는 일을 했다. 열 살이 되자 제화공 밑에 견습공으로 들어갔으나 혹독한 대우를 받았다. 그는 그 당시를 이렇게 회상했다.

"마치 밭갈이하는 써레 밑에 깔린 두꺼비 같은 생활이었다."

도망쳐서 해적이 되어볼까 궁리하는 등 해가 갈수록 성품이 점점 거칠어졌다. 과수원 서리에 앞장서기도 하고, 커서는 밀렵과 밀수에 끼어들기도 했다. 열일곱 살쯤 되었을 때, 견습 기간이 채 끝나지도 않았는데 선원이 되려고 도주했다. 그러나 목초지에서 밤을 지새우다가 추위를 견디지 못하고 일터로 되돌아갔다.

드루는 견습공 생활을 마치고 플리머스Plymouth 부근으로 옮겨 구두 만드는 일을 했는데, 코샌드Cawsand라는 마을에서 벌어진 곤봉시합에서 상을 탄 것으로 보아 봉술에 능했던 것으로 보인다.

드루는 그곳에 사는 동안 밀수에 가담해 하마터면 목숨을 잃을 뻔했다. 모험을 좋아하기도 했지만 고정적으로 받는 임금이라고는 일주일에 8실링이 고작이어서 돈을 벌 욕심에 밀수에 끼어들었던 것이다. 어느 날 밤, 밀수꾼들이 배를 해안에 대고 짐을 내리려고 한다는 소식이 크래프트홀Crafthole 마을 전체에 퍼졌다. 그러자 그 마을에 있는 남자들이 모두 해변으로 달려갔다. 사실 그 마을 남자는 거의 모두 밀수꾼이었다. 한 패는 암벽 위에서 신호를 하고 물건을 내려 처리하는 일을 맡기로 하고, 다른 패는 여러 척의 보트에 나누어 타고 밀수선으로 가기로 했다. 드루도 보트에 올라탔다. 칠흑같이 어두운 밤이었다. 짐을 다 내리지도 않았는데 바람이 거세지고 파도가 높아지기 시작했다. 하지만 보트에 탄 사내들은 계속 일을 하기로 결정하고, 밀수선이 풍랑을 피해 바다 멀리 나가 있었지만 밀수선과 해변을 몇 차례 왕래하며 짐을 날랐다. 그런데 드루와 한 배에 타고 있던 사람 하나가 바람에 모자가 벗겨져 날아가자 모자를 잡으려고 허둥대다가 보트가 뒤집어졌다. 배에 타고 있던 사람 중 세 사람이 곧 바로 익사하고 나머지 사람들은 보트에 한동안 매달려 있었으나 보트가 먼 바다로 표류하기 시작하자 헤엄을 치기 시작했다. 육지에서 3킬로미터가 넘는 거리였고, 칠흑같이 어두운 밤이었다. 드루는 약 3시간가량 물 위에서 사투를 벌이다가 간신히 해변에 있는 바위에 다다랐다. 드루 외에도 한두 사람이 더 뭍으로 올라와 추위에 온몸이 완전히 마비된 채 쓰러져 있었다. 날이 밝아서야 마을 사람들이 이들을 발견하고 마을로 데려갔다. 죽은 것이나 다름없어 보였다. 밀수선에서 내린 짐에서 브랜디 통을 꺼내어 손도끼로 마개를 따서 브랜디를 한 사발씩 생존자들에게 먹였다. 드루는 곧 의식을 회복하고 벌떡 일어나 깊이 쌓인 눈을 헤치며 약 3킬로미터 떨어진 자신의 하숙집으로 돌아갔다.

　그의 일생은 이렇게 아무 장래도 보이지 않는 상태에서 시작되었다. 그런데 말썽꾸러기, 과수원 서리꾼, 제화공, 곤봉 선수, 밀수꾼이었던 그가 젊은 날의 난폭한 행동을 청산하고 복음을 전파하고 훌륭한 책을 저술한 저명인사가 되었다. 다행히 너무 늦어지기 전에 넘치는 정력을 건전한 방향으로 돌려 과거의 악명보다 훨씬 쓸모 있는 사람으로 이름을 날리게 되었다. 그의 아버지는 그를 다시 세인트오스틀로 데리고 가서 제화공으로 취직시켰다. 죽음을 간신히 모면한 것이 계기가 되어 젊은 혈기가 수그러지고 진지한 생활 태도를 갖게 된 것으로 보인다. 얼마 지나지 않아 그는 웨슬리 감리교회의 목사 아담 클라크의 강렬한 설교에 큰 감명을 받았다. 그 무렵 형이 죽자 그는 진지한 기분이 더욱 깊어지면서 사람이 완전히 바뀌고 새로운 각오로 공부를 하기 시작했다. 읽는 법과 쓰는 법을 거의 다 잊어버렸기 때문이다. 몇 년 동안 공부를 한 후에도 한 친구는 그의 글씨를 보고 마치 잉크병에 빠졌던 거미가 종이 위를 기어다닌 흔적 같다고 평했다. 드루는 그 무렵을 이렇게 회고했다.

　"독서를 하면 할수록 내가 무식하다는 것을 더욱 절실하게 느낄 수 있었다. 무식하다는 느낌이 강해질수록 그것을 극복하려는 열정이 보이지 않는 곳에서 솟구쳤다. 잠시라도 틈만 나면 이 책 저 책 가리지 않고 독서에 몰두했다. 육체노동으로 생계를 꾸려나가야 했기 때문에 책을 읽을 틈이 거의 없었지만 불리한 조건을 극복하기 위해서 식탁에도 책을 놓고 식사할 때마다 대여섯 페이지씩 읽었다."

로크의 저서 『오성론 Essay on the Understanding』을 정독하면서 그는 비로소 처음으로 형이상학에 관심을 갖게 되었다. 그는 이렇게 덧붙였다.

"그 책은 마비상태에 있던 내 정신을 일깨워주었고, 그때까지 가지고 있던 나 자신을 비하하던 습관을 버리는 계기가 되었다."

드루는 불과 몇 실링도 안 되는 자본을 가지고 독자적으로 사업을 시작했다. 그러나 그의 착실한 인품을 보고 이웃에 사는 방앗간 주인이 그에게 돈을 빌려주었다. 그 돈을 밑천 삼아 열심히 일한 결과, 1년 만에 빚을 모두 갚을 수 있었다. 그 이후로 "절대로 남에게 신세를 지지 않겠다."고 결심하고 아무리 궁핍해도 그 결심을 지켰다. 빚을 지지 않으려고 저녁을 굶은 채 잠자리에 드는 날도 많았다. 근면과 절약으로 독립하겠다는 그의 꿈은 점차 이루어지기 시작했다. 하루도 쉬지 않고 일하면서도 천문학, 역사, 형이상학을 공부하며 마음의 양식을 쌓는 일도 게을리 하지 않았다. 그는 특히 형이상학을 공부하는 데 주력했다. 다른 분야에 비해서 책이 덜 필요했기 때문이다. 그는 이렇게 그때 심정을 털어놓았다.

"그 길은 가시밭길 같았다. 그렇지만 서슴지 않고 그 길을 택하기로 결심하고 한발 한발 나아가기 시작했다."

구두 만드는 일을 하며 형이상학을 공부하는 한편, 드루는 마을 전도사로 활동하며 노동자계층의 지도자가 되었다. 그는 정치에 지대한 관심을 쏟아 그의 가게는 마을 정치인들이 애용하는 집합장소가 되었다. 그들이 찾아오지 않으면 드루가 그들을 찾아가 사회 전반에 관한 이야기를 나누었다. 이런 일로 낮에 빼앗긴 시간을 보충하기 위해 한밤중에도 일을 하는 경우가 잦았다. 그러다 보니 그의 정치적 열의가 마을 사람들 입에 오르내리게 되었다. 어느 날 밤, 구두창에 못을 박고 있는데 한 어린 소년이 가게에 불이 켜진 것을 보고는 출입문 열쇠구멍에 입을 대고 날카로운 목소리로 외쳤다.

"구두장이! 구두장이! 낮에는 싸돌아다니고 밤에 일하는 구두장이!"

드루가 이 얘기를 어느 친구에게 전하자 그 친구가 물었다.

"그 녀석을 붙잡아서 혼을 내지 그랬나?"

"아닐세. 내 귀에 대고 권총을 쏘았어도 그렇게 놀라지는 않았을 걸세. 일을 멈추고 나 혼자 중얼거렸네. '맞아! 그 애 말이 맞아. 다시는 네가 그런 말을 하지 않게 하겠어.' 그 외침이 하느님의 말씀처럼 느껴졌네. 내 일생 중 아주 적절한 시기에 들은 말씀이었지. 그 말에서 나는 오늘 일을 내일로 미루지 말고, 일을 해야 할 때 빈둥거리지 말아야 한다는 가르침을 받았네."

그때부터 드루는 정치를 멀리하고 본업에만 매달려 일하고 틈 날 때마다 독서와 공부를 계속했다. 독서와 공부 때문에 제대로 쉬지 못하는 날이 많았지만, 공부에 열중하느라고 일을 소홀히 하는 법은 없었다. 결혼하고 나서 한때 미국 이민을 생각해보기도 했으나 고국을 떠나지 않고 계속 일했다. 그는 우선 시 창작으로 방향을 잡았다. 지금까지 남아 있는 시 몇 편을 보면 이때 시에 관한 사색을 하면서 영혼의 무형성과 불멸성에 대한 고찰이 시작된 것으로 보인다. 부엌이 그의 서재였고, 아내가 쓰던 풀무가 책상이었다. 아이들이 우는 소리, 아내가 아이들을 달래는 소리를 들으면서 집필을 계속했다. 이 무렵 출판된 토머스 페인Thomas Paine*5의 저서 『이성의 시대Age of Reason』가 큰 반향을 불러일으키자, 그는 페인의 주장을 반박하는 소책자를 만들어 출판했다. 그는 훗날 『이성의 시대』를 계기로 작가가 되었다고 말하곤 했다. 그 후 짧은 기간 동안 다양한 주제의 소책자를 연달아 출판하고, 여전히 구두 만드는 일을 하면서 몇 년 지나지 않아 그의 대표작이라 평가할 수 있는 『인간 영혼의 무형성과 불멸성에 관한 고찰Essay on the Immateriality and Immortality of the Human Soul』을 저술해 출판했다. 이 책은 20파운드에 팔렸는데 그 당시로서는 매우 큰 액수였지만, 판을 거듭하며 계속 팔려나갔고 지금도 높이 평가받고 있다.

드루는 여느 젊은 작가들과는 달리 자만심에 우쭐거리지 않고 유명작가가 된 뒤에도 집 앞 도로를 쓸고 견습공들을 도와 겨울에 땔 석탄을 함께 날랐다. 그는 단 한순간도 저술 활동을 생업이라고 생각한 적이 없었다. 그가 우선적으로 해야 할 일은 사업으로 정직하게 생계를 꾸려나가는 것이고, 남는 시간이 있으면 그의 표현대로 "학문적 성공의 복권 뽑기"에 골몰했다. 하지만 그는 결국 저술 활동에만 전념하게 되었다. 특히 웨슬리 교파와 관련해 잡지를 편집하고 교파의 간행물 발간을 주관했다. 그는 〈절충주의 비평Eclectic Review〉 지에 기고

---

*6. 토머스 페인(1737~1809) : 영국 태생의 미국 작가로 정치적인 문제를 다룬 그의 소책자 『상식론Common Sense』은 미국 독립전쟁에 지대한 영향을 미쳤다

를 하고, 그의 고향 콘월의 역사를 편찬하기도 했으며, 그 외에도 다수의 작품을 남겼다. 그는 만년에 자신을 이렇게 평가했다.

"나는 사회 밑바닥에서부터 시작해 평생 동안 정직하고 근면하고 검소하게 생활함으로써 내 가족을 지체 높은 신분으로 끌어올리고 내 인격이 높은 평가를 받을 수 있도록 노력해왔다. 신의 섭리로 내가 노력한 만큼 보답을 받았고 소원을 성취했다."

불굴의 정신의 소유자, 조지프 흄

조지프 흄은 매우 특이한 생애를 살다 갔지만 어느 누구 못지않게 불요불굴不撓不屈의 정신으로 일했다. 그는 온화하면서도 매우 부지런하고 의도한 대로 성실하게 살았다. 그는 평생 동안 '불굴의 노력'을 좌우명으로 삼고 그대로 실천했다. 그가 아직 어렸을 때 아버지가 돌아가시자 어머니는 몬트로즈Montrose에 자그마한 가게를 차리고 갖은 고생을 하며 자녀들을 훌륭하게 키웠다. 어머니는 조지프를 외과의사 밑에 견습생으로 집어넣어 의학을 공부하게 했다. 그는 의사 자격증을 따자 인도로 가는 배에서 선의船醫로 일하며 인도를 몇 차례 다녀왔다.[21] 그 후에는 그 회사에서 사관후보생 자격을 얻었는데 남보다 열심히 일하고 절도 있게 생활해 상사들로부터 신임을 받아 점차 높은 지위로 승진했다. 1803년 그는 포얼 장군이 이끄는 사단에 배속되어 마라타 전쟁[*6]에 참전했다. 통역 장교가 죽자 그동안 현지 언어를 틈틈이 공부한 흄이 그 자리를 맡게 되었다. 그는 군의관 중에서 두 번째 서열로 진급했으나, 그것만으로는 능력을 발휘하기에 불충분했는지 경리부장, 우체부장 직무까지 맡아 훌륭하게 수행했다. 한편 병참부와 납품 계약을 맺어 군대에 도움이 되고 자신에게도 득이 되는 돈벌이를 시작했다. 약 10년 동안 부단히 노력한 끝에 큰 재산을 모아 영국으로 귀환했다. 귀국하자마자 그가 맨 처음 한 일은 그동안 더 가난해진 인척을 보살피는 것이었다.

하지만 흄은 빈둥거리며 근면으로 거둔 결실을 즐길 사람이 아니었다. 안락과 행복을 누리기 위해서는 일과 직업이 필요하다. 조국과 국민의 실태를 정확히 파악하기 위해 그는 제조업으로 어느 정도 유명해진 도시를 모두 방문했다. 그리고 해외여행에 나서 외국에 대한 지식을 넓혔다. 그는 영국으로 돌아와 1812년 의회에 진출해 잠시 공백이 있었지만 약 34년 동안 의정 활동을 펼쳤다. 의사록에 기록된 그의 처녀연설은 공교육에 관한 것이었으며, 그 후 의정 활동을 하는 동안 줄곧 교육에 관심을 쏟는 한편, 형사제도 개혁, 저축은행 제도, 자유무역, 재정 절약 및 삭감 등 국민의 생활수준을 향상시키기 위해 적극적으로 일했다. 어떤 과제를 수행하든 온 힘을 쏟았다. 연설은 잘 하는 편이 아니었지만, 무슨 말을 하건 그의 말은 정직하고 확고하고 정확한 사람의 입에서 나온 것으로 인정받았다. 사회개혁가 섀프츠버리Shaftesbury는 그를 이렇게 평했다.

"조소가 진실을 시험하는 것이라면, 조지프 흄은 그러한 시험을 꿋꿋이 이겨냈다."

---

*7. 마라타 전쟁 : 영국과 인도의 마라타 제국 간에 벌어진 세 차례의 전쟁 중 제2차 전쟁을 가리킨다

어느 누구보다 비웃음을 많이 받으면서도 그는 자신의 입장을 끝까지 고수했다. 표결에서는 늘 패배했지만 그는 많은 사람에게 영향을 주었고 그의 제안에 반대표를 던진 사람이 많았지만 그는 중대한 재정 개선방안을 많이 성사시켰다. 그가 해낸 일의 양을 보면 참으로 놀랍다. 그는 6시에 일어나 편지를 쓰고 의회에 제출할 서류를 작성했다. 아침식사를 한 후에는 업무에 관련된 사람들을 만났는데 오전에만 20여 명을 만나는 날도 많았다. 회의에 참석하지 않는 경우가 극히 드물었고 토의가 새벽 2, 3시까지 지루하게 진행되어도 표결에 불참하는 일이 거의 없었다. 주가 바뀌고 해가 바뀌고 내각이 여러 차례 바뀌는 동안 거의 홀로 투쟁하며 투표에서 참패하고 조롱거리가 되면서도 침착하게 참아냈으며, 활기와 희망을 잃지 않고 자신의 제안이 박수갈채 속에 채택될 날을 기다리며 살아간 그의 일생은 끈기의 힘을 단적으로 보여주는 훌륭한 귀감이라 할 것이다.

5
작은 것의 힘

| 새무얼 스마일즈의 자조론 |

맨손이나 지식만 가지고는 많은 일을 할 수 없다. 일을 하려면 도구와 남의 도움이 있어야 하고, 남의 손도 필요하고 남의 지식도 필요하다.

— 베이컨

기회는 앞에는 머리카락이 있지만, 뒤는 대머리다. 앞머리를 붙들면 기회를 잡을 수 있지만, 일단 놓치면 제우스도 다시 잡지 못한다.

— 라틴 격언

위대한 업적이 우연히 생기는 일은 거의 없다. 이따금 과감한 모험으로 이른바 '행운의 과녁'을 맞추는 경우가 있기는 하지만, 꾸준한 노력과 전념하는 자세라는 평범한 길이 대체로 안전하게 택할 수 있는 대로다. 풍경화가 윌슨은 정성들여 정확한 화법으로 그림을 거의 완성한 다음, 긴 막대기 끝에 연필을 끼워 들고 몇 발짝 뒤로 물러나 작품을 찬찬히 살펴보다가 느닷없이 다가가서 과감하게 몇 군데 가필을 해 작품의 완성도를 높였다고 한다. 하지만 멋진 그림을 그려보고 싶은 소망만 가지고서는 캔버스 위에서 제 아무리 정성들여 붓을 놀린다 한들 그와 같이 멋진 효과로 그림을 살릴 수가 없다. 마지막으로 결정적인 가필을 할 수 있는 능력은 평생 동안 노력해야 얻을 수 있는 것이다. 평소에 열심히 수련을 쌓지 않은 화가는 단번에 멋진 효과를 내려고 아무리 애써도 그림에 얼룩만 남기게 될 것이다.

끊임없이 주의를 기울이고 부지런히 노력하는 자세가 참된 일꾼의 특징이다. 위인은 일상생활에서 마주치게 되는 작은 것을 무시하지 않고, 아무리 사소한 것이라도 최대한 활용한다. 어느 날 미켈란젤로는 화실에 찾아온 손님에게 자신이 만들고 있는 조각상을 보여주면서 그 손님이 예전에 다녀간 이후에 어떤 작업을 했는지 설명해주었다.

"이 부분을 다시 손질하고, 저 부분은 매끄럽게 다듬었지요. 이쪽 얼굴 윤곽을 부드럽게 하고, 저쪽 근육은 드러나 보이게 하고, 여기 입술 표정을 살리고, 저기 팔다리를 더 활력 있게 만들었어요."

그러자 손님은 이렇게 대꾸했다.

"사소한 손질만 하셨군요."

미켈란젤로는 이렇게 대답했다.

"그렇게 보이시겠죠. 그러나 사소한 손질을 해야 완성품이 나옵니다. 완성이란 결코 사소한 일이 아니지요."

17세기 프랑스 화가 니콜라스 푸생Nicholas Poussin은 "할 만한 가치가 있는 일은 모두 잘 해야 할 가치가 있다."는 말을 행동 규범으로 삼았다고 한다.

"이탈리아에는 화가들이 많은데 자네가 그들 가운데에서 명성을 떨칠 수 있었던 비결은 뭔가?"

말년에 친구 비뇰 드 마르빌Vigneul de Marville이 이렇게 묻자 푸생은 단호한 어조로 대답했다.

"아무리 하찮은 것이라 해도 소홀히 하지 않는 것이었네."

우연한 발견이란 없다

우연히 얻은 성과라고 일컬어지는 발견도 자세히 들여다보면 우연히 얻은 것이 거의 없다는 것을 알게 될 것이다. 대체로 우연이란 천재가 주의 깊게 활용한 기회에 불과하다. 뉴턴의 발에 사과가 떨어진 사건을 발견의 우연성을 증명하는 증거로 인용하는 경우가 많다. 그러나 뉴턴은 그 전부터 오랫동안 인력작용이라는 주제에 온 정신을 쏟으며 연구에 전념하고 있었다. 그래서 사과가 떨어지는 현상을 보고 그의 천재성으로 불현듯 이치를 깨닫고 그의 통찰력으로 위대한 발견을 하게 된 것이다.

'간섭' 이론이라는 멋진 이론을 발견한 토머스 영Thomas Young[1] 박사의 경우도 마찬가지다. 그는 흔히 볼 수 있는 담배 파이프에서 아름다운 빛깔을 띤 비눗방울이 나오는 것을 보고 빛의 굴절에 관한 발견을 했다. 보통 사람의 눈에는 그저 '공중에 빛이 비치는 하찮은 현상'일 뿐이다. 위인은 위대한 일만 다룰 것이라고 추측하겠지만, 뉴턴이나 영 박사 같은 사람은 아무리 눈에 익고 단순한 사실일지라도 그 의미를 탐지하려고 애썼다. 이들의 위대함은 그러한 사실을 지혜롭게 해석한 데에 있다.

사람의 능력 차이는 바로 관찰력에서 비롯된다. 러시아 속담은 관찰력이 부족한 사람을 이렇게 묘사했다.

---

[1]. 토머스 영(1773~1829) : 영국의 내과의사 겸 물리학자로 빛의 간섭 원리를 확립하했다

"숲을 지나가면서도 장작을 보지 못한다."

솔로몬은 이렇게 말했다.

"지혜로우면 제 앞이 보이고, 어리석으면 어둠 속을 헤맨다."

시인이자 비평가였던 새무얼 존슨은 이탈리아에서 공부를 마치고 방금 귀국한 세련된 신사에게 이렇게 말한 적이 있다.

"런던의 햄스테드Hampstead*2에서 공부한 사람이 유럽을 돌며 배운 사람들보다 나은 경우도 종종 있죠."

눈은 물론 머리도 사물을 보는 역할을 한다. 지각이 없는 사람은 사물을 봐도 아무것도 깨닫지 못하지만, 지적 안목이 있는 사람은 눈 앞에 펼쳐지는 현상의 본질을 파고 들어가 차이점을 주의 깊게 비교·관찰해 근본적인 원리를 깨닫게 된다.

주의 깊은 관찰의 힘

허공에 매달린 추가 일정한 박자에 맞추어 좌우로 흔들리는 현상을 목격한 사람은 옛날부터 무수히 많았다. 그러나 그러한 현상의 가치를 간파해낸 사람은 갈릴레오였다. 어느 날, 갈릴레오가 피사 대성당에 갔을 때, 청소부가 천장에 매달린 등에 기름을 채워 넣은 다음 등에서 손을 떼자 등이 좌우로 흔들렸다. 그 당시 열여덟 살 청년에 불과했던 갈릴레오는 그 광경을 유심히 보고 그 원리를 시간 측정에 이용하는 방법을 착안했다. 물론 그 원리를 이용해 진자의 발명을 완

---

*2. 햄스테드 : 문인과 화가들이 모여 살던 런던의 고급주택가

성하기까지는 50년 동안 연구와 노력을 계속해야 했지만, 시간 측정과 천문학적 계산에 이 발명은 중대한 역할을 했다. 갈릴레오는 리페르셰이Lippershey라는 네덜란드의 안경제조업자가 나소Nassau의 모리스Maurice 백작에게 바친 도구로 멀리 있는 물체를 보면 그 물체가 가까이 보인다는 말을 듣고, 그러한 현상의 원인을 밝히는 데 전념해 망원경을 발명하기에 이르렀고, 이 발명은 근대 천문학의 시발점이 되었다. 사물을 무관심하게 보거나 남의 말을 건성으로 듣는 사람은 이와 같은 발명이나 발견을 결코 해낼 수 없다.

　새무얼 브라운Samuel Brown은 해군 대위로 복무하던 시절에 마을 부근에 있는 트위드 강에 저렴한 비용으로 다리를 놓을 수 있는 방법을 연구했다. 이슬이 촉촉히 내린 어느 날 아침, 그는 정원을 거닐다가 오솔길을 가로막고 있는 작은 거미줄을 보았다. 그러자 순간적으로 머리를 스치는 생각이 있었다. 쇠줄과 쇠사슬로 거미줄처럼 다리를 만들면 되겠구나! 그 결과로 현수교가 처음 발명되었다.

　제임스 와트는 수심이 고르지 않은 클라이드Clyde 강 속에 송수관을 설치할 방법을 연구해달라는 청탁을 받고 고심하고 있었는데, 어느 날 식탁 위에 놓인 바다가재 껍데기가 눈에 띄었다. 그 생김새를 보고 강철관을 발명해 강 속에 깔아 그 문제를 해결했다. 이점버드 브루넬Isambard Brunel이 템스 강에 터널을 뚫는 방법을 처음 착안하게 된 것은 작은 배좀벌레조개 덕분이었다. 그 작은 조개는 단단한 머리로 나무에 아치 모양으로 이쪽 저쪽 구멍을 내고 나서 천장과 양쪽 측면을 분비액으로 바르며 구멍을 넓혀나갔다. 브루넬은 이것을 그대로 본 따서 터널 굴진기를 설계해 공학 역사상 위대한 업적을 남기게 되었다.

 이와 같이 겉으로 보기에는 하찮은 현상을 가치 있는 업적으로 변화시킨 것은 바로 세밀하고 명철하게 관찰한 눈이다. 콜럼버스는 배 주위에 떠다니는 해초같이 평범하기 그지없는 물체를 보고 육지를 발견하지 못했다고 원망하며 반란을 일으키려는 선원들에게 신세계가 멀지 않다고 확신시킬 수 있었다. 너무 사소한 일이라 잊어버려도 상관 없는 것은 아무것도 없다. 아무리 하찮은 사실이라도 세밀하게 분석하면 이리저리 유용하게 쓸 수가 있다. 유명한 '앨비언 백악질 절벽'*3이 현미경으로나 식별할 수 있는 조그만 벌레들이 쌓여서 형성된 것이라고 누가 상상이나 했겠는가! 작은 산호들이 모여 보석같이 아름다운 섬이 만들진 것처럼 이 절벽도 작은 벌레로 형성된 것이다. 극히 미세한 활동으로 그와 같이 거대한 결과가 생긴다는 것을 안다면 누가 감히 미물의 위력에 의문을 제기할 수 있겠는가?

작은 것이 모이면 거대해진다

 사업이든, 예술이든, 과학이든, 모든 분야에서 성공을 거두는 비결은 작은 사물을 세밀하게 관찰하는 것이다. 인간의 지식은 조그만 사실의 축적물에 불과한 것으로서, 단편적인 지식과 경험이 대대로 이어져오면서 축적되어 거대한 피라미드가 되었다. 처음에는 별로 중요하지 않은 것처럼 보이는 사실이나 관찰 결과라 할지라도 결국 다

---

*3. 앨비언 백악질 절벽 : 하얀 백악질로 형성된 영국 남부 해안의 절벽

쓸모가 있고 제자리를 찾게 마련이다. 터무니없는 공상처럼 보이는 생각도 가장 실용적인 업적의 토대가 되곤 한다.

그리스의 기하학자이자 천문학자인 페르가Pergaeus의 아폴로니오스Apollonios가 발견한 '원추곡선'의 원리를 예로 들어보자. 이 원리는 2000년이 흐른 뒤에야 천문학의 토대로 이용되어 항해자들이 미지의 바다를 헤치고 하늘을 관측하며 지정된 항구를 향해 무사히 나아갈 수 있게 되었다. 수학자들이 선과 면의 추상적인 관계에 관해 아무런 지식이 없는 사람이 겉으로 보기엔 부질없는 연구를 오랜 세월에 걸쳐서 연구하지 않았다면, 지금 우리가 사용하고 있는 기계들도 거의 세상에 모습을 드러내지 못했을 것이다.

미국의 벤저민 프랭클린이 번개와 전기는 같은 것이라는 것을 발견하자 주위 사람들은 비웃으며 그에게 이렇게 물었다.

"도대체 그게 어디에 쓸모가 있습니까?"

"그러면 아이는 지금 어디에 쓸모가 있습니까? 하지만 언젠가 어른이 되겠지요."

이탈리아의 의사이자 물리학자 갈바니Galvani는 개구리 양쪽 다리에 각기 다른 금속을 갖다 대면 다리가 꿈틀거린다는 사실을 발견했다. 이렇게 하찮게 보이는 사실도 중대한 결과를 낳을 수 있다고 누가 상상이나 했겠는가! 그러나 이 발견에 대륙과 대륙을 잇는 전보의 기원이 숨어 있다. 이 발견으로 지구 전체가 머지않아 하나로 연결될 것이다. 땅속에서 발굴해낸 돌과 화석 조각을 면밀하게 분석하는 활동에서 지질학과 실용적인 광업이 발달해 거액의 자본이 투입되고 수많은 사람이 일자리를 얻게 되었다. 이와 마찬가지로 광산에서 물을 퍼 올리고, 방앗간과 공장을 가동시키고, 증기선과 기관차를 움직이는 거대한 기계도 열을 받아 팽창된 작은 물방울이라는 미미한 동력원에 의존하고 있다. 흔히 '증기'라고 불리는 이 작은 물방울은 주전자 주둥이에서 나오는 것과 똑같은 것이지만, 말 수백만 마리의 힘을 낼 수 있으며, 파도를 헤치고 태풍과도 맞설 수 있는 엄청난 힘을 가지고 있다. 지구라는 그릇 속에도 이와 똑같은 힘이 작용하면서 거대한 화산과 지진을 일으켜 지구의 역사에 엄청난 영향을 준다.

기회를 포착하는 기술

우스터Worcester 후작은 런던 탑 감방에 갇혀 있는 동안 그릇에 담긴 물이 끓자 그 위에 꽉 닫아놓았던 뚜껑이 들썩거리는 것을 우연히 보고 증기라는 과제에 관심을 갖기 시작했다. 그는 관찰 결과를 토대로 『발명의 세기 Century of Inventions』라는 저서를 출판했는데, 사바리Savary, 뉴커먼과 같은 사람들이 증기를 이용하는 기계를 만들고 와트가 마침내 글라스 대학교의 의뢰로 뉴커먼 방식의 증기기관을 수리하게 될 때까지 이 책은 오랫동안 증기 연구자들이 일종의 교과서처럼 탐독하는 책이 되었다. 와트는 우연한 기회에 증기기관을 다뤄볼 수 있는 기회를 얻자 즉시 개량작업에 착수해 평생 동안 노력한 끝에 증기기관을 완성했다.

기회를 잡아서 우연한 사건을 목적에 맞게 응용해 가치 있는 일로 전환시키는 기술이 크게 성공할 수 있는 비결이다. 존슨 박사는 천재성을 이렇게 정의했다.

"천재성이란 평범한 정신력이 우연히 특정 방향으로 집중되는 것이다."

자기 스스로 길을 찾기로 결심한 사람은 언제나 충분한 기회를 찾았다. 기회가 손에 잡히지 않으면 이들은 스스로 기회를 만들어냈을 것이다. 과학이나 예술 분야에서 빛나는 업적을 남긴 사람은 대학이나 박물관이나 공공미술관에 몸담고 있는 이점을 이용한 사람들이 아니고, 위대한 기계 기술자나 발명가도 아니요, 기계연구소에서 훈련받은 사람들도 아니었다. 발명의 어머니는 편리한 시설이 아니라 필요다. 가장 위인을 많이 배출한 학교는 곤경이라는 학교였다. 아주 훌륭한 장인들도 평범한 도구를 사용한 경우가 많다. 훌륭한 장인이 된 것은 도구 덕분이 아니라 그 사람의 숙달된 기술과 꾸준한 노력 덕분이었다. 서툰 일꾼이 연장만 나무란다는 속담이 있다.

허술한 도구로 이루어낸 업적

유명한 초상화가 존 오피John Opie에게 물감을 어떻게 배합하기에 그렇게 멋진 작품을 만드는지 물어본 사람이 있었다.

"나는 물감을 내 머리와 배합합니다."

이것이 그의 대답이었다. 이 말은 뛰어난 업적을 남긴 사람 모두에게 해당된다. 스코틀랜드 천문학자 제임스 퍼거슨Janmes Ferguson은 시간을 정확히 측정하는 시계와 같이 놀라운 물건을 평범한 주머니칼로 만들었다. 이런 칼은 누구나 가지고 있지만 아무나 퍼거슨이 될 수는 없다. 과학자 조지프 블랙Joseph Black 박사가 숨은 열을 발견할 때 사용한 도구라고는 물을 담을 냄비 한 개와 온도계 두 개밖에 없었고, 뉴턴은 프리즘 한 개, 렌즈 한 개 그리고 두꺼운 판지 한 장을 가지고 빛의 구성과 색의 근원을 밝혔다.

어느 저명한 외국 학자가 과학자 울러스턴 박사를 방문해 그렇게 중대한 발견을 많이 해 과학계에 많은 공헌을 한 그의 실험실을 보여 달라고 청한 적이 있었다. 박사는 손님을 작은 서재로 데리고 가서 탁자 위에 놓인 낡은 차 쟁반을 손으로 가리키며 이렇게 말했다.

"이게 제가 보여드릴 수 있는 실험실의 전부입니다."

그 쟁반에는 시계 접시 몇 개, 시험용지, 작은 저울, 그리고 취관 한 개가 놓여 있을 뿐이었다.

스토더드Stothard는 나비의 날개를 세밀하게 관찰해 색을 배합하는 기술을 익혔다. 그는 종종 이렇게 말했다.

"내가 그 작은 곤충에게 얼마나 신세를 많이 졌는지 모릅니다."

기회는 준비된 자에게 온다

스코틀랜드의 풍속화가 데이빗 윌키David Wilkie에게는 불에 타다 남은 막대기와 헛간 문짝이 연필과 캔버스 구실을 했다. 판화가 토머스 뷰익Thomas Bewick은 고향에 있는 오두막집 벽에서 분필로 그림 그리는 연습을 했고, 미국 태생의 화가 벤저민 웨스트Benjamin West가 처음 사용한 붓은 고양이 꼬리털로 만든 것이었다. 천문학자 퍼거슨은 한밤중에 담요를 들판에 깔고 누운 채 작은 구슬을 꿰어 놓은 실을 자기 눈과 별 사이에서 손으로 잡아당기며 천체 지도를 그렸다. 프랭클린은 비단 손수건에 막대기 두 개를 가로질러 만든 연으로 구름에서 번개를 훔쳐냈다. 와트는 해부학자가 해부하기 전에 사용한 낡은 동맥주사기로 첫 번째 응축증기기관 모형을 만들었다. 기포드는 구두수선공 밑에서 견습공으로 일하면서 가죽 조각을 두들겨 평평하게 만들어 수학 문제를 풀 때 사용했고, 미국의 천문학자 리텐하우스Rittenhouse는 쟁기로 밭을 갈며 일식 주기를 계산했다.

평상시에도 매 순간을 활용할 준비가 되어 있으면 자기 발전을 꾀할 수 있는 기회가 온다. 동양학자 새무얼 리Samuel Lee 교수는 평범한 목수로 유대교 예배당에서 의자를 수리하다가 히브리어로 쓴 성경을 발견하고 히브리어 공부에 흥미를 갖게 되었다. 그는 성경을 원전으로 읽고 싶어서 헌책을 사서 히브리어 문법을 독학으로 공부했다.

독학으로 수학자가 된 에드문드 스톤Edmund Stone은 가난한 정원사의 아들로 태어났다. 아가일Argyle 공작이 어떻게 라틴어로 된 뉴턴의 『프린키피아Principia』를 읽을 수 있게 되었느냐고 묻자 그는 이렇게 대답했다.

"배우고 싶은 것이 무엇이든 알파벳 스물넉 자만 알면 됩니다."

그러면 전념과 끈기 그리고 기회를 꾸준히 활용하는 자세로 모든 것이 해결된다.

소설가이자 시인인 월터 스콧은 무슨 일을 하든지 자기계발의 기회를 찾아내 우연을 가치 있는 일로 변화시켰다. 작가 밑에서 수련생으로 있을 때 스코틀랜드의 하일랜즈 지방을 방문해 1745년 사건에서 살아남은 그곳 사람들과 친분을 맺음으로써 자신의 방대한 작품의 기초를 닦았다.[*4] 그는 말년에 에든버러 경기병대에서 보급 장교로 근무하던 중 말에게 차여 부상을 당하고 한동안 집에 갇혀 지내야 했다. 그러나 스콧은 빈둥거리는 것을 싫어해서 이내 일을 시작했다. 그는 사흘 만에 『최후의 음유시인의 노래 *The Lay of the Last Minstrel*』의 첫 편을 완성하고 곧 이어서 그의 3대 서사시 중 최고의 걸작을 완성해 시인의 명성을 얻었다.

조지프 프리스틀리 박사

수많은 기체를 발견한 조지프 프리스틀리 Joseph Priestley 박사는 양조장 옆에 살면서 우연히 화학에 관심을 갖게 되었다. 어느 날, 양조장에 들렀을 때 발효주 위로 떠오르는 기체에서 반짝거리던 부스러기들이 사라지는 특이한 광경에 주목하게 되었다. 그 당시 그는 마흔 살이었지만 화학에 대해서는 전혀 아는 것이 없었다. 그 원인을 알아내기 위해 책을 여러 권 뒤져보았으나 별 소용이 없었다. 그러한 현상에 대해 아직 알려진 것이 없었기 때문이다. 그는 자신이 고안한 조잡한 장치를 가지고 혼자 실험을 시작했다. 첫 번째 실험에서 신기한 결과를 얻자 실험을 계속해 곧 그의 손으로 기체화학이라는 새로운 학문을 세우게 되었다. 그와 비슷한 시기에 칼 셸레 Carl Scheele도 스웨덴의 한 벽촌에서 같은 문제를 놓고 혼자 실험을 계속하고 있었다. 그도 세상에 이름이 알려지지 않은 화학자였지만, 약방에서 구한 유

---

*4. 월터 스콧은 소설 『웨이벌리 *Waverley*』에서 1745년 자코뱅 반란으로 사라진 스코틀랜드 고지대 사람들의 생활상과 충성심을 새롭게 해석하고 생생하게 묘사했다

리병 몇 개와 돼지 방광과 같은 보잘것없는 장치를 이용해 여러 가지 기체를 발견했다.

험프리 데이비와 마이클 페러데이

험프리 데이비는 약방에서 견습생으로 일하면서 아주 조잡한 장치를 가지고 최초의 실험을 했다. 그는 눈에 띄는 대로 주워 모은 재료를 이용해 도구들을 즉석에서 만들어 썼다. 부엌에 있는 냄비와 프라이팬, 약제사의 진료실에 있는 약병과 용기를 실험도구로 사용했다. 언젠가 랜즈 엔드Land's End 해변에 프랑스 배 한 척이 난파했는데 그 배에서 무사히 빠져나온 의사의 진료가방에 구식 관장기구가 들어 있었다. 데이비와 가깝게 지내게 된 그 의사가 관장기구를 선물하자 데이비는 무척 기뻐하며 자신이 고안한 기체역학 장치에 그 기구를 부품으로 이용하고, 그 뒤에는 열의 성질과 근원에 대한 실험을 할 때에도 이 기구를 공기 펌프로 사용했다.

험프리 데이비의 과학 후계자 마이클 페러데이Michael Faraday 교수도 제본소에서 직공으로 일하는 한편, 낡은 병을 이용해 첫 번째 전기 실험을 했다. 페러데이가 화학에 처음 관심을 가지게 된 계기가 매우 흥미롭다. 그는 왕립 연구소에서 험프리 데이비의 강의를 듣고 화학에 흥미를 느끼기 시작했다. 어느 날 왕립 연구소 회원 한 사람이 페러데이가 일하는 제본소에 들렀을 때, 페러데이는 제본하려고 들고 있던 백과사전에서 '전기'에 관한 내용을 열심히 읽고 있었다. 젊은 제본공이 그와 같은 주제에 흥미를 가지고 있는 것을 본 그 신사가 페러데이에게 왕립 연구소 출입을 허가해 그는 험프리의 강의를 네 차례 들을 수 있었다. 페러데이가 강의 내용을 기록해서 험프리에게 보여주자 험프리는 기록의 정확성을 인정하는 한편, 그것을 기록한 사람의 미천한 신분을 알고서 깜짝 놀랐다. 페러데이가 화학 연구에 평생을 바치고 싶다고 말하자 험프리는 그를 만류하려고 애썼으나 끈질긴 그의 고집을 꺾지 못하고 마침내 조수로 삼아 왕립 연구소에 합류시켰다. 총명한 약방 견습생의 외투가 그에 못지않게 똑똑한 제본소 견습생의 어깨를 감싼 것이다.

데이비가 브리스톤Briston에서 베도스Beddoes 박사의 연구실에서 일하던 스무 살 시절에 적어놓은 내용에 그의 인품이 잘 나타나 있다.

"나는 부자도 아니고, 힘도 없으며, 변변한 가문 출신도 아니다. 하지만 나는 이러한 이점을 가지고 태어난 사람 못지않게 인류와 내 친구들에게 봉사하는 삶을 살겠다."

데이비는 페러데이와 마찬가지로 한 가지 주제에 대해 실질적이고 실험적인 연구를 할 때 다각도에서 연구에 온 정신을 쏟을 수 있는 능력을 갖추고 있었다. 그러한 정신에 근면성과 꾸준한 사고력만 더하면 최고의 성과를 얻을 수밖에 없다. 시인이자 비평가 콜리지는 데이비를 이렇게 평했다.

"그는 활기차고 융통성이 있는 정신으로 무장되어 있어서 어떤 문제든지 포착·분석해 합리적인 결론을 이끌어냈다. 데이비의 머리에 들어간 주제는 모두 왕성한 활력을 얻어 마치 그의 발아래에서 자라나는 잔디처럼 생명력을 갖는다."

데이비도 콜리지의 능력을 높이 평가해 이렇게 그를 평했다.

"그는 고귀한 천재성, 폭넓은 시야, 감수성이 강한 마음, 진보적인 정신을 가지고 있어서 질서, 정확성, 규칙성이 결여된 사람으로부터 괴롭힘을 당할 것이다."

근면한 관찰자, 조르주 퀴비에

프랑스의 위대한 동물학자 조르주 퀴비에Georges Cuvier는 유난히 정확하고 신중하며 근면한 관찰자였다. 어린 시절 그는 우연한 기회에 뷔퐁의 책 한 권을 보고 자연사에 매료되었다. 그 자리에서 당장 책에 실린 그림을 그대로 베끼고 책에 적힌 설명을 보고 색을 칠했다. 그가 학교에 다니고 있을 때 한 선생이 그에게 스웨덴의 식물학자 린네Linnaeus가 쓴 『자연계System of Nature』라는 책을 주었는데 그는 이 책을 십 년 넘게 간직하며 탐독했다. 열여덟 살 때 그는 노르망디Normandy 지방 페캉Fecamp 부근에서 가정교사로 일했다. 해변 가까이 살면서 그는 해양 생물의 신비를 직접 체험하게 되었다. 어느 날 모래 위를 거닐다가 물 밖으로 밀려나와 오도 가도 못하는 오징어 한 마리를 발견하고 그 기이하게 생긴 물체에 호기심이 생겨 집에 가지고 가서 해부해보았다. 그 일을 계기로 연체동물 연구를 시작해 그 분야에서 큰 명성을 얻었다. 연구에 참고할 만한 책이라고는 눈앞에 펼쳐진 대자연이라는 위대한 책밖에 없었다. 대자연이 매일 그에게 선사하는 새롭고 흥미로운 사물을 깊이 연구할수록 그 어떤 글로 표현해놓은 것보다 더욱 깊이 각인되었다. 그로부터 3년 동안 살아 있는 해양 생물 표본을 인근 지역에서 발견된 화석과 비교하고, 해양 생물을 눈에 띄는 대로 잡아서 해부하고 세밀하게 관찰해 퀴비에는 동물계 분류에 일대 혁명을 일으킬 준비를 했다. 이 무렵 퀴비에는 학덕이 높은 테시에Teissier를 알게 되었는데, 그는 식물학자 주시외Jussieu와 파리에 있는 다른 친구들에게 젊은 동물학자 퀴비에의 연구를 편지로 알리며 칭찬을 아끼지 않았다. 이를 계기로 퀴비에는 자연사학회에 논문을 제출하라는 요청을 받았고, 얼마 지나지 않아 파리식물원Jardin des Plantes의 부원장에 임명되었다. 테시에는 주시외에게 보낸 편지에서 젊은 퀴비에를 이렇게 소개했다.

"자네도 기억하겠지만 들랑브르Delambre를 학회에 천거해 새로운 과학 분야를 열게 한 사람이 바로 나였네. 이 사람도 달랑베르와 같은 인물이 될 걸세."

두말할 필요도 없이 테시에의 예상은 그대로 적중했다.

스티븐슨과 돌턴의 끈기

살아가는 데 도움이 되는 것은 우연한 사건이 아니라 목적의식과 꾸준한 노력이다. 나약하고 게으르고 목적의식이 없으면 아무리 좋은 기회가 다가와도 아무 소용이 없고, 아무 효과도 없이 좋은 기회를 그냥 흘려버리게 된다. 그러나 기회를 포착·활용해 꾸준히 노력하면 놀라운 성과를 거둘 수 있다. 와트는 수학도구를 만드는 직업에 종사하면서 독학으로 화학과 기계학을 공부하고, 스위스 염색업자로부터 독일어도 배웠다. 스티븐슨은 야간에 기관사로 일하면서 수학과 구적법을 독학했다. 낮에도 식사시간에 짬을 내어 석탄 운반차 측면에 분필로 계산을 하곤 했다. 돌턴의 근면성은 어린 시절부터 평생 습관이었다. 그는 불과 열두 살의 나이에 조그만 마을 학교에서 아이들을 가르쳤다. 겨울에는 학교를 운영하고 여름에는 아버지의 농장에서 일했다. 그는 퀘이커 교도 집안에서 성장했지만 때때로 내기를 걸어 자기 자신과 동료들을 독려했다. 언젠가는 문제 풀기 내기를 해서 한겨울 내내 쓸 수 있는 양초를 사들일 수 있는 돈을 따기도 했다. 그는 죽기 불과 하루 이틀 전까지 기상 관측을 계속했고 평생 동안 20만 항목 이상의 기상 관측 기록을 남겼다.

자투리 시간의 힘

끈기가 있으면 자투리 시간만 이용해도 커다란 성과를 거둘 수 있다. 매일 사소한 일로 허비하는 한 시간을 적절하게 활용하면 평범한 능력을 가진 사람도 한 가지 학문에 통달할 수 있다. 아무리 무지한 사람이라도 이렇게 하면 10년도 안 돼 훌륭한 지식인이 될 것이다. 아무런 결실을 거두지도 못한 채 시간을 흘려버려서는 안 된다. 배울 가치가 있는 지식을 습득하고 훌륭한 규범을 몸에 익히며 좋은 습관을 강화시켜 나가야 한다. 메이슨 굿Mason Good 박사는 환자들을 왕진하기 위해 마차를 타고 런던 거리를 왕래하는 동안 고대 로마의 시인 루크레티우스Lucretius의 시를 번역했다. 다윈Darwin 박사는 이륜마차를 몰고 시골에서 이 집 저 집 돌아다니는 동안 작품을 구상해 미리 준비해둔 작은 종이쪽지에 수시로 생각을 적어놓았다. 매튜 헤일Matthew Hale은 순회 재판을 하는 동안 『묵상록Contemplations』을 저술했고, 음악가 찰스

버니Charles Burney 박사는 말을 타고 여기저기 다니며 학생을 가르치는 일을 하면서도 프랑스어와 이탈리아어를 공부했다. 커크 화이트Kirke White는 걸어서 변호사 사무실에 출퇴근하는 동안 그리스어를 배웠다. 그리고 맨체스터 거리에서 편지 심부름을 하면서 라틴어와 프랑스어를 익히다가 마침내 높은 자리에 오른 사람도 있다.

프랑스의 위대한 대법관 중 한 사람이던 앙리 프랑수아 다그소Henri-François D'Aguesseau는 자투리 시간을 잘 활용해 식사가 준비되는 시간에도 집필을 계속해 두툼하고 훌륭한 저서를 남겼고, 프랑스의 작가이자 교육가인 장리Genlis 부인은 자신이 매일 가르치는 공주를 기다리는 시간을 이용해 책을 여러 권 썼다. 미국의 언어학자 엘리후 버리트Elihu Burritt은 자기계발에 성공한 비결을 이렇게 털어놓았다.

"내가 자기계발에 성공한 것은 천재적인 두뇌가 있었기 때문이 아니라, 소위 '자투리 시간'이라고 흘려버리기 쉬운 소중한 시간을 잘 활용한 덕분이다."

그는 생계를 꾸려가기 위해 대장간에서 일하면서 고대 언어와 현대 언어 18종, 유럽의 방언 22종에 완전히 통달했다.

"사라지는 시간은 우리의 책임이다"

젊은이들에게 주는 엄숙하면서도 감명 깊은 훈계가 옥스퍼드 대학교 올소울즈 대학All Souls' College 시계 글자판에 새겨져 있다.

"사라지는 시간은 우리의 책임이다Pereunt et imputantur."

시간은 인간에게 주어진 영원의 극히 작은 조각에 불과하다. 시간은 인생과 마찬가지로 결코 되돌릴 수 없다. 엑세터Exeter 출신의 음악가 윌리엄 잭슨Willam Jackson은 이렇게 말했다.

"세상의 보물을 모두 탕진해도 앞으로 검소하게 살면 무절제했던 과거를 청산할 수 있다. 그러나 어느 누가 오늘 잃어버린 시간을 내일의 시간으로 보충할 수 있겠는가?"

마르틴 루터의 동지 필립 멜랑톤Philipp Melancthon은 단 한 시간이라도 헛되이 잃어버리지 않으려고 낭비한 시간을 꼼꼼히 적어놓았다. 어느 이탈리아 학자는 누구든지 자기 집에 머무는 사람은 자기 일을 도와야 한다는 글귀를 문에 새겨놓았다.

"저희가 시간을 빼앗는군요."

손님들이 청교도 목사 리처드 백스터Richard Baxter에게 이렇게 말하자, 그는 심란한 표정을 지으며 무뚝뚝한 어조로 대답했다.

"그건 맞는 말이요."

위대한 일꾼들은 후손들에게 물려줄 사상과 업적의 보고를 시간이란 토대 위에 풍성하게 만들어놓았다.

자신이 맡은 일을 하면서 극심한 고초를 겪은 사람들도 그러한 고초는 성공의 대가라고 여겼다. 시인이자 정치가였던 조지프 애디슨Joseph Addison은 〈스펙테이터Spectator〉지를 발간하기 전까지 2절판으로 3회 발간할 원고를 모아두었다. 뉴턴은 『연대기Chronology』 원고를 열다섯 차례나 수정하고 나서야 만족스러워했고, 역사가 기번Gibbon은 자신의 『회고록』을 아홉 번이나 다시 썼다. 헤일은 몇 년 동안 매일 16시간씩 공부하고, 법률 공부에 진력이 나면 철학이나 수학으로 기분 전환을 했다. 흄은 『영국사History of England』를 준비하면서 하루 13

시간씩 글을 썼다. 몽테스키외Montesquieu는 자신의 저서 일부에 대해 친구에게 이렇게 말했다.

"자네는 몇 시간 안에 그걸 읽겠지만, 나는 그 책을 쓰느라고 머리가 하얗게 셌다네."

기록하는 습관의 중요성

생각이나 사실이 망각의 어둠 속으로 달아나지 않게 꽉 붙잡아놓으려고 기록해놓는 습관은 사려 깊고 학구적인 사람들이 많이 의존하는 방법이다. 베이컨은 "활용하기 위해 적어 놓은 불시에 떠오른 생각"이라는 제목을 붙인 원고를 많이 남겼다. 저명한 변호사 어스카인Erskine은 정치사상가 버크Burke의 저서에서 엄청난 양을 발췌해놓았고, 대법관 엘던 Eldon은 법률가 코크Coke의 저서 『리틀턴의 이론에 대한 코크의 견해Coke upon Littleton』를 두 번이나 손으로 직접 베껴서 책을 머릿속에 집어넣었다. 파이 스미스Pye Smith 박사는 제본업을 하는 아버지 밑에서 견습공으로 일하면서 읽는 책마다 발췌를 하고 비평을 달아서 자세한 기록을 만드는 습관이 있었다. 그는 이렇게 자료를 모으는 습관을 꿋꿋이 실천해 저명인사가 되었다. 전기 작가는 그를 이렇게 표현했다.

"그는 항상 일하고, 항상 앞으로 나아가고, 항상 축적했다."

이 기록들은 리히터Richter의 『자료 출처Quarries』와 마찬가지로 자료의 보고로 이용되었다.

해부학자 존 헌터 : 일단 시작하면 끝까지 하라

유명한 존 헌터에게도 기록하는 습관이 있었다. 그는 기억력의 한계를 보충하기 위해 이 방법을 사용했는데, 자신의 생각을 적어두는 버릇으로 얻을 수 있는 이점을 이렇게 설명하곤 했다.

"그것은 마치 상인이 재고 조사를 하는 것과 같다. 무엇을 가지고 있는지, 부족한 것이 무엇인지, 재고조사를 하기 전에는 전혀 알 수가 없다."

존 헌터의 관찰력은 매우 예리해 애버네시Abernethy는 그를 '아르고스Argos*5의 눈'을 가진 사람이라고 평했다. 그의 일생은 실로 꾸준한 노력의 힘을 보여주는 좋은 사례다. 그는 스무 살이 될 때까지 교육을 거의 받지 못해 읽기와 쓰기를 익히는 데 큰 어려움을 겪었다. 글래스고에서 평범한 목수로 몇 년 동안 일하다가, 런던에 정착한 형 윌리엄과 합류했다. 형은 그 당시 강사와 해부학 실습 교수로 일하고 있었다. 존은 형의 조수로 해부실에 들어갔는데 금방 형을 앞지르게 되었다. 타고난 능력도 뛰어났지만 꾸준히 전념하며 부지런히 노력한 결과였다. 그는 영국에서 최초로 비교 해부학 연구에 열성적으로 헌신한 사람이었으며, 그가 해부해 모은 자료를 저명한 오웬 교수가 정리하는 데만도 10년 이상 걸렸다. 그가 모은 2만 여 점의 표본은 지금까지 모아놓은 같은 종류의 수집품 중에서 가장 귀중한 보물이다. 헌터는 매일 아침 해 뜰 무렵부터 저녁 8시까지 박물관에서 지내

---

*5. 아르고스 : 그리스 신화에 등장하는 100개의 눈을 가진 괴물

면서 하루 종일 다양한 개인 업무를 처리하고, 세인트조지 병원에서 외과의사 직무도 수행하고, 군에서는 위생 부국장 직책을 담당했으며, 학생들에게 강의도 하고, 자기 집에서는 해부학 실습교실을 운영했다. 이렇게 바쁜 와중에도 잠시라도 틈이 나면 동물의 조직을 실험하고 과학사에서 중요한 위치를 차지하는 다양한 저서를 집필했다. 이와 같이 엄청난 양의 일을 하기 위해서 그는 밤에 4시간, 낮에 1시간씩 잠을 잤다. 자신이 뜻한 대로 성공을 거둔 비결이 무엇이냐는 질문을 받자 그는 이렇게 대답했다.

"내 신조는 어떤 일을 시작하기 전에 그 일이 실행 가능한 것인지 먼저 곰곰이 생각하는 것입니다. 실행 가능성이 없으면 시도하지 않습니다. 그러나 실행 가능성이 있는 일은 충분히 노력을 기울이면 어떤 일이든 해낼 수 있습니다. 일단 시작하면 일을 끝낼 때까지 결코 중단하지 않습니다. 이 신조가 성공의 비결입니다."

헌터는 그 전에는 극히 사소한 것이라고 여겨지던 일에 막대한 시간을 투자해 정확한 사실을 수집했다. 당대 사람들은 그가 사슴뿔의 성장 과정 연구에 골몰하는 모습을 보고 시간과 사고력을 낭비한다고 생각했다. 그러나 헌터는 과학적 사실에 대한 정확한 지식은 어느 것이나 소중한 것이라는 확신을 가지고 있었다. 그러한 연구를 통해서 그는 동맥이 환경에 적응하며 필요에 따라 확장되는 과정을 알아냈다. 또한 그렇게 얻은 지식을 바탕으로 세동맥에 맥류가 생기면 대동맥을 묶어서 환자의 생명을 구했다. 이전에는 어느 누구도 감히 동맥을 묶는 수술을 시도할 생각조차 못했다. 그는 다른 독창적인 사람들과 마찬가지로 땅을 깊이 파고 기초를 다지는 데 오랜 시간을 들였다. 그는 고독하고 자립적인 천재로 주위의 동정이나 인정을 받지도 못한 채 자신의 길을 고수했다. 당대 사람들 중에는 그의 궁극적인 목표를 아는 사람이 거의 없었다. 그러나 참된 일꾼은 누구나 그렇듯이 그는 최대의 보상을 확보하는 데 실패하지 않았다. 최대의 보상이란 자기 직분을 성실하고 활기차게 수행함으로써 남에게 의지하지 않고 자기 스스로 양심으로부터 지지를 받는 것이다.

우연을 기회로 이끈 의사 암브로즈 파레

위대한 프랑스 외과의사 암브로즈 파레Ambroise Paré도 세밀한 관찰력, 끈기 있는 전념, 불굴의 인내심을 모범적으로 보여준 인물이다. 그는 1509년 프랑스의 메인Maine 지방 라발Laval에서 이발사의 아들로 태어났다. 그의 부모는 너무 가난해서 아들을 학교에 보내지 못하고, 학식 있는 사람 밑에서 스스로 교양을 쌓기를 바라는 마음에 마을 신부에게 사환으로 들여보냈다. 그러나 그 신부는 파레에게 말 돌보는 일과 갖가지 허드렛일을 시키며 공부할 시간은커녕 쉴 틈도 주지 않았다. 그러던 어느 날 방광 결석 절제 전문가로 유명한 코토Cotot가 라발에 와서 신도 한 사람을 수술했다. 이때 파레도 수술 광경을 지켜보고 깊은 관심을 갖게 되어 외과 의술에 평생을 바치기로 결심했다고 했다.

마을 신부의 밑을 떠난 파레는 비알로Vialot라는 이발사 겸 외과의사의 견습생으로 들어가 피 빼는 기술, 이 뽑는 기술 그리고 간단한 수술법을 배웠다. 이렇게 4년 동안 경험을 쌓고 나서 그는 파리로 가서 해부학과 외과학을 공부하는 한편, 이발사 일을 계속했다. 공부를 마치고 시립병원에서 조수로 일하게 되었는데, 행실이 바르고 하루가 다르게 발전하는 그의 모습을 보고 외과 과장 구필Goupil은 자신이 돌볼 틈이 없는 환자들을 그에게 맡겼다. 파레는 통상적인 교육 과정을 밟고 나서 정규 이발사 겸 외과의사 자격증을 따고 피에드몽Piedmont에 있는 프랑스 군대에 군의관으로 임명되어 몽모랑시의 휘하로 들어갔다. 파레는 외과 의사들의 통상적인 관례에 따르지 않고 열정과 독창적인 정신으로 일상 업무를 처리하고 질병의 원인과 적절한 치료법을 연구하는 데 골몰했다.

그가 군의관이 되기 전에는 부상병들이 외과의사로부터 받는 고통이 적군으로부터 받는 고통보다 더 심했다. 당시 의사들은 총상에서 피를 멈추게 하는 치료법으로 끓는 기름을 바르거나 벌겋게 달아오른 인두로 상처를 지지는 미개한 편법을 사용했다. 파레도 처음에는 공인된 방법으로 부상병들을 치료했으나, 다행히 어느 날 끓는 기름이 부족해 부드러운 연고를 대신 발라주었다. 그는 이 치료법을 써서 잘못 되지나 않을까 밤새 고민했으나, 다음날 아침 연고를 발라준 환자가 편안한 모습으로 누워 있는 것을 보고서야 크게 안도의 한숨을 내쉬었다. 통상적인 방법으로 치료를 받은 환자들은 여느 때와 마찬가지로 고통스러워 몸부림치고 있었다. 이처럼 우연한 계기로 파레는 총상 환자 치료법을 혁신적으로 개선하고 그 이후에 모든 환자에게 연고제를 계속 발라주었다. 한편, 그는 불로 지져 지혈하는 대신 동맥을 봉합사로 묶는 방식도 개발해 외과 의술을 크게 개선했다. 그러나 파레는 개혁자들이 으레 겪어야 할 운명에 놓였다. 동료 의사들은 그의 시술이 위험하고 비전문적이고 실험적인 것이라고 비난했으며, 나이든 의사들이 한데 뭉쳐 새로운 치료법 채택을 거부했다. 그들은 파레가 교육을 제대로 받지 못했고 특히 라틴어와 그리스어에는 까막눈이라고 비난했다. 이들이 고대 저술가들의 말을 인용하며 공격했으나 파레로서는 그 진위 여부를 확인하고 반박할 능력이 없었다. 하지만 공격자들에게 줄 수 있는 최고의 답변은 자신의 시술이 성공했다는 사실이었다. 부상병들이 여기저기서 파레를 찾았고, 그는 항상 그들을 돌봐주었다. 세심하게 치료하고 따뜻하게 돌봐주면서 늘 이런 말을 남겼다.

"나는 자네에게 약을 발라주었을 뿐이네. 하느님이 낫게 해주시길 비네."

3년 동안 군의관으로 적극적인 활동을 펼친 덕분에 어찌나 큰 명성을 쌓았던지 파리로 돌아오자마자 국왕의 시의侍醫로 임명되었다. 신성로마제국 황제 카를 5세가 이끄는 스페인 군대가 프랑스 동북부의 메스Metz를 포위 공격했을 때 수비대가 크게 패해 엄청나게 많은 부상자가 발생했다. 외과의사는 몇 사람 되지도 않을 뿐더러 자질도 떨어져서 스페인군의 칼에 맞아 죽은 사람보다 치료를 잘못 받아 죽은 사람의 수가 더 많을 지경이었다. 상황이 이렇게 되자 수비대를 지휘하던 기즈 공작은 왕에게 편지를 써서 파레를 보내달라고 탄원했다. 용감한 파레는 즉시 출발해 숱한 위기—그의 표현을 빌리자면 "교수형을 당하거나 목이 졸리거나 몸이 가리가리 찢어질 위기"—를 모면하며 적군의 포위망을 뚫고 무사히 메스에 입성했다. 공작을 비롯해 장군들과 장교들은 그를 반갑게 맞이했고 병사들은 그가 도착했다는 소식을 듣자 이렇게 외쳤다.

"이제는 부상당해도 죽음을 두려워할 필요가 없다. 친구가 우리 곁에 있지 않은가!"

다음 해 파레는 포위당한 에댕^{Hesdin}에서도 이와 같이 적극적으로 의술을 펼쳤으나, 그 요새는 사보이 공작의 눈앞에서 잿더미로 변하고 파레는 포로로 붙잡혔다. 하지만 중상을 입은 적군의 고급 장교 한 사람을 살려낸 공로로 몸값을 치르지 않고 풀려나 파리로 무사히 돌아올 수 있었다.

그는 여생을 연구, 자기계발, 경건한 생활 그리고 선행에 바쳤다. 당대 최고 학자들의 성화에 못 이겨 그는 자신의 진료 경험을 28권의 책으로 기록해 여러 차례에 걸쳐서 출판했다. 방대한 양의 사실과 사례가 수록되어 있고, 입증되지 않은 이론을 피하고 직접 관찰을 통해 확인된 사실에 입각한 지침이 실려 있어서 그의 저서는 더욱 귀중한 가치를 지니고 있다. 파레는 신교도였으나 국왕의 외과 시의 자리를 계속 지켰고, 성 바르톨로메오 축일의 대학살*6 때에도 국왕 샤를 9세와의 개인적인 친분으로 목숨을 건질 수 있었다. 국왕은 정맥 절개 수술을 받다가 서툰 의사의 실수로 치명적인 부상을 입었었는데 파레의 진료로 목숨을 건진 적이 있었다. 군인이자 연대기 작가인 브랑톰 ^{Brantome}은 자신의 회고록에 성 바르톨로메오 축일 밤에 왕이 파레를

---

*6. 성 바르톨로메오 축일의 대학살 : 1672년 8월 24일과 25일 사이에 프랑스 가톨릭 귀족과 시민들이 파리에서 신교도들을 학살한 사건으로 그해 10월까지 프랑스 전역에서 소요사태가 계속되었으며, 당시 가까스로 목숨을 건진 신교도 슐리 공작은 희생자가 7만 명에 이른다고 주장하였다

구한 이야기를 이렇게 기록했다.

"왕은 그날 밤 사람을 시켜 그를 데려다가 꼼짝하지 말고 자기 방과 의상실에 머물러 있으라고 했다. 왕은 그토록 많은 생명을 구한 사람을 학살하는 것은 도리에 어긋나는 짓이라고 말했다."

그래서 파레는 그 끔찍한 밤의 참사에서 벗어나 장수와 명예를 누리며 몇 년 더 살다가 평화롭게 세상을 떠났다.

의사 윌리엄 하비

윌리엄 하비William Harvey도 지금까지 열거한 사람들과 마찬가지로 끊임없이 노력한 사람이었다. 혈액 순환에 관해 자신의 의견을 발표하기까지 그는 8년이라는 긴 세월 동안 조사와 연구에만 몰두했다. 그는 자신이 발견한 사실을 공개하면 의학계로부터 거센 반대가 있으리라고 예상했기 때문에 실험을 반복하고 또 반복하면서 결과를 확인했다. 마침내 소논문을 발표해 자신이 발견한 사실을 매우 신중하면서도 간단명료하고 단호하게 공개했으나 미친 사기꾼이라는 조롱을 받았다. 한동안 단 한 사람의 지지자도 얻지 못하고 모욕과 비방에 시달렸다. 그는 고대로부터 공경해온 권위에 의문을 제기한 것이었다. 심지어 그의 견해는 성경의 권위를 뒤집어엎고 도덕과 종교의 기초를 위태롭게 하기 위해 꾸며낸 것이라는 주장도 있었다. 진료받으러 오던 환자들도 떨어져나가고, 친구들도 그를 멀리해 외톨이가 되었다. 이런 상황이 몇 년 동안 지속되었으나, 하비가 온갖 역경 속에서도 굳게 지킨 진실이 마침내 지각 있는 사람들에게 전파되고 관찰을 통해 그의 주장을 점차 받아들이는 분위기가 무르익어갔다. 하비가 처음 발표한 지 약 25년이 흐른 뒤에야 그의 주장은 확고한 과학적 진실로 널리 인정받게 되었다.

외과의사 에드워드 제너

에드워드 제너Edward Jenner는 천연두 예방법으로 종두를 발견했을 때 하비보다 더 심한 곤경에 빠졌다. 우두에 걸린 적이 있는 사람은 천연두에 걸리지 않는다는 이야기가 글로스터셔Gloucestershire 지방에서 우유 짜는 여자들 사이에 널리 전해져 내려온다는 말을 들은 사람은 제너 이전에도 많았다. 그러나 사람들은 그 말이 허튼 소문일 뿐 아무런 의미도 없는 말이라고 생각했다. 그래서 제너가 우연히 그 말에 주목하기 전까지는 일고의 가치도 없었다. 젊은 제너는 소드베리Sodbury에서 의학 공부를 하고 있을 무렵 스승이 운영하는 병원에 진료를 받으러 온 시골 소녀의 말을 듣고 우두에 깊은 관심을 갖게 되었다. "저는 우두에 걸린 적이 있기 때문에 천연두에는 걸리지 않아요." 제너는 그 말에 관심이 쏠려 즉시 탐문을 하고 조사하기 시작했다. 동료 의사들에게 우두의 예방 효과에 대한 자신의 견해를 밝혔지만 그들은 제너를 비웃고, 그 문제로 계속 괴롭히면 의학계에서 쫓아내겠다고 위협하기도 했다. 그러나 다행스럽게도 그는 런던에서 존 헌터 밑에서 공부할 수 있게 되어 헌터에게 자신의 의견을 말했다. 그 위대한 해부학자는 제너에게 그다운 충고를 해주었다.

"생각만 하지 말고, 직접 부딪혀보게. 인내심을 가지고 사실을 정확하게 파악해야 하네."

제너는 냉철한 연구방법을 그에게 전수해준 헌터의 충고를 듣고 용기를 얻어 고향으로 다시 내려가 병원을 개업하고 20년 동안 실험과 관찰을 계속했다. 그는 자신의 주장이 옳다고 확신했기 때문에 아들에게 종두를 세 차례 주사했다. 마침내 그는 70페이지짜리 소책자에 자신의 주장을 담아 출판해 종두를 맞은 후에 접촉 전염이나 접종을 해도 천연두에 걸리지 않은 사람들의 성공 사례 23건을 상세히 밝혔다. 그가 자신의 생각을 구체화하기 시작한 것은 1775년이었으나 이 논문이 발표된 해는 1798년이었다.

이 발견에 대한 반응은 어떠했을까? 처음에는 그저 냉담했으나 곧 맹렬한 적대행위가 뒤따라 일어났다. 제너는 런던에 가서 의학계에 종두 과정과 그 결과를 보여주려고 했지만 단 한 사람도 시도해보려고 하지 않아 3개월 가까이 기다리다가 아무런 소득 없이 고향으로 내려갔다. 심지어 소의 젖통에서 병든 물질을 떼어내 인체에 집어넣어 인류를 짐승으로 만들려고 한다고 그를 묘사한 풍자화가 등장하기도 했다. 성직자들은 종두를 사악한 행위라고 규탄했다. 종두를 맞은 아이의 얼굴이 소처럼 변하고 종기가 머리에 뿔처럼 돋아나며, 생김새가 점점 소같이 바뀌어 황소처럼 우는 소리를 낸다는 소문도 퍼졌다.

격렬한 반대에도 불구하고 예방법이 실제로 효과가 있자 종두에 대한 믿음이 서서히 퍼져나갔다. 어떤 마을에서는 한 의사가 종두를 시술했는데 처음으로 종두를 맞은 사람들이 집 밖으로 나오려고 하면 마을사람들이 욕설을 퍼부으며 집 안에 가두어버렸다. 이런 상황에 있을 때 두시Ducie 부인과 버클리Berkely 백작 부인이 용기를 내어 자녀들에게 종두를 접종했다. 이 지체 높은 두 부인의 이름은 반드시 기억해둬야 한다. 이들이 용감한 행동을 보이자 대번에 그 당시 사람들의 편견이 깨졌기 때문이다. 의료계에서도 점차 호의를 보이기 시작하고, 종두의 중요성이 인식되자 이를 발견한 제너 박사의 공로를 훔치려는 사람도 나타났다. 마침내 제너의 주장이 승리를 거둬 그는 사회적으로 존경을 받았을 뿐 아니라 노고에 대한 보상도 받게 되었다. 그는 유명인사가 된 후에도 무명 시절과 마찬가지로 겸손했다. 런던에 와서 살면 1년에 1만 파운드의 수입을 보장하겠다는 제의도 받았으나 그는 이렇게 대답했다.

"사양하겠습니다. 저는 제 인생의 아침나절에도 호젓하고 보잘것없는 길을 택해 높은 산을 피하고 계곡을 헤맸습니다. 이제 인생의 황혼 무렵에 와서 부와 명성을 좇는 짓은 어울리지 않습니다."

종두법은 제너가 생존해 있는 동안 전 문명세계로 보급되었고, 그가 세상을 떠나자 그는 인류의 은인으로 널리 인정받았다. 퀴비에의 말로 제너의 이야기를 끝맺을까 한다.

"종두를 이 시대의 유일한 발견이라고 한다면 그 발견 과정은 영원히 좋은 본보기로 기억될 것이다. 스무 차례나 이 학회 저 학회 찾아다니며 문을 두드렸으나 아무도 귀를 기울이는 사람이 없었다."

해부학자 찰스 벨

다른 사람 못지않게 인내심, 확고한 의지 그리고 꾸준한 노력을 보여준 사람으로는 신경계통에 관련된 발견에 일생을 바친 찰스 벨 Charles Bell도 손꼽힌다. 벨이 발견하기 이전에는 신경의 기능을 확실하게 규명하지 못해 애매한 견해가 난무했고, 이 분야의 연구는 3000년 전인 그리스의 데모크리토스Democritus나 아낙사고라스Anaxagoras 시대 이래로 진전된 것이 거의 없었다. 찰스 벨은 오랜 기간 동안 세심하고 정확한 실험을 반복한 끝에 1821년부터 이 연구과제에 관해 완전히 새로운 개념을 담은 귀중한 논문을 연속적으로 발표했다. 최하등 동물에서부터 동물계의 우두머리라고 할 수 있는 인간에 이르기까지 그는 신경계의 발달 과정을 추적해 "마치 모국어로 쓴 것처럼 알기 쉽게" 자기가 만들어낸 용어로 설명했다. 그의 발견은 척추 신경에는 이중 기능이 있고 척추 신경은 척추 골수에 있는 두 개의 신경 뿌리에서 나오며, 한 뿌리에서 나온 신경은 의지를 전달하고, 다른 뿌리에서 나온 신경은 감각을 전달한다는 내용이었다. 찰스 벨은 40년 동안 이 연구과제에 몰두하다가 1840년 마침내 왕립학회에 최종 논문을 제출했다. 벨도 하비나 제너와 마찬가지로 처음에는 조롱과 반대 속에서 지내야 했으나 진실로 인식되기 시작하자 국내외에서 그 발견에 대해 우선권을 주장하는 사람들이 많이 나타났다. 벨도 논문을 발표할 때마다 단골 환자들이 떨어져나가서 예전보다 더 열심히 일해야 개업의사로서의 명맥을 겨우 유지할 수 있었다. 하지만 결국에는 찰스 벨의 위대한 공로를 모두 인정했다. 퀴비에는 임종이 가까워 올 무렵 얼굴이 한쪽으로 뒤틀렸다. 그러자 그는 침대 옆에서 시중드는 사람들에게 자기 얼굴을 가리키며 찰스 벨의 이론이 옳다는 증거라고 말했다.

병리학자 마셜 홀

마셜 홀Marshall Hall도 의학계 발전에 일생을 바쳐 하비, 헌터, 제너, 벨에 못지않은 명성을 얻은 사람이다. 그는 전 생애에 걸쳐 세심하고 정밀한 관찰을 통해 인류에게 공헌했다. 아무리 하찮게 보이는 사물이라도 놓치는 법이 없었다. 그는 아주 미천한 환경에서 태어났으나, 작은창자의 연동 신경계에서 반사작용을 발견해 과학계에 이름을 남겼다. 도롱뇽의 일종인 영원*7의 폐 순환계를 연구하기 위해 목이 잘린 영원의 사체를 탁자 위에 올려놓고 꼬리를 자르려다 무심코 칼로 표피를 찔렀는데, 표피가 격렬하게 움직이고 다양한 형태로 뒤틀렸다. 근육이나 근육 신경을 건드리지도 않았는데 어떻게 이런 움직임이 일어난단 말인가? 예전에도 똑같은 현상을 관찰한 사람이 많았을 것이다. 그러나 그 원인을 밝히기 위해 처음으로 연구에 전념한 사람은 홀 박사였다. 그 움직임을 본 순간 흥분한 나머지 그는 이렇게 외쳤다.

"이 원인을 철저하게 밝혀내기 전까지는 절대로 편히 쉬지 않겠다."

그는 거의 잠시도 쉬지 않고 이 연구에 매달렸다. 평생 동안 이 연구 과제를 실험하고 화학 반응을 조사하는 데 2만 5000시간 이상 매달린 것으로 추측된다. 그는 동시에 개업의로 적극적으로 활동하고 성 토머스 병원과 다른 의과대학에도 강사로 출강했다. 그러나 어이

---

*7. 영원 : 도롱뇽과 비슷하고, 몸빛은 흑갈색이며 배는 빨간 바탕에 흑색 반점이 있다. 북반구의 온대 지방에 분포하고, 우리나라에는 없다

없게도 왕립학회는 그가 발견한 내용을 담은 연구 보고서를 반려했고, 17년이 지난 후에야 국내외 과학계에서 그의 견해가 옳다는 것을 인정했다.

천문학자 윌리엄 허셜

윌리엄 허셜Willian Herschel도 과학계에서 끈기의 힘을 모범적으로 보여주었다. 그의 아버지는 독일 태생의 가난한 음악가였으며, 네 아들에게도 음악을 가르쳤다. 허셜은 성공을 위해 영국으로 건너와서 더럼Durham 군악대에 들어가 오보에를 연주했다. 그의 연대는 동커스터Doncaster에 주둔하고 있었는데 그가 바이올린을 기가 막히게 연주한다는 소문을 듣고 찾아온 밀러 박사와 가까운 사이가 되었다. 밀러 박사는 젊은 허셜과 대화를 나누어보고 너무 마음에 들어 군대에서 나와 자기 집에 와 있으라고 권했다. 허셜은 그의 말대로 그의 집에 머물면서 동커스터에서 연주회가 열리면 바이올린을 연주하고 틈틈이 밀러 박사의 서재에서 공부했다.

그 무렵 핼리팩스Halifax 성당에 오르간을 새로 설치하고 연주자를 모집했는데 허셜도 지원해 연주자로 뽑혔다. 그는 이렇게 예술가로 떠돌이 생활을 계속했다. 배스Bath에서 온천장 악대에서 일하면서 옥타곤Octagon 성당에서 오르간을 연주하기도 했다. 그러다가 그 당시 새로 발표된 천문학적 발견에 관심이 쏠리고 호기심이 강하게 발동해 친구로부터 약 60센티미터짜리 그레고리 방식의 반사망원경을 빌렸다. 이 가난한 음악가는 과학에 너무 매료된 나머지 망원경을 하나 사려고 런던에 있는 광학기구 제조업자에게 가격을 물었으나 너무 비싸서 망원경을 직접 만들겠다고 결심했다. 반사망원경이 어떤 것인지, 망원경의 가장 중요한 부품인 오목 금속거울을 만드는 데 어떤 기술이 필요한지 아는 사람은 이 일이 얼마나 어려운지 충분히 짐작할 수 있을 것이다. 그럼에도 불구하고 허셜은 오랫동안 고생하며 약 1미터 50센티미터짜리 망원경을 만들어서 토성의 고리와 위성을 관측하는 데 성공했다. 그러나 그는 그것으로 만족하지 않고 연이어서 2미터 10센티미터, 3미터 그리고 6미터짜리 망원경을 만들었다. 그는 2미터 10센티미터짜리 망원경을 만들면서 적합한 배율의 거울 한 개를 만들기 위해 200개 이상의 거울을 만들어 실험했다.

이 일화는 허셜의 부지런한 성격을 잘 보여준다. 그는 망원경으로 하늘을 관측하는 한편, 온천장에 찾아오는 상류층 단골들에게 오보에를 연주해주며 생계를 유지했다. 천체 관측에 어찌나 깊이 빠져들었는지 연주를 잠시 쉬는 시간에도 망원경으로 달려가 잠깐이라도 들여다보고 와야 마음이 놓여 연주를 계속할 수 있었다. 그렇게 열심히 관측한 결과 허셜은 천왕성을 발견했다. 그는 이 별의 궤도와 자전속도를 계산해 관측보고서를 왕립학회에 제출했다. 그러자 이 무명의 오보에 연주가는 하루아침에 유명인사가 되고 왕실 천문학자로 임명되었으며, 일생 동안 국왕 조지 3세의 후원을 받으며 영예롭고 유복하게 살았다. 하지만 그는 무명 시절과 변함없이 온유하고 겸손하게 명예를 받아들였다. 그는 갖은 역경을 끈기와 인내심으로 이겨낸 보기 드문 과학의 사도였다.

지질학자 윌리엄 스미스

영국 지질학의 아버지 윌리엄 스미스Willian Smith는 널리 알려진 인물은 아니지만, 끈기와 근면으로 노력하는 한편, 기회를 놓치지 않고 자기계발에 정진했다. 그는 1769년 옥스퍼드셔 주 처칠Churchill에서 자작농의 아들로 태어났다. 그는 어린 나이에 아버지를 여의고 마을 학교에 입학했으나 정처 없이 배회하고 빈둥거리는 버릇이 있어서 그마저도 제대로 마칠 수가 없었다. 어머니가 재혼을 하자 농사를 짓던 삼촌이 그를 맡아 키웠다. 삼촌은 여기 저기 배회하면서 인근 지대에 널려 있는 돌덩이나 기이한 암석을 수집하기 좋아하는 그의 습관을 달갑게 생각하지 않았으나, 기하학과 측량에 관한 입문서를 몇 권 사주었다.

스미스는 그때 이미 토지측량사가 될 운명이었던 것이다. 그는 젊은 시절부터 정확하고 예리한 관찰력을 보여주었고, 한번 본 것은 절대로 잊어버리는 법이 없었다. 그는 정규 교육을 받지 못했지만, 혼자서 도면을 그리고 색을 칠하고 구적법과 측량 기술을 연마하기 시작해 열심히 자기계발에 힘을 기울인 결과 곧 이웃 마을에 사는 유능한 측량사의 조수로 발탁되었다. 스미스는 업무상 옥스퍼드셔와 인접 주를 끊임없이 돌아다녀야 했는데, 그가 제일 먼저 유심히 살피게 된 것은 측량이나 여행을 하면서 본 다양한 토양과 지층의 위치였다. 특히 청색 석회암과 그 위에 있는 암석층과 연관이 있는 적토의 위치가 그의 관심을 끌었다. 그는 측량 의뢰가 들어오는 대로 수많은 탄갱을 측량하며 경험을 쌓은 덕분에 불과 스물세 살의 나이에 지층의 모형을 설계할 수 있게 되었다.

  글로스터셔에서 운하 건설 계획을 위해 고도 측량을 할 때 그 지역 지층에 관련된 일반원리를 구상했다. 그는 석탄층 위에 있는 지층이 수평이 아닌 동쪽으로 비스듬히 기울어져 거대한 '버터와 빵 조각을 포개어놓은 모습'을 닮았다고 생각했다. 얼마 지나지 않아 그는 서로 마주 보고 평행하는 두 계곡의 지층을 관찰해 이 이론이 정확하다는 것을 확인했다. 적토층, 청색 석회암층, 사력층 또는 어란암층이 동쪽으로 비스듬히 내려가 지면 아래로 사라지고 그 다음 층이 연달아 이어지고 있었다. 곧 이어서 그는 자신의 견해가 옳다는 것을 더 넓은 지역에서 검증해보임으로써 잉글랜드와 웨일즈 지방에 있는 운하 관리 실태를 개인적으로 점검할 수 있는 직무를 맡게 되었다. 배스에서 뉴캐슬어폰타인Newcastle-upon-Tyne에 이르는 지역을 답사하고 슈롭셔Shropshire와 웨일즈 지방을 거쳐 돌아오는 동안 그의 예리한 눈은 잠시도 쉬지 않고 지층을 살폈다.

  그는 동료들과 함께 통과하는 지역마다 그 지역의 특성과 구조를 신속하게 파악해 향후 이용할 수 있도록 관찰 결과를 보관했다. 그의 지질학적 통찰력은 매우 예리했다. 그가 요크에서 뉴캐슬까지 우편마차를 타고 갔던 도로는 백악과 어란암으로 이루어진 동쪽 구릉지대로부터 약 8킬로미터 내지 24킬로미터 떨어져 있었는데, 그는 그 구릉지대의 등고선, 상대적인 위치, 산맥의 다양한 분포를 도로에서 드문드문 보이는 청색 석회암과 적토층과 연계시켜 멀리 떨어져 있는 구릉지대의 특질을 파악했다.

윌리엄 스미스의 새로운 이론

스미스가 관찰을 통해 내린 종합적인 결론은 이러했다. 영국 서부 지방에 있는 암반층은 대체로 동쪽과 동남쪽으로 비스듬히 기울어져 있고, 석탄층 위에 있는 사암층과 이회토층은 모래층, 황색 석회암, 점토층 밑을 지난 다음 코츠월드Cotswold 구릉지대의 고원을 형성하고 다시 모래층 아래를 지나간다. 또한 그는 점토층, 모래층, 석회암층에서 각기 독특한 종류의 화석을 관찰하고 이 점에 대해 곰곰이 생각한 끝에 그 당시로선 전대미문의 새로운 결론을 내렸다. 즉, 각 지층에 있는 해양 동물의 퇴적물은 각 지층이 과거에 해저였다는 증거이고, 점토층, 모래층, 백악층 및 암석은 지구의 역사를 각 시대별로 나타내는 것이라는 것이다.

그는 이 생각에 완전히 사로잡혀 다른 것을 이야기하거나 생각할 수조차 없었다. 운하 운영위원회에 가든, 양털 깎는 곳에 가든, 주 의회에 참석하든, 농업 협의회에 참석하든 항상 그 주제가 머릿속을 떠나지 않았다. 이런 모습을 보고 주위 사람들은 그에게 "지층 스미스"라는 별명을 붙여주었다. 그는 실로 위대한 발견을 했지만, 과학계에는 전혀 알려지지 않은 무명인사에 불과했다. 그는 영국의 지층 지도를 그리는 작업에 착수했으나 약 6년 동안 그 일을 미루어놓고 서머셋Somersetshire 지방에 석탄 수송 운하를 건설하는 공사에 전념했다. 그렇지만 그는 꾸준히 관찰 활동을 계속해 지역별 내부 구조를 이해하고 지표의 지형만 보고서도 지층의 구조를 탐지할 만큼 전문가가 되었다. 그는 해박한 지질학 지식을 바탕으로 광활한 토지의 배수에 관한 자문에 자주 응해 놀라운 성공을 거두고 널리 이름을 떨쳤다.

지층에 관한 지식

어느 날 배스에 사는 새무얼 리처드슨 신부는 소장하고 있는 화석 수집품을 스미스에게 보여주었는데 신부가 가지런히 분류해놓은 것을 스미스가 막 흩어놓은 바람에 신부는 깜짝 놀랐다. 화석을 훑어보던 스미스는 화석을 층위학적으로 다시 분류한 다음 이렇게 말했다.

"이 화석들은 청색 석회암층에서 나온 것이고, 이것들은 그 위에 있는 모래층과 사력층에서 나온 것이고, 이건 풀러토fuller's earth에서 나온 것이고, 이건 배스의 건축용 석재에서 나온 것이군요."

그 순간 리처드슨은 새로운 사실을 깨닫고 윌리엄 스미스의 이론을 받아들여 그의 신봉자가 되었다. 하지만 그 당시 지질학자들은 쉽게 받아들이지 않았다. 오히려 무명의 토지 측량사가 지질학을 자기들에게 가르치려고 하는 짓을 괘씸하게 생각했다. 그러나 윌리엄 스미스는 지표 아래를 깊이 꿰뚫어볼 수 있는 눈과 지각을 가지고 있고, 지구의 조직과 골격을 직접 보았으며, 지구가 어떻게 구성되어 있는지 파악하고 있었다. 배스 인근 지역의 지층에 관한 그의 지식은 아주 정확했다.

어느 날 저녁, 조지프 타운센드Joseph Townsend 신부의 집에서 식사를 하는 동안 그는 백악층에서 시작해 석탄층에 이르기까지 각기 다른 23개 지층을 밑으로 내려가면서 차례로 리처드슨에게 받아 적게 했다. 석탄층 아래 지층은 그 당시 충분한 조사가 이루어지지 않았다.

그는 여기에 각기 다른 암석에서 모은 화석 목록을 덧붙였다. 이때 받아 적은 내용이 1801년 인쇄되어 널리 보급되었다.

이어서 그는 자신의 능력이 미치는 한 배스에서부터 멀리 떨어져 있는 지역까지 범위를 넓혀 지층을 조사하기로 결정했다. 몇 년 동안 때로는 도보로, 때로는 말을 타기도 하고, 역마차 꼭대기에 올라앉기도 하고, 낮에 시간을 허비한 때에는 일상적인 업무 처리에 차질이 생기지 않도록 밤에도 여행을 불사해가면서 전국 방방곡곡을 여행했다. 일 때문에 집에서 멀리 떠나 있을 때, 예를 들어 코크 가문의 토지에 관개 시설과 배수 시설을 건설하는 공사를 지휘하기 위해 배스에서 노포크Norfolk 지방에 있는 호컴Holkham으로 여행할 때에는 말을 타고 수시로 도로에서 벗어나 우회로를 이용해 여행하는 지역의 지질학적 특성을 관찰했다.

지질도

그는 수 년 동안 1년에 1만 6000킬로미터 이상 잉글랜드와 아일랜드의 오지까지 여행했다. 이렇게 부지런히 돌아다니는 동안 빠른 속도로 발전하는 자신의 종합적인 지식을 논문으로 옮길 방법을 연구했다. 그는 이 지식이야말로 분명히 새로운 학문이 될 거라고 생각했다. 아무리 하찮게 보이더라도 빠짐없이 관찰하고, 새로운 사실을 수집할 수 있는 기회가 있으면 절대로 그 기회를 놓치지 않았다. 그는 시간이 날 때마다 표본 추출을 위해서 판 시험공에 대한 기록과 자연적이나 인공적으로 만들어진 절개지에 대한 기록을 보고 축척 36분의 1 지도를 작성하고 색을 칠하는 데 몰두했다. 다음 일화는 그가 얼마나 예리하게 관찰했는지 잘 보여준다.

워번Woburn 근방에 지질 탐사를 나갔을 때 던스터블Dunstable 백악 구릉지대 기슭에 가까이 가면서 그는 동료에게 이렇게 말을 건넸다.

"이 구릉지대 기슭에 만일 지층이 드러난 곳이 있다면 상어 이빨을 발견하게 될 걸세."

그러고 나서 몇 발자국도 떼기 전에 이들은 새로 울타리 도랑을 만들어놓은 곳에서 상어 이빨을 6개나 주웠다. 훗날 그는 자신의 습관에 관해 이렇게 말했다.

"관찰하는 습관이 내게 살금살금 스며들어 내 마음속에 자리를 잡고 평생 나를 졸졸 따라다니며 여행을 생각하기만 하면 즉시 활동을 개시했다. 나는 여행을 떠나기 전에 항상 지도를 챙기고, 출발하기 전에 때때로 미리 여행 목적과 도로 사정에 대해 생각해 기록해두었다. 내 마음은 화가의 캔버스처럼 언제든지 첫 인상과 최고의 느낌을 받아들일 태세가 되어 있었다."

윌리엄 스미스는 용기와 근면성으로 지칠 줄 모르고 노력했으나, 그가 만든 『잉글랜드와 웨일즈 지방 지질도*Map of the Strata of England and Wales*』는 주변 상황으로 인해 출판이 지연되다가 1814년에 이르러 친구들의 도움으로 비로소 세상에 모습을 보여 그가 20년간 끊임없이 노력해 일구어낸 결실을 세상에 선사했다. 탐사를 진행하고 목적에 적합한 사실을 광범위하게 수집하기 위해 그는 일해서 번 돈을 모두 연구에 투자했다. 오지를 방문하기 위해 얼마 되지도 않는 부동산도 팔아치웠다. 한편, 배스 근방에 있는 광산에 투자했다가 실패해 지질 표본 수집품, 가구, 서적까지 모두 팔아치워야 할 처지가 되었다. 다행히 자기 이외에는 쓸모 없는 논문, 지도, 단면도는 남의 손에 넘어가지 않았고, 지질 표본 수집품은 대영박물관에서 구입했다. 하지만 그는 의연하게 손해와 불행을 이겨내고, 즐거운 마음과 끊임없는 인내심으로 일을 계속했다. 그는 1839년 8월 버밍엄에서 열린 영국학회 회의에 참석하러 가던 길에 노샘프턴Northampton에서 세상을 떠났다.

이 용감한 과학자의 끊임없는 노력으로 영국은 최초의 지질도를 가지게 되었으니 그의 공로를 어떻게 치하해야 할지 적당한 찬사를 찾기가 어렵다. 한 유명작가는 이렇게 표현했다.

"착상도 대가답고 전반적인 윤곽도 정확해 향후 영국 지도를 만드는 데 기초가 될 뿐 아니라 세계 어느 나라든 지질도를 만드는 데 훌륭한 기준이 될 것이다. 지질학회 연구실에는 지금도 스미스의 지도가 걸려 있는데 다시 색을 칠해야 할 만큼 낡았지만 위대한 역사적 문서다. 이 분야에 정통한 사람이라면 후대에 이와 유사한 축척으로 만든 지질도와 비교해봐도 핵심적인 지형에는 아무런 차이가 없다는 것을 알 수 있을 것이다. 머치슨Murchison과 세지윅Sedgwick이 웨일즈 지방과 잉글랜드 북부에 고생대 실루리아기에 형성된 복잡한 암석 지층을 분석한 연구 결과가 후대에 스미스의 위대한 일반론에 추가된 주요 내용 정도라고 말할 수 있다."[22]

이 옥스퍼드셔 출신 측량사의 천재성은 그의 생전에 과학계에서 인정받았고, 그는 업적에 걸맞은 영예를 얻었다. 1831년 런던 지질학회는 "위대하고 독창적인 영국 지질학의 발견가로 인정하고, 특히 이

나라에서 최초로 지층의 구조를 발견하고 가르친 업적과 지층에 묻혀 있는 화석으로 지층의 변천을 판정한 공로에 대한 보답으로" 그에게 울러스턴 메달을 수여했다. 윌리엄 스미스는 소탈하고 성실한 삶의 모범을 보임으로써 자신이 그토록 사랑했던 지질학과 함께 자신의 이름을 길이 남기게 된 것이다. 위에 인용한 작가의 말을 더 인용해보자.

"갖가지 생명체가 처음에 어떻게 출현했는지 밝혀낸다면 모를까, 윌리엄 스미스가 우리에게 남겨준 귀중한 지질학적 발견만큼 획기적인 발견이 이루어지기는 쉽지 않을 것이다."

휴 밀러

휴 밀러도 뛰어난 관찰력과 열의로 문학과 과학을 공부해 성공을 거둔 사람이다. 그가 자신의 삶을 솔직하게 들려준 그의 자서전 『나의 학교, 나의 선생님My Schools and Schoolmasters』에는 아주 재미있고 유익한 내용이 담겨 있다. 그 책에는 어려운 여건에서 참으로 고결한 인격을 형성해나간 과정이 담겨 있어서 자조, 자기 존중, 자립에 대한 교훈을 우리에게 강력하게 심어준다. 선원이던 밀러의 아버지는 그가 어렸을 때 바다에 빠져 사망하고, 밀러는 어머니 슬하에서 자랐다. 학교 교육을 얼마간 받았지만, 가장 훌륭한 그의 스승은 함께 놀던 소년들, 함께 일한 직장 동료들 그리고 삶을 함께 나눈 친구들과 친척들이었다. 그는 다양한 책을 닥치는 대로 읽고, 각기 다른 분야에서 일하는 사람들, 어부, 선원, 무엇보다도 크로머티Cromarty 하구 연안에 널려 있던 오래된 자갈에서 갖가지 단편 지식을 모았다. 옛날에 해적질을 했던 증조할아버지의 커다란 쇠망치를 들고 해변을 돌아다니면서 돌을 깨뜨려서 운모, 반암, 석류석과 같은 돌 조각을 모았다. 때로는 길을 가다가 신기한 지질학적 현상을 발견하면 흥분해서 하루 종일 숲 속을 헤매고 다니기도 했다. 해변에서 돌을 살피고 있노라면 수레를 끌고 해초를 실으러 온 농장 일꾼들이 빈정거리는 투로 그에게 묻기도 했다.

"돌 속에서 은이라도 나오느냐?"

아쉽게도 그는 그렇다고 대답해주지 못했다. 나이가 들자 그는 자신이 선택한 대로 석공 밑에 견습공으로 들어가 크로머티 하구가 내려다보이는 채석장에서 일을 시작했다. 이 채석장은 그에게 매우 훌륭한 학교였다. 채석장에 노출된 지층은 그의 호기심을 불러일으켰다. 이 젊은 채석공은 지층 하부에 있는 짙은 빨간색 암석층과 상부에 있는 옅은 빨간색 점토층에 관심이 쏠려 전혀 쓸모 없는 대상을 관찰하면서 깊은 생각에 빠지곤 했다. 남들에게는 별 다른 게 없는 것에서도 그는 유사점, 차이점, 특이점을 발견하고 생각에 잠겼다. 그는 그저 눈과 마음을 항상 열어두고, 진지하고 부지런하고 끈기 있는 자세로 매사에 임했던 것이다. 이것이 바로 그의 지적 성장의 비결이다.

그는 기이한 생명체의 화석, 특히 물고기, 양치류 식물, 암모나이트 조개의 화석을 보면 호기심이 발동했다. 이 화석들은 파도에 밀려와 해변에 널려 있거나 그가 석재 가공 망치로 깨뜨려 발굴해낸 것이다. 그는 잠시도 이 연구 과제를 등한시하지 않고 관찰을 계속하면서 지층을 비교해서 기록해두었다. 그로부터 세월이 흘러 석공 일에서 손을 떼고 있던 밀러는 구적사암*8에 관해 매우 흥미로운 논문을 발표해 일약 지질학자로서의 명성을 얻었다. 그 저작물은 그가 오랜 세월 꾸준히 관찰하고 연구를 거듭해서 얻은 결실이다. 그는 자서전에 겸손하게 자신을 묘사했다.

"이 연구과제에 대해 내가 내세울 수 있는 공적은 꾸준하게 연구했다는 점뿐이다. 그러나 이 정도의 공적은 누구라도 나와 엇비슷하게 쌓을 수 있고 나를 능가할 수도 있다. 인내력은 하찮게 보일 수도 있지만 제대로 발휘하면 천재보다 더 뛰어난 아이디어를 개발할 수 있다."

존 브라운과 로버트 딕

저명한 영국 지질학자 존 브라운도 밀러와 마찬가지로 어렸을 때는 콜체스터Colchester에서 석공 견습공으로 일을 배운 다음 독립해 노리치Norwich에서 석공으로 일했다. 그는 콜체스터에서 건축업을 시작해 절약과 근면으로 상당한 재산을 모았다. 그가 화석과 조개 연구에 관심을 갖기 시작한 시기는 석공으로 일할 때였다. 화석과 조개를 모으기 시작했는데, 이것이 훗날 영국에서 가장 훌륭한 수집품으로 발전되었다. 에섹스Essex, 켄트Kent, 서섹스 해안을 조사해 거대한 코끼리와 코뿔소의 화석을 발굴해내 대영박물관에 기증했다. 말년에는 백악층에서 발견되는 해양 원생생물인 유공충류에 대한 연구에 집중해 여러 차례에 걸쳐서 매우 흥미로운 발견을 했다. 그는 유익하고

---

*8. 구적사암 : 영국, 아일랜드에 분포되어 있는 데몬기 사암

행복하고 영예로운 생애를 살다가 여든 살의 고령으로 1859년 11월 에섹스 지방 스탠웨이Stanway에서 세상을 떠났다.

지질학의 대가 로드릭 머치슨Roderick Murchison은 최근에 스코틀랜드 북단에 있는 서소Thurso에서 제과업을 하는 로버트 딕Robert Dick이라는 사람을 발견했다. 로드릭이 처음 그를 찾아갔을 때 로버트 딕은 빵 만드는 판 위에 부어놓은 밀가루에 선을 그려가면서 자기 고향의 지형적 특성과 지질 현상에 대해 설명하고, 틈날 때마다 자신이 그 지역을 여행하면서 확인한 기존 지도의 오류를 지적했다. 질문을 계속하는 동안 로드릭은 자기 앞에 서 있는 사람이 초라해보이지만 빵만 잘 만드는 것이 아니라 지질학자이자 일류 식물학자라는 사실을 확인했다. 지질학회 회장을 맡고 있는 로드릭은 이렇게 말했다.

"대단히 부끄럽지만, 그 제빵업자는 식물학에 대해 나보다 훨씬, 한 열 배쯤 더 많은 지식을 가지고 있었다. 그가 수집하지 못한 꽃 표본은 20종 내지 30종에 불과했다. 선물로 받은 것도 있고, 돈 주고 산 것도 더러 있지만, 대부분의 표본은 그가 직접 고향인 케이스네스Caithness에서 열심히 채집한 것이었는데, 아주 멋지게 정리해서 표본마다 학명을 일일이 붙여놓았다."

로드릭 머치슨

로드릭 머치슨도 이 분야의 대표적인 사람이다. 한 작가는 〈계간비평〉에 기고한 글에서 머치슨을 이렇게 평했다.

"그는 독특한 경력을 가진 사람이다. 젊은 시절을 군대에서 보냈고 과학 교육을 받은 적도 없지만, 시골에서 여우 사냥이나 하면서 유지 행세하는 것으로 만족하지 않고 온 힘과 지혜를 모아 끊임없이 노력해 오래오래 널리 기억될 만큼 과학적인 명성을 높이 쌓았다. 그는 국내 미개척 지역 가운데 어려운 곳을 택해 암석지층을 조사하고 지층을 층군으로 분류해 각 지층에서 찾아볼 수 있는 화석의 특징을 정리했으며, 방대한 세계 지질학의 역사 중 두 장*9을 처음으로 해독해 이 시대의 역사를 실명할 때에는 언제나 그의 이름이 맨 앞에 소개된다. 그뿐만 아니라, 그는 국내는 물론 외국에서도 넓은 지역을 탐사해 미지의 땅에 관한 지질학적 발견의 커다란 성과를 거두었다."

그러나 로더릭 머치슨은 지질학자에 그치지 않고 끊임없이 연구해 다양한 분야의 지식을 쌓아 당대 과학자 중 가장 폭넓게 박식한 사람이 되었다.

---

*9. 머치슨은 고생대 초엽 중에서 실루리아계(3억 9500만~4억 3000만 년 전)와 데본계(약 4억년~3억 5000만 년 전)을 처음으로 확정했다

6
예술가

| 새무얼 스마일즈의 자조론 |

지금껏 찬란하게 빛나던 것이 그대 손에서 물거품으로 변하더라도 다시 시작하라! 참된 가치는 노력하는 과정에 있는 것이지 목적에 있는 것이 아니다.

— 리처드 밀른스Richard Milnes [1]

남보다 뛰어나야 살아남는다.

— 주베르Joubert [2]

---

[1] 리처드 밀른스(1809~1885) : 영국의 시인 겸 저술가
[2] 주베르(1769~1799) : 프랑스의 혁명기 장군

다른 분야와 마찬가지로 예술계에서도 분골쇄신의 노력이 없이는 성공할 수 없다. 명화나 빼어난 조각상은 결코 우연히 만들어지는 것이 아니다. 물론 천재성도 있어야겠지만 미술가가 능숙한 솜씨로 붓이나 조각칼을 쉴 새 없이 움직여야만 만들어지는 노력의 산물이다.

초상화가 조슈아 레이놀즈*3는 근면의 힘을 굳게 믿었다. "탁월한 예술적 재능을 천재성, 심미안, 하늘이 내린 선물 또는 그 무엇으로 표현하든 이는 근면의 힘으로 얻을 수 있다." 그는 배리*4에게 이런 편지를 보냈다. "그림이든 다른 예술이든 남보다 뛰어난 작품을 만들

---

*3. 레이놀즈(1723~1792) : 영국의 초상화가 겸 미학자
*4. 배리(1741~1806) : 독학으로 그림을 배운 화가로 대표적인 작품으로는 런던 왕립 예술협회 대강당에 그린 연작 〈인간 지식의 진보 *The Progress of Human Knowledge*〉가 있으며, 조슈아 레이놀즈가 제창한 '장엄 양식'을 사용한 대표적인 인물

겠다고 결심한 사람은 아침에 일어나서 저녁에 잠자리에 들 때까지 온 정신을 한 가지 대상에 집중해야 한다." 그는 또 이렇게 말한 적도 있다. "두각을 나타내기로 결심한 사람은 좋든 싫든 아침이나 낮이나 밤이나 가릴 것 없이 작업에 매달려야 한다. 작품 활동은 장난이 아니라 아주 힘든 노역이다." 그러나 예술 분야에서 최고의 경지에 도달하려면 부지런히 전념하는 자세가 절대적으로 필요하지만, 타고난 재능이 없다면 아무리 노력해도 예술가가 될 수 없는 것도 사실이다. 천부적인 재능은 타고나는 것이지만 그 완성은 자기 수양을 통해 이뤄진다. 자기 수양이야말로 수십 가지 학교 교육을 받는 것보다 낫다.

예술도 근면해야 성공한다

가난과 온갖 장애를 헤치며 스스로 길을 개척하여 위대한 작품을 남긴 예술가들이 있다. 독자들 머릿속에 즉시 떠오르는 사람들이 있을 것이다. 제과 기술자였던 프랑스 화가 클로드 로랭, 염색공이었던 이탈리아 화가 틴토레토, 화가 밑에서 견습생으로 일한 이탈리아 화가 카라바조, 바티칸에서 회반죽 운반공으로 일했던 또 다른 카라바조, 산적에 가담했던 이탈리아 동판화가 살바토르 로사[Salvator Rosa], 농부의 아들로 태어난 이탈리아 화가 지오토[Giotto], 집시 출신 이탈리아 화가 징가로[Zingaro], 아버지의 강요로 구걸하러 다닌 적이 있는 이탈리아 화가 카베도네[Cavedone], 채석공 출신 이탈리아 조각가 카노바[Canova] 그리고 그밖에 많은 예술가들이 혹독한 환경 속에서도 열심히 노력해 최고의 경지에 도달했다.

영국 최고의 미술가들도 예술적 재능을 키우는 데 유리한 여건에서 태어나지 않았다. 게인즈버러Gainsborough와 베이컨은 모직업자의 아들이었고, 배리는 아일랜드 선원이었으며, 매클리스Maclise는 코크에 있는 은행에서 견습생으로 일했고, 오피와 롬니는 이니고 존스와 마찬가지로 목수였다. 미국의 화가 웨스트West는 펜실베이니아에서 소농이자 퀘이커 교도의 아들로 태어났고, 노스콧Northcote은 시계 제조공, 잭슨은 재단사, 에티Etty는 인쇄공이었으며, 레이놀즈, 윌슨, 윌키는 목사의 아들이었다. 로렌스의 아버지는 선술집 주인이었고, 터너는 이발사의 아들로 태어났다. 영국의 화가 중에는 비록 미천한 신분이었지만 태어날 때부터 예술과 관계가 있는 사람도 있었다. 플랙스먼의 아버지는 석고상 장사였고, 버드Bird는 차 쟁반에 장식 붙이는 일을 했고, 마틴Martin은 역마차 도장공이었으며, 라이트Wright와 길핀Gilpin은 선박 도장공이었다. 챈트리Chantrey는 조각공 겸 도금공이었고, 데이빗 콕스David Cox, 스탠필드Stanfield 그리고 로버츠Roberts는 무대배경 화가였다.

이들은 순전히 근면과 노력으로 명성을 얻은 것이지 행운이나 우연한 기회로 이름을 떨치게 된 것이 아니다. 결과적으로 부귀를 누린 사람도 있지만 부귀영화가 이들의 주된 동기는 아니었다. 돈에 대한 사랑만 가지고서는 아무도 자제와 전념으로 초년의 어려움을 극복하지 못했을 것이다.

일에서 얻는 기쁨이 최고의 보상이고, 부귀는 그저 부수적으로 따라오는 것에 불과하다. 고결한 예술가들은 자신의 소질에 따라 일하는 것을 즐길 뿐 거래 조건을 흥정하는 데에는 관심이 없다. 스페인의 화가 스파뇰레토Spagnoletto는 그리스 역사가 크세노폰Xenophon이 전하는 아름다운 일화를 검증하는 데 평생을 바쳤고, 부귀영화를 누릴 수 있게 된 후에도 사치스러운 생활을 멀리하고 자발적으로 가난과 일의 세계로 돌아가 은거했다. 미켈란젤로는 돈벌이를 위해 전시회에만 열중하는 어느 화가에 대해 어떻게 생각하느냐는 질문을 받고 이렇게 대답했다. "부자가 되려고 그렇게 애쓰는 한 그는 계속 가난하게 살 수밖에 없겠죠."

미켈란젤로의 노작

조슈아 레이놀즈와 마찬가지로 미켈란젤로도 근면의 힘을 굳게 믿었고, 손이 머리를 열심히 따라주지 않으면 아무리 좋은 구상을 했더라도 대리석에 형상으로 표현할 수 없다고 생각했다. 그는 참으로 지칠 줄 모르고 꾸준히 노력한 사람이었다. 그는 자신이 어느 누구보다도 열심히 연구할 수 있었던 것은 검소한 생활 습관 덕분이라고 말했다. 일에 열중할 때에는 하루 종일 빵 한 조각과 포도주 한 잔으로 때우고, 한밤중에 일어나 다시 일을 시작하는 날도 허다했다. 밤에는 판지로 모자를 만들어 쓰고는 그 위에 양초를 고정시켜 촛불에 의지해 조각을 했다. 때로는 너무 지쳐서 옷을 입은 채 잠들었다가 몸이 좀 가뿐해지면 벌떡 일어나 다시 일을 시작했다. 그는 모래시계가 달린 장치를 손수레에 늘 가지고 다녔는데 그 모래시계에는 이런 문구가 새겨져 있었다.

"나는 아직 배우는 중이다!Ancora imparo"

티티안, 캘커트, 웨스트

이탈리아 화가 티티안Titian도 무척 부지런했다. 그의 걸작 〈순교자 베드로Pietro Martire〉는 8년 걸렸고, 〈최후의 만찬〉은 7년 걸렸다. 신성로마제국 황제 카를 5세에게 보낸 편지에서 그는 이렇게 말했다. "7년 동안 거의 하루도 거르지 않고 그려 〈최후의 만찬〉을 이제 폐하에게 보내드립니다." 그의 걸작들을 보면서 그 속에 담겨 있는 피나는 노고와 오랜 수련기간에 대해 생각하는 사람은 거의 없다. 겉보기에 쉽게 빨리 그린 것같이 보이지만 그렇게 보이려면 수없이 많은 고초를 겪어야 한다. 베네치아의 한 귀족이 불평을 늘어놓은 적이 있다. "겨우 10일 동안 일하고 흉상 하나에 금화를 50제키니*5씩이나 받다니!" 티티안은 이렇게 대답했다. "그 흉상을 열흘 안에 만들기 위해 30년 동안 공부했다는 것은 잊으셨군요." 주문한 그림을 너무 늦게 그려준다고 비난하자 이탈리아 화가 도메니키노Domenichino는 이렇게 대답했다. "저는 지금도 쉬지 않고 머릿속으로 그림을 그리고 있습니다." 풍경화가 아우구스투스 콜컷Augustus Callcut의 근면성은 명화 〈로체스터Rochester〉의 구도를 잡느라고 스케치를 40장 이상 그린 일화에 잘 나타나 있다. 이와 같이 꾸준히 반복하는 것이 예술은 물론 인생에 성공하기 위한 주요 조건이다.

천부적인 재능을 얼마나 많이 부여받았든 예술을 추구하려면 길고도 지속적인 노력이 필요하다. 천재적인 예술가는 많지만 부지런하

---

*5. 제키니 : 베네치아에서 사용된 3.5그램짜리 금화

지 않고서는 그 재능은 아무 쓸모가 없다.

미국 화가 웨스트에 얽힌 유명한 일화가 있다. 그는 겨우 일곱 살 때 큰 누나의 아기가 요람에서 잠자는 모습이 너무 귀엽게 느껴지자 종이를 가져다가 빨간색 잉크와 검정색 잉크로 아기의 초상화를 그리기 시작했다. 이 일로 그의 예술가적 소질이 드러났고, 아무도 그의 예술가 기질을 꺾을 수 없었다. 너무 어린 나이에 일찍 성공하여 상처받지 않았다면 웨스트는 더 위대한 화가가 되었을 것이다. 그는 큰 명성을 얻었지만 열심히 노력하고 난관을 극복해서 얻은 것이 아니었기 때문에 그 명성은 곧 사라지고 말았다.

리처드 윌슨, 조슈아 레이놀즈, 윌리엄 호가스

리처드 윌슨Richard Wilson은 아주 어렸을 때부터 불에 그슬린 막대기로 집안 곳곳에 사람과 동물 그림을 그려놓곤 했다. 초년 시절에는 초상화에 관심이 많았다. 그가 이탈리아에 있을 때, 어느 날 추카렐리Zuccarelli의 집을 방문했는데 집 주인을 기다리다가 지루해지자 창문으로 보이는 풍경을 그리기 시작했다. 마침내 나타난 추카렐리는 윌슨이 그린 그림에 매료되어 풍경화를 공부한 적이 있냐고 물었다. 그가 풍경화는 공부해본 적이 없다고 대답하자 추카렐리는 이렇게 말했다. "그러면 내가 자네에게 충고 한마디 하지. 풍경화를 그려보게. 그러면 대성할 것이네." 윌슨은 그의 충고를 받아들였고 풍경화를 열심히 연습해 영국 최초의 위대한 풍경화가가 되었다.

조슈아 레이놀즈는 어렸을 때부터 공부를 게을리 하고 그림 그리기에만 몰두했다. 아버지는 그런 그를 매일 야단치면서 의사가 되라고 강요했다. 하지만 미술에 대한 강렬한 욕구를 억누르지 못하고 화가가 되었다.

토머스 게인즈버러Thomas Gainsborough는 어렸을 때부터 서드베리Sudbury 숲에서 스케치하는 것을 무척 즐겼다. 그 덕분에 불과 열두 살 나이에 화가로서 인정받았다. 그는 예리한 관찰력으로 아주 열심히 일했으며, 아름다운 풍경을 보기만 하면 언제 어디서든 부지런히 연필을 놀려 스케치했다.

윌리엄 블레이크William Blake는 양말 장사의 아들로 태어났는데 아버지 가게의 청구서 뒤에 그림을 그리는가 하면 틈만 나면 카운터 위에도 낙서를 해놓았다.

에드워드 버드Edward Bird는 불과 서너 살 때 의자를 밟고 올라가 벽에다 낙서를 해놓고 이건 프랑스 병사, 저건 영국 병사 하고 자랑하곤 했다. 아버지는 그에게 그림물감을 사주기도 했지만 미술에 대한 사랑을 돈벌이에 이용할 수 있게끔 그를 차 소반 제조공의 견습공으로 취직시켰다. 그는 열심히 일하는 한편 공부를 게을리 하지 않아 왕립학회 회원의 반열에 오르게 되었다.

호가스의 세심한 관찰

윌리엄 호가스William Hogarth는 공부에는 취미가 거의 없었지만 알파벳 문자를 그림으로 그리기를 좋아했다. 학교 공부보다는 문자를 그림으로 장식하는 데 무척 뛰어나서, 학과목 성적은 꼴찌였지만 그림

장식에 관한 한 그를 따라갈 학생이 없었다. 그는 아버지의 권유로 은세공업자 밑에서 견습공으로 일하면서 그림 그리는 법과 수저와 포크에 장식과 문자를 새겨 넣는 법을 배웠다. 은세공을 하면서 그는 구리에 그리핀을 비롯한 여러 가지 괴물 모양의 가문(家紋)을 새겨 넣는 법을 독학으로 터득해나갔다.

그러는 동안 다양한 사람의 모습을 그리고 싶은 욕심이 생겼다. 그가 이 분야에서 뛰어난 솜씨를 발휘하게 된 것은 순전히 세심한 관찰과 연구의 결과였다. 물론 타고난 재능이 있긴 했지만, 그 재능을 열심히 연마했기에 인상적인 얼굴을 보면 그 특징을 정확하게 기억할 수 있었다. 우연히 독특한 모습이나 인상적인 얼굴을 보면 그 자리에서 엄지손톱에 스케치를 했다가 집에 돌아와 종이에 크게 다시 옮겨 놓곤 했다. 환상적이고 독창적인 것이라면 무엇에든 강렬한 매력을 느꼈고, 개성 있는 사람을 찾기 위해 일부러 외딴 곳을 헤매고 다니기도 했다. 호가스는 이렇게 차곡차곡 비축해 둔 구상과 관찰 경험을 작품에 쏟아 부었다. 그 결과, 호가스의 그림에는 각기 다른 사람들의 개성과 당시의 풍습이 사실 그대로 묘사되어 있을 뿐만 아니라 당대의 사상까지도 그림에 반영되어 있다.

그는 이렇게 말했다. "참된 미술을 가르치는 학교는 단 한 군데밖에 없다. 그것은 바로 대자연이라는 학교다." 하지만 그는 많은 학식을 쌓은 사람이 아니었다. 자기 분야 이외에는 그다지 깊은 지식이 없었다. 정상적인 학교 교육을 거의 받지 못했고 철자법조차 제대로 익히지 못했으나, 부족한 부분을 자기계발을 통해 스스로 메워나갔다. 그는 오랜 기간 가난하게 살면서도 언제나 즐겁게 일했다. 주어진 여건 속에서 얼마 안 되는 재산으로 어렵게 살림을 꾸려나가면서도 '꼼꼼한 경리관'이라는 자부심을 갖고 살았다.

호가스는 모든 난관을 극복하고 인간으로서의 명예와 예술가로서의 영광을 모두 차지한 부유한 유명인사가 된 후에도 고되고 가난에 시달리던 젊은 시절을 되새기며 그 시절의 투쟁을 다시 경험해보고 싶다고 말하곤 했다. 언젠가 그는 이렇게 말했다. "나는 지금도 그 시절을 기억하고 있어요. 주머니에 동전 한 닢 없이 무작정 도시로 들어갔다가 판화 한 장에 10기니를 받아들고 집으로 돌아온 그때를……. 나는 칼을 차고 마치 주머니에 수 천금이라도 들어 있는 양 으스대며 동네를 쏘다녔지요."

토머스 뱅크스와 윌리엄 멀레디

'근면과 끈기' 이것은 조각가 토머스 뱅크스Thomas Banks의 좌우명이다. 그는 이 좌우명에 따라 행동하고 남들에게도 강력히 권했다. 친절하기로 유명했던 그는 큰 포부를 지닌 젊은이들을 불러들여 충고와 도움을 아끼지 않았다. 어느 날 한 소년이 도움을 받으려고 문간에서 그를 만나기를 청했으나 시끄럽게 문 두드리는 소리에 화가 난 하인이 그 소년을 꾸짖고 쫓아버리려고 했다. 뱅크스가 안에 있다가 소란스러운 소리를 듣고 밖에 나가보니 어린 소년이 그림 몇 점을 손에 들고 문간에 서 있었다. "무슨 일로 왔니?" "선생님, 왕립 미술원에 입학해서 그림을 그리고 싶습니다." 뱅크스는 지금 당장 입학을 주선해줄 수는 없지만 그림은 한번 보자고 했다. 그는 그림을 찬찬히 살펴보고 나서 이렇게 말했다. "미술원에 들어갈 만하군! 집에 가서 우선 학교 공부를 열심히 하면서 아폴로 그림을 더욱 멋지게 그려보거라. 그리고 한 달 후에 다시 와서 내게 보여주렴." 그 소년은 집으로 돌아가 예전보다 배 이상 열심히 공부하고 스케치하여 그 달이 다 지나갈 무렵 다시 뱅크스를 찾아왔다. 그림이 예전보다 훨씬 좋아졌으나, 뱅크스는 소년을 다시 돌려보내면서 그림과 공부를 열심히 계속하라고 충고해주었다. 일주일 뒤에 소년이 그림을 들고 다시 찾아왔다. 뱅크스는 그림이 월등히 좋아진 것을 보고 장차 훌륭한 화가가 될 것이라고 격려해 주었다. 이 소년이 바로 윌리엄 멀레디William Mulready다. 뱅크스의 예언이 적중하여 멀레디는 훗날 유명한 풍속화가가 되었다.

클로드 로랭

프랑스 화가 클로드 로랭도 지칠 줄 모르는 근면함으로 명성을 얻었다고 할 수 있다. 로렌Lorraine 공국 샹파뉴Champagne의 가난한 집안에서 태어난 그는 처음에 제과업자 밑에서 견습공으로 페이스트리 만드는 법을 배웠다. 얼마 후, 목각업을 하는 그의 형이 자기 공방으로 데려가 목각 기술을 로렌에게 가르쳤다. 로랭이 예술적인 재능을 보이자 어떤 행상이 로랭을 이탈리아로 데려가게 해달라고 로랭의 형을 설득했다. 형의 허락을 받은 젊은 로랭은 로마로 가서 풍경화가 아고스티노 타시Agostino Tassi의 하인이 되었다. 로랭은 하인으로 일하면서 풍경화 그리는 법을 배우고 차차 그림을 그리기 시작했다. 그는 한동안 이탈리아, 프랑스, 독일을 여행하고 때때로 한곳에 머물며 풍경화를 그려 여행비를 벌기도 했다. 로마로 돌아온 후에는 그의 작품을 찾는 사람이 차차 늘어나 마침내 유럽 전체에 그의 이름이 알려지게 되었다. 그는 대자연을 다각도로 꾸준히 연구했다. 그는 풍경화를 그릴 때 이용하고자 많은 시간을 들여 건물, 대지, 나무, 잎사귀 등 다양한 자연의 모습을 정밀하게 모사해 모아두었다. 또한 아침부터 밤까지 하루 종일 하늘을 유심히 관찰하여 스쳐가는 구름, 밝아졌다 어두워졌다 하는 빛의 변화 등 다양한 자연 변화를 기록해 두었다. 오랜 시간이 걸리긴 했지만 끊임없이 노력한 결과 그는 마침내 손과 눈을 자유자재로 구사할 수 있게 되어 풍경화가 중에서 최고의 반열에 들게 되었다.

윌리엄 터너

"영국의 클로드"라고 일컬어지는 조지프 터너 Joseph Turner도 평생 동안 매우 부지런했다. 터너는 런던에서 이발사인 아버지로부터 기술을 배우고 있었는데, 어느 날 면도하러 온 손님이 그가 은 쟁반에 그린 만든 문장紋章을 우연히 보게 되었다. 손님은 그의 아버지에게 아들의 재능을 살려줘야 한다고 설득해 터너는 마침내 화가의 길로 들어서게 되었다.

 다른 젊은 미술가들과 마찬가지로 터너에게도 숱한 어려움이 있었지만, 너무나도 궁핍했기 때문에 그의 어려움은 남들보다 컸다. 그런 어려움도 그의 의지를 꺾지 못했다. 아무리 하찮게 보이는 일도 묵묵히 해냈다. 다른 사람의 그림에 인도산 잉크로 하늘만 칠해주는 일이라도 그 대가로 반 크라운*6을 받을 수 있으면 기꺼이 맡았다. 그 돈이면 저녁 한 끼를 해결할 수 있었기 때문이다. 그는 이런 식으로 돈을 벌면서 전문성을 갖춰나갔다. 안내책자, 연감 그리고 값싼 표지가 필요한 책이라면 어떤 책이든지 그림을 그려주었다.

그는 훗날 이렇게 회상했다. "그 이상 더 좋은 일이 어디 있습니까? 그것은 최고의 실습이었습니다." 그는 무슨 일이든 세심하게 양심적으로 하고 보수가 적다고 대충 얼버무리는 법이 없었다. 그에게는 생계를 해결하는 일뿐만 아니라 배우는 것도 목적이었기 때문이다. 그는 언제나 최선을 다하고, 새로운 그림을 그릴 때마다 그 전 작품보다 한 단계 더 나은 작품으로 만들었다. 그렇게 열심히 일한 사람은 큰 성과를 거두게 마련이다. 러스킨의 말을 빌면, "마치 아침 해가 솟아오르듯 터너의 능력과 사고력은 차츰차츰 늘어났다." 터너의 타고난 천재성에 대해서는 여기서 새삼스럽게 찬사를 늘어놓을 필요가 없다. 그가 국가에 유산으로 헌납한 명화 소장품은 그의 명성을 영원히 기리는 최상의 기념비가 되었다.

페리에와 칼로

예술가 지망생이라면 누구나 예술의 수도 로마에 가는 것이 가장 큰 꿈이지만, 비용이 많이 들고 지망생들은 대개 가난하다. 하지만 어려움을 극복하겠다는 확고한 의지만 있으면 로마에 갈 수 있다. 프

---

*6. 크라운 : 영국의 옛 5실링짜리 은화

랑스의 초기화가 프랑수아 페리에Francois Perrier도 영원의 도시 로마에 가고 싶은 열망에 맹인 방랑자의 길잡이 노릇을 하기로 하고 길을 떠났다. 긴 유랑 여행 끝에 바티칸에 도착한 그는 열심히 공부해서 유명한 화가가 되었다.

  프랑스 판화가 자크 칼로Jacques Callot도 어느 누구 못지않게 로마에 가기를 열망했다. 아버지는 미술가가 되는 것을 반대했지만, 어린 칼로는 의지를 굽히지 않고 가출을 해서 이탈리아로 향했다. 돈 한 푼 없이 길을 나섰기 때문에 이내 곤경에 빠졌으나 우연히 집시 무리를 만나 이들과 함께 장터를 떠돌아다니며 숱한 고비를 넘기며 모험을 했다. 칼로는 이 별난 여행을 하면서 얻은 사물의 생김새, 특징, 개성에 대한 광범위한 지식을 훗날 과장법을 사용, 특징을 잘 살려 판화로 재현했다.

  칼로가 마침내 피렌체에 당도했을 때, 어느 신사가 그의 재능과 열정에 감탄하여 어느 화가 밑에서 공부할 수 있도록 주선해 주었다. 그러나 칼로는 로마 땅을 밟아야 직성이 풀릴 것 같아서 다시 길을 떠났다. 로마에서는 포리기Porigi와 토마신Tomassin을 만나 이들과 가깝게 지내게 되었다. 토마신은 칼로가 크레용으로 그린 그림을 보고 미술가로 대성할 것이라고 예언했다. 하지만 칼로는 우연히 친지와 마주쳐 고향으로 끌려가고 말았다. 그 무렵 이미 방랑 생활에 익숙해진 그는 집에 가만히 붙어 있지 못하고 다시 뛰쳐나갔지만 토리노Torino에서 다시 형에게 붙들리고 말았다. 아무리 말려도 소용 없다는 것을 깨달은 칼로의 아버지는 마지못해 칼로에게 로마에서 공부를 계속해도 좋다고 허락했다. 그러자 그는 곧장 로마로 달려가 유능한 스승들을 찾아다니며 몇 년 동안 디자인과 조각을 열심히 공부했다. 공부를 마치고 프랑스로 돌아가는 길에 피렌체에 들렀을 때 코시모 2세*7의 권유를 받아들여 그곳에서 몇 년 더 공부하면서 작품 활동을 계속했다.

그를 후원하던 대공이 죽자 피렌체를 떠나 마침내 낭시Nancy에 있는 가족의 품으로 돌아가 조각칼과 바늘로 판화 작업을 계속해 이내 부와 명성을 얻었다. 낭시가 내전으로 함락되었을 때 재상 리슐리외Richelieu가 칼로에게 그 사건을 주제로 판화를 만들어달라고 청했으나 그는 자신의 고향에 닥친 재앙을 기념할 수 없다는 이유로 그 청을 딱 잘라 거절했다. 리슐리외는 고집을 꺾을 수 없자 칼로를 감옥에 가두어버렸다. 그때 그는 첫 번째 로마 여행을 도와주었던 옛 친구들인 집시들을 감옥에서 만났다.

프랑스의 국왕 루이 13세는 그가 감옥에 갇혔다는 소식을 듣고 그를 석방해주면서 원하는 것이 있으면 들어줄 테니 말해보라고 했다. 그러자 칼로는 주저하지 않고 옛 친구 집시들을 풀어주고 파리에서 자유롭게 구걸할 수 있게 해달라고 청했다. 뜻밖의 청이었지만 국왕은 집시들의 초상을 그리는 조건으로 칼로의 청을 들어주었다. 그래서 탄생한 것이 〈걸인들〉이라는 별난 제목의 판화집이다. 루이 13세는 파리를 떠나지 않는다고 약속하면 연금으로 3000리브르*8를 주겠다고 칼로에게 제안했다고 한다. 그러나 그는 이미 자유분방한 생활

---

*7. 코시모 2세(1590~1621) : 정식 이름은 코시모 드 메디치Cosimo de' Medici. 토스카나 공국의 제4대 대공
*8. 리브르 : 프랑스의 옛 화폐 단위

에 젖어 있고 자유를 연금보다 더 소중하게 생각했기 때문에 국왕의 제안을 사양하고 낭시로 돌아가 죽을 때까지 그곳에서 작품 활동을 계속했다. 그가 남긴 판화와 부식 동판화가 1600점이 넘는다는 사실만 보더라도 그가 얼마나 열심히 일을 했는지 알 수 있다. 그는 특히 괴이하게 생긴 대상을 작품 주제로 삼기를 좋아했다. 이런 작품을 만들 때면 온 정성을 쏟으며 섬세하게 세밀한 부분까지 조각칼로 표현해 판화를 만들었다.

벤베누토 첼리니

뛰어난 금세공업자이자 화가, 조각가, 판화가, 기술자 그리고 작가였던 벤베누토 첼리니Benvenuto Cellini의 일생은 더욱 낭만적이고 모험으로 가득 차 있다. 그가 말한 바와 같이 첼리니의 일대기는 지금까지 쓰인 자서전 가운데 가장 특이하다.

그의 아버지 조반니 첼리니Giovanni Cellini는 피렌체 공국의 통치자 로렌초 드 메디치Lorenzo de Medici의 궁정 악사였고, 아들을 훌륭한 플루트 연주자로 키우는 것이 그의 가장 큰 꿈이었다. 하지만 조반니는 일자리를 잃게 되자 아들에게 다른 일을 시킬 필요가 있다고 판단하고 금세공 기술을 배우게 했다. 첼리니는 어렸을 때부터 그림 그리기를 좋아했지만, 금세공 기술을 열심히 배워 곧 솜씨 좋은 숙련공이 되었다. 한때 첼리니는 마을 사람들의 싸움에 말려들어 6개월 동안 피렌체에서 추방을 당하자 시에나Sienna로 가서 한 금세공업자와 함께 일을 하며 귀금속 다루는 경험을 계속 쌓았다.

한편, 첼리니는 플루트 연주자가 되어야 한다는 아버지의 강권에 못 이겨 플루트 연습을 계속했다. 반면 그가 가장 큰 기쁨을 느끼는 미술 공부도 계속했다. 피렌체로 돌아온 다음에도 레오나르도 다빈치와 미켈란젤로의 작품을 세밀하게 연구했다. 그는 수준 높은 금세공 기술을 배우기 위해 걸어서 로마까지 간 적이 있는데 그곳에서 숱한 고비를 겪으며 공부에 정진했다. 피렌체로 돌아왔을 때에는 이미 귀금속 분야에서 최고 전문가의 명성을 얻어 주문이 쇄도했다. 하지만 화를 참지 못하는 성격이라 시비에 자주 휘말려 목숨을 부지하려면 도주하는 길 이외에는 다른 도리가 없게 되었다. 그래서 그는 수도승으로 변장하고 피렌체를 떠나 다시 시엔나에 은신했다가 로마로 갔다.

두 번째로 로마에 머무는 동안 첼리니는 많은 사람으로부터 후원을 받고, 마침내 금세공업자 겸 음악가의 자격으로 교황을 섬기게 되었다. 그는 대가들의 작품을 자주 접하면서 꾸준히 공부하고 기술을 연마해나갔다. 보석을 박는 일, 에나멜 입히는 일, 인장 새기는 일, 금·은·동을 세공하는 일, 모든 면에서 어느 누구보다 뛰어난 기량을 보여주었다.

어느 특정한 부문에 뛰어난 금세공업자가 있다는 소문을 들으면 그는 즉시 그 사람을 능가하고자 결심했다. 그에게는 금속 부문, 에나멜 부문, 보석 부문에 각 부문별로 경쟁자가 있었다. 사실, 그에게는 경쟁의식을 느껴보지 않은 부문이 하나도 없었다고 해도 지나친 말이 아닐 것이다.

이런 정신을 갖고 일에 임했기에 첼리니가 크게 성공을 거둔 것은 그다지 놀라운 일이 아니다. 그는 활동력이 강해 쉴 새 없이 움직였다. 피렌체에 나타나는가 하면 얼마 뒤에는 로마에 나타나고, 만투아Mantua, 로마, 나폴리, 피렌체를 오르락내리락하고, 언제나 말을 타고 베니스, 파리까지 긴 여행을 자주 했다. 짐을 많이 끌고 다닐 수가 없어서 어느 곳을 여행하든 떠나기 전에는 항상 자기만의 도구를 만들었다. 그는 작품을 구상만 한 것이 아니라, 손수 망치질을 하고, 깎고, 주조를 하고 모양을 다듬어 만들었다. 그가 만든 작품에는 천재적인 재능이 그대로 투영되어 있어서, 한 사람이 구상하고 다른 사람이 만들어서는 그런 작품이 나올 수 없다는 것을 알 수 있다. 여성용 허리띠 장식, 도장, 목걸이용 작은 금합金盒, 브로치, 반지, 단추와 같이 아주 사소한 물건도 그의 손을 거치면 아름다운 예술품이 되었다.

첼리니는 수공예를 다루는 솜씨와 민첩성이 뛰어났다. 어느 날, 금세공업자 라파엘로 델 모로Raffaello del Moro는 외과 의사를 공방으로 불러 딸의 손을 수술하게 했다. 첼리니도 그 자리에 있었는데 의사가 가져온 도구를 보니 그 당시의 수술도구가 다 그렇듯이 거칠고 엉성하기 짝이 없었다. 그는 의사에게 수술을 잠시 중단하라고 이르고 자기 공방으로 달려갔다. 가장 좋은 쇳조각을 골라 망치로 두들겨서 불과 10여 분 만에 멋진 칼을 하나 만들었다. 그 칼 덕분에 수술은 성공적으로 끝났다.

첼리니가 만든 조각상 가운데 대표적인 작품은 프랑수아 1세를 위해 파리에서 은으로 만든 주피터 상과 피렌체 공국의 코시모 대공을 위해 구리로 만든 페르세우스 상이 있다. 그는 대리석으로 아폴로, 히아신스, 나르시스, 넵튠 등 로마신화에 등장하는 신과 영웅들의 조각상도 만들었다. 페르세우스 동상의 주조에 얽힌 특이한 사건을 보면 첼리니의 비범한 성격을 잘 알 수 있다.

페르세우스의 동상

첼리니가 페르세우스 동상의 밀랍 모형을 보여주자 코시모 대공은 청동으로 도저히 그런 동상을 만들 수 없을 것이라고 단정했다. 그 이야기에 자극을 받은 첼리니는 즉시 작업에 들어가 불가능을 가능으로 만들었다. 그는 우선 진흙으로 모형을 만들어 불에 구운 다음 밀랍을 모형에 입혀서 완벽한 동상의 모형을 만들었다. 그리고 나서 밀랍 모형에 일종의 질흙을 바른 다음 두 번째로 불에 구워서 밀랍을 녹여내자 두 개의 진흙 모형 사이에 금속을 녹여서 부어 넣을 수 있는 공간이 생겼다. 공정에 차질이 생기지 않게 하려고 가마 바로 밑에 임시로 구덩이를 파고 거기서 쇳물 붓는 작업을 했다. 가마에서 흘러나온 쇳물이 도관과 구멍을 통해 준비해 놓은 거푸집으로 들어가게 만든 것이다.

첼리니는 일찌감치 몇 단 사다가 쌓아놓은 소나무 장작을 가마에 넣고 주조 작업을 하기 시작했다. 가마에 놋쇠와 청동 조각을 가득 집어넣고 불을 붙였다. 그런데 그만 송진이 흘러나오면서 삽시간에 소나무 장작이 맹렬한 불길에 휩싸이더니 공방으로 불꽃이 튀어 지붕 일부가 불에 타버렸다. 그때 마침 바람이 불고 빗물이 가마로 들어가는 바람에 열기가 식어 금속이 녹지 않았다. 첼리니는 열기를 높여보려고 장작을 계속 집어넣으면서 몇 시간 동안 씨름하다가 기진맥진하더니 결국 병이 나고 말았다. 동상을 만들지도 못하고 죽는 게 아닐까 하는 걱정이 들어 조수들에게 금속이 다 녹으면 거푸집에 부어넣으라고 지시하고는 몸져누웠다. 주위 사람들이 실의에 빠져 있는 그를 위로하고 있는데, 느닷없이 인부 한 사람이 방으로 들어오며 큰 소리를 한탄했다.

"가엾은 벤베누토 님의 작품이 완전히 못쓰게 돼버렸어요." 이 소리를 듣자 첼리니는 벌떡 일어나 공방으로 달려갔다. 불은 거의 꺼져가고 금속은 도로 딱딱하게 굳어 있었다.

1년 이상 말려둔 어린 참나무 장작을 이웃집에서 한 짐 얻어다가 불을 다시 지피자 금속이 반짝반짝 빛을 내며 녹기 시작했다. 하지만 바람이 여전히 거세게 불고 비가 억수같이 쏟아져 첼리니는 탁자와 양탄자를 가져다가 비바람을 막고 헌 옷가지를 들쳐 입고는 계속해서 장작을 가마 속에 집어넣었다. 백랍 한 덩이를 다른 금속 위에 던져 넣고 간간히 쇠꼬챙이와 긴 막대로 뒤적이자 금속이 순식간에 완전히 녹아버렸다. 중대한 고비가 다가오는 긴박한 순간에 천둥소리같이 요란한 소리가 나더니 첼리니의 눈앞에서 번쩍거리며 불이 뿜어져 나왔다. 가마의 뚜껑이 터지면서 쇳물이 흘러내리기 시작한 것이다. 쇳물이 적당한 속도로 흘러내리지 않자 첼리니는 부엌으로 달려가 구리와 백랍이 들어 있는 그릇을 모두 들고 나와 가마 속에 던져넣었다. 갖가지 접시, 사발, 주전자 등 200점이 넘는 그릇이 불속에 들어가자 그제야 쇳물이 자연스럽게 흘러내리기 시작했다. 이런 우여곡절 끝에 아름다운 페르세우스 동상이 탄생할 수 있었다.

부엌으로 달려가 그릇을 모두 꺼내 가마 속에 집어넣은 첼리니의 신들린 것 같은 천재성은 질그릇을 구우려고 가구를 부신 팔리시의 행동을 연상케 한다. 하지만 일에 대한 열의를 빼놓고는 두 사람만큼 성격이 닮지 않은 사람도 없을 것이다. 첼리니의 말에 따르면 그는 모든 사람으로부터 따돌림을 받는 떠돌이였다. 하지만 일꾼으로서의 탁월한 재능과 예술가로서의 천재성에 대해서는 이견이 있을 수 없다.

니콜라스 푸생

니콜라스 푸생Nicolas Poussin의 일생은 비교적 순탄했으며, 일상생활에서나 예술 활동에서나 순수하고 고결했다. 또한 높은 지성, 성실한 인격 그리고 소박한 생활 태도로 존경을 받았다. 그는 루앙Rouen 부근 레장들리Les Andeleys의 가난한 집안에서 태어났다. 그의 아버지가 조그만 학교를 운영했기에 푸생은 어려서 아버지의 가르침을 받는 혜택을 누렸다. 하지만 다소 게을렀고 교과서를 공부하기보다는 석판에 그림 그리는 것을 좋아했다. 그의 그림을 본 어느 시골 화가가 그의 소질을 꺾지 말라고 그의 부모에게 간곡하게 권고했다고 한다. 그리고 그 화가가 푸생의 그림 공부를 지도해주게 된다. 오래지 않아 푸생은 화가에게서 더는 배울 것이 없을 정도로 빠르게 배워나갔다. 푸생은 그림 공부를 계속하고 싶은 마음에 열여덟 살이 되었을 때 집을 떠나 파리로 향했다. 그는 여행 내내 간판을 그려주면서 파리로 가는 비용을 마련했다.

파리에 도착한 그의 눈앞에 새로운 예술의 세계가 펼쳐지자 그는 놀라움에 가슴이 설레고 경쟁심에 불탔다. 화실을 여기저기 찾아다니며 부지런히 그림을 그리고 좋은 작품을 모사했다. 얼마간 지났을 무렵, 그는 로마로 가야겠다고 결심하고 길을 나섰다. 하지만 로마까지 가지 못하고 피렌체에서 발길을 돌려 다시 파리로 돌아왔다. 그 뒤에도 다시 로마에 가려고 했지만 이번에는 리옹에서 되돌아와야 했다. 번번이 로마에 갈 기회를 놓친 그였지만 절대 좌절하지 않고 나날이 실력을 쌓아갔으며 예전처럼 열심히 공부하고 일을 해나갔다.

무명의 서글픔, 실패와 좌절 그리고 궁핍한 생활을 겪은 지 12년이 흐른 후에야 그는 비로소 로마 땅을 밟는다.

푸생은 그곳에서 대가들의 작품, 특히 완벽한 아름다움에 깊은 감명을 받은 고대 조각상을 열심히 연구했다. 그는 한동안 그 못지않게 가난한 조각가 뒤크누아Duquesnoy와 함께 지내면서 골동품의 모형 만드는 일을 도왔다. 뒤크누아와 함께 로마에 있는 유명한 동상들, 특히 청춘미의 상징 안티노우스Antinous[9]의 동상을 세밀하게 측정했다. 이때의 경험이 훗날 그의 작품에 상당히 큰 영향을 미친 것으로 추측된다. 한편, 그는 해부학을 공부하고 실물을 사생寫生하고 만나는 사람마다 포즈와 태도를 스케치해 잔뜩 쌓아두었으며, 여가 시간에는 친구에게서 빌려온 미술에 관한 책을 탐독했다.

그는 이때에도 아주 가난했으나 지속적으로 자기 발전을 꾀할 수 있다는 점만으로도 만족스러웠다. 값이야 얼마가 되든 자기 그림이 팔린다는 것이 기뻤다. 어느 예언자를 그린 그림은 8리브르를 받았고

---

*9. 안티노우스 : 로마 황제 하드리아누스가 총애하던 신하였는데 나일 강에서 익사하자 하드리아누스가 청춘미의 상징으로 신격화해 로마제국 전역에 신전을 세웠다

〈필리스티아 사람들의 재앙〉은 60크라운을 받고 팔았는데, 훗날 리슐리외 추기경은 이 그림을 1000크라운에 사들였다. 엎친 데 덮친 격으로 그는 지독한 병*10에 걸려 무력한 나날을 보내야 했는데, 슈발리에 델 포소Chevalier Del Posso가 이따금 돈을 보내주었다. 나중에 푸생은 이 사람에게 〈사막에서의 휴식〉이라는 멋진 그림을 보답으로 그려주었다. 투병하는 동안 받은 돈보다 몇 배 더 값진 것으로 갚아준 셈이다.

온갖 역경 속에서도 푸생은 용기를 잃지 않고 꾸준히 일하면서 공부를 계속했다. 더 높은 것을 성취하기 위해 그는 피렌체와 베니스에 가서 지식의 범위를 넓혔다. 지속적으로 노력한 결과가 마침내 하나씩 걸작으로 결실을 맺기 시작해 푸생은 〈게르마니쿠스Germanicus의 죽음〉에 이어서 〈종부성사〉〈에우다미다스Eudamidas의 유언〉〈만나〉〈사비니 여인들의 납치〉를 연달아 그려냈다.

푸생의 이름이 차츰 알려지긴 했으나 널리 알려지기까지는 시일이 많이 걸렸다. 성격이 내성적이어서 사교 활동을 꺼렸기 때문이다. 주위 사람들은 그를 화가보다는 사상가로 인정했다. 실제로 그는 그림을 그리지 않을 때에는 시골길을 하염없이 홀로 걸으며 앞으로 그릴 그림을 구상했다. 로마에 체류하는 동안 사귄 몇 명 안 되는 친구 중에는 클로드 로랭도 있었다. 푸생은 로랭과 만나면 라트리니테뒤몽La Trinité-du-Mont 수도원 테라스에 앉아 몇 시간씩 예술과 골동품 수집에 관해 대화를 나누었다. 단조롭고 조용한 로마 생활이 그의 취향에는

---

*10. 지독한 병 : 전기작가 파세리의 말에 따르면 매독에 걸렸다고 한다

아주 잘 맞았다. 붓을 놀려 그럭저럭 생활을 꾸려갈 수만 있다면 로마를 떠날 생각이 없었다.

푸생, 파리로 돌아가다

그러나 그의 명성이 로마 밖으로 퍼져나가자 파리로 돌아오라는 초청장이 연거푸 날아왔다. 그는 수석 궁정화가로 임명하겠다는 제안을 받았다. 처음에는 망설이면서 이탈리아 속담을 인용해 이렇게 말했다. "한 곳에서 잘 지내는 사람은 그곳을 떠나지 않는다." 그는 로마에서 이미 15년 동안 살았고, 그곳에서 아내를 맞았으며, 죽더라도 그곳에 묻힐 생각이었다. 하지만 거듭되는 설득에 못 이겨 파리로 돌아갔다. 하지만 그를 시기하는 미술가들의 등쌀에 못 이겨 푸생은 로마로 다시 돌아가고 싶었다. 파리에 머무는 동안 그는 〈성 하비에르Saint Xavier〉〈세례식〉〈최후의 만찬〉 등 대표작 몇 점을 그렸으며, 작품 의뢰가 끊임없이 들어와 잠시도 쉴 틈이 없었다. 처음에는 왕실용 책자, 특히 성경과 베르길리우스 시집 등 왕실용 책자의 권두화, 루브르 궁전용 만화, 벽걸이 그림 등 시키는 대로 작품을 만들었으나 더 이상 참지 못하고 마침내 샹틀루Chanteloup*11에게 이렇게 하소연한다. "책 권두화, 성모상, 성 루이의 집회 광경을 동시에 그리고 미술관 설계도 하고, 게다가 왕실용 벽걸이 그림까지 그리는 일은 도저히

---

*11. 샹틀루 : 푸생의 친구이자 후원자로서 그를 파리로 불러들이는 데 큰 역할을 했다고 한다

불가능합니다. 제게는 그저 손 두 개와 미약하기 그지없는 머리 하나 밖에 없는데다가 다른 사람이 제 일을 돕거나 제 짐을 가볍게 해줄 수도 없습니다."

그의 성공을 시기하는 무리들의 적대적인 처사에 화가 나고 이들을 무마시킬 도리가 없자 그는 파리에 머문 지 채 2년도 되지 않아 다시 로마로 돌아왔다. 그는 몬트핀치오Mont Pincio에 있는 허름한 집에 정착해 아주 검소하게 은둔생활을 하며 여생을 미술에만 열중했다. 지병으로 많은 고통을 겪었지만 연구를 위안삼아 뛰어난 작품을 남기려고 항상 노력했다. "나이가 먹으면 먹을수록 나 자신의 능력을 초월하고 싶은 열망과 완벽한 경지에 오르려는 욕망에 점점 불타오르게 된다." 그는 이렇게 말하며 끊임없이 노력하고 고된 일과 고통을 마다하지 않으며 말년을 보냈다. 그에게는 자녀가 없었고, 아내도 그보다 먼저 세상을 떠났으며, 친구들도 이미 이 세상 사람이 아니었다. 로마에는 푸생 홀로 남고 주위에는 먼저 간 사람들의 무덤만 그득했다. 이렇게 노년기를 외롭게 지내다가 1665년 그곳에서 영원히 잠들었다. 레장들리에 남아 있는 친척들에게 평생 모은 돈 약 1000크라운을 유산으로 물려주고, 그의 동포들에게는 그의 천재성이 담겨 있는 명화들을 유산으로 남겼다.

에이리 셰퍼

에이리 셰퍼Ary Scheffer도 고매한 정신으로 예술에 헌신한 근대 예술가의 훌륭한 본보기다. 그는 독일 도르드레흐트Dordrecht에서 화가의 아들로 태어났다. 부모들은 어렸을 때부터 그에게서 소묘와 유화에 대한 소질을 발견하고 그 소질을 잘 살려주려고 애썼다. 그가 아직 소년이었을 때 아버지가 세상을 떠나자, 어머니는 가지고 있는 재산이 별로 없었지만 파리로 이사해 아들이 좋은 교육을 받을 수 있도록 해주었다. 어린 셰퍼는 당대의 대가 게랭Guerin에게서 사사하게 되었으나, 어머니가 가진 재산으로는 공부에만 전념할 수가 없었다. 어머니는 가지고 있던 몇 개 안 되는 패물마저 모두 팔아치우고, 다른 자녀들도 교육시키기 위해 잠시도 편히 쉬지 않았다. 그런 상황에서는 셰퍼도 당연히 어머니를 돕고자 했을 것이다. 그는 열여덟 살이 되자 간단한 주제가 담긴 소품을 팔기 시작했다. 저렴한 가격에 팔았기 때문에 그림이 잘 팔렸다.

한편으로는 초상화 그리는 법을 연마해 경험도 쌓고 돈도 벌었다. 점차 소묘, 채색, 구성 실력이 향상되어, 마침내 〈세례〉라는 작품으로 그의 인생에 새로운 전기를 마련하게 되었다. 그때부터 그는 더욱 정진해 마침내 〈파우스트〉〈리미니의 프란치스카Francisca de Rimini〉〈성녀〉〈성녀 모니카와 성 아우구스티누스〉 외에도 많은 명화를 그려 명성을 드높였다.

그로트Grote 부인은 셰퍼를 이렇게 평가했다. "셰퍼는 작품 〈프란치스카〉에 엄청난 노력과 생각과 주의력을 쏟았다. 사실, 그는 완벽한 기술 교육을 그다지 받지 못했기 때문에 자신의 능력에 의지해서 가파른 예술의 정점에 올라가야 했다. 그래서 손으로는 일을 하면서 마음은 항상 깊은 명상에 잠겨 있었다. 그는 다양한 처리법과 채색 방법을 직접 실험할 수밖에 없었다. 그리고 또 그리면서 따분하고 지루한 과정을 끈기와 근면으로 극복하고, 타고난 인격으로 부족한 전문 지식을 메웠다. 자신의 인격을 향상시키고 깊은 감수성에 힘입어 연필이라는 매개체를 통해 남의 생각을 자신의 작품에 옮길 수가 있었다."[23]

존 플랙스먼

셰퍼가 가장 존경한 미술가 중에 존 플랙스먼이 있다. 셰퍼는 언젠가 친구에게 이런 말을 했다. "내가 〈프란치스카〉를 그리면서 무의식적으로 다른 사람의 아이디어를 빌린 것이 있다면 그것은 아마 내가 플랙스먼의 소묘에서 본 것일 걸세."

플랙스먼은 런던 코벤트 가든Covent Garden 광장 부근 뉴스트리트New Street에서 석고상을 파는 가난한 집안에서 태어났다. 그는 어렸을 때 병약하여 아버지의 가게 카운터 뒤에 베개를 괴고 앉아서 그림을 그리거나 책을 읽으며 놀았다.

어느 날 인자한 성직자 매튜스 목사가 가게에 들렀다가 책을 읽고 있는 플랙스먼을 보고 무슨 책이냐고 물었다. 그 책은 아버지가 헌책방에서 몇 푼 내고 집어온 로마의 역사가 코르넬리우스 네포스Cornelius Nepos의 책이었다. 매튜스 목사는 플랙스먼과 몇 마디 대화를 나눠보고는 그 책은 어린아이가 읽기에 적당한 책이 아니라고 하면서 읽을 만한 책을 한 권 가져다주겠다고 약속했다. 다음 날 목사는 호메로스의 서사시와 『돈키호테』 번역본을 들고 가게에 다시 들렀다. 플랙스먼은 책에 완전히 빠져 호메로스의 책을 한 장 한 장 넘길 때마다 영웅심에 가슴이 뭉클해졌다. 마침 가게 선반에 진열되어 있던 아이아스Aias와 아킬레스Achilles의 석회 조각을 보고 자기도 그 위대한 영웅들을 시적인 형태로 묘사해보겠다는 야망에 사로잡혔다.

젊은 시절의 작품이 다 그렇듯이 그의 첫 작품도 조잡했다. 그래도 그의 아버지는 자랑스러운 마음에 작품 몇 점을 들고 조각가 루빌리악Roubilliac에게 보여주었는데, 조각가는 그림을 보자마자 코웃음을 치며 고개를 돌려버렸다. 하지만 플랙스먼에게는 올바른 심성이 있었다. 그것은 바로 근면성과 인내심이었다. 그는 청춘의 열정을 쏟아 소석고, 밀랍, 진흙으로 모형을 만드는 데 열중했다. 그의 초기 작품 중 일부는 지금도 보존되어 있는데, 작품이 뛰어나서 남아 있는 것이 아니라 인내심 강한 천재의 활력이 엿보이는 첫 번째 노작勞作이 흥미를 돋우기 때문이다.

어린 플랙스먼이 혼자 힘으로 걷게 될 때까지는 오랜 시간이 걸렸다. 목발에 의지해 절름거리며 걷는 법을 차차 익혀 나가 마침내 목발 없이 걸을 수 있을 정도로 강인해졌다. 친절한 매튜스 목사는 그를 집으로 초대했고, 목사 부인은 플랙스먼에게 호메로스와 밀턴에 대해 설명해주었다. 목사 부부는 그리스어와 라틴어도 가르쳐주며 그의 독학을 지도해주었다. 인내와 끈기로 그림 솜씨가 나날이 향상되던 때 어느 부인으로부터 그림을 그려달라는 주문을 받았다. 호메로스 이야기를 주제로 여섯 장의 그림을 검은 활석으로 그려달라는 것이었다.

드디어 첫 번째 주문을 받은 것이다. 화가의 삶에서 첫 번째 주문은 대사건이 아닌가! 의사의 첫 번째 진료, 변호사의 첫 번째 선임, 의회 의원의 첫 연설, 가수의 첫 출연, 작가의 첫 저작, 그 어느 것도 처음 받은 주문보다 명성을 얻으려는 예술지망생에게 매력 있게 보이지는 않았다. 플랙스먼은 당장 주문받은 그림을 완성했고, 칭찬과 함께 후한 보수를 받았다.

왕립미술원에 입학하다

열다섯 살이 되었을 때 플랙스먼은 왕립미술원에 입학했다. 내성적인 성격이었음에도 그의 이름은 학생들 사이에 금방 알려졌고, 많은 기대를 한 몸에 받게 되었다. 그는 기대를 저버리지 않고 입학한 해에 은상을 받았으며 그 다음 해에는 금상 후보에 올랐다. 능력 면에서나 근면성에서나 플랙스먼을 능가할 학생이 아무도 없었기 때문에 누구나 그가 금메달을 받을 거라고 예상했다. 하지만 그는 경쟁에서 져 다른 학생에게 금상이 돌아갔다. 금상을 수상한 학생은 후에 어떤 사람이 되었는지 전혀 알려진 바 없다. 청소년기의 실패도 그에게는 좋은 교훈이 되었다. 패배를 마음 속에 오래 담아두지 않고 각오를 더욱 단단히 해 자신의 진정한 힘을 불러일으키는 계기로 삼았기 때문이다. 그는 몇 배의 노력을 더해 끊임없이 작품을 구상하고 모형을 만들며 천천히 그리고 꾸준히 실력을 향상시켜나갔다.

그는 아버지에게 이렇게 약속했다.

"두고 보세요. 미술원의 자랑거리가 될 작품을 만들어내고야 말 테니까요."

그러나 가난이 가족의 생계를 계속 위협했다. 아버지의 석고상 장사로는 생계를 이어나가는 데 무척 힘겨워서 젊은 플랙스먼은 철저하게 자신의 욕망을 억누르며 공부시간을 줄이고, 아버지의 별 볼일 없는 사업을 돕는 데 발 벗고 나섰다. 그는 호메로스의 책을 내려놓고 회반죽 흙손을 손에 쥐었다. 가족의 생계를 위해 가장 하찮은 직업에 기꺼이 뛰어들었다. 궁핍이라는 늑대가 집안으로 들어오지 못하게 막는 일이 무엇보다 시급했던 것이다. 이 단조롭고 고된 일 역시 오랜 훈련기간이 필요했으나 그에게 좋은 약이 되었다. 이 일을 통해서 꾸준하게 일하는 습관을 들이게 되었고 인내심을 키울 수 있었다. 훈련은 힘들었지만 그에게 도움이 되는 과정이었다.

다행히 젊은 플랙스먼의 디자인 솜씨에 대한 소문이 도예가 조사이아 웨지우드의 귀에도 들어갔다. 웨지우드는 그에게 더 나은 도자기 문양을 디자인하는 일을 맡겼다.

진정한 예술가라면 찻잔이나 물병 디자인을 하면서도 자신의 천직에 매진할 수 있다. 사람들이 일상생활에 사용하는 물건도 식탁에 오르기 전까지는 모든 이의 교육수단이 될 수 있고 가장 높은 수양을 쌓게 선도하는 성직자가 될 수 있다. 그러므로 가장 야심이 많은 예술가가 걸어야 할 길은 일반 대중의 눈에 보이지 않는 부자들의 전시장에 가두어둘 수천 파운드짜리 정교한 작품을 만드는 것이 아니라, 일반 시민에게 더 실용적인 물건을 만드는 것이다.

그때까지도 도자기나 석기에 그려진 그림이 도안이나 제작 실력 면에서 아주 조잡했기 때문에 웨지우드는 이것을 개선하고자 했다. 웨지우드는 플랙스먼에게 주로 고대의 시가나 역사를 주제로 한 도자기 모형과 디자인을 수시로 가져다주었다. 그 모형과 디자인 중에는 지금까지 남아 있는 것이 많은데, 그 가운데 일부는 대리석 조각을 본떠 만들어 간결하면서도 무척 아름답다. 공공박물관이나 호사가들의 진열장에서나 볼 수 있는 유명한 고대 에트루리아 화병에서 플랙스먼은 가장 완벽한 형태미를 발견하고 이 디자인으로 자신의 작품을 아름답게 꾸몄다. 그 당시 막 출판된 스튜어트Stuart의 『아테네 Athens』라는 화집을 보고 가장 순수한 형태의 그리스 생활 도기의 형태를 본떠 우아하고 아름다운 새로운 형태를 창조해냈다.

플랙스먼은 그때 자신이 하고 있는 일이 교육의 대중화를 추진하는 일 못지않게 위대하다고 생각했다. 말년에는 젊은 시절에 이 길을 택해 노력한 경험을 자랑스럽게 이야기했다. 그는 이 일을 통해서 아름다움을 사랑할 줄 알게 되었을 뿐만 아니라, 예술 감각을 일반 사람들에게도 널리 알리는 동시에 자신도 부유해지고 친지들이나 후원자들도 부귀영화를 누릴 수 있었다.

1782년 플랙스먼은 스물일곱 살이 되었을 때 아버지의 그늘에서 벗어나 작은 집 한 채를 빌리고 소호Soho 지역 워더Wardour 가에 화실을 차린 다음, 앤 덴먼Ann Denman이라는 명랑하고 밝고 기품 있는 여성을 아내로 맞이했다. 그는 결혼을 하면 더욱 열정적으로 일할 수 있으리라고 믿었다. 아내도 그와 마찬가지로 시와 예술에 취미가 있는 데다가 남편의 천재성을 열렬히 흠모했기 때문이다. 그런데 결혼한 지 얼마 지나지 않아 독신 화가 조슈아 레이놀즈로부터 이런 말을 들었다.

"플랙스먼, 자네가 결혼했다는 말을 들었네만…… 자네는 이제 예술가로서는 파멸했네."

플랙스먼은 즉시 집으로 돌아가 아내 곁에 앉아 손을 잡으며 이렇게 말했다.

"앤, 나는 이제 예술가로서는 파멸한 셈이라는군."

"무슨 말이에요, 존? 무슨 일 있었어요? 누가 당신을 파멸시켰어요?"

"교회에서…… 앤 덴먼이 파멸시켰지."

그는 레이놀즈가 한 말을 아내에게 들려주었다. 레이놀즈는 남보다 뛰어난 미술학도가 되려면 아침에 일어나서 잠자리에 들 때까지 온 정신을 예술에만 집중해야 하며, 로마와 피렌체에서 라파엘, 미켈란젤로 등 위대한 미술가들의 명작을 공부하지 않으면 위대한 예술가가 될 수 없다고 기회가 있을 때마다 강조해왔다. 그의 이런 주장은 이미 널리 알려져 있었다.

"하지만 나는 위대한 예술가가 될 거야."

플랙스먼은 작은 체구를 쭉 펴면서 말했다.

"위대한 예술가가 되는 데 꼭 필요하다면 로마에도 가셔야죠."

"어떻게?"

아내는 대수롭지 않은 척 이렇게 대답했다.

"일을 더 열심히 하고 절약해야죠. 존 플랙스먼이 화가로 대성하는 길을 앤 덴먼이 망쳐놓았다는 말은 듣고 싶지 않아요."

그래서 이 신혼부부는 형편이 닿는 대로 로마 여행을 하기로 했다.

"나는 로마에 가서 결혼이 남자에게 오히려 도움이 된다는 것을 레이놀즈 왕립미술원장에게 보여주겠어. 앤, 당신도 나와 함께 가야 해."

이 다정한 부부는 워다워 가에 있는 작고 초라한 집에서 어려운 형편이지만 행복한 마음으로 로마로 향하는 긴 여정을 꿈꾸면서 5년 동안 열심히 일했다. 한시도 그 꿈을 잊지 않고 여행 경비를 모으기 위해 단 한 푼도 헛되이 쓰지 않았다. 그들은 그 계획을 전혀 입 밖에 내지 않고 왕립미술원에도 도움을 청하지 않은 채, 오로지 두 사람의 꾸준한 노력에 의지해 목표를 향해 정진했다. 이 당시 플랙스먼은 전시회에 작품을 거의 출품하지 않았다. 독창적인 작품을 시험 삼아 만들기 위해 대리석을 사들일 형편은 되지 못했지만, 기념상 주문을 받아 생활을 꾸려나갈 수 있었다. 또한, 그는 웨지우드의 일을 계속하고 있었는데, 웨지우드가 보수를 즉시 지급해 주었기 때문에 전반적으로는 발전적이었고, 행복하고 희망이 가득한 나날이었다. 그 지역에서 신망과 존경을 얻은 덕택에 작품 주문도 많이 들어오고, 세인트앤St. Anne 행정구의 경비세를 걷는 사람으로 선출되기도 했다. 세금을 걷으러 다닐 때는 단추 구멍에 잉크병을 매달고 이집 저집 돌아다녔다.

플랙스먼, 로마에 가다

플랙스먼은 돈이 충분히 모이자 아내와 함께 로마로 향했다. 로마에 도착하자마자 그는 가난한 미술가들이 다 그렇듯이 고대미술품을 모사해서 생활비를 버는 한편, 작품 연구에 전념했다. 영국에서 온 손님들이 그의 화실을 방문하고 주문을 맡기기도 했다.

〈호메로스〉〈아이스킬로스*12〉〈단테〉와 같이 아름다운 작품을 창작한 때가 바로 이 무렵이다. 이 작품들은 겨우 한 점 당 15실링이라는 헐값에 팔렸지만, 플랙스먼은 금액이 많고 적음에 연연하지 않고 예술을 위해서 혼신의 힘을 다했다. 그의 작품이 아름답다는 소문이

---

*12. 아이스킬로스 : 그리스의 비극 시인

퍼지면서 친구들이 늘어나고 후원자도 나서기 시작했다. 그는 든든한 후원자 토머스 호프Thomas Hope를 위해서 큐피드Cupid*13 상과 아우로라Aurora*14 여신상을 만들고, 브리스틀Bristol 백작을 위해서는 〈아타마스*15의 분노 Fury of Athamas〉를 만들었다. 열심히 공부해 작풍이 향상되고 실력이 늘자, 그는 영국으로 돌아갈 준비를 했다. 이탈리아를 떠나기 전에 피렌체 아카데미와 카라라 아카데미에서 공적을 인정해 그를 회원으로 선출했다.

영국으로 금의환향하다

플랙스먼이 런던에 도착하기도 전에 그의 명성은 이미 널리 퍼져 있었다. 덕분에 그는 귀국하자마자 좋은 일자리를 구할 수 있었다. 그는 로마에 체류할 당시 제작 의뢰를 받았던 맨스필드의 기념비를 런던에 도착하자마자 웨스트민스터 사원 북쪽에 세웠는데 이 기념비는 곧 명물이 되었다. 이 기념비는 웅장하면서도 차분함, 단순함, 엄격함이 돋보이는 조각물로 플랙스먼의 천재성을 그대로 보여주는 작품이라고 할 수 있다. 그 당시 명성이 절정에 달해 있던 조각가 토머스 뱅크스는 그 기념비를 보고 이렇게 외쳤다.

"이 자그마한 사내가 우리를 모두 납작하게 만들었구면!"

---

*13. 큐피드 : (로마신화) 머큐리와 비너스의 아들로 사랑의 신
*14. 아우로라 : (로마신화) 새벽의 여신
*15. 아타마스 : (그리스 신화) 테베의 왕

왕립미술원 회원들은 플랙스먼이 돌아왔다는 소식을 듣고 회원으로 가입시키려던 참이었는데, 맨스필드의 동상을 보고는 매우 감탄하여 서둘러 그를 미술원에 영입하려고 했다. 그는 자신의 이름이 회원 후보 명단에 등재되는 것을 허락하고 곧 정회원으로 선출되었다. 그는 귀국한 후 완전히 새로운 신분을 얻게 되었다. 코벤트 가든의 뉴스트리트에 있는 초라한 석고상 가게 카운터 뒤에서 미술 공부를 시작한 한 꼬마가 높은 지성과 탁월한 예술성을 인정받고 왕립미술원의 조각과 교수라는 신분으로 학생들을 가르치는 높은 지위에 오르게 된 것이다. 그 영예로운 자리에 플랙스먼 만한 적임자는 없었다. 스스로 노력하고 혼자의 힘만으로 온갖 어려움을 극복한 그만큼 학생들을 잘 가르칠 수 있는 사람은 아무도 없었다.

오랫동안 평화롭고 행복하게 지냈으나 늙음은 막을 길이 없었다. 그는 사랑하는 아내가 세상을 떠나자 깊은 상실감과 충격에 빠졌으나 그 슬픔을 극복하고 몇 년 더 살면서 유명한 〈아킬레스의 방패 Shield of Achilles〉와 장엄한 〈사탄을 물리치는 미카엘 대천사 Archangel Michael vanquishing Satan〉를 완성했다. 이 두 작품은 그의 최고 걸작으로 손꼽힌다.

조각가 프랜시스 챈트리

프랜시스 챈트리 Francis Chantrey(1781~1841)는 매우 활력 넘치는 사람이었다. 다소 거친 면이 있긴 했지만 정직하고 마음이 따스했다. 초년에 자기 앞에 가로 놓인 난관을 모두 극복한 점 그리고 혼자 힘으로 자립할 수 있게 된 점을 그는 매우 자랑스럽게 여겼다. 그는 셰필드 부근 노턴Norton의 한 가난한 집안에서 태어났다. 그는 아주 어렸을 때 아버지를 여의었고 어머니는 재혼했다. 어린 챈트리는 나귀 등에 우유 통을 싣고 셰필드 인근 지역에 있는 어머니의 단골집을 돌면서 우유를 배달했다. 그는 이렇게 보잘것없는 일을 시작으로 직업전선에 뛰어들었으나 혼자 힘으로 미천한 신분에서 벗어나 미술가로서 최고의 경지에 도달했다. 그는 의붓아버지와 정을 붙여볼 틈도 없이 일터로 보내졌다.

첫 일터는 셰필드에 있는 식료품점이었는데 그는 그 일이 마음에 들지 않았다. 그러던 어느 날, 조각가의 공방 앞을 지나가다가 안에 진열되어 있는 멋진 조각상을 보고는 조각가가 되고 싶다는 생각을 품게 되었다. 그는 식료품점 주인에게 조각가가 되고 싶으니 자기를 놓아달라고 간청을 해서 동의를 받고 조각가 밑에 들어가 7년 동안 견습생으로 일했다. 그의 새 주인은 목각공으로 일하면서 판화와 석고 모형도 판매하고 있었다. 챈트리는 온 힘을 쏟아 공부에 매진하면서 이 일들을 배우기 시작했다. 잠시라도 시간이 나면 소묘, 모형 제작에 열중하면서 자기계발을 게을리 하지 않고 밤늦게까지 열심히 일했다.

스물한 살이 되자 그는 약정했던 견습 기간이 끝나기 전에 전 재산인 50파운드를 털어서 주인에게 주고 견습기간을 앞당겨 끝냈다. 이제 예술가의 길을 걷기로 한 것이다. 그는 런던에 가는 것이 최선의 길이라고 판단하고 런던으로 가 그만의 독특한 기지를 발휘해 조각가의 조수로 일하면서 남는 시간에는 유화와 모형 제작을 공부했다.

날품팔이 조각가로 처음 의뢰받은 일 중에는 시인 새무얼 로저스 Samuel Rogers의 저택 식당을 치장하는 일도 있었다. 몇 년 후 챈트리는 로저스와 가까워져서 그 집을 수시로 드나드는 친구 사이가 되었고, 함께 식탁에 앉은 손님들에게 자신의 초기 작품을 가리키며 옛날 일을 들려주기를 좋아했다.

일거리를 찾아 셰필드로 돌아와서 그는 자신이 크레용 초상화가이고 유화로 세밀 초상화도 그린다고 지역신문에 광고를 냈다. 그는 칼 장수에게 첫 크레용 초상화 작품을 그려주고 1기니를 받았고, 과자제조업자에게 세밀 초상화를 유화로 그려주고는 그림 값 5파운드에 가죽장화까지 선물로 받았다. 챈트리는 다시 런던으로 가 왕립미술원에서 공부를 더 한 다음, 셰필드로 또다시 돌아와 초상화는 물론 석고 흉상도 만들 수 있다고 광고했다. 그러자 그곳 사람들은 그를 세상을 떠난 교구 목사의 기념비를 만들 조각가로 선정했으며, 완성된 기념비를 보고 모두 흡족하게 생각했다. 런던으로 돌아온 챈트리는 마구간 위 다락방을 화실로 사용하면서 전시회에 출품할 첫 번째 작품을 조각했다. 그것은 사탄의 거대한 두상이었다. 챈트리의 생애가 거의 끝나갈 무렵, 그의 화실에 들렀던 한 친구가 구석에 놓인 이 조각을 보고 깜짝 놀라자, 챈트리는 그 친구에게 이렇게 말했다.

"저 두상은 내가 런던에 와서 만든 첫 작품이네. 그때 나는 머리에 종이 모자를 쓰고 다락방에서 저 작품을 만들었네. 양초를 하나밖에 켤 수 없는 형편이어서 그 양초를 모자에 꽂고 일을 했지. 그렇게 해야 내가 고개를 돌리는 대로 양초가 움직이며 빛을 비춰줄 수 있었거든."

플랙스먼은 미술원 전시회에서 이 두상을 보고 높이 평가하며 그리니치의 해군 양로원에 설치될 4명의 해군 제독 흉상을 만드는 일을 챈트리에게 맡겼다. 이 일을 계기로 조각 주문이 계속 들어와 그림 그리는 일은 포기했다. 그는 유명한 작품, 급진개혁론자 혼 툭Horne Tooke의 두상을 만들 때 작품 제작비로 1만 2000파운드를 받을 만큼 대성했다.

챈트리는 성공한 후에도 쉬지 않고 열심히 일해 큰 재산을 모았다. 그는 16명의 경쟁자들을 물리치고 런던 시청에서 발주한 국왕 조지 3세의 동상 제작자로 선정되었다. 몇 년 후에는 지금 리치필드Lichfield 대성당에 있는 〈잠자는 어린이들Sleeping Children〉이라는 매우 정겹고 아름다운 작품을 만들었다. 그 이후 그의 신망과 명성이 날로 높아져 내내 윤택한 생활을 할 수 있었다. 인내, 근면 그리고 꾸준한 노력이 큰 성공을 거둔 수단이었다. 조물주는 그에게 천재성을 주었지만, 그 소중한 선물을 축복으로 잘 활용한 것은 그의 건전한 분별력 덕분이었다. 그는 신중하고 세상 물정에 밝았다. 이탈리아를 여행할 때 들고 다니던 수첩을 보면 미술에 대한 메모, 일일 비용 명세, 대리석의 시세가 뒤섞여 상세하게 적혀 있다. 그의 취향은 단순해서 가장 정교한 그의 작품을 보면 오직 단순미의 힘만으로 위대한 주제를 나타낸 것을 알 수 있다. 핸즈워스Handsworth 성당에 설치되어 있는 그의 작품 와트 동상을 보면 예술의 극치를 보는 것 같지만, 소박함과 단순함으로 아름다움을 표현했다. 그는 가난한 동료 예술가들을 도와주는 일에도 발 벗고 나섰는데 허세를 부리는 일 없이 은밀하게 도와주었다. 그는 재산 대부분을 영국 미술의 발전을 위해 왕립미술원에 남기고 세상을 떠났다.

데이빗 윌키의 소년 시절

데이빗 윌키David Wilkie(1785~1841)도 평생 동안 누구 못지않게 정직하고 꾸준히 노력한 사람이다. 스코틀랜드 목사의 아들로 태어나 어렸을 때부터 미술에 소질이 있었다. 공부에는 무관심했지만 사람들의 얼굴이나 모습을 꼼꼼하게 잘 그렸다. 그는 말이 없는 편이었지만, 어렸을 때부터 조용히 한 가지 일에 잘 집중했다.

항상 그림 그릴 기회만 찾고 다니던 그에게 목사관의 벽이나 강가의 부드러운 모래밭은 그림 그리기에 더할 나위 없이 좋은 곳이었다. 그림 도구는 무엇이든 좋았다. 윌키도 지오토처럼 연필 대신 불에 그슬린 막대기로 그림을 그리고 넓적한 돌덩이를 캔버스 대신 썼으며 거리에서 만나는 탁발 수도사는 훌륭한 모델이 되었다. 남의 집을 방문하면 항상 다녀갔다는 흔적을 벽에 남겨놓아서 결벽증이 있는 주부들은 윌키라면 아주 질색을 했다. 목사인 아버지는 화가라는 직업을 죄악시하며 싫어했지만, 윌키는 조금도 집념을 굽히지 않고 난관의 가파른 계단을 씩씩하게 올라가 마침내 화가가 되었다.

에든버러에 있는 스코틀랜드미술원에 맨 처음 지원했을 때 응시작품이 조잡하고 정확하지 못하다는 이유로 낙방했다. 하지만 그는 용기를 잃지 않고 더 좋은 작품을 만들기 위해 열심히 노력한 결과 마침내 입학 허가를 받았다. 하지만 그의 발전 속도는 느린 편이었다. 그는 노력의 성과에 대해 굳게 확신하는 듯 성공하고야 말겠다는 결심으로 계속 인물화에 몰두했다. 자신을 천재라고 생각하는 젊은이들은 괴팍한 성미를 보이기도 하고 변덕을 보였지만, 그는 그런 젊은

이들과는 달리 변함없이 일에 전념하는 습관을 지켰다. 자신의 성공 요인은 천부적인 재능이 아니라 끈질기게 노력하는 습관이었다고 그는 훗날 입버릇처럼 말하곤 했다. "내 연필 놀림이 나날이 향상될 수 있었던 원동력은 단 한 가지, 끊임없는 노력이었다." 그는 에든버러에서 몇 차례 후한 사례금을 받고 나서 보수가 더 낫고 확실한 수입이 보장되는 초상화로 방향을 바꿔보려고도 했으나 이미 명성을 얻은 분야에서 꾸준히 정진하기로 결심하고 마침내 그의 대표작이라 할 수 있는 풍속화 〈피틀레시 장터 *Pitlessie Fair*〉를 그렸다.

그 후 가난하지만 용감한 이 스코틀랜드 청년은 더 폭넓게 공부하고 일할 수 있는 기회가 있는 런던으로 가 일주일에 18실링씩 내는 싸구려 하숙집에 머물면서 〈마을 정치인들 *Village Politicians*〉이라는 작품을 그렸다.

데이빗 윌키의 근면성

이 그림이 성공을 거두어 작품 의뢰가 계속 들어왔지만 윌키는 오랫동안 가난을 면치 못했다. 그림 값을 비싸게 받지도 못했고, 한 작품에 시간과 정성을 너무 많이 쏟아서 수입이 비교적 적었다. 새 그림을 그릴 때마다 붓을 들기 전에 세심하게 연구하고 세밀한 부분까지 구상했으며, 단 한 점도 단숨에 그리는 법이 없었다. 그의 손에서 완전히 벗어날 때까지 붓을 대고, 또 다시 가필을 하며 더 좋은 작품을 만들려고 애쓰다 보니 몇 년씩 걸려 완성한 작품도 많았다. 레이놀즈와 마찬가지로 그의 좌우명도 "일하라! 일하라! 일하라!"였으며,

번지르르하게 말만 잘 하는 미술가들을 아주 싫어했다. 말 많은 사람도 씨를 뿌리겠지만, 묵묵히 일하는 자만이 결실을 거둔다.

"일이나 하자!"

이 말은 수다쟁이를 꾸짖고 게으름뱅이를 타이르는 그의 완곡한 표현 방식이었다. 그는 언젠가 친구 콘스터블에게 이런 말을 들려주었다.

"너에게 천부적인 재능이 있으면 근면함으로 그 재능을 향상시킬 수 있지만, 천부적인 재능이 없으면 근면함으로 그 자리를 메워야 한다."

이 말은 원래 레이놀즈가 한 말이었는데 윌키가 스코틀랜드미술원에서 공부할 당시에 그곳 원장이었던 그레이엄Graham이 학생들에게 곧잘 들려주던 말이었다고 설명하면서 윌키는 이렇게 덧붙였다.

"나에게는 천부적인 재능이 없다는 것을 알았다. 그래서 나는 아주 열심히 노력하기로 결심했다."

윌키는 콘스터블에게 이런 말도 했다.

"런던에서 함께 공부한 리넬Linnell과 버넷Burnett이 미술에 대해서 토론할 때면 그들에게 가까이 가서 그들의 이야기를 들으려고 애를 썼다네. 그 친구들은 아는 게 무척 많았지만, 나는 그렇지 못했거든."

윌키는 겸손한 태도가 몸에 밴 사람이었기 때문에 이렇게 솔직하게 털어놓을 수 있었다.

그가 〈마을 정치인들〉을 그려서 맨스필드에게 주고 그 대가로 받은 돈 30파운드로 처음 한 일은 집에 있는 어머니와 누이동생에게 선물로 줄 모자, 숄, 드레스를 사는 것이었다. 그 당시 그의 형편으로는 엄두를 내기 어려운 행동이었다. 윌키는 초년기에 궁핍하게 생활하면서 철저하게 검약하는 습관이 몸에 배었지만, 조각가 에이브러햄 라임바흐*16가 자서전 이곳저곳에서 밝혔듯이 윌키는 이와 같이 인색하게 굴지 않고 넓은 도량을 잃지 않았다.

윌리엄 에티

윌리엄 에티William Etty(1787~1849)도 불요불굴의 근면성과 꿋꿋한 끈기를 보여준 예술가였다. 그의 아버지는 요크에서 생강 빵을 굽고 양념을 만들어 파는 일에 종사했고, 어머니는 밧줄 만드는 사람의 딸로 원기가 왕성하고 창의력이 풍부한 여장부였다. 에티는 어렸을 때부터 그림 그리기를 좋아해 벽, 마루 바닥, 탁자 등 어디든 닥치는 대로 그림을 그렸다. 그가 처음 가진 크레용은 1파딩*17짜리 분필이었고, 그 다음에는 석탄 조각이나 불에 그슬린 막대기로 그림을 그렸다. 미술에 대해 아무것도 모르는 어머니는 아들을 인쇄소에 견습공으로 보냈다. 하지만 그는 틈만 나면 그림 그리는 연습을 했고, 견습 기간이 끝나자 자신의 적성에 맞게 살겠다고 결심했다. 화가가 되는 것 이외에는 아무것도 눈에 들어오지 않았다. 다행히 그의 삼촌과 형이 에티를 기꺼이 후원해주겠다고 나서서 왕립미술원에 입학할 돈을 마련해주었다. 레슬리Leslie의 자서전에 따르면, 동료 학생들은 에티를 함께 어울릴 만하지만 우둔한 편이라 성공하지는 못할 것이라고 평

---

*16. 라임바흐(1776~1843) : 스위스 출신의 영국 조각가로서 윌키와 친하게 지냈다
*17. 파딩 : 영국의 옛 청동화로서 그 가치는 1페니의 4분의 1이었다

했다. 하지만 그의 내면에는 천부적인 재능이 감추어져 있어서 비록 발전 속도는 느리지만 묵묵히 외길을 걸어 화가로 대성했다.

존 마틴

수많은 예술가들이 궁핍한 생활을 겪으며 성공하기 전까지 용기와 끈기의 한계를 시험 당했다. 얼마나 많은 사람이 이 시험을 견디지 못하고 침몰했는지 모른다.

존 마틴John Martin(1789~1854)이 일생 동안 겪은 고초는 이루 말할 수 없을 만큼 처절했으며 그와 같이 모진 운명을 타고난 사람도 극히 드물 것이다. 첫 번째 대작을 만드는 동안 거의 굶어 죽을 지경에 이른 적이 한두 번이 아니었다. 가진 것이라곤 1실링짜리 은화 한 닢밖에 남지 않았던 적도 있었다. 반짝반짝 빛이 나는 새 은화라 쓰지 않고 깊이 간직해 두었던 것이지만, 빵이 떨어져서 그 은화마저 쓰지 않으면 안 될 처지가 되었다. 빵가게에 가서 빵 한 덩이를 집어들고 그 은화로 값을 치렀는데 빵가게 주인이 움켜쥐고 보더니 내던지듯 아사 직전에 있는 화가에게 은화를 되돌려주고 빵을 도로 빼앗았다. 그에게 꼭 필요한 순간에 반짝반짝 윤이 나는 그 은화는 아무 쓸모가 없었다. 가짜였던 것이다. 숙소로 돌아온 마틴은 트렁크를 뒤져서 찾아낸 빵부스러기로 허기를 달랬다. 그런 곤경에 처해서도 그는 강한 열정을 불태우며 작품 활동을 계속했다. 용기를 잃지 않고 일에 전념하면서 때를 기다린 것이다. 과연 그런 일이 있은 지 불과 며칠이 지나지 않아 작품을 전시할 수 있는 기회를 얻었고 그 전시회를 계기로 일약 유명하게 되었다. 다른 위대한 예술가들과 마찬가지로 그의 생애도 외부 환경이 아무리 어렵더라도 근면하게 천부적인 재능을 일궈나가는 것만이 자기 자신을 보호할 수 있는 길이며, 명성의 여신이 늦게 찾아오는 경우는 있지만 참으로 뛰어난 사람을 도외시하는 법은 없다는 사실을 그대로 입증했다.

오거스터스 퓨진

예술가 자신이 능동적으로 작품 활동에 임하지 않으면 학교에서 아무리 철저하게 배우고 수련을 쌓아도 참다운 예술가가 될 수 없다. 높은 학식을 쌓은 사람들과 마찬가지로 스스로 자기 교육을 하지 않으면 안 된다. 건축가 오거스터스 퓨진Augustus Pugin(1812~1852)은 역시 건축가인 아버지의 사무실에서 일을 배우며 성장했기 때문에 그 당시 일반적인 공식에 따른 건축법은 모두 익혔다. 하지만 그는 아는 것이 거의 없다는 생각을 지울 수 없어서 처음부터 다시 시작해야겠다는 결심으로 직접 노동일에 뛰어들었다. 코벤트 가든 극장 공사현장에서 직접 일반 목수 노릇을 하면서 처음에는 무대 아래에서, 그 다음에는 무대 천장 부분에서 그리고 무대에 올라가 목수 일을 했다.

이런 식으로 일을 손에 익히고 건축에 대한 소양을 쌓아나가는 한편, 대형 오페라 극장에 적합한 다양한 기계 구조에 대한 지식을 쌓아나갔다. 극장이 문을 닫는 시기에는 런던과 프랑스 항구를 오가는 배에서 일하면서 수익성이 좋은 일을 추진했다. 기회가 있을 때마다 배가 정박한 곳에 내려서 오래된 건물, 특히 교회 구조물의 도면을 그려 놓았다. 나중에는 일부러 유럽 대륙으로 여행을 떠나 도면을 잔뜩 그려 들고 집으로 돌아오곤 했다. 그는 이렇게 꾸준히 노력하면서 실력을 쌓아나가 마침내 큰 성공을 거두었다.

조지 켐프

퓨진과 같은 길을 걸어간 사람 중에서 조지 켐프George Kemp(1795~1844)도 꾸준한 근면성의 본보기를 보여준 사람이다. 켐프는 에든버러에 있는 위대한 역사소설가 월터 스콧의 아름다운 기념탑을 설계한 건축가다. 그는 가난한 양치기의 아들로 태어나 펜틀랜드 구릉지대 남쪽 비탈에서 아버지를 따라 양떼를 돌봤다. 홀로 양치기를 하던 어린 소년에게 미술 작품을 구상해 볼 기회가 있을 리 없었다. 그런데 열 살이 되었을 때 그는 아버지에게 양떼를 맡긴 농부의 심부름으로 로슬린에 편지를 전하러 간 적이 있었다. 그곳에서 켐프는 아름다운 성채와 성당의 모습을 보고 깊은 감명을 받아 그 모습이 생생하게 뇌리 속에 남았다. 그 후로 켐프는 아버지에게 가구 만드는 목수가 되게 해달라고 졸라 이웃 마을 목수에게 가서 견습공으로 일하게 되었다. 아마도 건축물에 열정을 쏟고 싶은 소망이 있었던 듯하다.

그는 견습을 마치고 일자리를 구하러 갤러실스Galashiels로 갔다. 어깨에 연장을 짊어지고 트위드Tweed 계곡을 따라 터덜터덜 걸어서 엘리뱅크 탑Elibank Tower 부근에 이르렀을 무렵 뒤따라오던 마차 한 대가 그의 앞에 멈춰 서더니 마부가 그에게 어디까지 가느냐고 물었다. 마차 안에 타고 있던 주인의 분부를 받고 묻는 것이 분명했다. 갤러실

스까지 간다고 대답하자 마부는 켐프에게 자기 옆에 올라타라고 말했다. 나중에 알게 되었지만 안에 타고 있던 신사는 셀커크셔Selkirkshire 주 장관의 직무를 수행하기 위해서 출장을 가던 월터 스콧이었다.

켐프는 갤러실스에서 일하는 동안 멜로스Melrose, 드라이버러Dryburgh, 제드버러Jedburgh 등지의 대수도원을 자주 방문하고 건축물을 세심하게 살폈다. 건축에 심취해 목수 일을 하면서도 잉글랜드 북부 지방 이곳저곳을 다니며 우아한 고딕 양식의 건축물을 살펴볼 기회만 있으면 절대 그 기회를 놓치지 않고 스케치를 해두었다. 언젠가 랭커스터에서 일했을 때에는 요크까지 약 80킬로미터를 걸어가 그곳에 일주일 동안 머물며 요크 대성당York Minster를 세밀하게 관찰한 다음 다시 걸어서 일터로 되돌아왔다. 그 다음에는 글래스고에서 4년 동안 체류하면서 틈날 때마다 그곳에 있는 대성당을 열심히 연구했다. 잉글랜드 지방으로 다시 돌아온 그는 이번에는 남쪽으로 내려가 캔터베리Canterbury, 윈체스터Winchester, 틴턴Tintern을 돌며 유명한 건축물을 찾아다녔다.

1824년에는 똑같은 과제를 가지고 유럽여행을 계획했다. 비용은 여행하는 동안 목수 일을 해서 벌 생각이었다. 그는 배를 타고 불로뉴Boulogne로 건너가 아브빌Abbeville과 보베Beauvais를 거쳐 파리로 갔다. 여행 중에도 한 곳에 몇 주씩 머물면서 도면을 그리고 연구를 계속했다. 목수로서의 뛰어난 기술과 특히 방앗간에 대한 해박한 지식 덕분에 어디를 가든 일자리 구하는 데 아무런 어려움이 없었다. 그는 틈틈이 연구하기 위해서 옛 고딕 양식의 건축물 부근에서 일자리를 구했다. 그렇게 1년 동안 해외에서 일하면서 여행하고 연구한 후에 스코틀랜드로 돌아온 그는 도면과 투시도 제작의 달인이 되었다.

멜로스 대수도원은 그가 즐겨 찾는 유적지였다. 그는 그 건축물의 도면을 정교하게 몇 장 그렸는데, 그 중 한 장은 복원된 상태로 묘사해 가슴 깊이 새겨두었다. 한편, 그는 건축 설계 모형을 제작하는 일자리를 얻고, 에든버러의 한 조각가가 존 브리튼의 저서 『대성당 유물*Cathedral Antiquities*』에 있는 도면을 따라 만들기 시작한 작품의 도면을 만들었다. 이 일은 그의 취향에 딱 들어맞는 일이어서 그는 온 정성을 다해 그 일에 매달려 급속한 진전을 보였다. 그 일을 하기 위해 스코틀랜드 지방의 반을 도보로 답사하면서 그 분야의 최고 전문가가 제작한 것처럼 훌륭한 도면을 그렸지만 그는 여전히 평범한 목수로 생계를 꾸려나갔다. 하지만 그 일을 기획한 사람이 갑자기 죽는 바람에 출판이 중단되고 켐프는 다른 일자리를 구해야만 했다.

그는 지나치게 과묵하고 겸손했기 때문에 스콧 기념탑 위원회가 그에게 최고 설계상을 시상할 때까지도 그의 천재성을 알아주는 사람이 거의 없었다. 경쟁자도 많았고 그중에는 고전 건축물의 대가들도 끼어 있었지만, 심사위원들이 만장일치로 선정한 작품은 조지 켐프의 것이었다. 켐프는 멀리 떨어진 에어셔에 있는 킬위닝^{Killwinning} 수도원에서 일하다가 심사위원회의 결정을 알리는 편지를 받고 수상 소식을 알게 되었다. 하지만 켐프는 불운했다. 이 일이 있은 지 얼마 지나지 않아 요절해 끊임없는 노력과 자기계발의 결과가 처음으로 돌에 새겨지는 현장을 보지 못하고 말았다. 그 기념탑은 문학의 천재를 기리기 위해 세워진 기념물 가운데 가장 아름다운 것으로 손꼽히고 있다.

존 기브슨

존 기브슨John Gibson(1790~1866)도 예술에 대한 참된 열정과 사랑이 있었기에 시간을 돈으로 환산하는 천박한 길로 이끄는 탐욕스런 유혹을 물리칠 수 있었던 예술가였다. 그는 북부 웨일스 지방 콘웨이 부근에 있는 기핀Gyffin에서 한 정원사의 아들로 태어났다. 그는 어려서부터 보통 주머니칼로 나무를 그럴듯하게 조각해내곤 해서, 그의 재능을 알아챈 아버지가 그를 리버풀로 보내 가구도 제조하고 목각도 조각하는 사람 밑에 견습공으로 보냈다. 목각 솜씨가 하루가 다르게 빠른 속도로 향상되어 많은 칭찬을 받았다.

그는 자연히 조각에도 손을 대게 되었고 열여덟 살이 되었을 때에는 밀랍으로 시간의 여신상을 만들어 주위 사람으로부터 상당한 호평을 받았다. 리버풀에 있는 조각공장 주인 프랜시스Franceys는 기브슨의 솜씨를 보고 나머지 견습기간에 대해 돈을 지불하고 그를 견습공으로 데려다가 6년 동안 석공예를 배우게 했다. 이때 기브슨은 천재성을 맘껏 발휘하며 많은 독창적인 작품을 만들어냈다. 그 후 그는 런던·로마 등지에서 활동하면서 유럽 전체에 명성을 떨치게 되었다.

왕립미술원 회원인 로버트 소번Robert Thorburn(1818~1885)도 존 기브슨과 마찬가지로 가난한 집안에서 태어났다. 그의 아버지는 덤프리스Dumfries에서 구둣방을 운영하고 있었다. 그에게는 아들이 둘 더 있었는데 아들 하나는 목각 숙련공이었다. 어느 날 한 귀부인이 구둣방에 들렀을 때 의자를 책상 삼아 그림 그리기에 열중하고 있던 어린 로버트의 모습을 보게 되었다. 그 부인은 그의 그림을 보자마자 그에게 재능이 있다는 것을 알아채고, 자진해서 그림 그리는 일자리를 그에게 얻어주었다. 그리고 그의 미술 공부를 후원해줄 사람들을 물색하기 시작했다. 로버트 소번은 소년 시절에도 부지런하고 인내심이 강하고 침착하고 과묵한 편이었으며, 친구들과 어울려 노는 일이 거의 없이 아주 가까운 친구 몇 명만 사귀었다. 1830년경, 마을 유지 몇 사람이 에든버러에서 공부할 수 있도록 학비를 마련해주어 그는 스코틀랜드미술원에 입학했다. 그곳에서 유능한 교수들의 지도를 받으면서 그의 솜씨는 매우 빠른 속도로 늘어갔다. 그 후 그는 런던으로 옮겨가서 버클루Buccleuch 공작의 후원을 받으며 세상에 알려지게 되었다. 하지만 최상류사회에 그가 알려지는 데에 후원자의 힘이 아무리 크게 작용했다 해도 천부적인 재능과 부지런한 노력이 없었다면 위대한 화가가 될 수 없다는 것은 분명한 사실이다.

노엘 페이턴

노엘 페이턴Noel Paton(1821~1901)은 던펌린Dunfermline과 페이즐리Paisley에서 식탁보와 모슬린 수예 제품의 문양을 그리는 일로 미술 경력을 쌓기 시작하고, 인물화 등 수준 높은 작품도 열심히 만들었으며, 터너와 마찬가지로 무슨 일이든 손에 잡히는 대로 해낼 자세가 되어 있었다. 1840년에는 소년티를 갓 벗은 나이임에도 불구하고 『렌프루셔 연감Renfrewshire Annual』에 삽화 그리는 일을 도맡아 했다. 그는 비록 더디기는 했지만 차근차근 자신의 길을 닦아나갔다. 그러다가 의회에 출품하기 위해 그린 풍자화 〈종교의 정신Spirit of Religion〉으로 입상하면서 비로소 무명의 설움에서 벗어나 이름을 온 세상에 떨치게 되었다. 그 후 〈오베론과 티타니아의 화해 Reconciliation of Oberon and Titania〉〈집 Home〉〈피로 물든 밀회 The bluidie Tryst〉를 연달아 발표하며 예술적인 능력과 교양을 꾸준히 쌓아나갔다.

제임스 샤플즈

미천한 집안에서 태어나 예술적인 소양을 끈기와 근면으로 닦은 감동적인 사례는 블랙번 Blackburn에서 대장장이로 일했던 제임스 샤플즈 James Sharples(1825~1893)의 일생에서도 찾아볼 수 있다. 그는 1825년 요크셔의 웨이크필드 Wakefield에서 태어났는데 형제가 자그마치 13명이나 됐다. 그의 아버지는 주조공이었는데 일터를 따라 베리 Bury로 이사를 가야 했다. 자식들은 학교 교육을 전혀 받지 못하고 어느 정도 나이가 차면 모두 일터로 갔다. 제임스 샤플즈도 열 살쯤 되었을 때 주물공장에 취직해 2년가량 대장장이 일을 배웠다. 그 다음에는 아버지가 기관공으로 일하는 엔진 공장에서 일했다. 그가 맡은 일은 보일러 제작공들을 위해서 불을 때거나 리벳을 운반하는 것이었다. 근무 시간이 길어서 대개 아침 6시부터 밤 8시까지 일해야 했지만 그의 아버지가 하루 일과가 끝나고 잠깐이라도 그에게 글을 가르치기 위해 무진 애를 썼기 때문에 그는 조금이나마 글을 깨칠 수 있었다. 보일러 제작공들과 일하는 동안 한 사건이 발생하면서 샤플즈는 불현듯 제도법을 배워야겠다고 생각했다.

주물공장의 십장은 이따금 보일러 그림을 작업장 바닥에 그려야 할 일이 생기면 샤플즈를 불러서 분필가루를 묻힌 줄을 붙잡고 있으라고 일렀다. 십장이 줄을 잡고 있으면서 샤플즈에게 필요한 치수를 재라고 하기도 했다. 샤플즈는 곧 이 일에 능숙해져서 십장에게 큰 도움이 되었다. 이 일에 재미를 붙인 그는 집에 돌아와서도 부엌 마룻바닥에 보일러 도면을 그렸다. 어느 날, 맨체스터에서 친척 부인 한 사람이 방문하기로 되어 있어서 집안 식구들이 집을 아주 깨끗이 청소해 놓았는데, 그날 저녁 일터에서 돌아온 샤플즈는 평소와 마찬가지로 마룻바닥에 도면을 그려놓았다. 그가 분필로 대형 보일러를 그리는 일에 한참 열중하고 있는데 어머니가 손님을 모시고 집 안으로 들어서다가 아들이 씻지도 않고 더러운 얼굴을 한 채 마룻바닥에 온통 분필로 그림을 그려놓은 것을 보고 당황했다. 하지만 친척 부인은 오히려 소년의 부지런한 모습을 보니 기쁘다고 말하면서 그의 설계 도면을 칭찬하고 어머니에게 이 "작은 굴뚝 청소부"에게 종이와 연필을 사주라고 권했다.

샤플즈는 형의 격려로 인물화와 풍경화 그리는 연습을 하고 석판화를 모사했지만, 원근법과 명암 원리에 대해서 아는 것이 없었다. 그럼에도 불구하고 꾸준히 노력하여 점차 모사 기법을 익혀나갔다. 열여섯 살이 되었을 때 그는 베리 기술학원에 들어가 회화반에 다니며 본업이 이발사인 아마추어 화가로부터 회화 지도를 받았다. 회화반은 일주일에 한 번씩 3개월 동안 계속되었는데, 지도교사는 도서관에서 버넷이 쓴 『실용회화론 *Practical Treatise on Painting*』을 빌려보라고 그에게 권했다. 그러나 글 읽는 것이 서툴렀던 샤플즈는 어머니나 형이 책을 한 줄 한 줄 읽어주면 옆에 앉아서 귀를 기울이며 들어야 했다.

글을 읽을 줄 모른다는 부끄러움과 버넷의 책을 독파하겠다는 열망에 사로잡힌 샤플즈는 결국 첫 번째 3개월 과정이 끝난 뒤 회화반 수강을 중단하고 집에서 읽기와 쓰기 공부에 전념했다. 곧 읽기와 쓰기에 숙달되자 그는 다시 학원에 들어가 버넷의 책에 두 번째로 도전했는데 이번에는 읽는 것에서 그치지 않고 나중에 참고할 수 있도록 내용을 발췌해서 적어두기까지 했다. 샤플즈는 그 책에 얼마나 열중했던지 새벽 4시에 일어나서 책을 읽고 문장을 베낀 다음, 6시에 공장에 출근해서 저녁 6시, 때론 8시까지 일했다. 집에 돌아와서는 새로운 열정으로 버넷의 책을 붙들고 밤늦게까지 공부를 계속하는 한편, 그림을 그리고 명화를 모사하기도 했다. 밤을 꼬박 새우면서 레오나르도 다빈치의 〈최후의 만찬〉을 그린 적도 있었다. 침대에 누워도 마음은 그림에만 쏠려 있어서 잠을 이루지 못하는 날이 많았다. 잠이 오지 않으면 다시 일어나 연필을 잡았다.

유화 그리기를 연습하기 시작할 때에는 포목점에서 천을 끊어다가 나무틀 위에 고정시킨 다음 백연을 천 위에 입히고 페인트를 사다가 그림을 그리기 시작했다. 하지만 작품은 완전히 엉망이었다. 화폭은 거칠고 군데군데 마디가 있고 페인트는 마르지 않았다. 아무리 곰곰이 생각해봐도 문제가 해결되지 않자 그는 그의 옛 지도교사였던 이발사를 찾아갔다. 그때야 그는 비로소 유화용 캔버스가 따로 있고, 물감과 니스도 유화용으로 특별히 만든 제품이 있다는 것을 알게 되었다. 그래서 어느 정도 여유가 생기자 필요한 물품을 조금 사서 새로운 각오로 유화 그리기를 시작했다. 아마추어 스승이 유화 그리는 법을 가르쳐주었는데 그의 작품이 곧 스승의 작품을 능가할 만큼 실력이 빠르게 발전했다.

그의 첫 작품은 〈양털 깎기 Sheep-shearing〉라는 판화를 베낀 것이었는데 반 크라운에 팔렸다. 그는 1실링을 주고 『유화 길잡이』라는 책을 사서 틈날 때마다 공부하면서 미술도구에 대한 지식을 점차 넓혀나갔다. 이젤, 팔레트, 팔레트 나이프, 물감 상자를 손수 만들고, 연장근무를 해서 돈을 모아 물감, 붓, 캔버스를 사들였다. 부모는 연장근무 수당을 이런 용도로 쓸 수 있도록 허락했지만 워낙 식구가 많다 보니 더는 그의 뒷바라지를 해줄 수 없었다. 그래서 2, 3실링어치 물감과 캔버스를 사기 위해 맨체스터까지 걸어갔다가 자정이 될 무렵에야 집에 돌아오는 일이 잦았다. 거의 30킬로미터를 걷고 나면 완전히 녹초가 됐지만 언제나 불굴의 희망과 각오로 어려움을 견뎌냈다. 이렇게 독학으로 성공한 화가의 말을 직접 들어보는 것이 좋을 것 같아, 그가 나에게 보낸 편지 중에서 한 대목을 여기에 공개한다.

"그 다음에 제가 그린 그림은 〈달빛 Moonlight〉이라는 풍경화 한 점, 과일 정물화 한 점 그리고 다른 그림 한두 점이었습니다. 〈용광로 The Forge〉를 구상한 것은 그 다음이었죠. 그 그림에 대해 꽤 오래 전부터 생각해왔지만 섣불리 그림으로 옮기려고 하지는 않았어요. 머리로 구상을 끝내고 종이에 스케치를 한 다음에 비로소 캔버스에 그리기 시작했습니다. 그 그림은 어느 특정 공장을 그린 것이 아니고 제가 일하던 곳 같은 큰 작업장 내부를 묘사한 작품입니다. 그런 점에서 그 그림은 독창적으로 구상된 것입니다. 그림의 밑그림을 대충 잡은 다음에야 비로소 그림을 잘 그리려면 등장인물의 근육을 정확하게 묘사할 수 있는 해부학 지식이 필수적이라는 사실을 깨달았습니다.

이 난관에 부딪혔을 때 피터 형님이 큰 도움을 주었습니다. 고맙게도 플랙스먼이 쓴 『해부학 연구 Anatomical Studies』를 사준 것이죠. 책값이 24실링이나 했기 때문에 그 당시 제 형편으로는 감히 엄두도 내지 못했던 책입니다. 저는 이 책을 큰 보물처럼 다루면서 새벽 3시에 일어나 열심히 읽었습니다. 때때로 새벽에 피터 형님도 자다 말고 일어나 저를 위해서 모델을 서주기도 했습니다. 이렇게 연습하면서 점차 실력이 늘고 자신감이 생기자 그림을 그리기 시작했습니다. 한편으로는 원근법에 대한 지식도 부족하다는 것을 느꼈습니다. 그래서 그림을 그리기 전에 브룩 테일러Brook Taylor의 『원리 Principles』를 완독하면서 제 부족함을 채우고자 했습니다. 집에서 원근법을 공부하는 한편, 주물공장에서 더 무거운 제품을 만드는 일을 자원해서 맡았습니다. 무거운 제품을 가열하려면 가벼운 제품에 비해 시간이 더 걸려서 여유시간이 더 많아지기 때문이었죠. 그 시간에 저는 용광로 앞에서 철판상자 위에 도형을 그리면서 원근법을 연습했습니다."

제임스 샤플즈는 이렇게 열심히 공부와 일을 병행하면서 미술 원리에 대한 지식을 꾸준히 넓혀나가고 기량을 쌓았다. 견습기간이 끝나고 약 18개월쯤 지났을 때 아버지의 초상화를 그렸는데 마을에서 상당한 호평을 받았다. 작품 〈용광로〉를 완성한 것은 그 직후였다. 초상화 그리기에 성공하자 주물공장의 십장이 가족의 초상화를 그려달라고 주문을 했다. 샤플즈가 초상화를 멋지게 그려주자 십장은 약속했던 그림 값 18파운드에 30실링을 덤으로 더 얹어주었다. 이 가족의 초상화를 그리는 동안 그는 공장 일을 완전히 그만두고 그림에만 전념해볼까 궁리하기도 했다.

그가 연이어서 그린 그림 가운데에는 실물 크기로 독창적으로 그린 〈그리스도의 두상 *The Head of Christ*〉과 베리의 풍경화 한 점도 있다. 하지만 초상화에 전념할 수 있을 만큼 주문이 많지도 않았고 일정한 수입이 들어오리라는 전망도 보이지 않았기 때문에 그는 다시 가죽 앞치마를 두르고 정직하게 돈을 벌 수 있는 본업으로 돌아가 대장장이 일을 계속해야 했다.

판화가 제임스 샤플즈

한가한 시간에는 그림 〈용광로〉를 판화로 옮기는 데 전념해 마침내 판화를 완성했다. 그가 판화를 시작한 데에는 다음과 같은 사연이 있다. 맨체스터의 그림 상인에게 그 그림을 보여주자 상인은 그림을 보다 말고 솜씨가 좋은 판화가의 손을 거친다면 아주 훌륭한 작품이 될 거라고 했다. 샤플즈는 판화에 대해서 아는 것이 전혀 없었지만 그의 이야기에 판화를 직접 만들겠다고 마음먹었다. 온갖 어려움을 겪으면서 판화 만드는 데 성공한 이야기를 그는 이렇게 회고했다.

"나는 셰필드에 있는 철판 제조업자가 낸 광고에서 각종 크기의 철판 가격을 보고 적당한 크기를 결정한 다음, 철판 값을 송금하면서 판화 제작에 쓸 도구를 몇 가지 보내달라고 소액을 더 얹어서 보냈다. 그 당시 나는 무슨 도구가 필요한지도 몰랐고, 판화 제작 과정에 대해서는 전혀 문외한이었다. 제조업자가 철판과 함께 조각칼 서너 개와 부식용 바늘을 보내왔는데, 바늘은 사용법을 익히기도 전에 망가뜨리고 말았다. 철판을 가지고 판화를 만들고 있는데 전국노동조

합연맹에서 연맹 상징물을 공모하고 최우수상에게 후한 상금을 주겠다고 발표했다. 나는 그 공모전에 참가해서 운 좋게도 상을 받았다. 그로부터 얼마 지나지 않아 나는 블랙번으로 이사해 예이츠 공장에 기관공으로 취직하고 여가 시간에는 예전과 같이 그림 그리기와 판화 제작을 계속했다.

  판화 제작 실력이 늘기는 했지만 적합한 도구를 구하지 못해서 별 진전이 없었다. 그래서 나는 내 용도에 맞는 도구를 직접 만들기로 결심했다. 몇 차례의 실패 끝에 마침내 도구를 만드는 데 성공해 지금까지 사용하고 있다. 부족한 것은 그것뿐이 아니었다. 확대경도 없어서 아버지의 안경을 대용으로 사용하다가, 한참 뒤에야 적절한 확대경을 구해서 애용했다. 판화를 만드는 동안 그 일을 거의 포기할 뻔했던 사건이 발생했다. 다른 일에 쫓기다 보니 때때로 하던 판화 작업을 오랫동안 방치해야 할 때가 가끔 있다. 그럴 때면 으레 판화에 녹이 슬지 않게 조각한 부분에 기름을 칠해두곤 했다. 그러나 한번은 오랫동안 방치한 뒤에 판화를 살펴보니 기름이 검고 끈적끈적한 물질로 변해 아무리 닦아도 지워지지 않았다. 바늘로 검게 변한 부분을 떼어내려고 했지만 새로 그 부분을 조각하는 시간보다 떼어내는 시간이 더 걸렸다. 낙담을 하고 자포자기 상태에 빠져 있는데 문득 한 가지 생각이 떠올랐다. 소다를 섞은 물에 철판을 넣고 끓인 다음, 칫솔로 조각된 부분을 닦아내면 어떨까? 놀랍게도 내 생각이 그대로 들어맞았다. 이제 가장 어려운 문제도 해결되었으니 성공하느냐 못하느냐는 얼마나 끈기와 인내심을 가지고 노력하는가 하는 데 달려 있었다. 판화를 마무리하는 법에 대해서 나에게 조언을 해주거나 도움을 줄 사람이 아무도 없었다. 그러므로 그 작품에 어떤 가치가 있다면 그건 순전히 나 혼자 일궈낸 것이라고 주장할 수 있다. 내가 판화를 완성함으로써 끊임없는 노력과 확고한 결의가 있으면 어떤 일이라도 해낼 수 있다는 사실을 보여주었다면 나는 그러한 영예만으로도 족하다."

그의 판화 〈용광로〉에 대한 평가는 이 책에서 굳이 언급할 필요가 없을 것이다. 그 작품의 가치는 이미 각종 예술 잡지에서 충분히 인정을 받았다. 샤플즈는 5년이라는 긴 기간에 걸쳐 저녁마다 짬짬이 그 작품을 완성해나갔다. 다른 사람이 만든 판화를 그가 처음 본 것은 그 판화를 들고 인쇄소에 찾아갔을 때였다. 근면과 천재성을 담아 사실 그대로 묘사한 이 판화에 한 가지 특징을 덧붙여 보자면 그의 가정적인 측면이다.

"나는 결혼한 지 7년 되었다. 결혼생활을 하는 동안 가장 행복한 순간은 주물공장에서 일과를 마친 후에 집에 돌아와 밤늦게까지 연필이나 조각칼을 붙들고 작품과 씨름하고 있는 동안 아내가 내 곁에 앉아서 재미있는 책을 읽어줄 때였다."

훌륭한 일꾼이 지닌 올바른 정신과 완벽한 상식을 그대로 보여주는 이 말은 단순하면서도 아름다운 증언이라 아닐 수 없다.

음악가들의 근면성

회화와 조각 분야에서 두각을 나타내려면 근면과 전념하는 자세가 반드시 필요하듯이, 자매 예술인 음악 분야에서도 성공하려면 근면과 전념의 자세를 갖춰야 한다. 미술이 시를 형태미와 색채로 표현한 것이라면, 음악은 시를 자연의 소리로 묘사한 것이다.

헨델Handel은 지칠 줄 모르고 꾸준히 일한 사람이었다. 그는 절대로 좌절하는 법이 없었고 역경이 닥치면 오히려 더 힘을 냈다. 빚 때문에 파산해 온갖 치욕을 당할 때에도 그는 조금도 좌절하지 않고 1년 뒤에 〈사울Saul〉〈이스라엘〉〈드라이든Dryden의 송시〉, 12곡의 대협주곡 그리고 오페라 〈아르고스Argos의 쥬피터〉 등 명곡을 작곡했다. 그의 전기작가는 그를 이렇게 평했다.

"그는 모든 일에 용감하게 대처했고, 남의 도움을 전혀 받지 않고 혼자서 열두 사람 몫의 일을 해냈다."

하이든은 예술관을 이렇게 피력했다.

"예술은 한 가지 주제를 택하면 끝까지 추구하는 것이다."

모차르트는 이런 말을 남겼다.

"일은 나에게 가장 큰 기쁨이다."

베토벤은 이 금언을 좋아했다.

"향상심에 불타는 재능과 근면 앞에서 '여기에서 한 발짝도 더 나아갈 수 없다.'고 말할 수 있는 장벽이란 아무것도 없다."

체코의 작곡가 모셸레스Moscheles가 베토벤의 오페라 〈피델리오〉를 피아노곡으로 편곡해 베토벤에게 악보를 보냈을 때, 맨 마지막 페이지 끝에 "신의 가호로 끝맺다!"라고 써 있었다. 베토벤은 즉시 그 아래에 이렇게 적어넣었다.

"이 사람아! 스스로 돕는 사람이 되어야 하네!"

이 말이야말로 그가 예술 인생을 살면서 지킨 좌우명이었다.

바흐Bach는 자기 자신을 이렇게 평했다.

"나는 부지런했다. 누구든지 나처럼 부지런하면 성공할 것이다."

그러나 태어날 때부터 지니고 있던 음악에 대한 열정이야말로 바흐가 꾸준히 근면함을 보일 수 있었던 힘의 원천이자 성공 비결이었다. 그가 아직 어린 시절에 그의 형은 바흐의 능력을 다른 데에 쏟게 하기 위해 바흐가 공부하기 위해 모아놓았던 악보를 모두 찢어버렸다. 그 악보들은 촛불을 켜주지 않아서 바흐가 달빛 아래에서 어렵게 베껴놓은 것이었다. 이 사건만 보아도 소년 시절 바흐의 천부적인 재능이 얼마나 강하게 음악에 기울어 있었는지 알 수 있다.

독일 태생의 오페라 작곡가 마이어베어Meyerbeer에 대해서 벨Bayle은 1820년 밀라노에서 이런 편지를 썼다.

"그는 재능이 약간 있지만 천재는 아니다. 그는 혼자 살면서 하루에 15시간씩 작곡을 한다."

하지만 세월이 흐르면서 마이어베어의 노력은 천재성을 끌어내 오페라 〈로베르토Roberto〉〈위그노 교도〉〈예언자〉 등 많은 곡에서 그 빛을 발했으며 그의 작품은 지금까지도 가장 훌륭한 오페라로 인정받고 있다.

영국인들은 작곡 분야에서 여전히 크게 두각을 나타내지 못하고 좀더 실용적인 다른 분야에 힘을 쏟고 있지만, 이 특수한 분야에서도 인내력이 얼마나 강한 힘을 발휘하는지 보여준 사례가 없는 것은 아니다.

토머스 어거스틴 안

토머스 어거스틴 안Thomas Augustine Arne(1710~1778)은 실내장식업자의 아들로 태어났다. 아버지는 그에게 법률 공부를 시키려고 했으나 음악에 대한 그의 사랑이 너무 커서 아들이 추구하는 길을 막을 수 없었다. 변호사 사무실에서 근무할 때도 형편이 그다지 좋지는 않았지만 연주를 듣기 위해 제복을 빌려 입고 그 당시 하인들만 이용하던 극장 꼭대기 관람석에 드나들었다.

그는 아버지 몰래 바이올린 연주 솜씨를 상당히 향상시켰다. 하지만 그의 아버지가 이웃집에 우연히 들렀다가 아들이 그 집에서 다른 음악가들을 선도하며 바이올린을 연주하고 있는 광경을 목격하게 되었다. 그 사건이 안의 운명을 결정지었다. 그의 아버지가 더 이상 아들의 소망에 반대하지 않게 되었으니 이 세상은 변호사 한 사람을 잃었지만 그 대신 멋있고 감성이 섬세한 음악가를 한 사람 얻게 되었다. 그는 실로 영국 음악계에 주옥같은 곡을 많이 선사했다.

윌리엄 잭슨

오라토리오 〈이스라엘의 구원〉을 작곡해 고향 요크의 주요 도시에서 성황리에 공연한 윌리엄 잭슨William Jackson(1730~1803)의 일생도 음악을 추구하면서 모든 역경을 끈기로 극복하고 승리한 사례를 흥미롭게 보여준다. 그는 요크 계곡에 자리 잡은 자그마한 도시 매섬Masham의 한 방앗간 집 아들로 태어났다. 음악에 대한 취미는 대대로 물려받은 가족의 전통이었던 것으로 보인다. 그의 아버지는 매섬 의용군 군악대에서 파이프 연주를 했으며 교회 성가대 대원으로 활동했다. 그의 할아버지도 매섬 교회에서 성가대원으로 활동하면서 종 치는 일을 맡았다. 어린 잭슨이 음악적인 기쁨을 찾은 것은 일요일 아침마다 울려 퍼지는 종소리였다. 예배 시간에도 그의 관심은 온통 배럴 오르간*18 연주자에게 쏠려 있었다. 오르간 소리를 교회 안에 울려 퍼지게 하기 위해 오르간 뒤쪽에 달린 문짝을 활짝 열어놓으면 음전, 파이프, 배럴, 건반, 잭 등 오르간의 부속이 모두 드러났다. 교회 뒤쪽 이층에 앉아 있던 어린이들 모두 이것들을 신기하게 생각했지만 잭슨만큼 경이롭게 생각한 아이는 없었다.

여덟 살이 되자 그는 아버지의 파이프를 연주하기 시작했다. 그런데 파이프가 너무 낡아서 '레' 음이 나지 않았다. 하지만 그의 어머니가 키가 하나 달린 플루트를 사주었고, 얼마 지나지 않아 이웃집 사람이 키가 네 개 달린 은 플루트를 그에게 선사했다. 잭슨은 공부에는 도무지 진전이 없었고, 학교 수업보다 크리켓 경기, 파이브스*19, 권투를 더 좋아했다. 마을 학교 선생이 잭슨을 더 이상 가르칠 수 없다고 포기하자 부모는 잭슨을 페이틀리 브리지Pateley Bridge에 있는 학교로 전학시켰다. 거기서 잭슨은 브릭하우스 게이트Brighouse Gate 마을 합창단에서 마음이 통하는 사람들과 사귀면서 솔·파 계명에 따라

---

*18. 배럴 오르간 : 손잡이로 축을 돌려 핀이 달려 있는 실린더를 작동시켜 소리를 내던 오르간으로 18세기 말부터 19세기 초에 가장 널리 사용되었다
*19. 파이브스 : 핸드볼과 비슷한 영국의 구기 운동

노래 부르는 옛 영국식 솔파 창법을 배웠다. 그렇게 따라 하다 보니 자연히 악보도 능숙하게 읽게 되었다. 눈부신 발전을 보여 친구들을 놀라게 한 뒤, 그는 음악에 대한 꿈에 부풀어 집으로 돌아왔다. 아버지의 낡은 피아노를 연주할 수 있게 되었지만 선율이 그다지 아름답지 못했다. 그래서 손풍금을 하나 장만하고 싶었으나 형편이 여의치 않았다. 이 무렵, 이웃 교구 교회의 사무원이 고장 난 작은 배럴 오르간을 싼 값에 사들여 북부 지역을 돌아다닐 때 연주를 했다. 그 사무원은 고장 난 음정을 고쳐보려고 애를 썼지만 실패하자 예전에 이웃 교회 손풍금을 고치고 개량했던 잭슨에게 맡겨보는 게 좋겠다고 생각했다. 그가 당나귀 수레에 싣고 잭슨 집에 배럴 오르간을 가져가자 잭슨은 금방 수리하고 옛 음정을 되살려 사무원을 무척 흡족하게 해주었다.

이 일을 계기로 배럴 오르간을 직접 만들어도 괜찮겠다는 생각이 든 잭슨은 즉시 실행에 옮겼다. 아버지와 함께 일을 시작한 잭슨은 목수 일을 해본 경험이 없어서 실패를 거듭했지만 낙심하지 않고 열심히 노력한 끝에 마침내 열 가지 멜로디를 연주하는 오르간을 만드는 데 성공했다. 이웃 사람들은 모두 그 악기의 아주 우아한 소리를 들으며 놀라워했다.

이때부터 어린 잭슨에게 오래된 교회 오르간을 고쳐달라는 주문이 여기저기서 들어오기 시작했다. 그는 손풍금도 만들었는데 낡은 하프시코드의 건반을 이용한, 음전이 네 개 달린 것이었다. 이 작업을 하면서 저녁에는 콜컷^{Callcott}이 쓴 『베이스 연주법*Thorough Bass*』을 공부하고 낮에는 방앗간에서 일을 했다. 때로는 나귀 수레를 끌고 시골을 떠돌아다니며 행상을 하기도 했다. 순무를 재배하고 건초를 만들고 수확 일을 거드는 등 여름철에는 들판에서 일하곤 했는데 저녁 시간에는 반드시 음악을 즐겼다.

잭슨은 작곡에도 손을 대기 시작해, 요크에 살았던 캐미지Camidge에게 "열네 살 난 방앗간 젊은이가 만든" 찬송가 12곡을 보여주었다. 캐미지는 그 곡을 보고 무척 기뻐하고 마음에 들지 않는 소절을 지적하면서 훌륭한 곡을 만들었으니 작곡을 계속하라고 격려했다.

고향 매섬에 마을 악단이 결성되자 잭슨은 악단의 지휘자로 뽑혔다. 그는 악단에 있는 모든 악기를 번갈아가며 연주하면서 음악에 대한 실질적인 지식을 쌓고, 악단 연주용 곡도 많이 작곡했다. 교구 교회에 새로운 손풍금이 기증되자 그는 오르간 연주자로 임명되었다. 이제 방앗간 일에서는 완전히 손을 떼고, 기름으로 양초를 만들어 파는 일에 종사하면서 여가 시간에는 음악 공부를 계속했다. 1839년 그는 처음으로 찬송가 〈비옥한 계곡이 기쁨을 노래하게 하라〉를 발표하고, 그 이듬해에는 〈초원의 자매〉로 허더즈필드 글리 클럽Huddersfield Glee Club에서 1등상을 받았다. 그의 찬송가 〈하느님, 우리에게 자비를 베푸소서〉와 2부 합창과 오케스트라를 위해 작곡한 〈시편 103편〉이 널리 알려져 있다.

이렇게 소곡들을 작곡하는 한편 그는 오라토리오 〈바빌로니아로부터의 이스라엘의 구원〉을 작곡했다. 그는 머릿속에 떠오르는 악상을 단편적으로 기록해두었다가 양초 가게에서 일을 마치고 저녁에 돌아오면 악보로 옮겨놓았다. 그의 오라토리오는 1844년과 1845년에 부분적으로 발표되었고, 29번째 생일에 마지막 합창 악보를 발표했다.

이 작품은 크게 호평을 받았으며 북부 지방의 각 도시에서 성황리에 공연되었다. 잭슨은 마침내 브래드퍼드Bradford 대학 음악교수직을 맡아 그 도시와 인근 지역 주민들의 음악적인 소양을 기르는 데 적잖이 공헌했다. 몇 년 뒤에는 브래드퍼드 합창단을 이끌고 여왕 앞에서 연주를 하는 영예를 누렸고, 크리스털 궁전에서 그가 작곡한 합창곡을 공연해 뜨거운 찬사를 받기도 했다.[24]

지금까지 독학을 한 음악가들의 생애를 살펴본 바와 같이 이들도 자조의 힘 그리고 용기와 근면의 힘으로 초년 시절의 역경과 장애와 맞서 싸워 이김으로써 우리에게 좋은 귀감이 되고 있다.

7
근면과 끈기로 신분을 뒤엎은 사람들

| 새무얼 스마일즈의 자조론 |

운명을 너무 두려워하는 자는 얻든 잃든 감히 시도해보지도 못하기 때문에 받을 보상이 적다.

— 몬트로즈 후작 Marquis of Montrose *1

주님은 권세 있는 자들을 그 자리에서 내치시고 보잘것없는 이들을 높이셨도다.

— 신약성경 누가복음

---

*1. 몬트로즈 후작(1612~1650) : 본명은 제임스 그레이엄 James Graham 이고, 청교도 혁명 당시 찰스 1세를 위해 싸웠던 스코틀랜드의 장군이다. 이 구절은 유명한 그의 시 '유일한 나의 사랑 My Dear and Only Love' 의 일부다

지금까지 전념과 근면의 힘으로 미천한 신분에서 높은 지위에 오른 평민들을 언급했으나, 이제는 교훈이 될 만한 귀족들의 삶을 살펴보기로 한다. 영국의 귀족이 입지를 확고하게 굳힐 수 있었던 한 가지 이유는 다른 나라의 귀족과 달리 가장 근면한 피를 수시로 수혈받아 영국의 간, 심장 그리고 두뇌가 되었기 때문이다. 신화 속 거인 안타이오스Antaeus*2처럼 그의 어머니인 흙을 만지고 자랐으며, 태곳적부터 고귀한 신분으로 인정받아 온 노동자 계층과 뒤섞이면서 새로운 활력을 얻었다.

인간의 핏줄은 모두 아주 먼 조상으로부터 이어져 내려왔다. 할아버지 이전으로 혈통을 되짚어보면 조상을 확인할 수 없는 사람들도 있지만, 누구나 족보 맨 앞에는 조상 중에서 가장 위대한 선조를 내

---

*2. 안타이오스 : 그리스 신화에 나오는 바다의 신 포세이돈과 땅의 여신 가이아 사이에 태어난 거인으로 땅, 곧 그의 어머니에 닿을 때마다 새로운 힘을 얻었다

세우고 싶기 마련이다. 체스터필드Chesterfield도 그런 심정으로 『스태너프 가문의 아담과 이브ADAM de Stanhope-EVE de Stanhope』를 썼다. 그 어떤 계급도 오래 지속될 수는 없다. 강한 자도 언젠가 쓰러지고, 보잘것없는 자도 고귀한 신분에 오를 수 있다. 새로운 가문이 옛 가문의 명성을 차지하고, 옛 가문은 평민으로 사라진다.

옛 명문의 몰락

존 버크John Burke의 『가문의 영고성쇠Vicissitudes of Families』에서 여러 가문의 흥망성쇠에 얽힌 이야기를 읽어보면 부자나 귀족에게 닥친 불행이 가난한 사람이 겪는 불행에 비해 더 충격적이라는 사실을 알 수 있다. 이 책의 저자는 현재 영국 상원에는 마그나 카르타Magna Charta[*3]를 집행하는 직책에 선임되었던 남작 25명의 후손이 한 명도 없다는 사실을 지적했다. 내란과 반란으로 인해 역사가 깊은 귀족가문이 몰락하고 가족이 모두 뿔뿔이 흩어졌다. 대부분 후손이 살아 있기는 하지만 평민층에 흡수되었다. 토머스 풀러Thomas Fuller는 그의 저서 『명사들의 역사History of the Worthies』에서 이렇게 말했다.

"보헌Bohun, 모티머Mortimer, 플랜태저넷Plantagenet 가문의 성을 물려받은 후손 가운데에는 평민의 무리 속으로 몸을 숨긴 사람들도 있다."

버크에 따르면, 에드워드 1세의 여섯째 아들 켄트 백작의 직계후손

---

*3. 마그나 카르타 : 잉글랜드의 존 왕이 귀족들의 강압에 못 이겨 1215년 반포한 인권헌장

두 사람 중 한 사람은 푸줏간 주인이고 나머지 한 사람은 통행료 징수원이며, 클래런스Clarance 공작의 딸 마거릿 플랜태저넷Margaret Plantagenet의 증손자는 슈롭셔 주 뉴포트에서 구두 수선을 하고 있으며, 에드워드 3세의 아들 글로스터Gloucester 공작의 직계 후손 중에는 하노버 광장에 있는 성 조지 성당에서 성당지기를 한 사람도 있었다. 또 잉글랜드의 최고위 남작 시몽 드 몽포르Simon de Montfort의 직계후손은 툴리Tooley 가에서 말안장을 팔고 있다. 자칭 '자랑스런 퍼시Percy'의 후손이자 노섬벌랜드Northumberland 공작의 작위 계승권자라고 주장하는 사람은 버블린에서 트렁크를 만들고 있고, 자칭 퍼스Perth 백작의 작위 계승권자라는 사람은 불과 얼마 전까지도 노섬벌랜드 탄광에서 노동자로 일했다. 휴 밀러가 에든버러 근방에서 석수장이로 일하고 있을 때 그의 시중을 들며 막일을 하던 사람은 크로포드 백작의 계승권자라고 자처하는 수많은 사람 중 한 사람이었다. 그는 단지 혼인증명서가 없어져서 자기의 주장이 옳다는 것을 입증하지 못하고 있다고 변명했다. 작업이 한창 진행될 때면 이렇게 외치는 소리가 하루에도 몇 번씩 작업장에 울려 퍼졌다.

"이봐, 크로포드 백작, 여기 석회 한 통 더 갖다 줘!"

올리버 크롬웰Oliver Cromwell의 증손자 중에는 스노 힐Snow Hill에서 식료품점을 운영하는 사람도 있고, 그의 후손 중에는 극심한 가난을 겪다가 죽은 사람도 많다. 자랑스러운 칭호와 직위를 가지고 있던 수많은 귀족이 나뭇잎을 모두 먹어치운 후 죽은 나무늘보처럼 족보에서 사라지는가 하면, 어려움에 직면하자 옛 영광을 만회하지 못하고 가난하고도 비천하게 살다가 스러져 갔다. 이처럼 계급과 재산은 덧없는 것이다.

상공업으로 일으켜 세운 귀족 가문

오늘날의 귀족들은 대부분 비교적 최근에 작위를 얻은 사람들이다. 그렇지만 주로 영예로운 근로계층에서 배출되었기 때문에 이들의 작위는 오히려 고결하다고 할 수 있다. 옛날에는 정력적이고 진취적인 사람들이 런던의 부와 상업을 앞장서서 일궈놓았고, 그 풍요로운 재원을 바탕으로 귀족의 반열에 오를 수 있었다. 예를 들자면, 콘월리스Cornwallis 백작 가문의 시조는 칩사이드Cheapside 시장의 상인이고, 에식스 백작 가문의 시조는 포목상 윌리엄 크레이븐William Craven이다. 오늘날의 워릭Warwick 백작 가문은 '국왕제조기'*4의 후손이 아니고 양모 상인 윌리엄 그레빌William Greville의 자손이다. 오늘날의 노섬벌랜드 공작 가문의 조상은 퍼시가 아니라 런던의 유명한 약제사 휴 스미스선Hugh Smithson이다. 다트머스Dartmouth, 래드너Radnor, 두시Ducie, 폼프렛Pomfret 가문의 시조는 각각 피혁상, 비단 제조업자, 포목상 그리고 칼레Calais 지방 상인이었으며, 탱커빌Tankerville, 도머Dormer, 코벤트리Coventry 가문의 시조는 비단장수였다. 롬니 백작의 조상은 금세공사였고, 더들리Dudley와 워드의 조상은 보석상이었다. 다크레Dacre는

---

*4. 국왕제조기 : 제16대 워릭 백작인 리처드 네빌은 15세기 중엽 장미전쟁 당시 막강한 권력을 행사하며 헨리 6세와 에드워드 4세를 국왕으로 옹립하여 '국왕제조기'라는 별명을 얻었다

찰스 1세 때 은행가였고, 오버스톤Overstone 역시 빅토리아 여왕 때 은행가였다.

리즈 공작 가문의 시조 에드워드 오스본Edward Osborne은 런던 브리지에서 직물공장을 운영하던 부자 윌리엄 휴이트William Hewet 밑에서 견습공으로 일했다. 어느 날 휴이트의 외동딸이 템스 강에 빠졌는데 오스본이 용감하게 물에 뛰어들어 그녀를 구해내고 그 일을 계기로 결혼까지 하게 되었다.

상공업으로 성공해 귀족이 된 가문 중에는 피츠윌리엄Fitzwilliam, 리Leigh, 페트르Petre, 쿠퍼, 단리Darnley, 힐Hill, 캐링턴Carrington도 있다. 폴리 가문과 노먼디Normandy 가문의 시조는 여러 면에서 뛰어난 사람들이었다. 인격의 힘을 감동적으로 보여주는 이들의 생애에 대한 이야기는 오래 보존할 가치가 있다.

못 제조공 리처드 폴리

폴리 가문의 시조 리처드 폴리Richerd Foley는 찰스 1세 때 스타워브리지Stourbridge 부근에서 가난하게 살던 자작농이었다. 그 당시 스타워브리지는 중부 지방 철 생산의 중심지였기 때문에 폴리도 철에 관련된 일, 즉 못 만드는 일을 배우면서 성장했다. 철근을 잘라서 못을 만드는 공정이 매우 조잡해서 노동력뿐만 아니라 시간도 무척 낭비되었는데, 폴리는 매일같이 이런 공정을 유심히 관찰했다. 시장에서는 스웨덴에서 수입된 못이 싸게 팔리고 있어서 스타워브리지 못 제조공들은 점차 일자리를 잃어가고 있었다. 영국에서는 못을 만들려면 철근을 하나씩 손으로 잘랐는데, 스웨덴 사람들은 기계로 철근을 잘게 자르기 때문에 못 값이 저렴하다는 소문이 돌았다.

리처드 폴리는 이 소문이 사실임을 확인하고 새로운 공정을 직접 배워오겠다고 결심했다. 어느 날 그는 마을에서 슬며시 자취를 감추더니 몇 년 동안 행방이 묘연했다. 그가 어디로 갔는지 아무도 아는 사람이 없었다. 실패할까 염려스러워 자신의 계획을 아무에게도 알리지 않았기 때문에 가족조차 그의 행방을 몰랐다. 수중에 가진 돈은 없었지만, 그는 헐Hull 항구로 가서 뱃삯 대신 일을 해주는 조건으로 스웨덴 항구로 가는 배에 탔다. 그가 가지고 있는 재산이라고는 바이올린밖에 없었다.

스웨덴에 도착하자 그는 웁살라Upsala 근방에 있는 단네모라Dannemora 광산을 향해 가면서 바이올린을 켜며 구걸을 했다. 그는 연주 솜씨가 훌륭하고 쾌활한 성격의 소유자여서 금방 철공소 인부들의 환심을 살 수 있었다. 그곳에 취직한 그는 작업장 구석구석 마음대로 돌아다니며 기회 있을 때마다 쇳덩이를 자르는 공정을 유심히 살펴보고 머릿속에 기억해뒀다. 그러다가 기술을 완전히 익혔다는 생각이 들자 사이좋게 지내던 광부들 틈을 빠져 나와 슬며시 사라졌다. 그의 행방을 아는 사람이 아무도 없었다.

폴리는 영국으로 돌아와서 나이트Knight를 비롯한 마을 유지들에게 자신의 여행 결과를 알렸다. 유지들은 그의 말을 전적으로 믿고 새로운 공정을 채택해 건물을 짓고 기계를 제작하는 데 드는 자금을 선뜻 내놓았다. 하지만 기계를 가동시켰을 때 폴리는 말할 것도 없고 기계를 지켜보던 사람들은 모두 크게 낙심했다. 기계가 전혀 작동하지 않앉던 것이다. 아무리 애써도 철근이 쪼개지지 않았다. 그러자 폴리는 다시 어디론가 사라졌다. 사람들은 그가 기계 가동에 실패한 것이 부끄럽고 분해서 영원히 잠적해버린 것이라고 생각했다. 그러나 폴리는 철근 자르는 비법을 완벽하게 배우겠다고 결심을 하고 다시 스웨덴으로 떠난 것이었다. 그는 예전과 마찬가지로 바이올린을 들고 철공소를 다시 찾아갔다. 광부들은 반갑게 맞이하며 이번에는 그를 확실하게 묶어놓기 위해 바로 철근 절단 공장 안에 숙소를 마련해주었다.

광부들은 그를 그저 떠돌이 악사라고 생각할 뿐 그의 목적에 대해 아무런 의심도 하지 않았기 때문에 폴리는 자신의 일생 과업을 무난히 달성할 수 있었다. 그는 작업장을 세심하게 살펴 실패의 원인을 금방 찾아냈다. 전혀 해본 적 없는 생소한 일이었지만, 할 수 있는 한 모든 기계의 도면과 투시도를 그렸다.

관찰 결과를 충분히 검증하고 기계 배치를 확실하게 기억해둔 다음, 그는 다시 광부들의 곁을 떠나 스웨덴 항구에서 영국으로 가는 배에 올랐다. 그와 같이 목적의식이 뚜렷한 사람은 성공할 수밖에 없다. 그는 다시 마을에 나타나 친구들을 놀라게 하고 이번에는 기계를 제대로 배치하여 완벽한 성공을 거두었다.

귀족이 된 폴리

폴리는 기술과 근면으로 곧 엄청난 재산을 축적할 기틀을 마련하는 동시에 그 지역의 사업도 다시 일으켰다. 그는 평생 동안 자기 사업을 직접 운영하면서 지역사회의 자선사업을 지원했다. 스타워브리지에 학교를 설립해 기증했고, 그의 아들 토머스는 크롬웰 공화국 시대에 우스터셔Worcestershire 주 장관을 지냈으며 올드 스윈포드Old Swinford에 사는 어린이들에게 무상교육을 베풀기 위해 공립학교를 건립하고 키더민스터Kidderminster 시 발전에 크게 기여했다. 초창기 폴리 가족은 모두 청교도였다. 리처드 백스터는 그 가문과 친밀한 관계를 맺었던 듯 그의 저서 『인생과 세월*Life and Times*』에서 이 가문을 자주 언급했다. 토머스 폴리는 주 장관에 임명되었을 때 백스터에게 관례에 따라 설교를 부탁한 적도 있었는데, 백스터는 그의 저서에서 그를 이렇게 평했다.

"폴리는 공정하고 깔끔하게 일을 처리하여 그와 관련이 있는 사람들은 모두 그의 성실성과 정직성을 칭송했고 이 점에 대해 아무도 이의를 제기하는 사람이 없었다."

이 가문은 찰스 2세 때 귀족 반열에 올랐다.

윌리엄 핍스

멀그레이브Mulgrave 가 또는 노먼디Normandy 가의 시조인 윌리엄 핍스William Phipps도 리처드 폴리처럼 매우 비범한 사람이었다. 그의 아버지는 미국의 메인Maine 주 울위치Woolwich에 정착한 영국인으로서 총포대장장이였으며 매우 강인한 사람이었다. 그 당시 미국은 영국의 식민지였다.

핍스는 1651년에 태어났다. 그의 형제는 자그마치 26명이나 되었으며 그중 21명이 아들이었는데 그들이 가진 것이라곤 담대한 심장과 강한 팔뚝밖에 없었다. 그의 핏줄에는 덴마크 뱃사람의 피가 거세게 흐르고 있었는지 어린 시절 자신에게 맡겨진 양치기의 조용한 생활을 그다지 탐탁지 않게 생각했다.

성격이 대담하고 모험심이 강한 탓에 그는 선원이 되어 온 세상을 떠돌아다니고 싶었지만 마땅한 배를 찾지 못하고 작은 조선소에 견습공으로 취직했다. 거기서 그는 기술을 배우는 한편 틈날 때마다 읽기와 쓰기를 익혔다. 견습기간이 끝나자 보스턴으로 가서 재력 있는 과부에게 접근했다. 그 과부와 결혼한 후 조그마한 조선소를 차려 배를 만들어 바다에 띄우는 한편, 목재 장사에도 손을 대 약 10년 동안 열심히 일했다.

보물선 탐사

그러던 어느 날, 보스턴의 꾸불꾸불한 길을 걷고 있다가 선원들이 나누는 이야기를 우연히 듣게 되었다. 바하마 군도 근방에서 스페인 배 한 척이 난파했는데 그 배에 돈이 많이 실려 있을 것이라는 것이었다. 이 말에 모험심이 달아오른 그는 즉시 마음이 맞는 선원을 구해서 바하마 군도로 출발했다. 다행히 난파선은 연안에 있어서 쉽게 찾을 수 있었지만 돈이 많을 거라는 소문과는 달리 화물만 실려 있었다. 있는 돈이라고 해봐야 탐사 비용도 건지지 못했다. 하지만 이 일에 성공하자 그의 모험심은 한껏 부풀어올랐다. 그는 약 반 세기 전에 남아메리카의 라플라타La Plata 항구 근처에서 난파한 배에 많은 보물이 실려 있다는 소문을 듣고는 그 난파선을 인양하든지, 아니면 다른 어떤 수단을 동원해서라도 보물을 꼭 건져 올리겠다고 결심했다.

하지만 너무 가난해서 강력한 후원자 없이는 그런 일을 해낼 수 없었다. 그래서 그는 도움을 얻으리라는 희망을 품고 영국으로 건너갔다. 바하마 군도에서 난파선을 인양했다는 소문은 이미 영국에 퍼져 있었다. 그는 정부에 직접 탄원을 하고, 끈질기게 열심히 설득하여 타성에 젖은 정부 관리들의 사고방식을 이겨내고 마침내 찰스 2세로부터 18문의 대포와 95명의 선원이 딸린 '로즈 앨지어Rose Algier' 호를 지원받아 그 배의 최고 지휘관이 되었다.

핍스는 스페인 선박을 찾아내고 보물을 인양하기 위해 출항하여 히스파뇰라 연안에 무사히 당도했다. 그러나 침몰한 선박을 찾아내기란 여간 어려운 일이 아니었다. 이미 배가 난파한 지 50년이 넘었고, 핍스가 갖고 있는 정보라고는 오래 전부터 전해 내려오는 소문이 전부였다. 탐사해야 할 해안은 끝이 보이질 않았고, 바닷속 어딘가에 묻혀 있을 보물의 흔적을 찾기엔 눈앞에 펼쳐진 바다가 너무나 넓고도 깊었다.

그러나 핍스는 배짱이 두둑하고 희망으로 가득 차 있었다. 그는 선원들에게 해안을 계속 훑어보라고 지시했다. 선원들이 몇 주 동안 보고 또 보고 샅샅이 살펴보았으나 보이는 것은 해초, 자갈, 돌멩이뿐이었다. 선원들에게 이보다 더 짜증스러운 일은 없었다. 서로 불평을 늘어놓고 선장이 먼 곳까지 끌고 와서 어리석은 일만 시킨다고 수군거리기 시작했다.

반란 진압

 마침내 선원들이 공개적으로 반란을 일으켰다. 어느 날 선원들 한 무리가 선장실로 몰려와 보물 탐사를 포기하라고 요구했다. 핍스는 그만한 일에 겁을 낼 사람이 아니었다. 그는 주모자를 잡아들이고 나머지 선원을 각자 위치로 돌려보냈다. 그리고 배를 수리하기 위해 작은 섬 가까이에 닻을 내리고 배의 하중을 줄이기 위해서 비축품을 대부분 육지에 내려놓게 되었다. 그 무렵 선원들의 불만은 더욱 고조되어 육지에 상륙한 선원을 중심으로 배를 점령하고 핍스를 바다에 던져버린 뒤 남대서양을 무대 삼아 스페인 선박을 상대로 해적질을 하자는 새로운 음모가 꾸며졌다.

 하지만 반란에 성공하려면 도목수의 도움이 필요했다. 그들은 도목수를 음모에 끌어들였고 도목수는 수로안내인에게 음모를 은밀히 털어놓게 되었다. 충직한 성격의 수로안내인은 그 말을 듣고 선장에게 즉시 위험을 알렸다. 이에 핍스는 충성스런 선원을 모두 불러 모아 대포에 포탄을 장전하여 육지를 겨냥하게 하고 배에 오를 수 있는 다리를 모두 걷어올리게 했다.

 반란자들이 나타나자 핍스는 육지에 놓아두었던 비축물에 접근하면 발포하겠다고 그들을 위협했다. 그들이 물러서자 핍스는 대포의 엄호를 받으며 비축물을 다시 배로 옮겼다. 반란자들은 아무것도 없는 외딴 섬에 남겨질 게 두려워 무기를 버리고 다시 자기 위치로 돌아갈 수 있게 해달라고 애원했다. 핍스는 그들의 청을 들어주고 또 다시 이런 사태가 발생하지 않도록 적절한 예방조치를 취했다. 하지만 반란자들을 뭍에 내려놓을 기회가 생기자마자, 핍스는 다른 선원을 고용하고 그들을 해고했다.

배는 안정을 되찾았지만 다시 적극적으로 탐사를 계속하려면 영국으로 돌아가 배를 수리해야 했다. 계획은 틀어졌지만, 스페인 보물선이 침몰한 지점에 대해 좀더 정확한 정보를 얻었기 때문에 핍스는 결국 성공하리라는 것을 그 어느 때보다 확신했다.

영국에 돌아온 핍스가 항해 결과를 보고하자 해군성 관리들은 그의 노고에 만족을 표하면서도 보물선 탐사에 성공하지 못했기 때문에 배를 또 빌려주려고는 하지 않았다. 그 당시 제임스 2세가 왕위에 올라 있었으나 정부가 혼란한 상태에 빠져 있었기 때문에 핍스와 그의 황금 탐사 사업은 전혀 그들의 안중에 없었다. 그래서 그는 필요한 자금을 주식 공모를 통해 조달하고자 했다. 이러한 그의 계획은 사람들의 비웃음을 톡톡히 샀지만 용기를 잃지 않고 유력인사들에게 자신의 사업에 대해 귀가 따갑게 설득한 결과 마침내 자금 조달에 성공했다.

이로써 그는 자본금을 주식 20주로 나눈 회사를 설립했으며, 멍크 Monk 장군의 아들인 앨버말 Albemarle 공작이 가장 많은 지분을 차지하고 사업 수행에 필요한 자금 대부분을 출자하였다.

보물찾기

폴리와 마찬가지로 핍스도 첫 번째 항해보다 두 번째 항해에서 운이 더 좋았다. 배는 무사히 라플라타 항에 도착해 난파 현장으로 추측되는 암초 부근에 닻을 내렸다. 그의 첫 번째 목표는 노를 8개 내지 10개 달 수 있는 튼튼한 보트를 만드는 일이었다. 그는 손도끼를 들고 직접 배 만드는 일에 참여하고, 바다 밑바닥을 탐사하기 위해 요즘 '잠수종Diving Bell'이라고 불리는 잠수기와 비슷한 기계를 만들었다고 한다. 이런 기계가 여러 책에 이미 언급되어 있었지만 핍스는 평소 책과는 거리가 멀어서 자신의 용도에 맞게 잠수장비를 스스로 발명하다시피 한 것이다.

한편, 그는 진주조개잡이와 잠수에 뛰어난 인도 출신 잠수부들을 고용하고 보급선과 보트를 암초에 대고 작업을 시작했다. 잠수기를 바닷속에 넣고 몇 주 동안 바다 밑바닥을 샅샅이 훑어보았지만, 전혀 성공할 것 같지 않았다. 하지만 핍스는 여전히 희망을 버리지 않았다.

그러던 어느 날, 한 선원이 보트 뱃전에 기대어 맑은 물속을 들여다보다가 희한하게 생긴 해초를 하나 발견했다. 그 해초는 바위틈같이 보이는 곳에서 자라고 있었다. 그는 인도인 잠수부를 불러서 물속에 들어가 그 해초를 따오라고 했다. 해초를 따가지고 올라온 잠수부는 그곳에 함포가 여러 문 흩어져 있다고 보고했다. 처음에는 그 정보를 신뢰하지 않았지만 더 조사를 해본 결과 사실로 드러났다.

그 지역에서 수색을 펼치고 얼마 지나지 않아 한 잠수부가 은괴 한 덩이를 손에 들고 올라왔다. 핍스는 그것을 보고 크게 외쳤다.

"하느님, 감사합니다! 이제야 우리가 모두 사나이 대접을 받게 되었습니다."

핍스의 성공

그제야 잠수기를 적극적으로 동원하고 잠수부들이 정성을 다해 작업에 임하기 시작해서, 핍스는 불과 며칠 만에 30만 파운드나 되는 보물을 끌어올려 의기양양하게 영국으로 돌아왔다. 그런데 그가 영국에 도착하자 그의 배와 화물을 압수하라고 국왕에게 간하는 무리들이 있었다. 핍스가 국왕의 재가를 받을 때 그 사업에 대해 정확한 정보를 제공하지 않았다는 것이 그 이유였다. 하지만 국왕은 핍스가 정직한 사람이며 핍스가 예상했던 것보다 훨씬 많은 보물을 가지고 왔다 하더라도 그 보물은 모두 핍스와 그의 동료들이 나눠가져야 한다고 했다. 그리하여 핍스에게 돌아간 몫은 약 2만 파운드가 되었으며, 핍스가 대담하게 일을 수행하면서 보여준 능력과 정직을 인정하는 의미에서 왕은 그에게 기사 작위를 수여했다. 또한 그는 뉴잉글랜드[*5] 장관에 임명되어 포트 로열Port Royal과 퀘백에 원정대를 파견하는 등 프랑스에 대항해 싸우는 본국과 식민지 주민을 위해 헌신적으로 일했다. 이어서 그는 미국 매사추세츠 주지사로 일하다가 영국으로 돌아와 1695년 런던에서 세상을 떠났다.

핍스는 성공한 후에도 미천한 가정에서 태어난 사실을 부끄러워하지 않았으며, 배 만드는 평범한 목수에서 출발해 기사 작위를 받고 주지사 자리에 오르게 된 것을 드러내놓고 자랑했다. 때때로 공무를

[*5]. 뉴잉글랜드 : 미국 동북부의 코네티컷, 매사추세츠, 로드아일랜드, 버몬트, 뉴햄프셔, 메인 등 6개 주를 포함한 지역

어떻게 처리해야 할지 몰라 난처할 때면 다시 도끼를 들고 목수일이나 하는 게 훨씬 낫겠다고 말하기도 했다. 그는 성실성, 정직성, 애국심 그리고 용기 있는 사람의 모범을 남겨놓고 세상을 떠났다. 이것은 분명 노먼비Normanby 가문의 숭고한 유산이라 아니할 수 없다.

윌리엄 페티

랜즈다운Landsdowne 가문의 시조 윌리엄 페티William Petty도 그 시대에 정력적으로 공익 활동을 펼친 사람이다. 그는 1623년 햄프셔 주 롬지Romsey에 사는 가난한 의류상의 아들로 태어나, 소년 시절에 고향에 있는 인문학교에서 그런대로 정상적으로 교육을 받고, 공부를 계속하기 위해 프랑스 노르망디 지방에 있는 캉Caen 대학교에 진학했다. 대학에 재학하는 동안 그는 아버지의 도움을 받지 않고 '조그만 물건 보따리'를 들고 일종의 행상을 해서 학비를 벌었다. 영국에 돌아온 그는 어느 선장의 견습생으로 취직했으나, 눈이 나쁘다는 이유로 밧줄로 두들겨 맞는 것이 지겨워서 해군을 떠나 의학 공부를 시작하게 되었다. 파리에서는 해부 일을 하면서 그 당시 광학에 관한 논문을 쓰고 있던 토머스 홉스Thomas Hobbes를 위해 도표를 그려주었다. 당시 그는 매우 가난해서 2, 3주 내내 호두만 먹고 지낼 때도 있었다. 그러나 다시 행상으로 성실하게 돈을 벌었고 이내 영국으로 돌아갈 여비를 장만할 수 있었다.

그는 기계에 대한 천부적인 소질이 있어서 편지 복사기를 발명해 특허를 받기도 했다. 예술과 과학에 관한 저서를 쓰는 한편, 화학과 물리학을 연구하여 큰 성공을 거두었으며 곧 그의 명성이 널리 알려지게 되었다. 과학계 인사들과 접촉하면서 과학의 발전을 위해 학회를 설립하는 문제를 의논한 결과, 왕립학회의 초창기 모임을 그의 집에서 갖기도 했다. 한동안 옥스퍼드 대학교에서 해부를 끔찍이 싫어하는 해부학 교수를 대신해 교단에 서기도 했다. 그는 부단한 노력 끝에 1652년 아일랜드 주둔군의 군의관으로 임명되고, 그곳에 근무하는 동안 램버트Lambert, 플릿우드Fleetwood, 헨리 크롬웰Henry Cromwell 등 3대에 걸쳐 아일랜드 총독의 주치의로 일했다.

그 당시 아일랜드 총독은 아일랜드 사람들의 땅을 몰수하여 청교도 군인들에게 나누어주었는데, 토지 측량이 매우 부정확하다고 판단한 페티는 다른 일로 바쁜 중에도 직접 측량에 나섰다. 그런데 그가 수입이 좋은 자리를 여럿 겸직하고 있자, 시기하는 무리들이 그를 부패 관리로 몰아세우는 바람에 모든 관직을 박탈당했다. 그러나 그는 왕정복고시대에 다시 복귀했다.

페티는 지칠 줄 모르고 근면하게 일하는 발명가이자 사업가였다. 그가 발명한 것 중에는 바람과 파도를 헤치고 항해할 수 있게 밑바닥이 이중으로 설계되어 있는 배도 있었다. 그는 염색, 해군 철학, 모직물 생산, 정치 수학 등 매우 다양한 주제의 논문을 발표했다. 한편 철공소를 세우고 납 광산을 열었으며 밴댕이 어업과 목재업을 시작하기도 했다. 그러면서도 왕립학회 토의에 참여하기도 했다. 그는 아들들에게 많은 재산을 남겼으며 장남은 셸번Shelburne 남작이 되었다. 그의 유언장은 성품을 단적으로 보여주고 있으며, 일생 동안 겪은 주요 사건과 재산 증식 과정이 상세히 기록되어 있는 무척 흥미로운 문서다.

특히, 빈민에 대한 그의 의견은 매우 독특하다.

"내 유산을 가난한 이들에게 어떻게 나눠주어야 할지 나로서도 난감하다. 직업적으로 구걸에 나선 사람에게는 한 푼도 줄 수 없지만, 하느님이 무능력자로 만든 사람들은 사회가 돌봐주어야 한다. 하지만 직업도 없고 물려받은 유산도 없이 자란 사람들은 친척들이 부양해야 한다. 그러므로 나는 가난한 친척을 돕고, 스스로 밥벌이를 할 수 있는 길을 마련해주었으며, 공익을 위해서도 열심히 일하고, 발명을 하여 자선의 참된 목적을 추구한 것도 만족스럽게 생각한다. 내 유산을 나누어 받을 사람들도 시시때때로 위험에 대비하여 나와 같이 행동하기 바란다. 그렇지만 관행에 따라 내가 죽으면 교구에서 가장 가난한 사람에게 20파운드를 물려주겠다."

그는 가난한 집 아들로 태어났던 고향 롬지의 아름답고 유서 깊은 노먼 성당에 묻혔으며, 지금도 그 성당 성가대석 남쪽에서는 무식한 석수장이가 철자법이 틀리게 비문을 새겨놓은 평범한 석판을 볼 수 있다.

"여기 윌리엄 페티 경이 잠들다."

제데다이아 스트럿

우리 시대에 발명과 상공업으로 귀족이 된 가문 중에는 벨퍼Belper 시의 스트럿 가문이 있다. 그 가문의 귀족 신분은 1758년 제데다이아 스트럿Jedediah Strutt이 얻은 것이다. 그는 이랑 무늬가 있는 양말을 짜는 편직기를 발명해 부의 기초를 다졌으며, 그의 후손들이 그 재산을 크게 늘리고 고귀하게 썼다.

제데다이아 스트럿의 아버지는 맥아를 만들어 파는 농사꾼으로, 자녀 교육에 거의 신경을 쓰지 않았다. 하지만 그의 자녀들은 모두 성공했다. 제데다이아는 둘째 아들로서 아버지의 농사일을 도왔다. 어렸을 때부터 기계에 대한 소질이 있던 그는 농업 기술이 조잡하던 그 시절에 몇 가지 기계를 개량해 사용하기도 했다. 삼촌이 죽자 그는 가족이 오랫동안 소작을 해오던 노먼턴Normanton 부근에 있는 블랙월Blackwall 농장을 물려받았으며, 그 후 더비Derby에 사는 양말장수의 딸 월랫Wollatt과 결혼했다.

이랑 무늬가 있는 양말을 만들어보려고 수없이 시도해보았으나 실패했다는 말을 처남으로부터 전해들은 그는 다른 사람이 실패한 것을 멋지게 성공해보이겠다는 일념으로 그 문제를 연구했다. 그는 양말 편직기를 사서 구조와 작동 방식을 파악하고 기계를 여러 가지 방법으로 새롭게 조립했다. 결국 갖가지 시도한 끝에 무늬가 없는 고리 모양의 편직 작업에 변화를 주어 이랑 무늬 양말을 만들어내는 데 성공했다. 그는 개량 편직기에 대한 특허를 확보한 다음, 더비로 옮겨와 본격적으로 이랑 무늬 양말 제조업을 대규모로 시작하여 대성공을 거두었다.

그 후 그는 아크라이트의 발명품이 마음에 쏙 들어 그와 손을 잡고 동업을 하면서 특허를 확보하는 한편, 더비셔 지방 크랜퍼드에 대규모 면직공장을 세웠다. 아크라이트와의 동업관계가 끝난 뒤, 스트럿 가문은 벨퍼 근처에 있는 밀퍼드에 큰 면직공장을 세웠다. 이때부터 이 가문의 이름 앞에는 '벨퍼'라는 이름이 붙게 되었다.

윌리엄 스트럿과 에드워드 스트럿

이 가문은 자식들도 아버지처럼 기계 다루는 능력이 뛰어났다. 장남 윌리엄 스트럿은 자동 뮬 정방기*6를 발명했으나 당시의 기계 다루는 기술 수준이 이 기계의 생산 능력에 미치지 못해 성공을 거두지 못했다. 장남의 아들 에드워드도 기계에 천부적인 소질이 있었는데, 그는 어린 나이임에도 마차 바퀴의 현가장치 원리를 발견해 유명해졌다. 그는 자신이 발견한 원리에 따라 일륜 손수레와 이륜마차를 만들어 벨퍼 근처에 있는 자신의 농장에서 사용했다.

덧붙여 말하고 싶은 것은 스트럿 가문이 근면과 기술로 얻은 재산을 고귀하게 사용해 가문의 명예를 드높였다는 사실이다. 이들은 고용하고 있는 직원들의 도덕적, 사회적 여건을 개선할 수 있는 방안을 모색하고, 좋은 일이라면 서슴지 않고 기부했다. 수많은 사례 중 한 가지 예를 들자면, 조지프 스트럿Joseph Strutt은 더비에 아름다운 공원 겸 수목원을 조성해 주민들에게 영구 기증했다. 이 소중한 선물을 주민들에게 증정하는 행사에서 그가 행한 짧은 연설 가운데 마지막 몇 마디는 기억해둘 가치가 있다.

"밝게 빛나는 태양이 평생 동안 내 앞길을 환히 비춰주었습니다. 그러므로 내 재산 가운데 일부나마 나와 함께 생활하는 주민들과 나를 열심히 도와준 직원들의 복지를 위해 쓰지 않는다면 나는 고마움을 모르는 사람입니다."

---

*6. 뮬 정방기 : 면화, 양모 등의 원료에서 섬유를 뽑아 실로 만드는 방적 기계의 일종

법조계에서 귀족이 된 사람들

옛날이나 지금이나 육지와 바다에서 용맹을 떨쳐 귀족이 된 사람들도 어느 누구 못지않게 근면과 노력을 보여주었다. 무력을 빌어 영토를 보전하고 나라에 큰 위기가 닥쳤을 때 영국군을 선두에서 지휘하던 옛 봉건영주들은 말할 것도 없고, 넬슨 제독, 세인트 빈센트 제독, 라이언스Lions 제독을 비롯해 웰링턴Wellington 장군, 힐 장군, 외교관 하딩 자작, 클라이드Clyde 남작 등 최근에 귀족이 된 사람들에 이르기까지 모두 빛나는 공적을 쌓아 귀족이 되었다.

하지만 꾸준한 노력으로 법률 분야에서 영예롭게 맡은 바 소임을 다해 귀족 신분에 오른 사례는 다른 어느 분야보다도 더 많다. 2개의 공작 가문 등 70개 이상의 영국 귀족 가문이 법조계에서 배출되었다.

맨스필드Mansfield 백작 윌리엄 머레이William Murray와 토머스 어스카인 남작은 원래부터 귀족이었다. 그러나 맨스필드 백작은 자신의 가문에 속한 귀족을 한 사람도 알지 못한 점을 하느님에게 감사한다고 입버릇처럼 말하곤 했다.[25] 그 이외에 귀족 반열에 오른 사람들은 대부분 변호사, 식품상, 성직자, 상인, 중산 근로계층의 자식들이었다. 이 분야에서 하워드Howard와 캐번디시 가문이 배출되었는데, 이 두 가문의 시조는 모두 판사였다. 또한 에일스퍼드Aylesford, 엘렌버러Ellenborough, 길퍼드Guildford, 섀프츠버리Shaftesbury, 하드윅, 카디건Cardigan, 클래런던, 캠던Camden, 엘즈미어Ellesmere, 로슬린Rosslyn 등이 귀족에 올랐고, 최근에 들어서는 텐터든Tenterden, 엘던Eldon, 브루엄,

덴먼Denman, 트루로Truro, 린드허스트Lindhurst, 세인트 레너즈St. Leonards, 크랜워스Cranworth, 캠벨, 첼름스퍼드Chelmsford 등이 모두 법조계에서 귀족이 되었다.

린드허스트의 아버지는 초상화가였고, 세인트 레너즈의 아버지는 벌링턴Burlington 가에서 향수를 만들어 팔면서 이발사로 일했다. 젊은 에드워드 서그던Edward Sugden은 원래 캐번디시 광장 헨리에타Henrietta 가에 있는 부동산 거래 전문 변호사 그룸Groom의 사무실에서 사환으로 일하면서 틈틈이 법률 공부를 해 훗날 아일랜드 대법관이 되었다.

텐터든과 캠벨

훗날 텐터든이 된 찰스 애벗Charles Abbott(1762~1832)은 아마 어느 누구보다도 가장 미천한 집안에서 태어났을 것이다. 하지만 그는 그것을 전혀 부끄럽게 생각하지 않았다. 그는 부지런히 노력하고 전념함으로써 높은 지위에 오르는 것은 순전히 자기 자신에게 달린 문제라고 생각했다. 언젠가 그는 캔터베리 대성당 서쪽 맞은편에 있는 작은 헛간을 아들 찰스에게 보여주며 이렇게 말했다고 한다.

"찰스, 이 작은 가게가 보이니? 이 집을 네게 보여주고 싶었단다. 할아버지는 저 가게에서 1페니씩 받고 손님들에게 면도를 해주셨지. 그 추억만큼 나에게 자랑스러운 일은 없단다."

텐터든은 소년 시절에 그 대성당에서 성가대원으로 활동했는데, 흥미롭게도 좌절이 인생의 목적지를 완전히 바꾸어놓았다. 훗날 그는 리처드 판사와 함께 순회 재판을 하러 가는 길에 대성당에 예배를 드리러 갔다. 리처드 판사가 노래를 부르고 있던 남자 성가대원 한 사람을 칭찬하자 텐터든은 이렇게 말했다.

"아, 저 사람이 내 평생 유일하게 부러워했던 사람일세! 학창 시절에 나도 성가대 지휘자 후보에 올랐었는데 저 사람이 뽑혔지."

엄격한 케니언Kenyon과 강건한 엘렌버러가 대법관에 오르기까지 겪은 일도 특기할 만하고, 훗날 캠벨 남작이라는 작위를 받은 통찰력이 날카로웠던 존 캠벨John Campbell(1779~1861)도 주목할 만한 사람이다. 캠벨은 파이프셔 지방의 목사 아들로 태어나 잉글랜드 대법관의 지위에 올랐다. 그는 오랫동안 신문기자로 열심히 일하는 한편 법률가가 되기 위해서 부지런히 공부했다. 처음 순회 재판을 하러 다닐 때에는 걸어서 이 도시 저 도시를 돌아다녔다고 한다. 너무 가난해서 역마차를 이용할 형편이 안 되었던 것이다. 하지만 서서히 한 단계 한 단계 오르기 시작해 명예와 명성을 얻게 되었다. 다른 직업도 마찬가지지만 적극적으로 활동하고 무슨 일이든 성실하게 해나갔을 때 법조계에서도 명성과 명예는 분명히 따라오게 마련이다.

엘던

명성과 명예로 향하는 가파른 비탈길을 꾸준히 올라가 대법관이 된 훌륭한 사례는 더 많다. 훗날 엘던 백작이 된 존 스콧John Scott(1751~1838)의 생애도 가장 괄목할 만한 사례 가운데 하나일 것이다. 뉴캐슬에서 석탄 장사를 하는 집안에서 태어난 그는 어렸을 때 공부는 제쳐두고 말썽만 피우고 다녔다. 덕분에 학교에서는 말썽꾸러기로 유명했고, 종종 가혹한 체벌도 받았다. 과수원에서 과일을 서리하는 일은 장래에 대법관이 될 소년이 가장 좋아하던 모험이었다. 아버지는 그를 식료품상에 견습생으로 보냈다가 나중에는 가업인 석탄 장사를 시키려고 했다. 그런데 그 무렵 장남인 윌리엄(훗날 스토웰Stowell 경이 되었다)이 옥스퍼드 대학교에서 장학금을 타고 아버지에게 편지를 썼다.

"존을 제게 보내세요. 제가 잘 돌보겠습니다."

그래서 존 스콧은 옥스퍼드 대학교에 가서 형의 영향과 자신의 부지런한 노력으로 장학금을 받게 되었다. 하지만 방학 때 집에 내려가 머무는 동안에 불행스럽게도 사랑에 빠졌다. 결과적으로는 행운이었다고 말할 수도 있겠지만, 그는 연인과 함께 스코틀랜드로 달아나 그곳에서 결혼식을 올렸다. 친구들은 모두 그가 인생을 망쳤다고 생각했다. 결혼할 당시 그에게는 집은커녕 방 한 칸도 없었고 땡전 한 푼 벌지 못하는 신세였다. 장학생 자격을 취소당했을 뿐만 아니라 예정되어 있던 교회에서의 출셋길도 막혀버렸다. 그래서 그는 법률 공부에만 몰두했다. 그는 한 친구에게 이런 편지를 보냈다.

"나는 너무 성급하게 결혼했지만 사랑하는 여인을 부양하기 위해 열심히 공부하기로 결심했네."

존 스콧은 런던으로 가 커시터Cursitor 가에 있는 조그만 집을 얻어 그곳에 정착한 다음, 단단한 각오로 열심히 법률 공부를 계속했다. 졸지 않으려고 물에 적신 수건을 머리에 매고 매일 아침 4시에 일어나 밤늦게까지 공부했다. 가난해서 특별 변호사의 지도를 받을 형편이 못 되자 판례집을 일일이 베껴 썼는데 그 분량이 자그마치 2절지로 3권이나 되었다. 오랜 세월이 지나 대법관이 된 후 어느 날 커시터가를 지나던 그는 비서에게 이렇게 말했다.

"여기가 내 첫 번째 보금자리였지. 저녁거리로 청어를 사기 위해 6펜스를 손에 쥐고 이 거리를 걸어 내려가던 일이 잊어지지 않아."

마침내 변호사가 되었으나 일자리를 얻는 건 생각보다 쉽지 않았다. 그가 첫해에 벌어들인 수입은 고작 9실링이었다. 4년 동안 부지런히 런던의 각급 법원과 북부 순회법원을 출입했지만 성과는 썩 좋지 않았다. 고향에서도 극빈자 무료 변론 이외에는 거의 사건을 맡지 못했다. 결과가 너무 실망스러워 그는 한때 런던을 포기하고 지방으로 내려가 시골 변호사로 자리를 잡아볼까 하는 생각까지 했다. 그 당시 그의 형 윌리엄은 집에 이런 편지를 썼다.

"불쌍한 존은 일이 잘 안 풀리네요. 정말 안됐어요!"

그러나 식료품상이나 석탄 장사, 시골 교회 목사가 될 뻔했던 운명을 잘 피했듯이 그는 시골 변호사가 될 운명도 잘 피해나갔다.

그동안 열심히 갈고 닦은 법률 지식을 보여줄 수 있는 기회가 마침내 찾아왔다. 한 의뢰인이 맡긴 사건에서 그는 사무 변호사와 의뢰인의 뜻과 상반되는 법률적 논점을 제기했다. 고등법원에서는 그의 주장에 반대되는 판결이 내려졌지만 대법원에 상소했을 때 설로우 판사는 스콧의 주장에 근거해 고등법원 판결을 파기했다. 그날 법원 청사에서 나오는 데 한 변호사가 그의 어깨를 두드리면서 이렇게 말을 건넸다.

"이보게, 젊은 친구, 이제 평생 먹고살 걱정은 없게 됐군."

예언은 적중했다. 맨스필드는 사건을 한 건도 맡지 못하다가 순식간에 1년에 3000파운드씩 벌게 되었다고 말하곤 했는데 스콧도 똑같은 말을 하게 되었다. 그는 급속도로 승승장구해 1783년 불과 서른두 살의 나이로 법정 변호사가 되고, 북부 순회법원 법원장이 되었으며, 외블리Weobley 선거구에서 하원의원에 선출되었다. 초년기에는 오랫동안 고된 나날이 지속되었지만 그는 그 어려웠던 시절에 성공의 기틀을 마련한 것이다. 그리고 인내심, 지식, 능력을 부지런히 갈고 닦은 결과 마침내 작위까지 받게 된다. 이어서 그는 요직을 두루 거치고 법무장관을 거쳐 법관으로서 최고의 직위인 대법관에 임명되어 25년간 재직했다.

랭달

헨리 비커스테스Henry Bickersteth는 웨스트모어랜드Westmoreland 지방 커크비 론즈데일Kirkby Lonsdale에서 외과 의사의 아들로 태어나 의학 공부를 했다. 에든버러 대학교에 재학하는 동안 그는 의학에 전념하고 꾸준히 공부해 두각을 나타냈다. 커크비 론즈데일로 돌아와서는 아버지의 병원 일을 도왔으나 자신의 직업이 마음에 들지 않고 따분한 시골 생활이 점점 싫어졌다. 그럼에도 불구하고 그는 계속 실력을 향상시키고 열심히 생리학을 연구했다. 아버지는 아들의 소원대로 그를 케임브리지 대학교에 보냈다. 그는 의학 학위를 받아 대도시에서 개업의로 활동할 생각이었다. 하지만 공부에 너무 열중한 나머지 건강이 나빠져서 체력을 회복할 생각으로 옥스퍼드의 수행 의사가 되어 함께 여행을 떠났다. 외국에 머무는 동안 이탈리아어를 완전히 익히고 이탈리아 문학에도 조예가 깊어져 많은 찬사를 받았지만 의학에 대한 열의는 전과 같지 않았다. 마침내 그는 의학을 포기하기로 결심하고, 케임브리지로 돌아가 학위만 챙겼다. 그 해 졸업생 가운데 학위시험에서 수석을 차지했다는 사실만 보더라도 그가 얼마나 공부를 열심히 했는지 짐작할 수 있다. 군에 입대하려고 했으나 뜻대로 되지 않자 법조계로 눈을 돌려 이너 탬플Inner Tample 법학원에 입학했다. 그는 의학을 공부할 때와 마찬가지로 법학도 열심히 공부했다. 아버지에게 쓴 편지에서 그는 이렇게 말했다.

"모두 제게 이렇게 말합니다. '자네는 분명히 성공할 거야. 꾸준히만 한다면 말일세.' 저는 어떻게 해야 성공할 수 있는지 잘 모르겠지만, 가능한 한 그 말을 믿으려고 합니다. 제 힘으로 해낼 수 있는 일이라면 절대 실패하지 않겠어요."

그는 스물여덟 살에 변호사가 되었지만 아직도 가야 할 길이 멀었다. 수입이 없어서 친구들의 도움으로 근근이 생활하면서도 몇 년을 더 공부하면서 기다렸다. 그러나 일거리는 들어오지 않았다. 여가를 즐기기는커녕 생활비까지 최대한 줄여가면서 모든 역경을 이겨내야 했다. 그는 집에 보낸 편지에 이렇게 털어놓았다.

"자립할 수 있는 기회가 올 때까지 어떻게 버텨나갈 수 있을지 잘 모르겠어요."

인내의 대가

3년을 기다렸으나 성공할 기미가 없자 그는 더 이상 친구들에게 짐이 될 수 없어서 모든 것을 포기하고 "케임브리지에서 도움도 받을 수 있고 수입도 좀 생길 테니" 그곳으로 돌아가고 싶다고 친구들에게 편지를 보냈다. 그러자 고향 친구들이 얼마간의 돈을 또 보냈다. 그는 다시 참고 기다려보기로 했다. 그 후 일거리가 조금씩 들어오기 시작하자 소소한 사건을 맡은 대가로 빚을 정리해 나가다가 마침내 매우 중요한 사건들을 맡게 되었다. 그는 절대로 기회를 놓치는 사람이 아니었다. 정당한 방법으로 발전할 수 있는 기회가 자신의 손아귀에서 빠져나가게 내버려두지 않았다. 조금도 좌절하지 않고 노력한 대가가 곧 나타나기 시작했다. 그로부터 불과 몇 년 지나지 않아 그는 그동안의 부채를 이자와 함께 모두 갚을 수 있었다. 이제 먹구름은 모두 사라지고 헨리 비커스테스의 생애는 명예와 두둑한 보수와 드높은 명성으로 밝게 빛나게 되었다. 그는 마침내 고등법원 판사를 끝으로 법조계 생활을 마감하고 랭달 남작의 작위를 받아 귀족원의 일원이 되었다. 그의 생애는 개인적인 인격 도야를 위한 인내심, 끈기, 양식적인 노력뿐만 아니라 노력의 대가로 가장 완벽한 성공을 거둘 수 있다는 증거를 보여주었다.

지금까지 여러 면에서 평범한 사람이지만 부지런히 자질을 향상하고 전념과 근면의 힘으로 능력을 키워 최고위직에 오르고 자기 분야에서 가장 풍요로운 보상을 받은 유명인사 몇 사람의 생애를 살펴보았다.

8
의지, 용기, 실천

| 새무얼 스마일즈의 자조론 |

용감한 자에게 불가능이란 없다.

— 자크 쾨르Jacques Coeur

세계는 용감한 자의 것이다.

— 독일 속담

무슨 일을 하든지 그는 마음을 다 쏟았다. 그래서 하는 일마다 뜻대로 되었다.

— 구약성경 역대기 하권 31장 21절

고대 스칸디나비아 사람의 기록에 튜턴족[*1]의 전형적인 기질을 드러내는 유명한 말이 있다.

"나는 우상도 믿지 않고 악마도 믿지 않는다. 나는 오직 내 몸과 영혼의 힘만을 믿을 뿐이다."

"길을 찾지 못하면 나 스스로 길을 만들겠다."

이 좌우명이 새겨진 곡괭이 모양의 고대 문장은 오늘날까지도 북유럽 사람들 특유의 기질인 확고한 독립심을 그대로 표현한 것이다. 망치를 들고 있는 신의 일화만큼 스칸디나비아 신화의 특징을 잘 드러낸 것도 없을 것이다. 사람의 성격은 아주 작은 일에서도 잘 나타난다. 망치를 휘두르게 하는 것과 같이 아주 작은 시험을 통해서도 그 사람의 힘을 어느 정도 가늠해볼 수 있다. 그래서 유명한 어느 프

[*1]. 튜턴족 : 기원전 4세기경부터 유럽 중부에 나타난 게르만 민족의 한 부족

랑스 사람은 그의 친구가 어느 지역의 땅을 사서 그곳에 정착하겠다고 하자 그 지역에 사는 주민의 특성을 간단히 이렇게 표현했다.

"잘 생각해보고 땅을 사게! 그곳 사람들에 대해서는 내가 잘 알고 있네. 우리 수의학 학교에 그 지역 출신 학생들이 있는데 당최 공부를 열심히 하지 않고 힘도 없어. 그곳에 투자하면 별 소득을 얻지 못할 걸세."

이 말은 사려 깊게 관찰한 결과를 토대로 그곳 사람들의 성격을 정확하게 평가한 것으로, 국력을 부강하게 하고 경작하고 있는 땅의 가치를 높여주는 것은 바로 개개인의 힘이라는 사실을 확실히 보여주고 있다. 프랑스 속담에도 이런 말이 있다.

"땅의 가치는 경작자에 달려 있다."

목적의식

가치 있는 목적을 확고한 각오로 추구하는 것이야말로 참으로 위대한 인격의 기초를 닦는 데 가장 중요한 일이다. 힘은 지루하고 고된 일과 무미건조한 일상사를 참고 견뎌내게 해주며, 인생의 여정에서 한 단계 한 단계 앞으로 나아가게 해준다. 목표를 성취하려면 천부적인 재능보다 좌절하지 않고 위험을 마다하지 않으며 힘차게 전진할 수 있는 힘이 있어야 한다. 하지만 자기 분야에서 성공을 거두거나 목적을 달성하려면 힘만 가지고는 안 되며, 활기차게 끊임없이 노력하려는 의지가 있어야 한다. 그러므로 의지력은 바로 인격의 중심적인 힘, 즉 인간 그 자체라고 할 수 있다. 의지력은 참된 희망의 기반이 되고, 삶에 진정한 향기를 불어넣는 것은 희망이다. 배틀^{Battle} 고을 성 마르틴 수도원에는 멋진 문구가 새겨져 있는 망가진 투구가 하나 있다.

"희망이 나의 힘이다!"

누구나 인생의 좌우명으로 삼을 만한 문구다.

구약 외경 중 전도서에는 이런 말씀이 있다.

"낙심하는 자는 화를 입으리라!"

담대한 마음을 가지는 것보다 큰 축복은 없다. 노력한 보람도 없이 실패하는 경우에도 자신이 최선을 다했다면 결과를 만족스럽게 받아들일 수 있다. 어려움 속에서도 인내로써 모든 고통에 맞서 싸워 성실하게 승리를 거두는 사람, 다리에서 피가 나고 팔다리를 가누기 힘들어도 용기를 잃지 않고 꿋꿋이 걸어가는 사람의 모습을 지켜보는 것만큼 기쁘고 아름다운 일은 없을 것이다.

대담한 실천

소원과 욕망이 있어도 즉시 행동으로 옮겨 실천하지 않으면 젊은 가슴에 병만 생긴다. 막연히 기다린다고 해서 소원이 이루어지지는 않는다. 인내를 갖고 계속 노력해야 한다. "블뤼허^{Blucher}*2가 올 때까지" 기다리자는 사람이 많았지만 웰링턴 장군은 무작정 기다리지 않

---

*2. 블뤼허 : 프로이센의 육군 원수로서 웰링턴 장군이 이끄는 영국군과 연합해 워털루에서 나폴레옹 군대를 물리쳤다

고 최선을 다해 싸웠다.

일단 좋은 목표를 정했으면 한눈팔지 않고 민첩하게 추진해나가야 한다. 어떠한 여건 속에서도 고난과 역경을 최고의 수련 기회라고 받아들이며 기꺼이 참아내야 한다. 네덜란드 태생의 프랑스 화가 에이리 셰퍼는 이렇게 말했다.

"몸과 마음을 바쳐 노력하지 않고서는 인생에서 결실을 맺을 수 없다. 끊임없이 노력하고 분발해야 하는 것이 인생이다. 나는 이런 관점에서 전력을 다했다. 어떤 경우에도 용기를 잃지 않았다고 자랑스럽게 말할 수 있다. 강한 정신과 고결한 목표가 있으면 뜻한 바를 거의 무엇이든 이룰 수 있다."

휴 밀러의 말을 들어보자.

"나를 올바르게 가르친 학교는 '세상'이라는 학교밖에 없었다. 그 학교에서 겪은 고난과 역경은 엄격하지만 훌륭한 스승이었다."

전념하기를 망설이거나 하찮은 구실로 자기 일을 게을리 하는 사람은 반드시 실패의 길로 접어들 수밖에 없다. 어떤 일이든 피할 수 없는 것이라고 받아들이면, 즐거운 마음으로 신속하게 처리하게 될 것이다. 스웨덴 국왕 카를 9세는 젊은 시절에도 의지의 힘을 굳게 믿었다. 그는 막중한 임무를 맡게 된 막내아들의 머리에 손을 얹고 이렇게 외쳤다.

"해낼 것이다! 분명 해낼 것이다!"

다른 버릇도 그렇지만 전념하는 습관도 몸에 배면 쉽게 몰입할 수 있다. 그러므로 한 번에 한 가지씩 온 힘을 다해 일에 꾸준히 전념하면 대수롭지 않은 능력을 가진 사람도 큰 성공을 거둘 수 있다. 정치가 포얼 벅스턴은 "무슨 일이든 손에 닿는 대로 하라."[*3]는 성경의 가르침에 따라 평범한 능력을 가졌더라도 무슨 일이든 남보다 열심히 하면 성공할 수 있다고 믿었으며, 자신이 성공을 거두게 된 비결은 한 번에 한 가지 일에 완벽한 사람이 되려고 노력한 것이라고 밝혔다.

용기를 가지고 일하지 않으면 어떤 일도 가치 있게 해낼 수 없다. 인간은 의지를 행동으로 옮기고 어려움과 맞서 노력할 때 비로소 성장할 수 있다. 불가능한 것처럼 보이는 일도 가능하게 되는 경우가 놀라울 정도로 빈번하다. 열렬한 기대 그 자체가 가능성을 현실로 변화시킨다. 우리의 욕망은 우리가 그 일을 해낼 수 있다는 전조로 나타나는 경우가 많다. 그와 반대로 소심하게 머뭇거리면 모든 일이 불가능해진다. 단지 모든 것이 불가능하다고 생각하기 때문이다. 어느 젊은 프랑스 장교는 숙소 주위를 산보하면서 이렇게 외쳤다고 한다.

"나는 프랑스 육군 원수, 위대한 장군이 될 것이다!"

그와 같이 불타는 욕망이 성공의 징조였다. 그 젊은 장교는 훗날 훌륭한 지휘관이 되고, 프랑스 육군 원수로 세상을 떠났다.

의지의 힘

『기원론Original』의 저자 워커Walker는 언젠가 병에 걸려 꼭 나아야겠다고 결심했더니 병이 낫더라고 말할 만큼 의지의 힘을 굳게 믿는 사

[*3]. 구약성경 전도서 9장 10절

람이다. 누구나 한 번쯤 그렇게 될 수도 있다. 하지만 이 처방 저 처방 닥치는 대로 따르는 것보다는 안전할 수도 있지만 항상 그런 효과를 보기는 어렵다. 정신의 힘이 육체보다 강한 것은 사실이다. 그러나 신체적인 힘이 꺾이면 정신의 힘도 상하게 된다. 무어 족의 지도자 물레이 몰룩Muley Moluc이 불치병에 걸려 병상에 누워 죽을 날만 기다리고 있을 무렵, 그의 군대와 포르투갈 군대 사이에 전투가 벌어졌다. 그런데 자기 군대가 위기에 몰렸다는 소식을 듣자 병석을 박차고 일어나 군대를 이끌고 나가 승리를 거두었다. 그렇지만 전투가 끝나자 기진맥진해서 그 자리에서 숨을 거두고 말았다.

어떤 사람이 되려고 하든, 어떤 일을 하려고 하든 그 일을 가능하게 해주는 것은 바로 의지, 목적의식의 힘이다. 어느 성인은 이렇게 강조했다.

"사람은 무엇이든 자기가 원하는 만큼 이루게 된다. 신의 뜻에 맞게 의지의 힘을 발휘한다면 참된 의도를 가지고 있는 한 무엇이든 간절히 원하는 대로 이룰 수 있다."

어느 목수의 이야기를 들은 적이 있다. 어느 날 그 목수는 치안판사의 의자를 유난히 정성들여 수리하고 있었다. 이유를 묻자 그는 이렇게 대답했다고 한다.

"내가 여기 앉게 될 날을 대비해서 편하게 만들려고 합니다."

뜻밖의 대답이었으나, 그는 훗날 실제로 치안판사가 되어 바로 그 의자에 앉게 되었다.

의지를 다스려라

논리학자들이 자유로운 의지에 관해 이론적으로 어떤 결론을 내리든 상관없이 개개인은 실제로 선과 악을 자유롭게 선택할 수 있다고 믿는다. 인간은 물에 내던져져 물이 흘러가는 대로 떠내려가는 미약한 존재가 아니며 헤엄을 칠 수 있는 강한 힘을 가지고 있다. 스스로 수족을 움직여서 파도와 싸우고 자기가 원하는 대로 크게 방향을 바꿀 수도 있는 능력을 가지고 있는 것이다. 인간의 의지력을 절대적으로 억제할 수 있는 것은 아무것도 없다. 우리는 마술에 걸린 것처럼 우리 행동에 구속을 받으며 꼼짝 못하는 경우는 있을 수 없다고 생각한다. 그렇게 생각하지 않는다면 두각을 나타내고자 하는 욕망이 마비될 것이다.

가정의 규칙, 사회적 합의 그리고 공공 제도의 범위 내에서 이루어지는 모든 일과 일상적인 활동은 실질적으로 자유라는 신념에 따라 행해진다. 이러한 신념이 없다면 책임감이 있을 수 있겠는가? 자유로운 의지가 없다면 교육, 충고, 설교, 질책, 교정이 다 무슨 쓸모가 있겠는가? 법을 지킬 것인지 안 지킬 것인지의 여부는 개개인이 판단할 보편적인 사실이다. 만일 공통의 믿음이 아니라면 법이 무슨 소용이 있겠는가? 우리의 양심은 살아가는 동안 매 순간마다 우리의 의지는 자유롭다고 외친다. 의지야말로 우리가 완전히 소유하고 있는 유일한 재산이며, 의지를 올바른 방향으로 사용할지 그른 방향으로 사용할지 결정할 수 있는 권한은 전적으로 개개인에게 있다. 습관이나 유혹은 우리의 주인이 아니다. 우리가 습관이나 유혹의 주인이 되어야 한다. 습관이나 유혹에 굴복당한 순간에도 우리의 양심은 저항하라고 재촉한다. 습관이나 유혹을 다스리기로 결심하기만 하면 우리가 가지고 있는 결단력으로 충분히 극복할 수 있다.

프랑스의 성직자이자 저술가 라므네Lamennais는 한 방종한 젊은이에게 이렇게 충고한 적이 있다.

"자네도 이제 스스로 결정을 내려야 할 나이가 되었네. 지금처럼 그렇게 세월을 보내면 얼마 지나지 않아 스스로 무덤을 파고 들어가 앞을 가로막은 돌을 치울 힘도 없이 무덤 속에서 비탄에 잠겨 지내야 할 거야. 우리 안에서 가장 쉽게 습관을 들일 수 있는 것이 바로 의지라네. 의지력를 강하고 단호하게 키우게. 더 이상 부평초처럼 떠도는 생활을 하지 말고, 마른 낙엽처럼 바람이 부는 대로 여기 저기 굴러다니지 않도록 의지력을 키워야 하네."

포얼 벅스턴

포얼 벅스턴[*4]은 강한 결심이 있고 그것을 굳게 지키는 젊은이는 무슨 일이든 자기가 원하는 대로 이룰 수 있다는 신념을 가지고 있었다. 그는 아들에게 보낸 편지에 이렇게 썼다.

"이제 너도 오른쪽이든 왼쪽이든 방향을 결정해야 할 시기가 되었다. 너의 신조, 결심, 정신력을 입증해보여야 할 때야. 그렇지 않으면 게으름에 빠지고, 종잡을 수 없이 갈팡질팡하게 되며 무능한 젊은이

---

*4. 포얼 벅스턴(1786~1845) : 영국의 정치가 겸 사회개혁가

의 습관과 성격을 지니게 되거든. 일단 그런 습관에 빠지면 다시 일어서기가 쉽지 않아. 젊은이는 대체로 원하는 대로 이룰 수 있어. 내 경우에도 그랬으니까. 나의 행복 그리고 나의 성공은 네 나이 때 생활에 변화를 준 결과란다. 네가 정녕 활기차게 열심히 노력하겠다고 결심한다면, 현명하게 그러한 결심을 하고 실천에 옮긴 것을 평생 동안 기쁘게 생각하면서 살게 될 거야."

확실한 방향이 없다면 의지는 단지 지조, 고집, 인내심에 지나지 않는다. 그러므로 모든 것은 올바른 방향과 동기에 달려 있다. 감각적인 쾌락을 추구하면 강한 의지가 악마가 되고 지성은 천박한 노예로 전락한다. 그러나 올바른 방향을 추구하면 강한 의지가 왕이 되고 지성은 최고의 행복을 관장하는 장관이 된다.

"뜻이 있는 곳에 길이 있다." 진부하게 들릴지 몰라도 이 속담은 진리다. 어떤 일을 하기로 결심하고 그 결심으로 장애물을 헤쳐나가는 사람은 반드시 성공한다. 할 수 있다는 생각만 있어도 거의 모든 일을 해낼 수 있다. 성취하겠다는 결심만 있으면 성취한 것이나 다름없다. 그러므로 진지한 결심은 전지전능한 힘을 보일 때가 많다. 러시아의 명장 알렉산드르 수보로프Aleksandr Suvorov 장군의 장점도 바로 의지력에 있었다. 굳센 의지를 지닌 사람들이 대개 그렇듯이 수보로프도 의지를 하나의 조직적인 체계라고 역설하고 실패한 사람들에게 이렇게 말하곤 했다.

"의지만 있으면 해낼 수 있어."

프랑스 정치가 리슐리외나 나폴레옹처럼 그의 사전에는 '불가능'이란 없었다. 그는 '몰라', '못 해', '불가능해'라는 말을 가장 싫어하고, 언제나 '배워라, 하라, 해봐라!'를 입버릇처럼 외쳤다. 전기 작가는 그를 이렇게 평했다.

"그는 누구나 가슴속에 지니고 있는 재능의 싹을 적극적으로 계발하고 실행함으로써 두각을 나타낸 훌륭한 본보기였다."

나폴레옹

"참된 지혜는 확고한 결단력이다." 이 말은 나폴레옹이 좋아하는 격언 중 하나다. 그의 생애는 파렴치한 강자가 무엇을 성취할 수 있는지 생생하게 보여주었다. 그는 자신의 일에 육체적으로든 정신적으로든 온 힘을 집중했다. 천치 같은 지도자가 지배하는 나라들은 차례차례 그의 앞에 무릎을 꿇었다. 알프스 산맥이 가로놓여 프랑스 군대가 전진할 수 없다는 말을 듣자 그는 이렇게 말했다.

"넘지 못할 알프스란 없다."

그러고는 생플롱Simplon 고개에 도로를 건설해 예전에는 거의 접근조차 할 수 없었던 지역을 무사히 통과했다. 그는 이런 말을 했다.

"불가능이란 말은 바보들의 사전에서나 찾아볼 수 있는 단어다."

그는 지독한 일벌레였다. 때로는 그가 시키는 일에 네 명의 비서가 동시에 투입돼도 감당하지 못하고 모두 기진맥진해버렸다. 그는 단 한 사람도 쉬게 내버려두는 법이 없었다. 물론 자기 자신도 쉬는 걸 용납하지 않았다. 그는 다른 사람을 고무하고 새로운 생명력을 불어넣었다. 그는 이런 말도 했다.

"나는 진흙탕 속에서 장군들을 만들었다."

하지만 모든 노력이 다 소용없게 돼버렸다. 나폴레옹의 강한 이기심이 그와 프랑스의 파멸을 불러일으키고 프랑스를 무정부 상태로 만들고 만 것이다. 그의 생애는 자비로운 마음이 없는 사람이 강력한 권한을 마구 휘두르면 자기 자신은 물론 그의 신하들에게도 치명적인 상처를 입히고, 지식이나 식견에 선한 마음이 깃들지 않으면 악마의 화신이 될 뿐이라는 교훈을 남겼다.

웰링턴

그에 비하면 영국의 웰링턴 장군은 훨씬 위대한 사람이다. 결단력, 고집, 끈기도 결코 남 못지않았을 뿐 아니라, 남보다 자제심이 강하고 양심이 바르고 참으로 애국심이 강했다. 나폴레옹의 목표는 '영광'이었으나 웰링턴의 모토는 넬슨처럼 '의무'였다. 웰링턴은 '영광'이란 말을 한 번도 공문서에 쓴 적이 없다. '의무'라는 말을 자주 강조하긴 했지만 요란스럽게 공언하지는 않았다. 어떠한 난관에 부딪혀도 웰링턴은 당황하거나 겁을 먹지 않았으며, 극복해야 할 장애물이 높으면 높을수록 그의 힘도 더욱 강해졌다. 이베리아 반도 전쟁에서 미칠 듯이 괴로운 상황과 엄청난 난관을 극복한 그의 인내심, 굳은 의지, 확고한 결의는 역사상 가장 숭고한 것으로 기억될 것이다.

웰링턴은 스페인에서 장군으로서의 천부적인 능력뿐 아니라 정치가로서도 안목이 높은 지혜를 보여주었다. 그의 본래 성품은 극도로 화를 잘 내는 편이었으나 의무를 완수해야 한다는 숭고한 사명감 때문에 화를 참았다. 주위 사람이 보기에 그의 인내심은 한도 끝도 없는 것 같았다. 그의 위대한 인격은 야망, 탐욕, 저속한 욕망에 물들지 않았다. 개성이 강하면서도 다양한 자질을 갖추고 있었다. 장수로서는 나폴레옹과 대적할 만하고, 인도 총독 로버트 클라이브Robert Clive처럼 민첩하고 정력적이며 대담했다. 정치가로서는 크롬웰처럼 현명하고 워싱턴과 같이 순수하고 고결한 사람이었다. 위대한 웰링턴 장군은 영원불멸의 명성을 남기고 세상을 떠났다. 그의 명성은 다양한 재능, 불굴의 정신, 숭고한 용기 그리고 탁월한 인내심을 토대로 쌓아 올린 것이었다.

민첩한 행동

힘은 대개 민첩성과 결단력으로 나타난다. 여행가 레드야드Ledyard는 아프리카협회로부터 언제 아프리카로 출발할 수 있냐는 질문을 받고 그 자리에서 이렇게 대답했다.

"내일 아침이요."

프로이센의 육군 원수 블뤼허는 민첩하기로 유명해 프로이센 군대에서 '진격 원수'라는 별명을 얻었다. 훗날 세인트 빈센트St. Vincent 백작이 된 존 저비스John Jervis 제독은 언제 승선할 수 있느냐는 질문에 "지금 당장"이라고 대답했다. 콜린 캠벨Colin Campbell은 인도 주둔군 사령관에 임명되었을 때 언제 출발할 수 있느냐고 묻자 "내일"이라고 대답했다. 그가 성공을 거두게 된 것은 이러한 성실한 자세 덕분이었다. 전쟁에서 승리의 관건은 신속한 결정과 민첩한 행동이다. 적의 실수를 즉각적으로 이용해 신속하게 움직여야 한다. 나폴레옹은 이렇게 말했다.

"아르콜라Arcola*5에서 나는 불과 25명의 기병을 이끌고 승리했다. 적군이 지쳐 있을 때 나는 진격 나팔을 불어 한 줌밖에 안 되는 병력으로 그날 승리를 거둘 수 있었다. 적군과 마주치면 양쪽 군대는 서로 적에게 겁을 주려고 한다. 적이 공포에 질리면 그 순간을 놓치지 않고 이용해야 한다."

그는 이런 말을 한 적도 있다.

"때를 놓치면 불행에게 기회를 준다."

그는 오스트리아 군대가 때의 중요성을 몰랐기 때문에 격파할 수 있었다고 단언했다. 오스트리아군이 꾸물거리고 있는 틈을 타서 그는 이들을 쓰러뜨린 것이다.

지난 1세기 동안 인도는 영국의 힘을 보여준 거대한 전쟁터였다. 클라이브 총독에서부터 해블록 장군과 클라이드 장군에 이르기까지 웰슬리, 메트캐프Metcalfe, 우트럼Outram, 에드워즈, 로렌스 형제 등 수많은 사람이 인도의 법치와 전쟁에 혁혁한 공을 세웠다.

워렌 헤이스팅스

불굴의 의지와 꾸준한 근면성의 소유자 워런 헤이스팅스Warren Hastings*6도 위대한 이름을 남겼지만 그의 명예는 다소 훼손되었다.

---

*5. 아르콜라 : 이탈리아 베로나 부근의 조그만 마을. 이 전투에서 나폴레옹은 수적으로 우세한 오스트리아 군대를 격파했다

그의 가문은 역사가 깊고 모범적이었다. 하지만 가문의 운명이 흥망성쇠를 거듭하고 스튜어트 왕조에 충성한 대가를 제대로 보상받지 못해 가세가 기우는 바람에 수백 년 동안 영지로 다스리던 데일스포드Daylesford 지역이 남의 손으로 넘어갔다. 하지만 헤이스팅스 가문의 마지막 데일스포드 영주는 살고 있던 행정구를 둘째 아들에게 물려주었다. 그로부터 많은 세월이 지난 후에 그의 손자 워런 헤이스팅스가 태어났다.

어린 시절 그는 마을 학교에서 소작인의 자식들과 나란히 앉아 글을 배우며, 선조들이 한때 소유했던 들판에서 뛰어놀면서 자랐다. 어린 나이였지만 데일스포드의 충성스럽고도 용감했던 헤이스팅스 가문의 역사를 항상 머릿속에 새기고 있었는데, 소년의 야심에 불을 지피는 사건이 발생했다. 일곱 살 되던 해 어느 여름 날, 영지를 가로질러 흐르는 개울가에 누워서 곰곰이 생각하다가 가문의 영지 소유권을 도로 찾겠다고 결심했다. 소년의 낭만적인 공상에 불과했지만 그는 그 꿈을 실현하기 위해 평생 동안 노력했다. 꿈이 열정으로 변해 그의 인생에 뿌리를 깊이 내렸다. 그는 청소년에서 성인이 될 때까지 그 결심을 실행에 옮기려고 애썼다. 차분하면서도 꿋꿋한 의지의 힘이 그의 가장 두드러진 성품이었다. 그는 고아로 자라 당대의 유력인사가 되었으며 가문의 재산을 회수하고 옛 영지를 도로 사들이고 저택을 다시 건축했다. 매컬래이[7]는 이렇게 전했다.

---

[6]. 헤이스팅스(1732~1818) : 영국의 인도 초대 총독
[7]. 매컬레이(1800~1859) : 영국의 정치가 · 시인 · 역사가

"작렬하는 열대의 태양 아래에서 5000만 명의 아시아 인을 통치하면서 전쟁, 재정, 입법 업무를 처리할 때에도 헤이스팅스는 항상 데일즈포드에 희망을 걸었다. 파란만장하고 영욕이 교차하는 오랜 공직생활을 끝내고 죽을 때까지 머문 곳이 데일즈포드였다."

찰스 네이피어

찰스 네이피어Charles Napier(1782~1853)도 비범한 용기와 결단력을 지닌 인도 주둔군 총사령관이었다. 그는 언젠가 전투 중에 겪은 어려움을 이렇게 털어놓았다.

"적은 나를 점점 깊은 수렁으로 빠져들게 만들었다."

하지만 그는 미아니Meeanee 전투에서 역사상 가장 뛰어난 전과를 올렸다. 그는 2000명의 병력을 이끌고 3만 5000명의 중무장한 벨루치 군대와 대치했다. 그의 휘하에 유럽인은 400명밖에 없었다. 무모하기 이를 데 없는 작전이었으나 네이피어 장군은 자기 자신과 부하들을 믿었다. 그는 벨루치 군대의 중심을 뚫고 그들이 일선 방어진지로 삼고 있던 높은 둑 위로 진격해 목숨을 걸고 세 시간 동안 치열한 전투를 벌였다.

비록 소수의 병력이었지만 지휘관의 용감한 태도에 용기백배한 병사들은 그날 모두 영웅처럼 행동했다. 벨루치 족은 20대 1에 가까운 대병력을 가지고 있었지만 적의 기세를 꺾지 못하고 퇴각했다. 실로 모든 전투에서 병사가 승리를 거두려면 이와 같은 용기, 끈기 그리고 부단한 노력이 있어야 한다. 시합에서 이기고 지는 것은 간발의 차이다. 한 발짝만 더 전진하면 전투에서 승리할 수 있고, 5분만 용감하게 버티면 싸움에 이길 수 있다. 상대방보다 힘이 약하다 하더라도 힘을 적보다 더 오래 집중하면 적과 맞서 물리칠 수 있다. 스파르타의 한 아버지는 검이 너무 작다고 아들이 불평하자 이렇게 대꾸했다.

"그러면 한 걸음만 더 앞으로 나아가라."

이 말은 일상생활에도 어디든지 적용된다.

인도 검술사

네이피어는 자신의 영웅적인 정신력을 부하들에게 불어넣어주었다. 그는 사병과 마찬가지로 열심히 일했다. 그는 지휘관의 자세에 관해 이렇게 말했다.

"가장 훌륭한 지휘법은 공평하게 자기가 해야 할 일을 맡는 것이다. 군대를 지휘하는 사람은 온 정신을 자기 임무에 쏟지 않는 한 성공할 수 없다. 문제가 많을수록 더욱 노력해야 하고, 위험이 클수록 모든 난관을 타개할 때까지 더욱 용기를 내야 한다."

커치 구릉지대 전투에서 그를 수행했던 젊은 장교는 이렇게 말했다.

"노인이 쉬지 않고 말을 달리는데 젊고 힘센 내가 어떻게 어정어정 걸어 다닐 수 있겠습니까? 장군이 명령만 내린다면 나는 포탄이 장전된 대포 구멍에라도 뛰어들 것입니다."

이 말을 전해들은 네이피어는 자신의 노고에 대한 대가를 충분히 받은 느낌이라고 말했다.

그가 인도 마술사와 만났을 때 있었던 일은 그의 냉철한 용기와 단순하면서도 정직한 그의 성격을 단적으로 보여준다. 인도 전쟁이 종식된 후에 유명한 마술사 한 사람이 막사로 찾아와 장군을 비롯한 그의 가족과 부하들 앞에서 묘기를 보여주었다. 그의 여러 가지 묘기 중에는 칼 묘기도 있었다. 조수의 손바닥에 놓인 라임이나 레몬을 칼로 자르는 묘기였다. 네이피어는 마술사와 조수가 어떤 속임수를 미리 짰을 것이라고 생각했다.

월터 스콧도 소설 『부적 The Talisman』*8에 비슷한 일화를 소개한 적이 있지만, 사람 손에 놓인 그렇게 작은 물체를 살을 전혀 베지 않고 단칼에 자른다는 것은 도저히 불가능한 일이라고 생각했다. 그 점을 확인하기 위해 장군은 오른팔을 내밀며 자신의 손바닥으로 시험해보자고 제의했다. 마술사는 손을 유심히 살펴보더니 시험을 하지 않겠다고 거절했다. 그러자 네이피어가 외쳤다.

"그러면 그렇지! 자네의 술수를 알아보려고 그랬네."

"그러면 잠깐만 기다리세요. 왼쪽 손을 보여주시겠어요?"

왼손을 내밀자 마술사는 단호한 어조로 말했다.

"팔을 움직이지 않고 가만히 계시면 묘기를 보여드리겠습니다."

"오른손은 안 되고 왼손만 된다는 이유가 뭔가?"

"오른손은 가운데가 오목해 엄지손가락이 잘릴 위험이 있습니다. 그렇지만 왼손은 두툼해서 위험이 덜하죠."

네이피어는 깜짝 놀랐다. 그는 훗날 이렇게 술회했다.

"정말 겁이 나더군요. 속임수 없이 실제로 보여주는 정교한 검술

---

*8. 『부적』: 십자군 원정 때의 팔레스타인을 배경으로 한 소설

묘기였습니다. 솔직히 물러서고 싶은 심정이었지만 부하들 앞에서 그에게 모욕을 주고 시험해보자고 나선 마당이라 물러설 수도 없는 노릇이었습니다. 손바닥에 라임 열매 한 개를 올려놓고 팔을 천천히 앞으로 내밀었죠. 마술사는 균형을 잡더니 순식간에 라임을 칼로 두 동강 내버렸습니다. 마치 차가운 실이 손바닥을 스치고 지나가는 듯 칼끝이 느껴졌습니다. 용감한 인도 검술사들의 실력이 대단하기는 했지만 우리의 훌륭한 장병들은 미아니에서 그들을 무찔렀습니다."

인도에서의 영국인의 기개

인도에서 있었던 한 격렬한 전투는 영국인의 민족성인 확고부동한 기세와 자립심을 보여주었다는 점에서 과거 어느 전투보다 주목할 만하다. 영국의 관료체제는 어리석게 표류해 터무니없는 실책을 저지르는 경우가 허다하지만 이 나라 국민들은 숭고한 영웅심으로 관료체제에서 벗어나 독자적으로 길을 개척했다.

1857년 5월 인도에서 갑자기 반란이 일어났을 때 영국군은 최소한의 병력을 유지하고 있었고, 그나마 전국 각지에 뿔뿔이 흩어져 대부분 벽지에 주둔하고 있었다. 벵골 연대들이 하나씩 장교들에게 항명하고 연달아 반란을 일으켜 델리로 몰려갔다. 각 지방에서 반란과 폭동이 일어나 동쪽 끝에서부터 서쪽 끝에 이르기까지 곳곳에서 지원 요청이 들어왔다. 전국에 주둔하고 있던 소수의 파견대는 모두 포위당해 저항할 능력이 없는 것처럼 보였다. 패색이 완연했고 영국이 인도에서 확보한 기반도 완전히 파괴될 것이 분명했다. 예전에 누가 말했듯이 "영국인들은 패배하더라도 언제 패배했는지조차 모를 것이라는" 말이 적중할 상황이었다. 규칙에 따라 각 부대는 그 자리를 고수할 뿐 운명을 피할 수는 없었다.

반란의 결말이 아직 불투명할 때 홀카르Holkar라는 한 토후가 점성가에게 점을 치러 가니 점성가가 이런 점괘를 내놓았다.

"유럽인을 한 사람만 남기고 모두 죽여도 살아남은 그 사람이 다시 싸워 인도를 정복하리라."

아무런 대책이 없이 가장 암담했던 그 순간에도 러크나우Lucknow 같은 지역에서는 몇 명 되지 않은 군인들과 민간인 그리고 부녀자들이 도시 한가운데에 고립되었지만 무장을 한 채 폭도들에게 대항했다. 아무도 절망적인 말을 입 밖에 내지 않았고, 항복은 생각조차 하지 않았다. 몇 달 동안 친지들과의 통신이 모두 두절되어 인도의 영토를 잃었는지 지켰는지 알 길이 전혀 없었지만 이들은 동족의 용기와 헌신에 대한 굳센 믿음을 버리지 않았다. 이들은 소수이지만 인도에 있는 영국인이 한 몸처럼 일치단결하면 절대로 가볍게 궤멸되지 않으리라고 생각했다. 이들은 불행을 딛고 일어서서 최후의 승리를 얻으리라는 확신을 가지고 있었다. 최악의 사태가 그보다 더한 최악으로 치닫는다 해도 이들은 각자 자기 자리를 지키며 임무를 수행하다가 죽으리라 결심했다.

독자들은 용맹을 떨친 진정한 영웅 헤블록, 잉글리스Inglis, 닐Neill, 우트럼의 이름을 기억할 것이다. 이들은 모두 기사의 심장, 신앙인의 영혼 그리고 순교자의 기질을 지닌 사람들이었다고 해도 과언이 아니다. 프랑스의 정치가이자 역사가 몽탈랑베르Montalembert는 이렇게 평했다.

"그들은 인류의 명예를 드높였다."

참혹한 시련 앞에서 부녀자든, 민간인이든, 군인이든, 장군부터 사병이나 나팔수에 이르기까지 모두 위대함을 보여주었다. 이들은 특별한 능력이 있는 사람들이 아니었다. 우리가 가정, 거리, 일터, 밭 그리고 클럽에서 매일 만날 수 있는 평범한 사람들이었다. 그렇지만 갑작스런 재앙이 닥쳤을 때 이들은 각자 풍부한 능력과 힘을 보여줌으로써 영웅이 된 것이다. 몽탈랑베르의 말을 다시 들어보자.

"아무도 위축되거나 떨지 않았다. 군인과 민간인, 젊은이와 늙은이, 장군과 병사, 누구 할 것 없이 모두 침착하고 용감하게 저항하고 싸우며 한 발짝도 물러서지 않다가 죽임을 당했다. 궁지에 몰려 고통스러운 순간마다 단결해 저항하고, 아무것도 두려워 말고, 어떤 순간에도 놀라지 말며, 스스로의 노력만으로 자구책을 강구할 수 있도록 자기 자신의 힘과 자유를 활용하라고 어렸을 때부터 가르친 영국 공교육의 무한한 가치가 그 빛을 발하는 때가 바로 이러한 상황이다."

로렌스 형제

델리를 되찾고 인도를 구한 원동력은 바로 존 로렌스John Lawrence의 인품이었다는 말이 있다. 서북부 지방에서는 '로렌스'라는 이름이 바로 힘의 상징이었다. 그의 의무감, 열의 그리고 개인적인 노력은 가히 최고 수준이었으며, 그의 밑에 있던 사람은 누구나 그의 탁월한 정신력에 감화를 받았다. 그의 인품만으로도 1개 군의 군사력과 능히

대적할 수 있다는 말이 나올 정도였다. 그의 형 헨리Henry도 동생 못지않게 활약했고 펀자브Punjab 군대를 결성해 델리 함락에 중요한 역할을 했다. 이 형제는 완벽한 사랑과 신뢰로 주위 사람들을 격려했다. 두 사람은 모두 성품이 온유했는데, 온유함이야말로 영웅의 자질 가운데 참으로 중요한 요소다. 로렌스 형제는 일반인들과 함께 어울려 살면서 사람들을 좋은 길로 인도했다. 특히 에드워즈 대령이 지적한 바와 같이 "이 두 사람은 젊은이들에게 모범을 보여주었고, 젊은이들은 즉시 실천에 옮겼으며 정권이 바뀌더라도 계속 이들을 본보기로 삼았다." 이들은 신의가 무엇인지 보여주고 학교를 세워 오늘날까지 생생한 교훈을 주고 있다.

델리 공략

존 로렌스의 곁에는 몽고메리Montgomery, 니콜슨Nicholson, 코튼Cotton, 에드워즈같이 그에 못지않게 민첩하고 확고한 의지와 고결한 영혼을 지닌 사람들이 있었다.

존 니콜슨은 세련되고 남자답고 기품 있는 사람이었다. 현지인들의 말을 빌리자면, "그는 머리부터 발끝까지 통치자감이었다." 인도 총독 댈하우지Dalhousie는 그를 "힘의 탑"이라고 불렀다. 그가 무슨 일이든 훌륭하게 해낼 수 있었던 이유는 모든 힘과 정성을 다 쏟아 부었기 때문이다. 어느 회교 고행자 수도회는 니콜슨을 열광적으로 존경한 나머지 니킬세인Nikkil Seyn이라고 부르며 숭배의 대상으로 삼기도 했다. 이처럼 터무니없는 행동에 그가 처벌을 내렸지만 그에 대한 숭배는 계속되었다. 그의 지칠 줄 모르는 정력과 지구력은 제55차 세포이Sepoy 반란의 폭도들을 추적한 사례에서도 찾아볼 수 있다. 그는 20시간 동안 잠시도 쉬지 않고 110킬로미터가 넘는 거리를 계속 달렸다.

적이 델리에서 반기를 들었을 때 로렌스와 몽고메리는 펀자브 사람들의 지원에 의존하고 그들의 찬양과 신뢰를 받아가며 관할 지역의 치안을 완벽하게 유지하기 위해 온갖 노력을 쏟는 한편 동원할 수 있는 병력은 유럽인이든 시크 교도든 가리지 않고 모두 델리에 집중시켰다. 존 로렌스는 니콜슨 사령관에게 "폭도들의 코앞까지 진군해 델리를 포위하라."고 편지를 보냈다. 훗날 어떤 억센 시크 교도가 니콜슨의 무덤 앞에서 흐느껴 울면서 말했듯이, 니콜슨이 이끄는 군대는 "수 킬로미터 밖에서도 군마의 말발굽 소리가 들릴 정도로" 물밀듯이 진군했다.

병력이 얼마 남지 않은 영국 제32연대가 겨우 명맥을 유지한 채 용맹한 잉글리스의 지휘 아래 20만 대군의 적과 대치해 6개월 동안 버티면서 벌인 러크나우의 포위 공격이 더욱 강렬한 관심을 불러일으킬 수도 있겠지만, 델리의 포위와 급습은 대규모 전투 중에 일어난 사건 중에서도 가장 괄목할 만한 사건이다.

델리에서도 영국군이 포위하고 있는 것처럼 보였지만 실제로는 포위되어 있었다. 남은 병력이라고는 유럽인과 현지인을 통틀어야 보병 3700명에 불과하다는 사실이 공공연히 알려져 있었고, 한동안 그 수가 7만 5000명에 이르기까지 했던 반군은 매일같이 습격을 감행했다. 게다가 반군은 영국 장교들로부터 유럽식 훈련을 받았을 뿐만 아니라 탄약도 엄청나게 보유하고 있었다.

작렬하는 열대의 태양 아래 소수의 영국군은 델리 앞에 진을 쳤다. 죽음, 부상, 열병, 그 어떤 고난도 이들의 굳건한 의지를 꺾을 수 없었다. 영국군은 수적으로 우세한 적군으로부터 30회나 공격을 받았으나 그때마다 적군을 방어선 안으로 밀어붙였다. 그 당시 가장 용맹을 떨쳤던 용사 중 한 사람이었던 호드슨Hodson 대위는 이렇게 회상했다.

"다른 나라는 그곳에서 견디거나 버텨보려고 아무리 애를 써도 패배를 면하지 못했을 것이라고 나는 장담한다."

이 용사들은 한순간도 임무 수행을 주저하지 않았다. 숭고한 인내심으로 잠시도 쉬지 않고 전투를 계속해 마침내 필사적으로 돌파구를 마련하고 델리를 점령해 도시 성벽에 영국 국기를 다시 게양했다. 사병, 장교, 장군, 누구 한 사람 위대하지 않은 사람이 없었다. 고된 생활에 익숙했던 일반 병사들과 부유한 가정에서 호강을 하면서 자란 장교들은 너 나 할 것 없이 모두 사나이다운 용기를 보여주었으며, 모두 똑같이 명예를 걸고 혹독한 시련을 이겨냈다. 힘과 강건함 그리고 사나이다움을 가르치는 영국의 훈련과 수련의 효과를 이보다 더 강렬하게 드러내 보인 적은 없었다. 영국의 사나이들이야말로 영국의 가장 훌륭한 생산품이라는 것을 여실히 증명한 셈이다. 영국은 이 사건으로 엄청난 대가를 치렀지만, 살아남은 사람들과 후손들이 이 사건을 교훈과 본보기로 삼을 수 있다면 가히 많이 치른 것도 아닐 것이다.

선교사들의 활약

좀 더 평화롭고 자선을 행하는 분야에서도 인도와 동양에서 전쟁에 참가한 사람들 못지않게 많은 사람이 굳센 힘과 용기를 보여주었다. 결코 전쟁 영웅들만 기억하고 복음의 영웅들을 잊어서는 안 된다. 프란치스코 하비에르Francisco Xavier에서 헨리 마틴Henry Martyn*9과 존 윌리엄스John Williams*10에 이르기까지 세속적인 명예는 전혀 생각하지 않고 숭고한 희생정신으로 일한 선교사들이 헤아릴 수 없이 많다. 이들은 오직 길 잃은 양과 나락으로 떨어진 영혼을 구하겠다는 일념으로 일했다. 불굴의 용기와 꿋꿋한 인내심으로 궁핍한 생활을 참고 위험과 역병을 무릅쓰고 모든 고역과 고난을 참고 견디며 기쁜 마음으로 임무를 수행하다가 영광스럽게 순교하기도 했다.

프란치스코 하비에르

이들 가운데 가장 으뜸이 되는 사람은 프란치스코 하비에르(1506~1552)다. 그는 귀족 가문에서 태어나 쾌락, 권세, 명예를 모두 누릴 수 있는 신분이었으나, 이 세상에는 신분보다 더 높은 목표가 있으며 부를 축적하는 일보다 더 고결한 염원이 있다는 것을 몸소 자신의 삶으

---

*9. 헨리 마틴(1781~1812) : 영국 선교사로서 성경을 힌두어와 페르시아어로 번역하고 인도와 페르시아 지역에서 선교 활동을 하다가 병에 걸려 요절했다
*10. 존 윌리엄스(1796~1839) : 영국 선교사로서 폴리네시아의 사도라고 불린다. 폴리네시아 지역에서 선교 활동을 하다가 식인종에게 살해되었다

로 증명했다. 그는 몸가짐과 생각이 바른 참된 신사였으며, 용감하고 명예를 존중하고 관대했다. 남의 말에 순종하면서도 남을 올바르게 인도할 줄 알았고 남의 말을 잘 받아들이면서도 남을 설득할 줄도 알았으며, 인내력이 강하고 결단력이 있고 활력이 넘치는 사람이었다. 그는 스물두 살의 젊은 나이에 파리 대학교에서 철학과 교수에 재직했다. 그곳에서 로욜라Loyola*11를 만나 절친한 사이가 되었다. 그 후 얼마 지나지 않아 하비에르는 소수의 첫 번째 개종자를 이끌고 로마로 순례 여행을 떠났다.

포르투갈 국왕 주앙 3세는 자신의 세력이 미치는 인도 지역에 그리스도교 신앙을 심기로 결심하고 보바디야Bobadilla를 첫 선교사로 뽑았으나 병에 걸려 파견할 수 없게 되자 하비에르를 다시 뽑았다. 하비에르는 누더기 수도복을 수선해서 입고 성무일과서만 달랑 든 채 즉시 리스본을 떠나 동양으로 향했다. 인도의 고아Goa로 가는 그 배에는 총독과 고아 요새 수비대를 보강할 1000명의 병사도 타고 있었다.

하비에르는 선실 하나를 배정받았지만 항해하는 동안 밧줄더미를 베개 삼아 갑판에서 잠을 자고 선원들과 함께 식사를 했다. 선원들에게 부족한 것을 나누어주고, 천진난만한 운동경기도 고안해서 선원들이 여가를 즐길 수 있게 도와주고, 병든 사람을 간호해주면서 선원들의 마음을 완전히 사로잡아 존경의 대상이 되었다.

---

*11. 로욜라(1491~1556) : 스페인의 신학자로 1534년 파리에 예수회를 세우고 가톨릭 종교개혁에 가장 큰 영향력을 행사했다

프란치스코 하비에르의 선교 활동

고아에 도착한 하비에르는 유럽인 이주민과 원주민들의 타락한 생활상을 보고 큰 충격을 받았다. 이주민들이 문명의 규제 없이 악습을 들여오고 원주민들도 나쁜 본보기를 그대로 따르고 있었던 것이다. 그는 종을 흔들면서 거리를 오가며 자녀들을 가르칠 테니 자기에게 보내달라고 지나가는 사람들에게 애원했다. 얼마 지나지 않아 그는 많은 학생을 모집해 매일 열심히 가르치는 동시에 병자, 한센병 환자 그리고 계급을 가리지 않고 불우한 사람들을 찾아다니며 그들의 고통을 위로하고 진리를 전파했다. 그는 고통을 호소하는 울부짖음을 한 번도 무시한 적이 없었다. 그는 마나Manaar 지방에 사는 진주조개 잡이들의 극도로 비참한 생활상을 전해 듣고 이들을 찾아가 종을 울리면서 자선을 베풀 사람을 구했다. 그는 세례를 주고 교리를 가르치기도 했으나, 말이 통하지 않아서 통역을 통해 가르쳤다. 그의 가장 감동적인 가르침은 불우한 사람들의 가난과 고통을 보살펴줘야 한다고 스스로 행동으로 보여준 것이었다.

그는 종을 울리면서 코모린Comorin 해안을 돌아다녔다. 도시와 마을, 사찰과 시장, 방방곡곡 돌아다니며 주위에 몰려온 원주민들에게 복음을 전파하고 가르침을 베푸는 한편, 교리문답, 사도신경, 십계명, 주기도문과 교회의 각종 전례문을 번역했다. 그는 번역문을 토착어로 암기했다가 어린이들에게 들려주었다. 어린이들이 그의 가르침을 가슴 깊이 새긴 연후에는 부모와 이웃들에게 배운 내용을 알려주게 했다.

코모린 곶에서는 30명의 교사를 선발하고 교회를 30개 세웠다. 교회 건물이라고 해야 오두막집에 십자가만 덩그러니 세운 것이 태반이어서 허름하기 짝이 없었지만, 교사들에게 교회를 하나씩 맡겼다.

그 후 트라방코르Travancore로 가는 길에 지나는 마을마다 종을 울리고 돌아다니면서 지쳐서 손을 들어 올리지 못할 정도로 세례를 주고, 목소리가 완전히 잠겨 거의 들리지 않을 정도로 기도문을 반복해서 외워댔다. 그가 남긴 기록에 따르면, 선교 활동은 예상했던 것보다 훨씬 성과가 좋았다. 순수하고 성실하고 아름다운 그의 삶과 감동적인 그의 행실에 감화되어 가는 곳마다 개종자가 속출했다. 그를 보고 그의 말을 들은 사람은 완전히 동화되어 부지불식간에 그의 열정에 빠져들게 되었다.

하비에르는 "추수할 것은 많은데 추수할 일꾼이 없다."고 고심하다가 말라카를 거쳐 일본으로 갔다. 그곳에는 다른 말을 사용하고 한 번도 본 적이 없는 아주 낯선 종족이 살고 있었다. 그가 그 종족을 위해 할 수 있는 일이란 병상을 지키며 함께 눈물 흘리고 기도하고 병자의 베개를 보살펴주는 것밖에 없었다. 때로는 소맷자락에 물을 적셔 몇 방울을 짜내어 임종하는 사람에게 세례를 베풀기도 했다. 이 씩씩한 진리의 용사는 모든 일에 희망을 갖고 두려움 없이 굳센 신앙에 의지해 힘껏 버텨나갔다.

"어떤 형태의 죽음이나 고문이 나를 기다리고 있다고 해도 나는 단 한 사람의 영혼이라도 구할 수 있다면 수만 번의 고통을 달게 받겠다."

그는 이렇게 다짐하며 배고픔, 목마름, 궁핍 그리고 온갖 위험과 싸우며 잠시도 쉬지 않고 꾸준히 사랑을 전파했다. 이 위대한 인물은

11년 동안 고생한 끝에 중국에 입국할 수 있는 길을 찾았으나 상촨上川 섬에서 열병에 걸려 영광의 면류관을 쓰고 하늘나라로 갔다. 이 지구상에 하비에르보다 고결하고 순수하고 극기하고 용감한 사람은 더 찾아보기 어려울 것이다.

하비에르의 뒤를 이어 선교사로 위대한 업적을 남긴 위인으로는 인도에서 활동한 독일 태생의 슈바르츠Schwartz, 영국의 커레이William Carey와 마시맨Marshman, 중국에서 활동한 프로이센 태생의 귀츨라프Gutzlaff와 영국의 모리슨Morrison, 남태평양에서 활동한 윌리엄스Williams, 아프리카에서 활동한 캠벨, 모팻Moffat, 리빙스턴 등이 있다.

존 윌리엄스

에로망가Erromanga의 순교자 존 윌리엄스는 원래 가구에 쓰는 철물 장식 만드는 기술을 배웠다. 우둔하다는 평을 받았지만 손재주가 좋아서 더욱 세심한 주의가 필요한 대장장이 일도 철물점 주인이 그에게 맡길 만큼 기술이 뛰어났다. 하지만 그는 성당 종 치는 일과 다른 잡다한 일에 정신이 팔려 가게를 빠져나가곤 했다. 그러던 어느 날 우연히 들은 설교에 깊은 감명을 받아 주일학교 교사가 되었다. 그리고 교사들의 모임에서 선교 활동에 대한 이야기를 듣고 이 일에 자신을 바치기로 결심했다. 그가 런던 선교회에서 입회 허가를 받자 견습 기간이 끝나지는 않았지만 주인도 철물점을 떠나도 좋다고 승낙했다. 태평양에 있는 섬, 특히 타히티 섬의 우안Huahine, 라이아테아Raiatea 섬, 라로통가Rarotonga 섬이 그가 선교 활동을 펼칠 주요 무대였다. 대장장이, 정원사, 배 만드는 목수 등으로 직접 일을 했던 예수의 사도들처럼 윌리엄스도 섬사람들에게 문명 생활의 기술을 가르치려고 애쓰는 한편 종교의 진리도 전파했다. 하지만 지칠 줄 모르고 열심히 일하다가 에로망가 해변에서 야만인들에게 살해되어 순교했다. 그에게는 순교자의 면류관을 쓰는 것보다 더욱 가치 있는 일은 아무것도 없었다.

데이빗 리빙스턴

리빙스턴 박사의 생애도 무척 흥미롭다. 그는 자신의 일생에 대해 매우 겸손한 태도로 대수롭지 않은 듯이 이야기한 적이 있긴 하지만, 본래부터 그는 꽤 겸손했다. 그의 선조는 가난하지만 정직한 스코틀랜드 고지대 사람들이었는데, 지혜롭고 사리 분별력이 뛰어나기로 유명했던 한 조상은 임종하는 자리에 자녀들을 모아놓고 유산 대신 이런 말을 남겼다.

"나는 평생 동안 우리 가문에 전해 내려오는 이야기를 세심하게 조사해보았으나 우리 조상 중에 부정직한 사람이 있었다는 이야기를 한 번도 들은 적이 없다. 그러나 너희나 너희의 자식들이 만일 나쁜 길로 들어선다면 그것은 혈통 때문이 아니다. 너희에게는 그런 기질이 없다. 나는 너희에게 이 한 가지 교훈을 남긴다. 정직해야 한다!"

리빙스턴은 열 살이 되자 글래스고에 있는 면방적공장에 들어가 실 잇는 직공으로 일했다. 그는 처음 받은 주급으로 라틴어 문법책을 한 권 사서 공부하고 몇 년 동안 야학에 다니기도 했다. 어머니가 자라고 재촉하지 않았다면 매일 자정이 넘도록 공부하려고 했을 것이다. 그러나 아침 6시면 일어나 공장에 출근을 해야 했기 때문에 밤늦도록 공부할 수는 없었다. 그는 이런 식으로 베르길리우스, 호라티우스 등 그리스와 로마의 고전을 읽고 모든 분야의 책을 닥치는 대로 광범위하게 읽었다. 하지만 과학책과 여행기만 탐독했다. 여가 시간이 거의 없었지만 간혹 틈이 나면 식물학을 공부하며 인근 지역에 있는 식물을 부지런히 채집했다. 그는 심지어 기계가 돌아가는 굉음이 들리는 공장에서도 책을 읽었다. 방적기 위에 책을 얹어놓고 기계를 한 번씩 조작할 때마다 한 문장씩 읽어 내려갔다.

이렇게 열심히 노력하는 동안 유용한 지식을 많이 쌓고, 청년으로 성장하면서 선교사가 되어 이교도들이 사는 지역에서 활동해보고 싶은 열망에 사로잡히기 시작했다. 그래서 유능한 선교사의 자격을 갖추기 위해 우선 의학 공부를 하기로 결심했다. 그동안 모은 돈을 절약하고, 자립할 수 있도록 돈을 저축하는 한편, 매년 겨울철마다 글래스고 대학교에서 신학 강의를 듣고 의학과 그리스어도 수강했다. 그리고 다른 계절에는 계속해서 면방적공장에서 일을 했다. 그렇게 몇 년 동안 공장에서 번 돈으로 학비를 충당하고 남의 도움은 전혀 받지 않았다. 그는 그 당시를 이렇게 회상했다.

"그 어렵던 시기를 돌이켜 생각해보면 젊은 시절에 중요한 교육을 받을 수 있었던 것이 고마울 뿐이다. 가능하다면, 나는 초라했던 그 옛날로 돌아가 인생을 다시 시작하고 그 힘든 훈련 과정을 다시 거치고 싶다."

그는 마침내 의학과정을 마치고 라틴어 논문을 작성했으며 여러

시험에 합격해 내과와 외과 의사 자격을 얻었다. 처음에는 중국으로 갈까 했으나 당시 중국은 전쟁이 계속되고 있어서 그 생각을 버리고 런던 선교회에 입회 신청을 해 1840년 아프리카로 파송되었다. 애초에는 순전히 자력으로 중국에 가려고 했었다. 그러나 런던 선교회의 지원을 받아 아프리카에 가게 되자 양심의 가책을 느꼈다. 그는 이유를 이렇게 설명했다.

"혼자 힘으로 내 앞길을 개척하는 데 익숙했기 때문에 어떤 식으로든 남에게 의지한다는 점이 마땅치 않았다."

그는 아프리카에 도착하자마자 결연한 열정으로 일을 시작했다. 남에게 수고를 끼치고 편하게 지낼 생각은 털끝만치도 하지 않았기 때문에 스스로 자신이 처리할 일거리를 찾고 선교 활동을 하는 한편, "면방적공으로 일할 때만큼이나 지쳐서 저녁에 연구를 할 수 없을 지경"이라고 하면서도 손수 건물을 짓고 손재주가 필요한 일이라면 어디든 참여했다.

그는 츠와나^{Tswana} 족*12과 함께 운하를 파고, 집을 짓고, 밭을 갈고, 가축을 키우면서 원주민들에게 일하는 법과 예배하는 법을 가르쳐주었다. 처음 그가 원주민 몇 명과 긴 도보여행을 떠났을 때 원주민들이 그의 체격과 힘을 가늠하며 수군거리는 소리가 들렸다.

"저 사람은 튼튼하지 않아. 깡마른 체구에 저 자루(바지)를 걸쳤기 때문에 튼튼하게 보일 뿐이야. 얼마 못가서 녹초가 되고 말 거야."

이 소리를 들은 선교사는 몸속에 흐르는 스코틀랜드 고지대 사람

---

*12. 츠와나 족 : 현재 남아프리카 공화국과 보츠와나 등지에 사는 종족을 가리킨다

의 피가 솟구쳤다. 그는 피곤함을 무릅쓰고 며칠 동안 원주민들보다 훨씬 더 빨리 걸으며 행군을 재촉했다. 그러자 마침내 원주민들이 '제법 잘 걷는 걸' 하며 서로 말을 주고받는 소리가 귀에 들어왔다. 그가 아프리카에서 한 일과 업적은 지금까지 출간된 이런 종류의 서적 중에서 가장 재미있는 책으로 손꼽히는 그의 저서 『선교 여행*Missionary Travels*』을 읽어보면 상세히 알 수 있다.

그의 마지막 행적 중 한 가지에서 전형적인 그의 모습을 찾아볼 수 있다. 아프리카로 갈 때 '버컨헤드' 호가 고장이 나자 그는 약 2000파운드짜리 배 한 척을 건조해서 보내달라고 본국에 주문했다. 그 돈은 원래 여행기를 써서 벌어들인 인세 중에서 자녀들을 위해 따로 떼어놓은 것이었다. 하지만 그는 "자식들도 스스로 일해서 벌어야 한다."고 하면서 그 돈으로 배를 주문했다.

존 하워드

박애주의자 존 하워드^{John Howard}(1726~1790)의 일생도 뛰어난 인내심의 본보기를 보여준다. 그의 숭고한 생애는 아무리 힘이 약한 사람이라도 임무를 철저하게 끝까지 수행할 자세가 되어 있으면 산이라도 옮길 수 있다는 것을 입증했다. 죄수들의 생활 여건을 개선하겠다는 그의 결심은 평생 동안 정열처럼 그를 사로잡았다. 아무리 힘들고 위험하고 육체적으로 고통스러운 일이 닥치더라도 그가 결심한 인생의 최대 목표는 꺾이지 않았다. 천재도 아니었고 그저 평범한 사람에 불과했으나 그는 마음이 순수하고 의지가 강했다. 그가 생존한 당시에도 이미 두드러진 성과를 달성했다. 그리고 그가 죽은 후에도 그 영향력은 사라지지 않고 오늘날까지 영국의 입법은 물론 모든 문명국가의 입법에 강력한 영향을 미치고 있다.

조너스 핸웨이

조너스 핸웨이Jonas Hanway도 불굴의 인내심과 노력으로 오늘날의 영국을 건설한 사람들 가운데 한 사람이다. "일생을 바쳐 세상을 살기 좋게 만들어놓은 것 이외에는 아무런 기념비도 없이 이 세상을 떠난" 많은 사람들처럼 그도 오직 맡겨진 일을 충실히 이행하다가 모든 일을 마치고 나서 감사하는 마음으로 영원한 안식을 얻은 사람이다.

그는 1712년 포츠머스에서 태어났다. 그가 아직 어렸을 때 조선소 창고 관리인으로 일하던 아버지가 사고로 목숨을 잃자, 어머니는 자녀들을 데리고 런던으로 이사했다. 어머니는 자녀들을 학교에 입학시키고 올바르게 양육하기 위해 온갖 고생을 마다하지 않았다. 열일곱 살 때 핸웨이는 리스본에 가서 어느 상인 밑에서 장사를 배우기 시작했다. 그곳에서 그는 꼼꼼한 주의력, 철저한 시간관념, 강한 명예심과 성실성으로 주위 사람들로부터 존경과 신임을 받았다.

1743년 런던으로 돌아온 그는 상트페테르부르크St. Peterburg에서 그 당시 아직 걸음마 단계에 있던 카스피 해 교역을 주업으로 하고 있던 어느 영국회사와 동업을 시작했다. 핸웨이는 사업을 확장할 목적으로 그 당시 러시아의 수도인 상트페테르부르크에 잠시 머문 후에 마차 20대분의 영국제 직물을 운송하는 대상을 이끌고 페르시아로 향했다. 아스트라칸Astracan에서 배를 타고 카스피 해를 건너 동남쪽에 있는 터키의 아스트라바드Astrabad에 당도했으나 짐을 뭍에 내려놓자마자 반란이 일어나 짐을 모두 압수당했다. 나중에 짐을 대부분 되돌려 받았지만 이미 상당한 손해를 본 뒤였다. 게다가 그와 그의 일행마저 붙잡으려는 음모가 꾸며지고 있는 것을 눈치 챈 그는 바다로 탈출해 천신만고 끝에 간신히 페르시아의 길란Ghilan으로 안전하게 도피할 수 있었다. 이때 탈출을 계기로 평생 동안 좌우명으로 삼게 된 교훈을 얻었으니 그것은 '결코 절망하지 말라.'였다.

그는 그 후 5년 동안 상트페테르부르크에 살면서 사업을 크게 번창시켰다. 그러다가 친척이 죽으면서 그에게 약간의 유산을 남기고 자신이 벌어놓은 재산도 상당히 불어나자 러시아를 떠나 1755년 고국으로 귀환했다. 그는 영국에 돌아온 목적을 이렇게 피력했다.

"내 건강을 보살피고 능력이 닿는 한 나 자신과 남에게 좋은 일을 하려고 합니다."

그때 그는 건강이 극도로 악화되어 있었다. 그는 적극적으로 자선을 베풀고 동족에게 유익한 사업을 펼치면서 여생을 보냈다. 그는 더 많은 수입을 자선사업에 돌리기 위해 조용하고 검소한 생활을 했다.

그가 최초로 전력을 다해 추진해 상당히 큰 성공을 거둔 공공사업은 런던의 간선도로 건설이다.

1755년 프랑스 군대가 침략할 거라는 소문이 파다하게 퍼지자, 그는 선원 충원을 위한 최선의 대책을 강구하기 시작했다. 그는 왕립상업거래소에 상인들과 선주들을 불러 모으고 영국 함대 복무를 자원할 뭍사람들과 소년들을 모집할 단체를 결성하자고 제안했다. 참석자들은 이 제안을 열광적으로 받아들여 단체를 조직하고 임원을 선출했으며 핸웨이에게 전권을 일임했다. 그 결과 1756년 해양협회가 발족해 국가에 크게 이바지했으며 오늘날까지도 훌륭한 업적을 많이 남기고 있다. 해양협회가 출범한 지 6년 만에 해군 복무를 자원한 사람 중에서 5451명의 소년과 4787명의 뭍사람을 골라 훈련시킨 뒤 해군에 인계했으며, 약 600명의 가난한 소년을 뽑아 선원으로 훈련시킨 뒤에 상선에 취업시키는 등 지금까지도 적극적인 활동을 펴나가고 있다.

핸웨이의 자선사업

핸웨이는 남은 여생을 런던에 주요 공공기관을 설립하고 개선하는 일에 바쳤다. 그는 우선 파운들링Foundling 보육원에 적극적인 관심을 기울였다. 이 보육원은 토머스 코람Thomas Coram이 오래 전에 설립했으나 결과적으로 자녀들을 자선기관에 맡기도록 부모들을 부추긴 꼴이 되어 사회에 보탬이 되기는커녕 해악을 끼칠 우려가 있었다. 그는 그런 폐단을 단계적으로 뿌리 뽑기로 결심하고 겉만 뻔지르르한 당대의 자선사업을 개혁하기 시작했다. 결국 그는 자신의 목표를 견지하면서 자선기관을 적절한 목적에 맞게 개선하는 데 성공했으며, 세월이 흐르면서 그가 옳았다는 것이 입증되었다.

핸웨이가 전력을 기울인 결과 막달레나 보육원도 설립되었다. 하지만 그가 가장 노력을 기울이고 꾸준히 추진한 일은 런던 행정구 관내에 있는 불우한 어린이들을 돕는 사업이었다. 가난한 어린이들이 비참한 환경에 버려진 채 성장하고 있어서 놀라울 정도로 사망률이 높았으나, 버려진 아이들의 고통을 완화시키려는 움직임은 전혀 없었다. 그래서 핸웨이는 이 일에 적극적으로 발 벗고 나서서 어떠한 도움도 받지 않고 비참한 실태를 개인적으로 조사하기 시작했다. 그는 런던의 빈민촌을 직접 답사하고 구빈원 병동을 찾아다니며 런던 시내와 근교에 있는 구빈원의 관리 실태를 확인했다. 이어서 프랑스와 네덜란드로 건너가 불우한 사람들을 수용하는 기관을 시찰하면서 고국에서도 채택할 수 있는 제도를 눈여겨보았다. 그는 5년 동안 조사 활동을 벌이고 영국으로 돌아와 연구 결과를 발표했다. 그 결과 많은 구빈원의 운영이 개선되었다.

1761년 그는 각 런던 행정구로 하여금 수용, 퇴원, 사망한 어린이 전원에 대해 의무적으로 연도별 기록부를 작성하도록 하는 법안을 통과시키는 데 성공하고 그 법이 제대로 시행되는지 꾸준히 감시했다. 하루도 거르지 않고 아침에는 각 구빈원을 차례로 방문하고, 오후에는 하원의원들을 찾아다녔다. 문전 박대를 당해도 참고, 반대하는 사람들에게는 일일이 설명하고, 이 사람 저 사람 비위를 맞춰야 했다. 그렇게 거의 10년 동안 끈질기게 노력한 끝에 그는 자신이 모든 비용을 부담해 또 다른 법안을 통과시키는 데 성공했다. 이 법에 따르면 각 행정구는 관할구역에 속해 있는 어린이 중에서 사망 위험이 있는 어린이는 구빈원에서 보육할 수 없으며, 도시에서 어느 정도 떨어진 교외로 보내어 3년마다 새로운 후견인을 선출해 여섯 살이 될 때까지 후견인에게 양육을 맡겨야 한다.

가난한 사람들은 이 법을 "아이들을 살리는 법"이라고 불렀다. 이

법이 통과된 후 몇 년 동안 작성한 기록에 따르면 이 착하고 지각 있는 사람의 현명한 개입으로 이전에 비해 수천 명의 생명을 건질 수 있었다.

핸웨이의 순수한 인품

런던에서는 박애사업이 펼쳐지는 곳이면 어디든지 조너스 핸웨이의 손길이 닿지 않은 곳이 없었다. 굴뚝청소부로 일하는 어린이를 보호하는 법안도 처음에 그가 영향력을 발휘해 통과시킨 것이다. 몬트리올, 브리지타운, 바베이도스 등지에서 연달아 대형화재가 발생하자 그는 즉시 이재민 구호를 위한 모금 활동에 나섰다. 도움이 필요한 곳이면 어디든지 적극적으로 참여했기에 그의 공평무사함과 성실함은 널리 인정을 받았다. 다행이도 그는 남을 돕기 위해 얼마 안 되는 자기 재산을 모두 탕진해야 하는 어려움은 겪지 않아도 되었다. 은행가 호어Hoare를 비롯해 런던의 유력인사 5명이 당시 총리였던 뷰트Bute를 단체로 방문해 시민을 대표해 선량한 핸웨이의 사심 없는 업적에 관심을 기울여달라고 요청했던 것이다. 그 결과 그는 해군 식량보급위원회 위원에 임명되었다.

핸웨이는 만년에 이르러 건강이 극도로 쇠약해져서 식량보급위원직을 사임할 수밖에 없었지만 그는 할 일 없이 빈둥거리며 지낼 사람이 아니었다. 당시 초창기 단계에 있던 주일학교 개설 운동에 참여하기도 하고 런던 거리를 떠도는 흑인 빈민을 구제하기도 했으며, 사회에서 소외된 빈민의 고통을 완화시키는 일에 적극 나서기도 했다. 그는 온갖 비참한 생활에 익숙해져 있었지만 항상 쾌활했다. 쾌활한 성품이 아니었다면 허약한 몸으로 그토록 방대한 일을 스스로 도맡아 해나갈 수 없었을 것이다.

비록 몸은 허약했지만 대담하고 지칠 줄 모르는 끈기가 있었고, 그의 정신적인 용기는 따를 자가 없었다. 여담이긴 하지만, 그는 최초로 머리 위에 우산을 쓰고 런던 거리를 활보한 사람이었다. 현대 런던 상인이 끝이 뾰족한 중국식 모자를 쓰고 콘힐 거리를 활보하려면 다소 용기가 필요할 것이다. 그 당시까지만 해도 우산은 여자들이나 액세서리로 들고 다니는 것이라는 인식이 있었으나, 핸웨이가 우산을 들고 다닌 지 30년이 지나서야 남자들도 우산을 널리 사용하게 되었다.

핸웨이는 철저하게 명예를 지키고 신의가 두텁고 성실했으며, 그가 하는 말은 모두 믿을 수 있었다. 그는 정직한 상인의 인격을 숭배에 가까울 정도로 크게 존경했다. 그래서 다른 칭송에는 관심이 없었으나 그런 찬사는 기꺼이 받아들였다. 그는 자신이 한 말을 엄격히 지켰다. 상인으로 일할 때나 해군 식량보급위원으로 일할 때나 그의 행동에는 전혀 오점이 없었다. 그는 납품업자로부터 아무리 사소한 편의라고 할지라도 절대 제공받지 않았다. 식량보급소에서 일하는 동안 선물을 받은 적이 있는데 그는 그 선물을 정중하게 돌려보내면서 이렇게 알려주었다.

"나는 직무와 관련된 사람으로부터 아무것도 받지 않는 것을 철칙으로 삼고 있습니다."

기력이 쇠약해지는 것을 느끼자 그는 마치 시골로 여행을 떠나는 것처럼 즐거운 마음으로 죽음을 준비했다. 거래하는 상인들에게 사람을 보내어 미지급금을 지불하고 친구들에게 작별 인사를 하고 개인적인 일을 정리하고 몸을 단정히 한 연후에 일흔네 살을 일기로 조용하고 평화롭게 세상을 떠났다. 그가 남긴 재산은 2000파운드도 채 되지 않았는데, 상속받고자 하는 친족이 없어서 평생 동안 돌봐오던 고아들과 가난한 사람들에게 나누어주었다. 요컨대 조너스 핸웨이의 일생은 이렇게 아름다웠다. 정직하고, 활기차고, 근면하고, 진실하게 한 평생을 산 사람이었다.

그랜빌 샤프

그랜빌 샤프Granville Sharp도 한 사람이 발휘할 수 있는 힘이 얼마나 강력한 것인지 여실히 보여준 사람이다. 이 한 사람의 힘이 훗날 클라크슨Clarkson, 윌버포스Wilberforce, 벅스턴Buxton, 브루엄을 비롯해 노예제도 철폐운동에 앞장선 일꾼들을 결속시키는 원동력이 되었다. 그랜빌 샤프는 이 운동에 최초로 앞장선 사람이었으며, 끈기, 정력, 활력 그리고 용맹성에서 누구보다 위대한 사람이었다. 그는 타워힐에서 직물상점의 견습생으로 사회생활을 시작했다. 견습 기간이 끝나자 그 일을 그만두고 군수국에 서기로 취직해 틈나는 대로 흑인 해방운동에 참여했다. 그는 견습생으로 일할 때에도 유익한 목적이라면 어디든지 자원봉사를 할 자세가 되어 있었다. 직물상점에서 장사하는 법을 배울 때 같은 집에 살고 있던 동료 견습생이 그를 자주 종교 문제 토론에 끌어들였다. 그 동료는 유니테리언Unitarian*13 교도였는데 그랜빌이 삼위일체설을 믿는 것은 그리스 어를 몰라 성경을 일부 잘못 이해하고 있기 때문이라고 주장했다. 그 말은 들은 그랜빌은 저녁마다 공부를 해 그리스 어에 대해 해박한 지식을 쌓았다. 유대인 동료와 예언서 해석 문제를 놓고 비슷한 논쟁이 벌어졌을 때에도 그는 즉시 히브리 어를 배우기 시작해 통달했다.

그러나 평생 동안 시간을 주로 할애하고 집중한 일은 그의 관대하고 자비로운 마음에서 비롯된 것이다. 민싱Mincing 가에서 외과의사로 일하고 있던 그의 형 윌리엄은 가난한 사람들에게 무료로 진찰해주고 있었는데, 그의 진료실에 도움을 요청하러 온 사람 가운데 조나단 스트롱Jonathan Strong이라는 가난한 아프리카 인이 있었다.

이 흑인의 주인은 바베이도스 변호사로 그 당시 런던에 머물고 있었는데, 이 흑인은 주인으로부터 무자비하게 학대를 받아 다리를 절고 눈이 거의 멀어 일할 능력을 상실했다. 그러자 주인은 더 이상 재산 가치가 없다고 판단하고 그를 잔인하게 거리로 내몰았다. 그래서 이 가련한 흑인은 병 덩어리라고 할 수 있을 만큼 중병에 걸린 채 한동안 구걸로 연명하다가 윌리엄 샤프를 찾아오게 되었다. 윌리엄은 그에게 약을 주고 세인트 바톨로뮤St. Bartholomew 병원에 입원시켰다. 얼마 지나지 않아 그가 완쾌되어 퇴원하자 스트롱이 거리를 떠돌지 않도록 그들 형제가 돌봐주었지만, 형제는 누군가 그에 대한 소유권을 주장하지 않을까 적잖이 걱정되었다. 그들이 약방에 일자리를 구

---

*13. 유니테리언 : 삼위일체설을 부인하고 예수를 신격화하지 않으며 신은 오직 하나뿐이라는 신앙을 가진 그리스도교 교파

해 준 덕분에 스트롱은 2년 동안 그곳에서 일하기도 했다.

그런데 어느 날 여주인을 모시고 전세마차 뒤에 타고 가다가 예전 주인인 바베이도스 변호사의 눈에 띄었다. 이 변호사는 스트롱의 건강이 회복된 것을 보고 노예를 다시 돌려받기로 결심하고 경찰관 두 명을 시켜 그를 체포한 다음 감옥에 가두고 서인도제도로 가는 배에 실어 보내려고 했다. 감옥에 갇힌 스트롱은 몇 해 전 커다란 곤경에 빠져 있을 때 친절을 베풀어주었던 그랜빌 샤프를 기억하고 그에게 도움을 청하는 편지를 보냈다. 그랜빌은 스트롱이라는 이름을 기억해내지 못했지만 심부름꾼을 보내어 수소문해보았다. 하지만 심부름꾼은 간수들이 그런 사람이 없다고 말했다고 전했다. 그 말은 들은 그랜빌은 의심이 생겨 직접 감옥으로 달려가 스트롱의 면회를 요구했다. 허가를 받고 면회하는 순간 다시 붙잡혀 노예 신세가 된 그 불쌍한 흑인을 한눈에 알아볼 수 있었다. 그랜빌은 간수장에게 시장에게 넘기기 전까지 스트롱을 절대로 다른 사람에게 넘겨주지 말라고 단단히 이르고 곧 바로 시장에게 달려가 영장 없이 스트롱을 체포·구금한 사람들에 대한 소환장을 받아냈다.

당사자들이 소환장을 받고 시장 앞에 출두했는데 재판 과정에서 스트롱의 예전 주인이 그를 이미 새로운 주인에게 팔아넘겼다는 사실이 밝혀졌다. 새 주인은 매도증서를 증거로 제시하고 그 흑인을 자기 재산이라고 주장했다. 하지만 시장은 스트롱에게 무죄를 선고하고 스트롱이 자유인인지 여부에 관한 법적 문제는 자기 소관이 아니므로 그를 방면한다고 했다. 그 노예가 후원자의 뒤를 따라서 법정 밖으로 나왔으나 아무도 감히 그를 건드리지 못했다. 그 사람의 주인은 즉시 노예를 강탈당했다고 주장하면서 그랜빌을 상대로 흑인 노예의 점유권 회복에 관한 소송을 내고 소송 통지서를 보냈다.

영국에서의 노예의 지위

그 무렵(1767년) 이론적으로는 영국인에게 신체의 자유가 인정되었지만 실제로는 거의 매일 심각하게 침해받는 실정이었다. 남자를 끌어다가 배에서 강제 노역을 시키는 일이 관행처럼 행해지고 있었고, 강제징집대 이외에도 런던을 비롯해 대도시에는 동인도회사에 팔아넘길 사람을 전문적으로 납치하는 인신매매조직이 기승을 부렸다. 인도에서 사겠다고 하지 않으면 아메리카 식민지의 농장주들에게 사람들을 배로 실어 보냈다. 흑인 노예는 런던과 리버풀 일간지에 광고를 게재해 공개적으로 사고팔았다. 도주한 노예를 잡아서 강에 정박 중인 특정 선박에 넘겨주는 사람에게는 포상금을 주기도 했다.

그 당시 영국에서 노예의 지위는 명확하지가 않았다. 법원에서 내린 판결도 제각기 달랐고 확정된 원칙이 없었다. 영국에는 노예가 있을 수 없다는 것이 일반적인 믿음이었으나 그러한 믿음에 정면으로 상반되는 의견을 내놓는 저명한 법조인들도 있었다. 샤프는 조나단 스트롱 사건과 관련해 자기를 상대로 제기된 소송을 방어해달라고 변호사들을 선임했으나 이들도 대체로 이 견해에 동조하고 있었고, 특히 유명한 맨스필드 대법관과 주요 변호사들도 노예는 영국에 입국했다는 이유만으로 자유의 몸이 될 수 없으며 합법적으로 농장에 강제 송환할 수 있다는 의견이 지배적이었다.

그랜빌 샤프만큼 용감하거나 성실하지 못한 사람이 그런 소식을 들었다면 매우 실망했을 것이다. 그러나 그는 영국에서나마 흑인의 자유를 위해서 싸우겠다는 결심을 더욱 확고하게 굳혔다. 그는 이렇게 회상했다.

"전문적인 변호사들이 등을 돌려서 나는 법률 지원도 받지 못하고 승소할 가망도 없이 스스로 방어에 나서는 수밖에 없었다. 그때까지 평생 법률서적을 들춰본 적도 없었고 법률 실무나 법률에 대한 기초 지식도 전혀 없었지만 하는 수 없이 단골 서점에 최근에 입고된 법률 서적 목록을 살펴보기 시작했다."

군수국에서 가장 업무량이 많은 직책을 맡고 있어서 낮에는 하루 종일 격무에 시달려야 했기 때문에 새롭게 시작한 법률공부는 늦은 밤이나 새벽에 할 수밖에 없었다. 그는 자신이 노예 같은 신세가 되었다고 털어놓았다. 답장을 늦게 보내 미안하다는 내용의 편지를 한 성직자 친구에게 보내면서 그는 이렇게 썼다.

"나는 편지 왕래를 전혀 할 수가 없네. 밤과 새벽에 잠을 줄여서 얻은 시간에는 법률 쟁점을 검토하는 데 전념해야 하거든. 조금도 지체할 수 없기 때문에 서재에 틀어박혀 조사와 검토에 몰두해야 해."

흑인 보호 활동

샤프는 2년 동안 전혀 여가를 즐기지 못하고 산더미같이 쌓인 무미건조하고 냉정한 문헌을 샅샅이 뒤지고 의회가 제정한 주요 법률, 법원 판례, 저명한 법률가들의 의견을 발췌해 요약하면서 신체의 자유와 관련이 있는 영국 법률을 철저하게 파고들었다. 그는 이렇게 장기간이 소요되는 지루한 연구를 누구의 지도나 도움 또는 조언도 받지 못하고 혼자 해나갔다. 그에게 유리한 의견을 내놓는 법률가가 한 사람도 없었기 때문이다. 하지만 그의 연구 결과는 자신이 생각해도 대견스러웠다. 하지만 법조인들은 그 결과에 놀랄 수밖에 없었다. 그는 이렇게 지적했다.

"영국 법령에는 다른 사람을 노예를 만드는 행위를 정당화할 만한 근거가 없다. 아니, 적어도 나는 그런 법령을 찾을 수가 없었다."

그는 자신의 입장을 분명히 밝히고 자기 신념을 추호도 의심하지 않았다. 그동안 연구한 결과를 요약문의 형식으로 작성하고 『영국에서 묵인되고 있는 노예제도의 부당함에 대한 연구 *On the Injustice of Tolerating Slavery in England*』라는 제목을 붙여서 많은 부수의 소책자를 인쇄해 당대의 저명한 법률가들에게 배포했다. 스트롱의 주인은 그의 상대가 만만치 않다는 것을 깨닫자 샤프를 상대로 제기한 소송을 연기시키려고 갖가지 핑계를 대다가 결국 타협을 제안했다. 그러나 샤프는 그 제안을 거절하고 자신의 원고를 법률가들에게 계속 배포했다. 그러자 마침내 조나단 스트롱에 대한 소송이 취하되고 스트롱의 옛주인은 소송을 뒷받침할 증거를 제시하지 못했다는 이유로 벌금으로 소송비용의 세 배를 물어야 했다. 그 소책자는 1769년에 발간되었다.

한편 런던에서는 흑인을 납치해서 팔아넘기기 위해 서인도제도에 배에 실어 보내는 사건이 속출했다. 샤프는 그런 사건에 관여할 수 있는 기회가 있을 때마다 흑인을 구할 수 있는 절차를 밟았다. 하일러스Hylas라는 아프리카 인의 아내가 붙잡혀서 바베이도스로 끌려간 적이 있었는데, 샤프는 하일러스를 대신해 가해자를 상대로 소송을 제기하고 손해배상 평결을 받아내 하일러스의 아내를 영국으로 도로 데려와 자유의 몸이 되도록 도와주었다.

아주 잔혹한 흑인 납치사건이 1770년에 또 발생하자 그는 즉시 가해자들을 추적하기 시작했다. 루이스라는 아프리카 인이 어느 캄캄한 밤 뱃사공 2명에게 납치되었다. 이 뱃사공들은 그 흑인이 자기 재산이라고 주장하는 사람이 고용한 사람들로, 흑인을 물로 끌고 가서 배에 끌어올려 입에 재갈을 물리고 팔다리를 묶었다. 그러고는 배를 저어 강줄기를 타고 내려가 자메이카로 가는 배에 흑인을 태웠다. 자메이카에 배가 도착하는 즉시 노예로 팔아넘기려고 했던 것이다. 하지만 이웃 사람이 이 불쌍한 흑인이 울부짖는 소리를 듣고 흑인의 친구라고 알려진 그랜빌 샤프에게 달려왔다. 샤프는 즉시 그레이브젠드로 달려갔으나 배가 이미 다운스를 향해 출발한 직후였다. 그는 인신보호영장을 발부받아 스핏헤드Spithead로 달려가 배가 영국 해안을 벗어나기 전에 영장을 송달했다. 샤프가 배에 올랐을 때 그 노예는 쇠사슬로 돛대에 꽁꽁 묶인 채 눈물을 쏟으며 점점 멀어지는 육지를 비통하게 바라보고 있었다. 그는 즉시 노예를 풀어서 런던으로 데려오고 인권을 유린한 가해자에 대해 영장을 발부받았다. 이 사건에서 샤프가 보여준 민첩한 대처는 그 누구도 능가하기 어려웠지만 그는 자신의 행동이 너무 느렸다고 자책했다. 이 사건의 재판은 맨스필드가 맡았다. 그는 예전에 그랜빌 샤프의 의견을 정면으로 반대한 적이 있었다. 하지만 맨스필드는 이 사건의 쟁점을 다루거나 노예의 신체의 자유에 대한 법적 문제에 대해 의견을 제시하는 것을 피하고 피고인이 루이스가 명목상으로 그의 재산이라는 증거를 제시하지 못했기 때문에 흑인을 석방한다고 판결했다.

서머셋 사건

따라서 영국에서 흑인의 신체의 자유의 문제는 여전히 미결 상태로 남았다. 그러나 샤프는 자선사업을 꾸준히 해가면서 끈질긴 집념과 신속한 행동으로 더 많은 사람을 구출해냈다. 그러다가 마침내 유명한 제임스 서머셋James Somerset 사건이 터졌다. 중대한 법률적 쟁점이 걸려 있는 문제를 거론해 명확하게 해결하고자 하는 맨스필드와 샤프, 두 사람의 욕구가 서로 맞아 떨어져 이 사건을 골랐다고 전해진다. 서머셋은 그의 주인에게 이끌려 영국에 왔다가 도주했다. 그 후 주인이 그를 붙잡아서 자메이카로 팔아버리려고 했다. 그러자 샤프는 평상시와 마찬가지로 그 흑인 사건을 맡아서 흑인을 변호해줄 변호사를 선임했다. 맨스필드는 이 사건이 많은 사람의 관심사이기 때문에 재판관 전원의 의견을 들어야 한다고 선언했다. 샤프는 이제 자신에게 반대하는 모든 세력과 맞서 싸워야 한다는 느낌이 들었지만 확고한 신념은 전혀 흔들리지 않았다. 다행히 그동안 그가 쏟아부은 노력이 격렬한 다툼에서 효과를 나타내기 시작하고 있었다. 이 사건에 대한 관심이 높아지자 저명한 법률가들이 공개적으로 샤프의 주장을 지지한다고 선언한 것이다.

맨스필드는 3명의 판사가 배석한 가운데 쟁점이 된 신체의 자유문제에 관해 공정하게 재판을 열고, 영국에서는 법률에 따라 박탈되지 않는 한 모든 사람이 신체의 자유에 대한 헌법상의 기본권을 보장받는다는 일반원칙에 따라 이 사건을 심리했다. 이 중대한 재판 과정을 상세하게 설명하지는 않겠다. 법정 공방이 계속되고 휴정과 개정이 되풀이되면서 재판을 미루고 다음 기일로 넘기기를 거듭하다가 맨스필드의 강한 마음이 차차 샤프의 주장 쪽으로 기울기 시작했다. 그는 마침내 이 사건을 12명 전원 재판부에 회부할 필요가 없다는 의견에 도달했다고 명확하게 선고했다.

그는 이어서 노예에 대한 권리 주장은 지지를 받을 수 없고, 그러한 권리는 영국에서 사용되거나 법률로 인정된 적이 없으므로 제임스 서머셋은 석방돼야 마땅하다고 판결했다. 이 판결을 받음으로써 그랜빌 샤프는 그때까지 리버풀과 런던에게 공공연하게 자행되던 노예 매매 관습을 완전히 없애버리게 되었다. 또 그는 어떤 노예라도 영국 땅에 일단 발을 들여 놓으면 그 순간부터 자유의 몸이 된다는 멋진 원칙을 확립하게 되었다. 맨스필드의 이 위대한 결정은 물론 처음부터 끝까지 확고한 신념과 불굴의 의지와 신속한 행동으로 이 문제를 파고들었던 샤프의 공로로 이루어진 것이다.

그랜빌 샤프의 일생에 대해서는 더 이상 살펴볼 필요가 없을 것이다. 그는 끊임없이 선행을 계속했다. 그는 구출한 흑인들을 위해 시에라리온Sierra Leone 식민지에 수용소를 건립하는 데 기여하고, 미국 식민지의 인디언 원주민의 생활 여건을 개선하기 위해 노력했다. 그는 영국 국민의 참정권 확대를 부르짖는 한편, 선원들의 강제 징집제도 철폐를 위해서도 노력했다. 그랜빌은 영국 선원들도 아프리카 흑인들과 마찬가지로 법의 보호를 받을 권리가 있으며 선원 생활을 선택했다는 사실만으로 영국인의 권리와 특권, 특히 신체의 자유를 박탈할 수 없다고 주장했다. 샤프는 영국과 미국 식민지간의 우호관계를 회복하기 위해서도 애를 썼으나 효과가 없었다. 그는 매우 양심이 바른 사람이어서 미국 독립혁명전쟁이 발발해 동족상잔의 비극이 빚어지자 어떤 방식으로든 비인간적인 일에 참여하지 않겠다고 결심하고 식량보급소 위원직을 사임했다.

그는 죽는 순간까지 위대한 그의 생애의 목표, 노예제도 철폐에 전력을 다했다. 이 일을 추진하고 증가하는 동참자들의 노력을 조직적으로 관리하기 위해 노예제도철폐협회를 설립하자 샤프의 본보기와 열성에 감화된 사람들이 그를 돕기 위해 몰려들었다. 그의 힘은 그들에게도 전해져 오랫동안 혼자서 애써왔던 자기희생의 열정이 전 국민에게 파급되었다. 그의 역할은 클라크슨, 윌버포스, 브루엄 그리고 벅스턴이 이어 받아 노예제도가 영국 영토 전역에서 완전히 사라질 때까지 샤프처럼 힘차고 일관된 목적을 달성하기 위한 노력이 지속되었다. 이 위대한 운동의 승리를 언급할 때마다 바로 앞에 언급한 사람들의 이름이 빈번하게 거론되고는 있지만 가장 큰 공적을 세운 사람은 역시 그랜빌 샤프다. 그가 이 일을 시작할 때에는 성원해주는 사람이 아무도 없었다. 그는 당대의 유능한 법률가들의 의견과 뿌리 깊은 편견에 맞서 외롭게 투쟁했다. 이 나라의 헌법과 국민의 자유를 수호하기 위해 혼자 힘으로 자기 비용을 들여가면서 싸운 그의 투쟁은 반드시 기억될 수 있도록 현대 역사에 기록돼야 한다. 그의 끈질긴 충정은 마침내 결실을 맺었다. 그는 횃불을 밝혀 다른 사람들의 마음에도 불을 지폈으며 그 횃불은 손에서 손으로 전달되어 온 세상에 빛을 발했다.

토머스 클라크슨

그랜빌 샤프가 세상을 떠나기 전, 클라크슨은 이미 흑인 노예 문제에 주목하고 있었다. 그는 대학 재학 시절 이 문제를 논문의 주제로 삼기도 했는데, 이 문제에 완전히 사로잡혀 떨쳐버릴 수가 없었다. 그러다가 마침내 이 문제 해결에 헌신하겠다고 결심한 장소는 하트퍼드셔 주에 있는 웨이즈밀Wade's Mill 부근이었다. 어느 날 그는 말에서 내려 쓸쓸하게 홀로 길섶에 앉아 깊은 생각에 잠겨 있다가 이 일에 평생을 바치겠다고 결심했다. 그는 자신의 라틴어 논문을 영어로 번역하고 새로운 사례를 추가해 출판했다. 그러자 함께 일할 사람들이 몰려들었다.

클라크슨은 노예제도폐지협회가 이미 설립된 것을 모르고 있다가 그 소식을 뒤늦게 듣고 협회에 가입했다. 그는 이 운동에 모든 것을 바쳤다. 윌버포스를 의회에서 이 운동을 선도할 지도자로 뽑고, 클라크슨은 주로 폐지 주장을 뒷받침할 만한 방대한 증거를 수집하고 정리하는 일을 맡았다. 클라크슨은 탐정처럼 끈질기게 조사에 나섰다. 노예제도를 방조하는 사람들은 이 제도를 변호하는 과정에서 전쟁 포로로 잡은 흑인들만 노예로 팔았으며, 만약 노예로 팔리지 않고 자기들 나라로 송환되면 더 끔찍한 운명에 처하게 될 것이라는 주장을 펼쳤다. 클라크슨은 노예상인들이 노예사냥을 자행하고 있다는 사실을 알고 있었으나 자기의 주장을 입증해줄 증인이 없었다. 증인을 도대체 어디에서 찾는단 말인가? 그런데 여행 중에 우연히 한 신사를 만났는데, 그 신사는 약 1년 전에 노예사냥에 실제로 가담했다는 젊은 선원을 만난 적이 있다고 그에게 말했다. 하지만 이 신사는 선원의 이름도 모르고 생김새도 잘 기억하지 못했다. 어디 사는지도 모르고 군함에 배속되어 있다는 사실만 알 뿐 어느 항구에 있는지도 말하지 못했다. 그러나 클라크슨은 이런 막연한 정보만 가지고 이 선원을 증인으로 내세우기로 결심하고 군함이 정박되어 있는 항구마다 찾아다니며 샅샅이 뒤졌다. 배마다 승선해 찾아보았지만 허사였으나 맨 마지막 항구에서 마지막으로 방문하려고 했던 배에서 마침내 그 젊은 선원을 찾아냈다. 그 젊은이는 매우 귀중하고 효과적인 증언을 해주었다.

클라크슨은 몇 년 동안 400명이 넘는 사람들과 편지 왕래를 하는 한편 증거를 찾느라고 5만 6000킬로미터가 넘는 거리를 여행했다. 그는 지속적인 과로로 인해 마침내 병에 걸려 움직일 수가 없게 되었으나 끝까지 일선에서 물러나지 않고 열성적으로 국민의 생각을 일깨워주고 노예의 권익에 대해 선량한 사람들의 열렬한 공감을 불러일으켰다.

포얼 벅스턴

오랜 세월 동안 지루한 투쟁을 전개한 끝에 노예매매는 폐지되었다. 그러나 여전히 또 다른 커다란 문제가 남아 있었다. 그것은 바로 영국 영토 전역에서 노예제도를 폐지하는 일이었는데, 이 문제도 역시 굳센 의지의 힘으로 해결되었다. 노예제도 폐지운동에 앞장선 지도자 가운데 벅스턴만큼 걸출한 사람도 없었다. 그는 윌버포스가 하원에서 맡았던 일을 넘겨받았다. 벅스턴은 어린 시절 우둔하고 행동이 굼뜬 편이었으나 고집이 센데다 난폭하고 거만했으며 억지 부리기로 유명했다. 아버지는 벅스턴이 어렸을 때 세상을 떠났으나 다행히도 그에게는 지혜로운 어머니가 있었다. 어머니는 그의 남다른 고집을 자제하도록 세심하게 가르치는 한편 그에게 맡겨진 일에 대해서는 스스로 결정하고 스스로 행동에 옮기도록 하는 습관을 길러주었다. 그의 어머니는 제대로 지도하고 자신도 올바르게 행동해 값진 목적에 쓰도록 유도한다면 강한 의지가 훌륭한 자질이 될 수 있을 거라고 믿었다. 주위 사람들이 아들이 고집이 세다고 말하면 그녀는 그저 이렇게만 대답했다.

"괜찮아요. 지금은 제멋대로 행동하는 것처럼 보이지만 크면 훌륭한 성품이 될 거예요."

포얼은 공부를 잘 못해서 게으른 열등생이라고 낙인찍혔다. 그는 연습 문제를 친구들에게 대신 풀라고 하고 수업시간에 장난을 치거나 도망쳤다. 열다섯 살에 집으로 돌아왔을 때 한창 성장하는 나이라 덩치는 매우 컸으나 말을 듣지 않고 보트 타기, 사냥, 승마, 필드 경기만을 좋아했다. 주로 사냥터 관리인과 어울리며 시간을 보냈는데, 이 관리인은 글을 쓰거나 읽을 줄은 몰랐지만 착한 성품을 가진 사람이었고 인생과 대자연에 대해 깊은 관찰력을 가지고 있었다. 벅스턴도 뛰어난 자질을 갖추고 있었으나 수련과 훈련 그리고 자기계발이 필요했다.

좋은 버릇이나 나쁜 버릇이 형성되는 이 중요한 시기에 그는 다행스럽게도 거니Gurney 가문과 친분을 맺게 되었다. 이 가문은 당시 지적 수준이 높고 애국심에서 우러난 박애 활동에 적극적으로 참여할 뿐만 아니라 사회적 신분도 매우 높았다. 그는 거니 가문과 교제함으로써 자신의 삶이 변화하게 되었다고 훗날 술회했다. 거니 가문 사람들은 그가 교양을 쌓도록 도와주었다. 그가 더블린 대학교에 입학해 상을 받을 때마다 그는 "자신을 격려해주어 상을 받게 해준 그 가문 사람들에게 상을 전해주고 싶다."고 말했다. 그는 이 가문의 딸과 결혼하고 런던에서 양조장을 하는 핸베리Hanbury 삼촌 밑에서 사무원으로 일하기 시작했다. 어렸을 때는 고집이 세서 다루기 힘든 아이였지만, 그 고집이 이제는 의지력으로 발전해 그의 중추적인 성격이 되어 무슨 일을 하든 꾸준히 적극적으로 추진하는 원동력이 되었다. 그는 자신의 일에 온 힘을 다 쏟았다. 키가 2미터가 넘는 거구였기 때문에 '코끼리 벅스턴'이라는 별명이 붙었는데 이제는 아주 박력 있고 실무에 능한 사람이 되었다. 그는 이렇게 회상했다.

"나는 1시간 동안 양조장 일을 하고 그 다음 1시간은 수학 공부를 했으며 또 그 다음 시간에는 사냥을 했는데, 무슨 일을 하든 완전히 몰입했다."

그는 무슨 일이든 지칠 줄 모르는 활력과 굳센 결단력으로 처리했다. 그는 양조장에서 동업자로 인정을 받고 실질적인 경영자가 되어 사업 전반에 자신의 영향력을 발휘하면서 회사를 과거 어느 때보다 더 크게 발전시켰다. 그러면서도 잠시도 머리를 가만히 쉬게 내버려두지 않고 저녁에는 블랙스톤, 몽테스키외의 저서와 영국법에 관한 두툼한 주해서를 열심히 소화하면서 자기계발에 열중했다. 그가 독서에 대해 좌우명으로 삼은 말은 이러했다.

"책 한 권을 읽기 시작하면 반드시 끝까지 다 읽어야 한다. 책 내용을 완전히 습득하기 전까지는 책 한 권을 다 읽은 것으로 생각하지 않는다. 무슨 책이든 온 정성을 다해 공부한다."

벅스턴의 결단력

벅턴은 불과 서른두 살의 나이로 의회에 진출했으며, 세계에서 가장 훌륭한 신사들이 모이는 그곳에 들어가서도 정직하고 성실하고 학식이 많은 사람이 차지하는 영향력이 있는 직책을 즉시 떠맡게 되었다. 그가 전념했던 주요 문제는 영국 식민지에서의 전면적인 노예 해방이었다. 그가 일찍이 이 문제에 대해 관심을 가지게 된 데에는 예리한 지성, 따스한 마음을 지니고 모범적인 덕성이 풍부했던 얼햄Eerlham 출신의 아내 프리실라 거니Priscilla Gurney 덕택이었다고 말하곤 했다. 1821년 그녀는 임종을 앞두고 침상에 누워서도 벅스턴에게 사람을 여러 차례 보내어 이렇게 부탁했다.

"노예 문제를 당신의 인생 최대 목표로 삼으세요."

그녀는 마지막 순간에도 이 엄숙한 부탁을 되풀이하려고 하다가 끝내 말을 잇지 못하고 숨을 거두었다. 벅스턴은 그녀의 내조를 결코 잊지 못하고 딸 하나에게 아내의 이름을 붙여주었다. 흑인이 해방되던 1834년 8월 1일에 바로 그 딸이 결혼을 해 집을 떠났다. 딸 프리실라가 자녀의 임무에서 해방되어 남편과 함께 아버지의 집을 떠난 후, 벅스턴은 책상에 앉아 친구에게 이런 편지를 썼다.

"신부가 방금 떠났다네. 모든 일이 멋지게 마무리되었고, 이제 영국 식민지에는 단 한 사람의 노예도 없네."

벅스턴은 천재도 아니고 위대한 지성인이나 발명가도 아니었으나, 성실하고 솔직하고 의지가 굳건하고 정력적인 사람이었다. 그의 전반적인 인품에 대해서는 그의 말에 가장 잘 나타나 있다. 젊은이들은 이 말을 깊이 새겨둘 필요가 있을 것이다.

"나는 연륜이 깊어질수록 사람과 사람 사이의 큰 차이점, 무기력한 자와 강한 자, 위대한 사람과 별 볼일 없는 사람의 큰 차이점은 일단 목표를 정하면 죽음이든 승리든 끝까지 굽히지 않는 굳센 의지, 즉 힘에 달려 있다는 것을 점점 확신하게 되었다. 그러한 자질이 있으면 무슨 일이든 해낼 수 있다. 아무리 재능이 뛰어나고 배경이 좋고 기회가 있어도 이것이 없으면 두 발로 걸어 다니더라도 인간이 되지는 못한다."

9

사업가의 원칙과 자질

| 새무얼 스마일즈의 자조론 |

자기 일에 부지런한 자는 임금을 섬기게 되리라.

— 솔로몬의 잠언

일을 배우지 못하고 자란 사람은 하류층에 머물 것이다.

— 오웬 펠텀[*1]

---

*1. 오웬 펠텀(1602?~1668) : 영국의 종교서적 저자

작가 윌리엄 해즐릿William Hazlitt은 자신의 수필에서 사업가를 재치있게 묘사했다.

"사업가란 생업의 멍에를 매고 마차를 끄는 사람이다. 수많은 마차가 다져놓은 바퀴 자국에서 마차가 벗어나지만 않게 하면 사업은 저절로 굴러가게 마련이다."

그는 또 이렇게 덧붙였다.

"일반적으로 비즈니스를 성공적으로 관리하는 데 필수적인 조건은 상상력이나 아이디어가 아니라, 관세나 이자를 단 한 푼이라도 아낄 수 있는 길을 모색하는 것이다."[26]

이보다 더 편협하고 그릇된 정의가 있을까? 물론 과학자, 문학가, 의회의원 중에도 편협한 사람이 있듯이 사업가 중에도 옹졸한 사람들이 있다. 반면에 세상에는 통이 크고 시야가 넓어 큰일을 해낼 수 있는 능력 있는 사업가들도 있다. 버크는 동인도회사 관련 법안을 비판하는 연설에서 이렇게 말했다.

"보따리장수 같은 정치가들이 있는가 하면, 정치가 같은 패기를 가지고 행동하는 상인들도 있다."

중요한 사업을 성공적으로 수행하는 데에는 특수한 적성, 신속한 위기 대처 능력, 대규모 조직 관리 능력, 인간 본성에 대한 감각과 폭넓은 지식, 지속적인 자기 수양, 실무 경험 등의 자질이 필요하다. 따라서 비즈니스 분야는 결코 일부 작가들이 주장하는 것처럼 편협하지 않다.

작가 아서 헬프스Arthur Helps의 말처럼, 완벽한 사업가는 위대한 시인만큼이나 드물고 참된 성자나 순교자보다 더 희귀하다. "일이 사람을 만든다."는 말이 비즈니스 분야만큼 딱 들어맞는 곳도 없다.

어느 시대를 막론하고 천재에게는 사업이 어울리지 않고 사업에 관련된 직업은 천재적인 일을 추구하는 사람에게 맞지 않는다는 그릇된 생각을 가진 저능아들이 있다. 몇 년 전에 "남자로 태어나서 식료품점 장사를 하게 된 운명"을 비관해 자살한 젊은이는 자신의 영혼이 식료품점의 존엄성만도 못하다는 것을 입증한 셈이다. 왜냐하면 식료품상이라는 직업이 그를 격하시킨 것이 아니라 스스로 자신의 직업을 격하시켰기 때문이다.

육체적 노동이든 정신적 노동이든 정직한 이익을 가져오는 일은 모두 영예로운 일이다. 손가락은 더러워지겠지만 마음은 언제나 순수하다. 손가락이 더러워지는 것은 도덕심에 때가 끼는 것만큼 중대한 일이 아니다. 숯검정보다는 탐욕이, 쇠붙이의 녹보다는 악덕이 훨씬 더 불결한 것이기 때문이다.

위대한 사업가

위인들은 고귀한 목표를 추구하면서도 생계수단으로 정직하고 유용한 일을 하는 것을 부끄럽게 생각하지 않았다. 고대 그리스의 칠현七賢 중 으뜸이 되는 탈레스, 아테네의 개혁가 솔론Solon 그리고 수학자 히포크라테스는 모두 상인이었다. 탁월한 지혜로 초인이라 불리는 플라톤도 기름을 팔아 번 수익으로 이집트 여행 경비를 충당했다. 스피노자는 철학 연구를 계속하면서 안경알을 갈아서 생계를 꾸려나갔다. 위대한 식물학자 린네는 망치로 가죽을 두들겨 신발을 만들면서 연구를 계속했으며, 셰익스피어는 극장 지배인으로 성공한 사람이었다. 어쩌면 그는 희곡이나 시를 창작하는 것보다 극장 지배인으로서의 실무 능력을 더 자랑스러워했을지도 모른다.

시인 포프는 셰익스피어가 문학에 전념한 주요 목적은 물질적 자립을 정당한 방법으로 확보하는 데 있었다고 악평을 했다. 실제로 그는 문학적 명성에 전혀 무관심했던 것처럼 보인다. 단 한 편의 희곡이라도 그가 직접 출판했는지, 심지어 출판권을 남에게 허가해주었는지조차 알려지지 않고 있고 작품 연대기도 여전히 수수께끼로 남아 있다. 그러나 그가 사업에 성공해 고향 스트랫퍼드어폰에이번Stratford-upon-Avon에서 은퇴생활을 즐길 수 있을 만큼 많은 돈을 벌어들였다는 사실만은 확실하다.

시인 초서Chaucer는 젊은 시절에 군인이었으며 훗날 관세처장과 왕실소유지 및 산림 감독관직을 맡아 유능하게 일했다. 철학자 스펜서Spencer는 아일랜드 부총독의 비서로 일하고 훗날 코크 주의 장관직을 맡아 매사를 용의주도하게 처리했다고 전해진다. 원래 학교 선생님이었던 시인 밀턴은 공화정 시절 국무회의 비서관 자리에 올랐다. 지금까지 보관되어온 그의 수많은 편지뿐만 아니라 국회에 보존되어 있는 당시의 의회 의사일정표를 보면 그의 공무 수행능력이 얼마나 뛰어났는지 알 수 있다. 물리학자이자 수학자인 뉴턴은 조폐국장직을 맡아 일을 효율적으로 처리했으며, 1694년에는 그가 직접 지휘해 새로운 화폐를 도입했다. 시인 쿠퍼는 일을 처리할 때 시간을 철저하게 지킨다고 자기 자랑을 하면서 이렇게 털어놓았다.

"매사에 시간을 철저히 지키는 시인을 나 외에는 단 한 명도 본 적이 없다."

하지만 워즈워드와 스콧의 삶을 살펴보면 쿠퍼의 말이 틀렸다는 것을 알 수 있다. 전자는 우표 유통업자였고 후자는 최고민사법원의 서기였다. 둘 다 위대한 시인이면서도 자신의 업무를 탁월한 능력으로 정확하고 노련하게 처리했다. 경제학자 리처드는 런던증권거래소 주식중개인으로 일해 큰 재산을 모으면서도 자신이 좋아하는 정치경제학 원리 연구에 전념해 커다란 발전을 도모할 수 있었다. 그는 명석한 상공인과 심오한 철학자의 모습을 겸비했기 때문이다. 저명한 천문학자 베일리는 주식중개인이었고 화학자 앨런은 비단 제조업자였다.

최고의 지적능력이 능동적이며 효율적인 업무 수행능력과 일치한다는 사실을 보여주는 사례는 오늘날에도 얼마든지 발견할 수 있다. 고대 그리스 연구에 위대한 업적을 남긴 역사학자 그로트Grote는 런던의 은행가였다. 현재 생존하는 가장 위대한 사상가 중 한 사람으로 손꼽히는 존 스튜어트 밀은 얼마 전에 동인도회사 심사부에서 은퇴했다. 그는 동료들로부터 찬사와 존경을 한 몸에 받았는데, 그 까닭은 높은 철학적 식견 때문이 아니라 그가 재직하는 동안 업무 능률 기준을 향상시키고 부서 업무를 완벽하게 처리했기 때문이다.

사업에서 성공하는 길은 대개 상식을 따르는 것이다. 지식을 얻거나 과학을 연구하는 경우와 마찬가지로 꾸준한 노력과 전념은 여기에도 필요하다. 고대 그리스 인들은 이렇게 믿었다.

"어떤 직업이든 유능한 사람이 되려면 소질, 연구, 실행, 이 세 가지가 필요하다."

비즈니스 분야에서는 슬기롭고 근면하게 실행하는 것이 성공에 이르는 큰 비결이다. 도박으로 돈을 따 이른바 '대박'을 터뜨리는 사람도 있을 것이다. 하지만 그런 대박은 사람을 파멸로 이끌 뿐이다. 철학자 베이컨은 사업의 길을 이렇게 정의했다.

"사업을 하는 것은 길을 걸어가는 것과 같다. 지름길은 대개 진창이다. 가장 깨끗한 길로 가려면 다소 돌아가야 한다. 돌아가려면 시간이 더 걸리겠지만 노동의 기쁨을 맛볼 수 있으며, 그로 인해 얻는 성과는 훨씬 더 참되고 순수한 것이다. 고된 일이라 할지라도 맡은 일을 매일 꾸준히 하면 여생을 훨씬 달콤하게 보내게 될 것이다."

실용적인 노력의 효과

헤라클레스의 우화는 전형적인 인류의 활동상과 성공담을 보여준다. 젊은이들은 행복하고 풍요로운 삶이 남의 후원이나 도움에 의존하지 않고 자신의 힘으로 일궈내는 것이라는 점을 반드시 깨달아야 한다. 존 러셀John Russell은 멜버른Melbourne에게 편지를 보내 시인 무어Moore의 아들에게 자리를 마련해 달라는 청탁을 했다. 멜버른은 답장에 유익한 충고를 써서 보냈다.

"친애하는 존에게. 여기 무어의 편지를 돌려보내네. 나는 도와줄 형편이 되면 언제든지 자네가 원하는 것은 무엇이든 다 도와줄 용의가 있네. 하지만 이 일은 무어가 스스로 해야 할 일이라고 생각하네. 그렇게 하는 것이 더 확실하고 솔직하고 직접적이고 현명한 방법이야. 비록 조그만 자리라 할지라도 젊은이에게 자리를 마련해주는 것은 정당하다고 보기 어렵고 결국 젊은이들에게 해로운 것이네. 젊은이들은 자신의 능력을 과대평가하면 더는 노력을 하지 않네. 젊은이라면 반드시 이 말에 귀를 기울여야 하네. '자기 스스로 길을 닦아야 한다. 굶어 죽게 되든 말든 모든 것은 자신의 노력에 달려 있다.' 내 말 명심하게. 멜버른."

실용적인 노력을 적극적으로 슬기롭게 사용하면 언제나 좋은 결과가 나온다. 노력은 사람을 앞으로 나아가게 하고 개성을 이끌어내며 다른 사람의 행동을 자극한다. 모두가 똑같이 출세하지는 못할지라도 대체로 각자 응분의 대가를 받는다. 이탈리아 토스카나 지방에 이런 속담에 있다.

"모든 사람이 양지바른 광장에 살 수는 없지만, 누구나 태양을 느낄 수 있다."

대체로 인간의 본성은 편한 길을 택하려고 하는데 그것은 인생에 좋지 않다. 모든 것을 쉽게 손에 넣을 수 있고 편안하게 누워서 지내는 것보다 가난하게 살더라도 열심히 일하면서 사는 것이 더 낫다. 실제로 비교적 적은 재산을 가지고 인생을 시작하면 일하려는 욕구가 생기고, 성공에 필수적인 요건을 하나 갖춘 셈이 된다. 그래서 법조계에서 성공하는 데 무엇이 가장 도움이 되는지 묻자 한 저명한 판사는 이렇게 대답했다.

"뛰어난 재능으로 성공하는 사람도 있고, 연줄이 좋아서 승진하는 사람도 있고, 기적이 일어나 출세하는 사람도 있지만, 대다수는 동전 한 닢 없이 시작했기 때문에 성공한 것이다."

근로의 필요성

상당히 큰 업적을 남긴 건축가가 있었다. 그는 오랫동안 공부해 지식을 쌓고 동양의 명소를 여기저기 돌아본 후 귀국해 건축가 일을 시작했다. 그는 일자리만 있다면 어디든 가리지 않고 일을 시작하겠다고 결심하고 낡은 집을 수리하는 공사를 맡았다. 이 일은 건축가의 업무 중에서 가장 보수가 낮았다. 하지만 그는 자신의 능력에 비해 높은 대접을 받는 것보다 순조롭게 출발하는 것이 훨씬 더 낫다고 생각했다. 그러고는 자신의 길을 차츰차츰 향상시켜보리라고 결심했다. 7월 어느 더운 날, 지붕 위에서 걸터앉아 집수리에 열중하고 있는데 한 친구가 지나가다가 그를 발견하고는 땀 흘리는 얼굴을 손으로 가리키며 이렇게 외쳤다.

"그리스를 방방곡곡 돌아다닌 사람에게 썩 잘 어울리는 공사로군!"

그러나 그는 조금도 동요되지 않고 일을 완벽하게 해냈다. 그는 열심히 일해 차츰차츰 더 나은 일자리로 옮기게 되었으며, 마침내 그 분야에서 정상에 올랐다.

노동은 개인 진보와 국가 문명 발전의 뿌리이자 원천이라 할 수 있다. 아무런 노력을 기울이지 않고도 원하는 것이 모두 충족되어, 열망하거나 투쟁할 것이 아무것도 없는 상태가 되는 것보다 더 무서운 저주가 있을지 의문스럽다. 인생에 있어 행동할 동기가 없고 필요한 것이 없다고 느낀다면 이성적인 존재인 인간으로서는 그 이상 고통스럽고 참기 어려운 것도 없을 것이다. 스피놀라Spinola 후작이 호레이스 비어Horace Vere에게 그의 동생이 왜 죽었냐고 묻자 비어는 이렇게 대답했다.

"할 일이 아무것도 없어서 죽었답니다."

그 말을 들은 스피놀라는 이렇게 탄식했다.

"할 일이 없다는 건 우리 같은 장군도 죽일 만큼 무서운 병이네."

언제까지 세상 탓만 할 것인가

인생에 실패한 사람들은 아무런 죄도 없이 피해를 입었다고 생각하고, 남들 때문에 자신에게 불행이 닥쳤다고 성급하게 결론을 내리는 경향이 매우 짙다. 한 저명한 작가가 최근에 자신의 실패담을 책으로 출판했는데, 그는 구구단도 몰랐다고 솔직하게 인정하면서도 자신이 실패한 근본적인 원인은 돈을 숭배하는 시대정신이라고 결론지었다. 프랑스 시인 라마르틴Lamartine은 산수를 멸시하는 말을 서슴지 않았다. 그러나 조금만 덜 멸시했더라면 말년에 그 저명인사를 숭배하는 자들이 그를 돕자고 모금을 하러 돌아다니는 보기 흉한 광경은 없었을 것이다.

불운을 타고났다고 생각하는 사람들도 있다. 이들은 자신은 아무런 잘못도 하지 않았는데 세상이 언제나 자기들에게 불리하게 돌아간다고 단정짓는다. 심지어 자기가 만일 모자를 파는 사람이었다면 온 세상 사람들이 머리 없이 태어났을 거라고 말한 사람도 있었다고 한다. 그러나 러시아 속담에 "불운은 어리석음의 이웃이다."라는 말이 있다. 끊임없이 자신의 운을 한탄하는 사람은 자기 자신의 나태, 관리 소홀, 부주의, 노력 부족의 대가를 받고 있는 경우가 허다하다.

존슨 박사는 단돈 1기니만 손에 쥔 채 런던에 왔는데, 언젠가 저명한 귀족에게 편지를 보내면서 자신의 서명 대신 '끼니도 못 잇는 자'라고 쓴 적도 있었다고 한다. 그는 솔직하게 자신의 생각을 밝혔다.

"세상에 대해 불평하는 것은 부당한 처사다. 나는 여태껏 훌륭한 사람이 무시당했다는 말을 들어본 적이 없다. 성공하지 못한 원인은 대개 자신에게 있다."

구체적인 실천

미국 작가 워싱턴 어빙Washington Irving도 같은 견해를 가지고 있다.

"능력이 있으나 겸손해서 무시당하고 있다는 말은 게으르고 결단력 없는 사람이 자신의 실패를 사회 탓으로 돌리려는 공염불에 불과하다. 능력은 있으나 겸손하다는 것은 비활동적이거나 나태하거나 제대로 배우지 못했다는 말과 같다.

집구석에 웅크려서 남이 찾아주기를 기대하지 않고 스스로 노력한다면, 제대로 수련을 닦아 성숙한 재능은 언제나 확실하게 인정받는다. 주제넘게 나서기를 잘하고 뻔뻔스런 사람은 성공하는 반면, 뛰어나지만 내성적인 인재는 무시당하고 있다는 말을 주위에서 자주 듣게 된다. 그러나 그처럼 뻔뻔스런 사람들은 대개 민첩성과 활동력이라는 소중한 자질을 가지고 있다. 이런 자질이 없는 재능이란 아무 짝에도 쓸모없는 자산일 뿐이다. 시끄럽게 짖는 개가 잠자는 사자보다 훨씬 쓸모 있는 법이다."

어떤 일이든 효율적으로 수행하려면 주의력, 집중력, 정확성, 체계적 방법론, 정확한 시간관념 그리고 신속성이 필수적인 주요 자질이다. 언뜻 보면 이러한 자질이 사소하게 보일지 모르지만 실제로 인간의 행복과 안녕 그리고 만족감을 얻는 데 근본적으로 필요한 요소다. 물론 사소한 것이라고 할 수도 있겠지만, 인간의 삶은 이와 같이 비교적 사소한 것으로 이루어진다.

이렇게 사소한 행동이 반복됨으로써 인격이 차곡차곡 쌓이고 국민성도 향상된다. 개인이든 국가든 파멸에 이르게 된 곳에서는 사소한 것을 무시함으로써 암초에 걸려 난파된 흔적을 찾아볼 수 있다. 인간은 누구나 수행해야 할 임무가 있다. 그러므로 가사를 관리하는 일이든, 생업을 영위하는 일이든, 더 나아가 한 나라의 정부를 이끌어나가는 일이든 각자 맡은 바 임무를 수행할 수 있는 능력을 배양해야만 한다.

산업, 예술, 과학 등 다양한 분야의 위대한 인물들이 이미 보여준 본보기를 통해서 인생의 어느 부분에서든 끈기를 갖고 전념하는 것이 얼마나 중요한지 충분히 알게 되었으니 이 점은 더 이상 강조할 필요가 없을 것이다. 사물에 세밀하고 꾸준히 주의를 기울이는 것이 진보의 뿌리이며, 무엇보다 근면이 행운의 모체라는 사실을 일상적인 경험을 통해서 잘 알 수 있다.

정확한 일 처리의 필요성

정확성도 매우 중요하다. 이는 바로 교육을 제대로 받았다는 확실한 증거가 되므로, 관찰의 정확성, 말의 정확성 그리고 업무처리의 정확성을 항상 염두에 두어야 한다. 일을 하려면 무슨 일이든 제대로 해야 한다. 열 가지 일을 반쯤 하다 마는 것보다 적은 양의 일이라도 한 가지 일을 완벽하게 완수하는 것이 훨씬 낫기 때문이다. 어떤 현인은 누누이 이렇게 강조했다.

"조금만 더 참아라! 그러면 일을 더 빨리 마무리할 수 있다."

그러나 이렇게 중요한 자질인 정확성에 주의를 기울이는 사람이 드물다. 실용과학 분야에서 명망 있는 어느 과학자가 최근 이렇게 비평했다.

"놀랍게도 지금껏 만난 사람 중에 어떤 사실을 정확하게 설명할 수 있는 사람이 거의 없었다." 그러나 비즈니스에서는 아무리 작은 일이라도 어떻게 처리하느냐에 따라 상대방을 내 편으로 끌어들일 수도 있고 적으로도 만들 수 있다. 아무리 좋은 미덕과 능력을 갖추고 훌륭하게 행동하더라도, 상습적으로 부정확한 사람은 남으로부터 신뢰를 얻을 수 없다. 누군가 그가 한 일을 다시 살펴봐야 하기 때문에 그런 사람은 끝없이 짜증나게 하고, 성가시고 골치 아픈 존재로 낙인찍히게 된다.

정치가 찰스 제임스 폭스Charles James Fox의 특별한 자질 중 하나는 무슨 일이든 철두철미하게 최선을 다하는 것이었다. 국무장관으로 임명되었을 때 그는 악필이라는 비평에 자존심이 상해서 습자선생을 두고 필체가 좋아질 때까지 초등학생처럼 글씨 연습을 했다. 체구가 비대한 편이었지만 까다롭게 들어오는 테니스 공을 멋지게 받아쳤다. 어떻게 그렇게 잘 칠 수 있냐고 질문 받자 그는 장난기 섞인 말투로 이렇게 대답했다.

"그거야 내가 엄청난 노력가이기 때문이죠."

그가 사소한 일에서 보여준 정확성은 중대한 일에서도 그대로 나타났으며, 마치 화가처럼 "아무것도 소홀하게 다루지 않는다."는 평을 받았다.

체계적 방법론

체계적 방법론 역시 필수적인 자질이다. 이 자질이 있어야 많은 업무량을 만족스럽게 처리할 수 있다. 성직자 리처드 세실Richard Cecil은 이렇게 말했다.

"체계적 방법론은 상자에 물건을 담는 것과 같다. 능숙한 사람은 서툰 사람에 비해 두 배나 더 빨리 물건을 담을 수 있다."

세실은 신속한 일 처리를 남달리 중요하게 여겨 이런 좌우명을 가지고 있었다.

"많은 일을 할 수 있는 지름길은 한 번에 하나씩 처리하는 것이다."

그는 한가할 때 다시 하면 되겠지 하는 생각으로 일을 마무리하지 않고 남겨두는 법이 없었다. 아무리 바빠도 일을 조금도 빠뜨리지 않고 식사시간이나 휴식시간을 줄여서라도 완벽하게 마무리했다. 네덜란드 총리를 지낸 위트의 좌우명도 세실과 마찬가지로 "한 번에 한 가지씩"이었다. 그의 말을 들어보자.

"급하게 처리해야 할 일이 있으면 나는 그 일을 마칠 때까지 다른 일은 전혀 생각하지 않는다. 국내 문제에 주목해야 할 필요가 있을 때에는 모든 일이 정리될 때까지 거기에만 완전히 매달린다."

어느 프랑스 장관은 업무를 신속하게 처리하면서도 사교 모임에 빠지지 않고 참석하기로 유명했다. 어떻게 두 가지 일을 동시에 할 수 있느냐는 질문에 그는 이렇게 대답했다.

"그저 오늘 일을 내일로 미루지 않을 뿐이네."

브루엄은 이런 말을 했다. "영국의 어느 정치인은 그 좌우명을 거꾸로 뒤집었다. 그 정치인의 좌우명은 내일로 미룰 수 있는 일은 절대로 오늘 하지 말라는 것이다."

유감스럽게도 그 프랑스 장관 이외에도 많은 사람이 실천하던 그런 습관이 이제는 거의 잊혀져가고 게으름뱅이와 실패자의 습관만 남았다. 이런 사람들은 대리인에게 의존하는 경향이 있지만, 대리인을 언제나 신뢰해서는 안 된다. 중요한 업무는 자신이 직접 처리해야만 한다. 이런 속담이 있다.

"일을 완벽하게 처리하고 싶으면 직접 가서 해라! 완벽하게 처리하고 싶지 않으면 다른 사람을 보내도 좋다."

어느 게으름뱅이 시골 신사가 1년에 약 500파운드의 소출이 나는 토지를 가지고 있었다. 빚을 지게 되자 그는 토지의 반을 팔아치우고 나머지 반은 어느 부지런한 농부에게 20년 동안 소작을 주었다. 소작 기간이 끝날 무렵 농부는 소작료를 내러 와서 신사에게 땅을 팔지 않겠느냐고 물었다.

"자네가 땅을 사겠다고?"

신사는 깜짝 놀라 물어보았다.

"네, 가격만 잘 맞춰주신다면……."

그러자 신사가 말했다.

"무척 이상하구만. 어떻게 그런 일이 있을 수 있는지 내게 말 좀 해주게. 나는 그보다 두 배나 되는 땅을 가지고 있고 소작료를 한 푼도 내지 않고서도 살기가 어려웠는데, 자네는 매년 꼬박꼬박 소작료를 200파운드씩이나 내고서도 몇 년 만에 땅을 사겠다고 하니 말야."

"이유야 간단하죠. 주인님은 가만히 앉아서 땅에게 '가라'고 분부하셨지만, 저는 일어나서 '오라'고 불렀죠. 주인님이 침상에 누워서 부유함을 즐기고 있는 사이에 저는 아침 일찍 일어나 제가 해야 할 일을 궁리했습니다."

월터 스콧은 일자리를 얻은 어느 젊은이로부터 충고 한 마디 해달라는 편지를 받고 사려 깊은 조언을 답장에 써서 보냈다.

"시간을 철저하게 활용하지 못하게 막는 습성, 다시 말하자면 여인네들이 '빈둥거린다'고 표현하는 습성에 쉽게 물들지 않도록 주의하게. '이것을 반드시 해낸다'는 말을 좌우명으로 삼아야 하네. 해야 할 일을 즉시 하고, 일을 다 끝낸 후에 놀아야 하네. 일을 끝내기 전에는 절대로 놀지 말게. 연대가 행군하고 있을 때 선두가 계속 움직이지 않으면 후미가 혼란에 빠지게 된다네. 사업도 마찬가지지. 현재 진행 중인 일을 우선적으로 즉시 처리하지 않으면 다른 일이 뒤에 밀려 있다가 한꺼번에 들이닥칠 걸세. 사람의 두뇌로는 그런 혼란을 견딜 수가 없네."

신속성

시간의 가치를 충분히 깨닫는다면 행동이 신속해질 것이다. 어느 이탈리아 철학자는 시간을 사유지라고 불렀다. 경작하지 않으면 아무런 가치도 창출하지 못하지만 적절하게 개량하면 부지런한 일꾼의 노력에 반드시 보답하기 때문이다. 땅을 활용하지 않고 내버려두면 독초와 잡초만 자란다. 시간을 꾸준히 활용함으로써 얻을 수 있는 작은 효과는 해악을 멀리할 수 있다는 것이다.

놀고 있는 두뇌는 악마의 일터이며 게으른 자는 악마의 받침대가 되기 때문이다. 일에 열중하는 것은 땅을 소작인이 차지하는 것과 같고, 빈둥거리는 것은 땅을 비워두는 것과 같다. 공상의 문이 열리면 유혹이 쉽게 접근하고 사악한 생각이 떼지어 들어온다. 바다에서 좋은 예를 볼 수 있다. 선원들이 할 일이 없으면 불평을 늘어놓고 반란을 일으키려고 궁리하게 마련이다. 그래서 노련한 선장은 할 일이 없으면 닻이라도 닦으라고 명령한다.

시간의 소중함

사업가들은 시간은 돈이라는 격언을 자주 인용한다. 하지만 그 이상이다. 적절한 시간 활용은 자기 수양이며 자기 발전이고 인격의 성장이다. 날마다 시시한 일이나 게으름으로 낭비하는 한 시간을 자기 발전에 바친다면 불과 몇 년 안에 무지한 사람이 현명하게 되고 훌륭한 일자리를 얻게 될 것이다. 또한 인생이 풍성해지고 죽음마저도 귀중한 공적을 수확하는 순간이 될 것이다. 하루에 15분씩 자기 발전에 전념하면 그 해 말에 발전된 자신의 모습을 실감하게 될 것이다. 좋은 생각과 열심히 모아들인 경험은 별도의 공간을 차지하지 않으므로 아무런 부담 없이 어디든지 동반자로서 함께 다닐 수 있다. 시간을 경제적으로 사용하는 것이야말로 여가 시간을 확보할 수 있는 확실한 방법이다. 시간에 쫓기지 않고 일을 완수할 수 있기 때문이다. 한편, 시간을 잘못 계산하면 끊임없이 허둥대다가 혼란과 곤경에 빠지게 된다. 그러면 인생은 편법의 도가니가 되어 재앙이 뒤따르게 마련이다. 넬슨 제독은 이렇게 말했다.

"내가 인생에 성공한 것은 정해진 시간보다 15분 먼저 완수한 덕분이다."

어떤 사람은 돈이 다 떨어질 때까지 돈의 소중함을 생각하지 못한다. 이와 마찬가지로 시간의 소중함을 모르는 사람도 많다. 시간을 활용하지 않고 그냥 흘려 보내다가 인생의 황혼기가 갑자기 들이닥쳤을 때에야 비로소 시간을 좀더 슬기롭게 활용할 의무가 있었다는 것을 깨닫는다. 그렇지만 귀찮음과 게으름이 이미 습관으로 굳어져,

스스로 스며들도록 내버려두었던 악습의 사슬을 끊을 수 없게 된다. 잃어버린 재산은 근면으로, 잃어버린 지식은 공부로, 잃어버린 건강은 극기와 치료로 되찾을 수 있지만 잃어버린 시간은 영원히 되찾을 수 없다.

시간 엄수

시간의 가치를 제대로 인식하면 시간엄수의 습관이 생긴다. 프랑스 국왕 루이 13세는 이렇게 말했다.
"시간 엄수는 왕이 갖추어야 할 예의다."
그것은 신사의 의무이며 사업가의 필수품이다. 이 덕목을 실천하면 자신감을 갖게 되고 어떤 일이 닥쳐도 흔들리지 않는다. 시간 약속을 지키고 상대방을 기다리지 않게 하는 행동이야말로 자기의 시간뿐만 아니라 상대방의 시간도 존중하는 것이다. 따라서 시간엄수는 만나기로 약속한 사람에게 개인적인 존경심을 증명하는 방법이다. 어떤 면에서는 성실함을 보여주는 표현이기도 하다. 약속은 명시적이든 묵시적이든 일종의 계약이므로, 지키지 않으면 신뢰가 깨질 뿐만 아니라 상대방마저 시간을 불성실하게 이용하게 만들어 인격을 손상시킨다. 그러므로 시간을 개의치 않는 사람은 사업도 개의치 않을 테니 중대한 업무 처리를 믿고 맡길 만한 사람이 못 된다는 결론에 이르게 된다. 워싱턴은 비서가 지각을 하고서는 시계 탓을 하자 이렇게 조용히 타일렀다.
"그러면 자네가 다른 시계를 구하든가, 내가 다른 비서를 구해봐야

겠군."

시간관념이 없고 시간 활용을 게을리 하는 사람은 남의 평화와 평온에도 훼방꾼이 된다. 체스터필드는 연로한 뉴캐슬 공작에 대해 이런 재치 있는 말을 했다.

"각하께서는 아침에 한 시간을 잃어버리고 나서는 하루 종일 그것을 찾아 헤매고 있습니다."

시간을 지키지 않는 사람과 함께 일해야 하는 사람은 수시로 감정이 격해지게 된다. 상습적으로 지각하는 사람에게는 불규칙한 생활 속에 유일하게 규칙적인 것이라곤 지각밖에 없다. 상습적으로 빈둥거리고, 시간이 지나서 약속 장소에 나타나고, 기차가 출발한 후에야 역에 도착하고, 우체국이 문을 닫은 후에 편지를 부치러 간다. 그러면 사업은 혼돈 속으로 빠져들고 주위 사람들은 모두 분통을 터뜨릴 수밖에 없다. 대체로 습관적으로 지각하는 사람은 성공에서도 습관적으로 뒤처진다. 이런 사람들은 세상에서 결국 따돌림을 받기 때문에 불평만 늘어놓는다. 결국 행운의 여신에게 악담을 퍼붓는 자들이 늘어나는 것이다.

위대한 장군, 위대한 사업가

최고의 사업가가 되려면 일반적인 업무 처리 능력 이외에도 계획의 신속한 실행을 위한 이해력과 단호한 결단력이 필수적이다. 기지機智도 중요한 덕목인데, 이 덕목은 타고난 재능이라는 면도 있지만 관찰과 경험을 통해 연마하고 발전시킬 수 있다. 이러한 자질을 갖추면 올바른 행동방식을 알 수 있고, 일단 목표를 결정하면 민첩하게 행동에 옮겨 좋은 결실을 얻는다. 남을 대규모로 지휘하는 사람, 예를 들자면 야전군 지휘관에게는 특히 소중하고 빼놓을 수 없는 자질이다. 장군은 전사로서도 훌륭해야 하지만 사업가로서도 위대해야 한다. 전선을 지키고 전쟁에 승리하려면, 장군은 훌륭한 기지, 개개인의 성격에 대한 폭넓은 이해, 대규모 집단을 조직적으로 움직일 수 있는 능력을 갖춰야 하며, 군사들에게 먹을 것, 입을 것 그리고 필요한 물자를 무엇이든 제공해줄 수 있는 능력이 있어야 한다. 이런 관점에서 보면, 나폴레옹과 웰링턴은 모두 일류 사업가였다.

나폴레옹 보나파르트

나폴레옹은 세세한 것까지 꼼꼼히 챙기는 치밀한 성격이었지만, 한편으로는 상상력이 풍부해 작전의 윤곽을 전반적으로 파악하고 판단력과 신속한 행동력으로 세부적인 일까지 폭넓게 다룰 수 있는 능력의 소유자였다. 계획 수행에 필요한 적임자를 한 치의 오차도 없이 선발할 수 있을 만큼 개개인의 성격도 정확하게 파악하고 있었다. 그러나 중대한 문제가 걸려 있는 순간에는 부하들에게 일을 맡기지 않았다. 이러한 그의 특징은 『나폴레옹의 편지 Napoleon Correspondence』[27]에 뛰어나게 잘 묘사되어 있다. 특히 제15권에 있는 아일라우 Eylau[*2] 전투에서 승리한 직후인 1807년 폴란드의 국경에 있는 작은 성, 핀켄슈

---

*2. 아일라우 : 지금의 러시아 바그라티오느프스코

타인Finkenstein에서 쓴 편지, 명령서, 공문서를 보면 잘 알 수 있다.

그 당시 프랑스 군대는 파사르게Passarge 강변에 진을 치고 러시아 군대와 대치하고 있었고, 오른쪽에는 오스트리아 군대가, 후방에는 이미 굴복한 프로이센 군대가 있었다. 적대국을 가로질러 프랑스와 장거리의 연락망을 유지해야 했지만 나폴레옹의 세심한 대비로 단 한 통의 우편물도 잃어버린 적이 없었다고 한다. 각 군단의 이동, 프랑스, 스페인, 이탈리아, 독일 등 원거리에서 증원부대 이동, 폴란드와 프러시아의 생산물을 야영지까지 쉽게 수송할 수 있는 운하 개통과 도로 건설 등 아주 사소한 일에까지 그는 끊임없이 주의를 기울였다. 말을 어디서 구해와야 할지 지시하고, 적절한 양의 안장이 공급될 수 있도록 조치하고, 병사용 군화를 주문하고, 야영지에 가져올 빵, 비스킷, 술의 배급량과 부대 창고에 보관할 비축량을 정하는 일까지 일일이 챙겼다.

그러면서도 한편으로는 파리에 편지를 써서 프랑스 대학 개편안에 대한 지침을 주고, 공교육 방안을 수립하고, 〈모니퇴르*Moniteur*〉지에 발표할 공고문과 기사를 받아 적게 하고, 예산 세목을 수정하고, 튈르리 궁전과 마들렌Madelaine 성당 개조 공사에 대해 건축가들에게 지시하고, 이따금 작가 스탈Staël 부인의 작품과 파리의 신문에 대해 비꼬기도 하고, 오페라극단의 하찮은 언쟁에 끼어들어 해결하고, 터키와 페르시아의 황제들과 서신 교환을 계속했다. 몸은 비록 핀켄슈타인에 있었지만 그의 정신은 파리, 유럽, 아니 전 세계 수백 곳에서 왕성하게 일하고 있는 것처럼 보였다.

네Ney 장군에게 보낸 편지를 보면 보병용 총을 보냈는데 제대로 받앉는지 묻고 있다. 막내 동생 제롬 왕자에게 보낸 편지에는 내의, 방한용 상의, 침구, 신발, 군모, 병기 등을 뷔르템부르크Württemburg 연대에 보급하라고 명령했다. 캉바세레스Cambaceres 총리에게는 군대에 보급하는 곡물의 양을 두 배로 늘리라고 재촉하며 이렇게 말했다.

"지금은 '만약'이나 '그러나'라고 말할 때가 아니오. 무엇보다 그 일을 신속하게 처리하시오." 한편으로는 다뤼Daru 장관에게 군대에 내의가 필요한데 아직도 도착하지 않았다고 알렸다. 마세나 장군에게는 빵과 비스킷의 비축이 완료되었는지 묻는 편지를 쓰고, 베르그 대공에게는 기병대 장비에 대한 지시를 내렸다.

"병사들이 군도가 모자란다고 불평하고 있으니 장교 한 사람을 포즈나인Posen으로 보내 구해오라. 철모도 모자란다고 하니 에블링Ebling에 연락하여 제작을 지시하라. 잠만 자고 있으면 아무것도 성취할 수 없다."

이처럼 사소한 일조차도 소홀히 다루지 않았고, 온 힘을 행동에 옮기도록 비상한 능력으로 부하들을 독려했다. 그는 황제가 된 후에도 하루에 약 150킬로미터 내지 200킬로미터의 거리를 말을 타고 돌아다니며 각 부대를 검열했다. 군대 사열, 리셉션, 국가 행사 등으로 사업적인 일에는 신경 쓸 시간이 거의 없었음에도 불구하고 그로 인해 다른 일을 게을리 하는 법이 없었다. 필요하면 밤잠을 줄여가면서라도 예산안을 검토하고 공문서를 작성했으며, 제국 정부의 조직과 운영에 관한 수천 가지 문제에 세심한 주의를 기울였다. 정부 조직이 거의 대부분 그의 머릿속에 집중되어 있었던 것이다.

웰링턴

웰링턴 공작도 나폴레옹처럼 일류 사업가였다. 단 한 번도 전쟁에서 패배하지 않은 것은 그가 천재에 가까운 사업적 재능을 지니고 있었기 때문이라고 해도 과언이 아니다.

중위 시절에 그는 진급이 늦어지는 것이 불만스러워 보병에서 기병으로 그리고 다시 기병에서 보병으로 두 번이나 보직을 바꾸었으나 진급이 되지 않자, 당시 아일랜드 총독이었던 캠던Camden에게 국세청이나 재무위원회에 채용해달라고 청원했다. 전직에 성공했다면 그는 분명 최고 상인이나 제조업자가 되어 그 분야의 최고 우두머리가 되었을 것이다. 그러나 그의 청원이 받아들여지지 않아 그는 계속 군대에 남아 결국 영국에서 가장 위대한 장군이 되었다.

그는 프랑스 요크York 공작과 발모덴Walmoden 장군 휘하 부대에 배속되어 플랑드르Franders와 네덜란드에서 군 생활을 시작했으나, 불운과 패배가 이어지는 속에서 잘못된 작전 계획과 지휘 능력이 군대의 사기를 얼마나 심각하게 떨어뜨리는지 뼈저리게 느꼈다.

웰링턴의 인도 생활

웰링턴은 군에 입대한 지 10년이 지난 후에야 대령으로 진급해 인도에서 근무했다. 상관들은 그를 불요불굴의 활동력을 가진 근면한 장교라고 상부에 보고했다. 그는 아주 사소한 일까지 직접 처리하고 부하들의 규율을 최고 수준으로 끌어올리려고 최선을 다했다. 해리스Harris 장군은 1799년에 이렇게 기록했다.

"웰링턴 대령의 연대는 모범 연대다. 군인다운 태도, 규율, 교육 그리고 무엇보다 질서정연한 행동 면에서 뛰어난 부대다."

이에 따라 더 큰 신임을 받을 수 있는 자질을 인정받아, 그는 얼마 후 인도 남부 카르나타카Karnataka 주에 있는 마이소르Mysore의 도지사로 임명되었으며, 마라타Mahratta 족과의 전쟁에서 처음으로 장군이 되어 지휘 능력을 발휘할 기회를 가졌다. 34세의 나이로 아사예Assaye 전투에서 1500명의 영국군과 5000명의 인도병사를 이끌고, 2만 명이 넘는 보병과 3만 명의 기병으로 구성된 마라타 군대를 무찌르는 역사적인 승리를 거두었다. 그러나 그처럼 빛나는 승리에도 그의 차분한 성격은 조금도 흐트러짐이 없었고 완벽한 정직성도 전혀 달라지지 않았다. 이 전투에서 승리를 거두고 얼마 지나지 않아 행정관으로서 놀라운 실무 능력을 보여줄 수 있는 기회가 찾아왔다.

세링가파탐Seringapatam 지역을 함락한 직후 그는 중요한 지역의 지휘를 맡게 되었는데 그의 첫 번째 과제는 엄격한 명령체제와 규율을 확립하는 것이었다. 병사들은 승리감으로 도취해 방종하고 무질서한 모습을 보이고 있었다. 그는 이렇게 명령했다.

"헌병 사령관을 불러와 내 명령에 따르게 하라. 약탈자 일부를 교수형에 처하지 않고서는 질서나 안전을 기대할 수 없다."

전쟁터에서 웰링턴의 엄격하고 가혹한 처사는 공포의 대상이 되었지만 많은 전투에서 장병들의 생명을 구해냄으로써 그의 처사가 옳았다는 것이 증명되었다.

그 다음 단계는 시장을 재건하고 물자 공급원을 재가동시키는 것이었다. 해리스 장군은 총독에게 편지를 보내 웰링턴 대령이 부대 규율을 완벽하게 확립하고 슬기롭게 물자 공급을 원활하게 하고 자유시장을 개설해 풍성한 거래가 이루어지게 했으며 상인들에게 신뢰를 심어주었다고 칭찬했다. 이와 같이 세세한 일까지 꼼꼼하게 살피고 능숙하게 처리하는 그의 능력은 인도에서 근무하는 동안 그의 면모를 보여주는 주요 특징이었다. 그가 클라이브에게 보낸 공문에도 이러한 특징이 역력히 나타나 있다. 그의 휘하 부대가 툼부드라Toombuddra 강을 건너려 할 때 강 건너 둑에는 훨씬 막강한 둔디아Dhoondiah 부대가 진을 치고 있었다. 웰링턴의 머리는 수천 가지 상념으로 짓눌리고 있었으나 그는 전투 상황에 관해 실질적인 가치가 있는 정보를 상세하게 적어서 클라이브에게 보고했던 것이다. 아무리 어려운 상황에 처해 있더라도 당황하거나 겁먹지 않고 당면 과제에서 잠시 벗어나 완전히 다른 일에 몰두할 수 있는 능력이 그의 두드러진 특징이었다.

웰링턴과 이베리아 반도전쟁

웰링턴은 장성으로서의 명성을 올리고 영국으로 돌아와 즉시 새로운 임무를 맡았다. 1808년, 포르투갈을 해방시킬 목적으로 1만 명의 장병으로 편성된 부대가 그에게 맡겨졌다.

그는 포르투갈에 상륙하자마자 전투를 벌여 두 차례 승리하고 프랑스 군대와 신트라Cintra 협정을 맺었다. 존 무어John Moore가 세상을 떠나자 그는 포르투갈 원정대의 새로운 사령관에 취임했다. 그러나 웰링턴은 이베리아 반도전쟁 내내 수적으로 상당히 열세였다. 1809년부터

1813년 사이에 그의 휘하의 영국군 병력은 3만 명에 불과했다. 이와 대조적으로 이베리아 반도에서 그와 맞선 프랑스 군은 대부분 역전의 용사들로서 병력의 수가 35만 명이 넘은 적도 있었고, 나폴레옹의 장군 중에서 가장 뛰어난 장군들이 이끌고 있었다.

그렇게 막강한 적군과 맞서 싸우면서 웰링턴은 도대체 어떻게 승리를 확신할 수 있었을까? 명석한 분별력과 확실한 상식을 통해 그는 스페인 장군들과는 다른 방법을 써야 한다는 것을 금방 간파했다. 스페인 장군들은 넓은 평야지대에서 과감하게 전투를 벌이는 방법을 썼으나 번번이 패배하고 뿔뿔이 흩어졌다. 그는 프랑스 군대를 이길 수 있는 기회를 포착하려면 새로운 군대를 조직해야 한다는 것을 깨달았다.

그래서 1809년 탈라베라Talavera 전투에서 훨씬 막강한 프랑스 군에게 포위되었다가 포르투갈로 후퇴한 뒤 자신이 판단한 대로 새로운 방법을 실행에 옮겼다. 그 방법은 포르투갈 군대를 영국장교의 휘하에 두고 영국군과 연합 작전을 펴나가는 한편, 교전을 가급적 피해 패배의 위험에서 벗어나는 것이었다. 그러면 승리감에 도취해 있던 프랑스 군의 사기를 떨어뜨릴 수 있을 것이라고 생각했다. 그 사이에 아군의 작전 수행 능력을 향상시켜 싸울 준비가 되면 전력을 다해 적을 무찌르고 승리할 수 있으리라고 예상했다.

사업의 귀재 웰링턴

영원히 기억될 이 전쟁에서 웰링턴이 보여준 비범한 자질은 그가 쓴 공문을 모두 자세히 읽어봐야 제대로 알 수 있다. 그 문서에는 승리의 토대를 마련하기 위해 그가 사용했던 다양한 수단과 방법이 솔직하게 기록되어 있다.

그가 구하러 갔던 포르투갈 인들의 이기심, 비겁함, 허영심과 당시 영국 정부의 무능, 거짓말, 음모로 야기된 난관과 저항으로 인해 그처럼 심한 시련을 겪은 사람도 없을 것이다. 그는 확고한 소신과 자기 신뢰로 스페인 전쟁을 견뎌냈으며 어떠한 장애에도 결코 좌절하지 않았다. 그는 나폴레옹의 역전 용사들과 싸워야 했을 뿐만 아니라 스페인 의회와 포르투갈의 섭정정치를 견제해야 했다. 게다가 부대원의 식량과 의복을 구하는 것도 무척 어려웠다. 탈라베라 전투에서 교전하던 중 스페인 탈영병 일부가 영국군의 행낭을 덮쳐 약탈하는 믿기 어려운 일도 일어났다. 웰링턴 공작은 이러한 어려움과 성가신 일을 비범한 인내심과 자제력으로 극복하고, 배신과 반대에 직면해도 불굴의 확고한 신념으로 자신의 길을 지켜나갔다. 그는 사소한 일도 소홀히 하는 일 없이 중요한 일은 세세한 부분까지 직접 처리했다. 장병들에게 먹일 식량을 영국 본토에서 보급받을 수 없어서 직접 방법을 찾아야 한다는 사실을 알았을 때, 그는 즉시 리스본에서 영국 공사와 공동으로 대규모 곡물상 사업에 착수했다. 병참부 명의로 어음을 발행해 지중해 연안과 남미에서 곡물을 수입했다. 군수품을 충분히 확보하고 난 뒤 남는 물량은 식량이 크게 부족했던 포르투갈 군에게 팔았다.

그는 우발적인 재난을 예방하기 위해 철저히 준비했다. 병사들의 발, 병사들의 군화, 야전용 주전자, 비스킷, 말 사료와 같이 창피할 정도로 하찮은 일에도 온 정성을 쏟았다. 어느 곳에서든 그의 비범한 사업가 기질을 느낄 수 있었고, 우발적인 사고에 대비하는 준비성과 자잘한 일도 직접 배려하는 마음으로 그는 큰 성공의 토대를 마련한 것이다.[28] 그는 이러한 방법으로 신참 징집병을 유럽 최강의 군인으로 만들고, 그들과 함께라면 어디든지 갈 수 있고 무엇이든지 할 수 있다고 선언했다.

당면 과제가 얼마가 되든 관계없이 그 일에서 잠시 벗어나 전혀 다른 업무의 세밀한 부분까지 온 정성을 집중할 수 있는 그의 비상한 능력에 대해서는 이미 언급했다. 살라망카Salamanca 전투에 대비하는 동안 그는 본국 각료들에게 차관에 의존하는 것은 무익하다는 사실을 입증해보이고, 산크리스토발San Christoval 고원 전투 중에는 포르투갈 은행을 설립하려는 시도는 어리석은 짓이라는 것을 증명했다. 스페인 부르고스Burgos의 참호 속에서도 포르투갈의 항구도시 푼샬Funchal의 금융체계를 비판했으며, 교회재산을 매각하려는 시도의 어리석음을 밝혀냈다. 그는 기회가 있을 때마다 군대 조직의 세밀한 내용은 물론 이와 같은 주제에 대해서도 훤히 꿰뚫고 있다는 것을 보여주었다.

웰링턴의 정직성

대쪽 같은 사업가 기질을 보여주는 그의 또 다른 특성은 철저한 정직성이다. 프랑스 육군원수 솔트는 스페인에서 수많은 명화를 가지고 퇴각했지만 웰링턴은 단 한 푼의 재산도 착복하지 않았다. 적국에서조차 어디를 가든 남에게 절대 피해를 주지 않았다. 프랑스 국경을 넘자 그를 따르던 4만 명의 스페인 군대는 약탈과 강탈로 '재산을 모으려고' 애썼다. 처음에는 스페인 장교들을 꾸짖고 그들을 제지하려 했으나 아무 소용이 없자 그들을 스페인으로 되돌려보냈다.

프랑스에서는 소작인들이 귀중품을 챙겨들고 동족을 피해 영국군의 보호 지역으로 도망치는 놀라운 일이 벌어졌다. 바로 그 시간, 웰링턴은 영국 내각에 보내는 편지를 쓰고 있었다.

"우리는 지금 엄청난 빚에 쪼들리고 있습니다. 만기일이 된 빚을 갚으라고 아우성치는 채권자들의 등쌀에 집 밖에 나가 돌아다닐 수가 없을 지경입니다."

쥘 모렐Jules Maurel은 웰링턴의 인격을 이렇게 평가했다.

"이보다 더 위대하고 참신한 고백은 없을 것이다. 30년 동안 군 복무를 하고 막강한 군대의 수장으로 적국을 점령하고 있는 철인이자 전승을 자랑하는 노장군이 채권자를 두려워하다니! 이것은 정복자나 침략자의 마음에서는 좀처럼 찾아보기 어려운 두려움이다. 전쟁 역사상 이처럼 소박한 인품을 보여준 사례는 다시 찾아볼 수 없을 것이다."

그러나 만약 웰링턴 공작 자신에게 이 문제를 물어본다면 일부러 위대하거나 고상하게 보이려고 그렇게 행동한 것이 아니라고 말할 것이다. 그는 단지 빚을 기일 내에 갚는 것이 사업을 수행하는 데 최선책이자 가장 명예로운 방식이라고 여겼을 뿐이다.

정직이 최선책이다

"정직이 최대의 정책이다." 우리는 일상적인 체험을 통해 이 오래

된 격언이 옳다는 것을 잘 알고 있다. 다른 분야에서도 마찬가지지만 정직하고 성실한 사람은 비즈니스에 성공하게 마련이다. 휴 밀러의 삼촌은 그에게 이렇게 훌륭한 충고를 해주었다.

"어떤 거래를 하든지 상대에게 계산을 맡겨라. 넉넉하게 주고, 수북하게 담아서 흘러넘치게 줘라. 그래도 결코 손해 보지 않을 것이다."

유명한 맥주 양조업자는 성공 비결이 맥아를 후하게 사용한 데 있었다고 실토했다. 그는 양조 통에 올라가 맛을 본 후 이렇게 말하곤 했다.

"아직 맛이 없군. 여보게들, 맥아를 더 집어넣게!"

자신의 명예를 걸고 만든 맥주에서 감칠맛이 난다는 평판이 영국, 인도 그리고 각 식민지로 널리 알려져 그 양조업자는 큰 재산을 모을 수 있는 기틀을 마련했다.

일관된 말과 행동은 모든 사업을 거래하는 데 초석이 된다. 군인에게는 명예가, 크리스천에게는 박애정신이 중요하듯, 장인, 상인, 제조업자에게는 정직이 중요하다. 아무리 보잘것없는 직업에 종사하더라도 올바른 인격을 갖춰야 한다. 휴 밀러는 함께 견습공 생활을 했던 석공을 이렇게 평했다.

"그는 돌을 하나하나 쌓을 때마다 그 돌에 자신의 양심을 불어넣는 사람이었다."

진정한 기계공은 자기가 만든 기계의 완벽함과 견실함을 자랑스러워하고, 고결한 인품의 계약자는 계약 조건을 빠짐없이 성실하게 이행한 것을 자랑스러워한다. 올곧은 제조업자는 자기가 생산하는 제품의 진가를 통해 명예와 명성뿐만 아니라 물질적 성공을 얻고, 상인은 내용물이 겉모양과 같게 정직하게 팔 때 비로소 명성과 성공을 거둘 수 있다. 뒤팽Dupin 남작은 전반적인 정직성을 영국인이 성공한 주요 원인으로 꼽으면서 이렇게 소견을 표현했다.

"우리는 사기, 뜻밖의 행운, 폭력으로 일시적으로 성공할 수 있을지 모르지만, 영구적으로 성공하려면 이와 정반대로 행동해야 한다. 상인이나 제조업자가 제품과 국민성의 우수성을 유지하려면 용기, 총명, 활동력뿐만 아니라 고도의 지혜, 검약 정신 그리고 무엇보다도 정직성을 갖춰야 한다. 영국 내 훌륭한 시민이 이러한 미덕을 잃어 부도덕한 상거래를 일삼는다면, 다른 나라와 마찬가지로 영국의 선박들은 그 어느 해안에도 접안하지 못하고, 잉글랜드·스코틀랜드·아일랜드 삼국 산업계에서 생산된 보물을 세계 각국의 보물과 맞바꾸어 싣고 누비던 바다에서 순식간에 사라지게 될 것이다."

사업상의 신뢰

상거래는 그 어떤 분야보다 혹독하게 인격을 시험한다는 사실을 인정해야 한다. 그것은 정직성, 극기, 정의감, 진실성을 가장 가혹한 시험에 빠지게 한다. 이런 시험을 아무런 오점 없이 통과한 사업가는 집중포화가 쏟아지는 위험한 전쟁터에서 용맹을 떨친 군인에 상응하는 큰 영예를 누릴 자격이 있다. 그리고 다양한 사업 분야에서 일하고 있는 수많은 사람의 공로를 살펴보면 대체로 이러한 시험을 당당히 통과했다는 사실을 인정해야 할 것이다. 일상생활 가운데 잠시 동안이라도 막대한 재산을 아랫사람에게 완전히 맡기는 경우를 생각해보자. 수입이 변변치 않은 점원, 대리인, 중개인, 은행원들의 손을 거쳐 현찰이 쉴새없이 유통되고 있는데, 이들이 온갖 유혹 속에도 신뢰를 저버리는 경우는 거의 없다. 이렇게 매일 반복되는 정직한 행동이야말로 자랑스럽다고까지 할 수는 없겠지만 인간 본성 가운데 가장 명예로운 것이라고 인정해야 할 것이다. 신용체제라는 말이 뜻하는 바와 같이 사업가들도 명예의 원칙에 입각해 상호 신뢰와 신임을 바탕으로 거래하는 것이 상거래의 일반적인 관행이다. 이에 관해 스코틀랜드의 신학자 차머스Chalmers 박사가 적절하게 표현했다.

"상인들은 멀리 지구 반대편에 떨어져 있고 한 번도 만난 일조차 없는 대리인에게 그의 인격만 믿고 막대한 재산을 맡긴다. 이 같은 절대적 신뢰는 인간이 상대방에게 서로 보여줄 수 있는 최상의 존경이다."

부정한 소득

일반인들 사이에 정직한 거래 관행이 확산되고 있고 사업가들이 각자 정직한 인격을 사업에 반영해 영국 실업계가 대체로 건전하게 운영되고 있는 점은 반가운 일이지만, 유감스럽게도 부를 빨리 축적하기 위해 파렴치하고, 투기성이 강하고 지나치게 이기적인 사람들이 극악한 부정행위와 사기 행각을 자행하는 사례는 여전하다.

다른 물질을 섞어 품질을 낮추는 상인, 날림 공사를 하는 청부업자, 순모 대신 재생모, 면포 대신 붕대, 강철 대신 주철로 눈속임을 하는 제조업자, 바늘구멍이 없는 바늘, 단지 팔아먹을 욕심에 허술하게 만들어 쓸모없는 면도기, 모양이 각기 다른 조잡한 직물을 만들어 파는 공장들이 버젓이 있다. 하지만 이러한 사례는 야비하고 탐욕스러운 사람들이 저지르는 예외적인 경우다. 이런 사람들은 돈을 모으더라도 제대로 쓸 줄도 모르고 평생 정직한 마음을 갖지 못한다. 정직한 마음이 깃들지 않은 부는 아무런 의미도 없고 마음의 평화도 얻을 수 없다.

"그 사기꾼은 나를 속인 것이 아니라 자신의 양심을 속인 것이다."

성직자이자 종교개혁가인 래티머Latimer 주교가 1페니짜리 칼을 2펜스라고 속여 판 칼 장사꾼에 대해서 한 말이다.

강탈, 사기 또는 속임수로 번 돈은 경솔한 사람의 눈을 일시적으로 현혹시킬지 모른다. 부도덕한 사기로 만들어놓은 거품은 일시적으로 현란하게 보일 수도 있다. 하지만 한껏 부풀어오른 거품은 결국 터지게 마련이다. 새들레어Sadleir, 딘 폴Dean Paul, 레드페스Redpath 일가는 대부분 슬픈 종말을 맞았다. 비록 사기행각이 발각되지 않고 사기로 얻은 재산을 계속 보존할 수 있다 하더라도 그것은 축복이 아니라 저주가 될 것이다.

양심적이고 성실한 사람이 부도덕하고 불성실한 사람만큼 부자가 되지 못할지 모르지만, 성공은 사기나 부정행위를 저지르지 않고 얻었을 때 더욱 값진 것이다. 비록 일시적으로 성공하지 못했다 해도 정직한 마음을 꿋꿋하게 지켜야 한다. 모든 것을 잃더라도 인격만은 지켜야 한다. 인격 그 자체가 재산이기 때문이다. 고결하게 신조를 지키고 용기 있게 자기 자신의 길을 계속 고수하면 성공은 반드시 찾아온다. 또한 그에 따른 최상의 보상을 얻게 될 것이다. 시인 워즈워스는 시 '행복한 전사Happy Warrior'에 이렇게 묘사했다.

"신임받고 있다는 것을 깨닫고,
일편단심으로 신의를 지켜라.
재산이나 명예나 세속적인 영화를 누리기 위해
비열하게 굴거나 음모를 꾸미지 말라.
그러면 재산과 명예와 영화가 찾아와
하늘에서 만나*3가 내리듯 한꺼번에 머리 위에 쏟아지리라."

데이빗 바클리

고결한 상인의 실례로서 저명한 데이빗 바클리David Barclay를 들 수 있다. 그는 올바른 사업 습관을 훈련받았으며, 모든 거래에서 정의, 성실, 정직을 지킨 것으로 유명하다. 그는 유명한 『퀘이커 교도의 변명Apology for the Quakers』의 저자인 우리 지방 출신 로버트 바클리Robert Barclay의 손자이다. 그는 런던 칩사이드에서 대규모 회사를 경영하며 주로 미국을 상대로 오랫동안 무역에 종사했다. 하지만 그는 그랜빌 샤프처럼 미국 식민지와의 전쟁을 강력히 반대했기 때문에 무역에서 완전히 손을 떼고 은퇴하기로 결심했다. 그는 사업을 하는 동안에도 재능, 지식, 성실성, 탁월한 수완으로 유명했지만, 은퇴한 후에도 애

---

*3. 만나 : 성경에 이스라엘 사람들이 이집트를 탈출해 약속의 땅 가나안에 들어가기 전 40년 동안 먹었다고 하는 음식. 그리스도교에서 성찬식을 나타내는 상징이다

국심과 아낌없이 나누는 자선사업으로 잘 알려졌다. 그는 정직과 성실의 거울이었으며, 독실한 크리스천이자 진정한 신사로서 그의 말은 언제나 보증서처럼 신용할 수 있었다. 그의 위상과 고결한 인격을 잘 알고 있던 당시 각료들이 그에게 시시때때로 자문을 구했다. 미국과의 분쟁에 관련해 하원에서 청문회를 개최했을 때 그는 자신의 소신을 명쾌하게 밝혔다. 그가 자신의 견해에 대해 정당한 이유를 조목조목 밝히자 노스North는 데이빗 바클리로부터 얻은 정보가 템플 바Temple Bar 동쪽 런던 시내에 있는 모든 소식통에서 얻은 정보보다 훨씬 가치 있다고 공개적으로 인정했다.

은퇴는 그에게 사치스럽고 안락한 휴식이 아니라 남을 위해 유익한 일을 새롭게 시작하는 전환점이었다. 그는 소유하고 있는 많은 재산으로 사회에 좋은 본보기를 보여야 할 의무가 있다고 생각해 월섬스토우Walthamstow에 있는 자택 부근에 구빈원을 설립하고 수년 동안 막대한 자금을 지원해 인근 지역에 사는 가난한 가족들에게 안락과 자립의 근거지를 마련해주었다. 뜻밖에 자메이카에 있는 토지를 유산으로 물려받자, 약 1만 파운드의 손해를 감수하며 그 땅에서 일하던 노예들에게 모두 자유를 주었다. 또한, 그는 대리인을 보내 배를 빌려 자유인이 된 노예들을 미국의 자유주로 이주시켜 그곳에 정착하게 했다.

바클리는 흑인들이 너무 무지하고 야만스러워서 자유를 누릴 자격이 없다는 말을 수도 없이 들었으나 이런 주장이 틀렸다는 것을 실제로 증명해보이기로 결심한 것이다. 그는 자신의 재산을 처분하기 위해 자기 자신을 유언 집행자로 선정하고, 막대한 재산을 남기고 죽어

사후에 친척들이 유산을 분배하는 방식을 피하고 자신이 살아 있는 동안 직접 친척들을 아낌없이 도와주었다. 각자의 능력과 형편을 지켜보면서 도와줌으로써 친척들이 런던에 사업체를 차리는 것은 물론 죽기 전에 대기업으로 성장하는 모습까지 볼 수 있었다.

오늘날까지도 거니, 핸버리Hanbury, 벅스턴 일가와 같이 유명한 상인들은 처음 사업을 시작할 때 데이빗 바클리가 베풀어준 은혜와 사업 초기에 관심을 기울이고 조언해주고 격려해준 데 대해 고맙고 자랑스럽게 생각하고 있다. 그와 같은 사람은 이 나라 상인의 정직성과 성실성의 상징이자 다가올 미래의 사업가에게 훌륭한 귀감이 된다.

10
돈의 인격성

| 새무얼 스마일즈의 자조론 |

돈은 몰래 숨겨두려고 있는 것이 아니다.
호사스런 여행을 위한 것도 아니다.
돈은 영예로운 자립의 특권을 누리기 위한 것이다.

— 로버트 번스 Robert Burns

돈은 빌려주지도 빌리지도 말지어다.
돈을 빌려주면 돈도 잃고 친구도 잃는다.
더구나 돈을 빌리면 검약 정신이 무뎌진다.

— 셰익스피어

돈 문제를 결코 경솔하게 다루지 말라. 돈은 곧 인격이다.

— 불워 리튼

돈을 어떻게 벌고 얼마나 저축하고 어떻게 쓰는지 살펴보면 그 사람이 실생활의 지혜를 얼마나 가지고 있는지 간단히 알 수 있다. 돈을 인생의 주목적으로 여겨도 안 되지만, 그렇다고 하찮게 생각해도 안 된다. 육체적 안락과 사회적 복지를 얻을 수 있는 수단이기 때문이다. 사실 돈을 올바로 사용할 수 있는 능력은 인격 가운데 가장 훌륭한 자질이라 할 수 있는 너그러움, 정직함, 정의감, 자기희생 그리고 검약을 실천하는 미덕과 연관이 있다. 이와 반대로 지나치게 돈벌이에 탐닉하면 탐욕, 사기, 부정, 이기심과 같은 악습이 나타나고, 남의 재산을 맡고 있는 사람이 그 재산을 오용하거나 남용하면 낭비벽과 무절제라는 악덕에 빠지게 된다. 그래서 시인 헨리 테일러는 『인생 비망록 Notes from Life』에서 좋은 교훈을 들려준다.

"돈을 벌고 쓰고, 저축하고 남과 주고받고, 빌려주거나 빌리고, 후손에게 물려주는 기준과 방식이 올바른 사람은 완벽한 사람이라고 말할 수 있다."

극기

인간은 누구나 모든 수단을 동원해 세속적으로 안락한 생활을 누리려고 노력하고 있으며, 이러한 노력은 당연하다. 그러한 노력으로 자기 자신의 인성 계발에 필요한 물질을 충당하고 가족을 부양할 수 있는 능력을 갖출 수 있다. 사도 바울도 "자기 가족을 돌보지 않으면 비신자보다도 못한 사람이다."라고 하지 않았던가. 이것은 결코 하찮은 의무가 아니며, 남에게 존경을 받는 것도 인생에서 영예로운 발전을 할 수 있는 기회를 어떻게 활용하느냐에 달려 있다. 이러한 물질적인 목표를 달성하기 위해 노력하는 것, 그 자체가 바로 좋은 교육이다. 그것은 자존심을 북돋우고 실용적인 자질을 일깨워주고 인내심, 끈기 등과 같은 덕성을 발휘할 수 있도록 단련시켜준다. 검소하고 신중한 사람은 생각이 깊은 사람이다. 현재만 중시하는 것이 아니라 미래를 신중하게 예측하고 대비하기 때문이다. 또한 그런 사람은 절제할 줄 알고 극기의 미덕을 발휘한다. 극기만큼 인격을 향상시키는 것도 없다. 스코틀랜드 문학가 존 스털링John Sterling의 말은 참으로 옳다.

"최악의 교육으로 극기만 가르친다 하더라도, 극기를 빼놓고 다른 것만 최선의 교육으로 가르치는 것보다 훨씬 낫다."

로마인들은 'Virtus'*1라는 단어 하나로 정신적으로는 '미덕,' 물질적으로는 '용기'라는 뜻으로 사용했다. 이들은 자기 자신에 대한 승리가 가장 고귀한 덕이라고 보았던 것이다.

---

*1. virtus : '덕망 있는'이라는 뜻의 라틴어

그러므로 미래의 행복을 위해 현재의 만족을 희생하는 극기의 교훈이야말로 우리가 반드시 배워야 할 가르침이다. 열심히 일하는 사람들은 당연히 자기가 벌어들인 돈을 가장 소중하게 여긴다. 하지만 애써 번 돈을 흥청망청 써버리는 습관에 젖어 오히려 알뜰한 사람의 도움에 의지하는 사람도 많다.

안락하고 독립적인 생활을 하는 데 충분한 수입을 가지고 있으면서도 급격한 변화가 생기면 하루도 버티지 못하고 사회적으로 무능력자가 되어 고통 받는 사람들도 흔하다. 존 러셀은 근로자들에게 세금을 부과하는 조치와 관련해 대표단이 찾아오자 이렇게 자신의 소신을 밝혔다.

"이 나라 정부는 근로자들이 술값으로 지출하는 액수 이상으로 근로자들에게 세금을 부과하지는 않을 테니 염려하지 마시오."

이는 근로자 계층에 대해 쇄신을 강력하게 촉구하는 발언으로 주요 사회문제 가운데 이보다 중요한 문제는 없을 것이다. 하지만 '극기와 자조'를 선거운동 구호로 내세우면 별로 호응이 없을 것이다. 게다가 이와 같은 덕행을 실천하는 것만이 근로계층이 진정한 독립을 얻을 수 있는 길인데도 불구하고 유감스럽게도 오늘날에는 개인의 절약과 검소와 같은 덕목에 관심을 거의 기울이지 않는다. 제화공이자 철학자였던 새무얼 드루는 이렇게 말했다.

"절약, 검소 그리고 유능한 관리는 역경을 극복하는 데 탁월한 능력을 발휘하는 예술가다. 이 예술가들은 장소도 거의 차지하지 않으면서도 지금까지 의회에서 통과된 어느 개혁법안보다 훨씬 효과적으로 악운을 몰아낼 수 있는 수단이 될 것이다."

소크라테스의 말을 들어보자.

"세상을 움직이려고 하는 자는 먼저 자기 자신부터 움직여라."

이런 옛 시도 있다.

"각자 자기 자신을 쇄신하려고 애쓰면, 나라 전체가 손쉽게 개혁되리라."

그러나 자신의 나쁜 습관을 개선하는 것보다 국가나 교회를 개혁하는 것이 훨씬 더 쉽다고 생각하는 경향이 짙다. 나 자신부터 쇄신할 생각은 안 하고 이웃 사람의 쇄신에 더 관심을 보이는 것이 대체로 우리 취향에도 맞고 일반적인 추세인 것 같다.

버는 대로 써버리는 사람들은 영원히 열등한 계층을 면하지 못하고, 필연적으로 무기력한 존재가 되어 두고두고 웃음거리가 될 것이다. 경제적으로 위기가 닥치면 이들은 궁지에 몰릴 수밖에 없다. 아무리 적은 금액이라도 항상 절약해 축적해놓은 힘이 없으면 이 사람 저 사람에게 구걸을 해야 한다. 올바른 생각을 가진 사람이라면 처자식의 미래를 불안과 두려움에 떠는 운명이 되도록 내버려두지는 않을 것이다. 맨체스터의 거물급 정치인이자 기업인이며 '자유무역운동'을 주도했던 리처드 콥든은 영국의 허더즈필드Huddersfield 시에 사는 노동자들에게 행한 연설에서 이렇게 말했다.

"세상에는 항상 두 부류의 사람이 있다. 저축하는 사람 그리고 있는 대로 다 써버리는 사람, 다시 말해 절약하는 사람과 낭비하는 사람으로 나눌 수 있다. 집과 공장을 건설하고 다리를 놓고 배를 만드는 등 문명의 발전과 인류의 행복을 위해 위대한 업적을 남긴 사람은 모두 저축하고 절약하는 사람들이었다. 이와 반대로 자기 재산을 낭비한 사람들은 언제나 스스로 뒤집어쓴 굴레를 벗지 못하고 노예로 살아왔다. 그것이 바로 자연의 법칙이자 신의 섭리인 것이다. 따라서 절약하지 않고 지각없이 빈둥거리는 사람에게 분명히 출세할 것이라고 말한다면 터무니없는 거짓말이다."

개혁정치가 존 브라이트의 충고도 경청할 만하다. 그는 1847년 로치데일Rochdale에서 열린 노동자 집회에서 이렇게 자신의 신념을 밝혔다.

"정직성은 계층을 막론하고 어디에서나 중요한 덕목이다. 개인이든 단체든 현재 위치를 향상시키고 개선할 수 있는 안전한 길은 오직 하나밖에 없다. 그것은 바로 근면, 절약, 정직의 덕목을 실천하는 것이다. 정신적으로나 육체적으로 불편하고 불만스러운 여건에서 벗어날 수 있는 왕도는 없다. 오로지 이와 같은 덕목을 실행함으로써 자기 자신을 지속적으로 발전시키고 개선해야 한다."

평범한 노동자라고 해서 편리한 삶, 품위 있는 삶, 행복한 삶을 영위해서는 안 된다는 법이 없다. 전반적으로 볼 때 노동계층도 훌륭한 지식을 갖추고 알뜰하고 고결하며 안락한 생활 여건 속에서 살 수 있다. 간혹 극히 예외적인 경우가 있지만, 이미 많은 노동자들이 그렇게 살고 있지 않은가. 다른 사람이 그러한 생활 여건을 일궈냈다면 누구나 똑같은 여건 속에서 살지 못할 까닭이 어디 있으랴. 그들과 똑같은 방법을 택하면 똑같은 결과를 얻을 수 있다. 어느 나라를 막론하고 하루하루 노동으로 살아가는 계층이 있게 마련이다. 하지만 이 계층이 알뜰한 생활에 만족하지 못하고 지성적이고 행복한 삶을 누리지 못한다면 그 원인은 신의 뜻이 아니라 인간의 나약함, 방종 그리고 비뚤어진 행동으로 인한 것이다. 건전한 자조 정신을 통하여

신앙심, 지성, 덕행의 수준을 향상시키는 방법이야말로 구태여 다른 계층을 끌어내리지 않고도 노동자가 떳떳하고 독립적인 계층으로 발전하는 데 가장 효과적인 방법이다. 프랑스의 사상가이자 문필가인 몽테뉴Montaigne는 이렇게 말했다.

"도덕 철학은 서민사회부터 최고 상류사회까지 똑같이 적용된다. 사람은 누구나 인간으로서의 조건을 완벽하게 갖추고 있기 때문이다."

앞날을 잠시 생각해보면 대비해야 할 중대한 일이 세 가지 있다는 것을 깨닫게 될 것이다. 그것은 바로 실직, 질병 그리고 죽음이다. 이 세 가지는 아무런 예고 없이 어느 날 갑자기 우발적으로 발생한다. 처음 두 가지는 면할 수 있을지 모르나 죽음은 피할 길이 없다. 분별력이 있는 사람이라면 이러한 일이 발생할 때 자기 자신뿐만 아니라 안락과 생계를 자기에게 의존하고 있는 가족에게 가해질 고통의 압력을 최소한으로 줄일 의무가 있다. 이러한 관점에서 볼 때, 정직하게 벌고 절약하는 생활 태도가 매우 중요하다. 정당한 방법으로 번 돈은 인내, 근면, 꾸준한 노력의 상징이고 유혹을 물리치고 희망으로 보상받았다는 증거이며, 돈을 올바르게 사용한다는 것은 참된 인격의 바탕이 되는 분별력, 통찰력, 극기의 표시다. 실질적인 가치나 효용성이 전혀 없는 사물을 금전으로 표현하는 경우도 많이 있으나, 돈은 가족의 의식주를 해결하고 개인의 자존심과 독립을 실질적으로 보장하는 중요한 수단이다. 그러므로 저축은 근로자를 가난으로부터 보호해주는 방벽 역할을 한다. 또한 생활을 지탱할 수 있는 발판을 마련해주어 더 쾌적한 생활을 영위할 수 있는 날을 기쁨과 희망 속에서 기다릴 수 있게 해준다. 보다 확고한 지위를 얻기 위한 노력은 그 자체만으로도 존엄한 것으로서 인간을 더욱 강하고 훌륭하게 만든다. 저축은 언제나 더 많은 행동의 자유를 보장하고 미래를 개척할 수 있는 힘을 증진시켜준다.

그러나 언제나 빈곤 속에서 방황하는 사람들은 노예의 처지와 다를 바 없다. 그는 결코 자신의 주인이 아니며 다른 사람의 구속을 계속 받아야 하는 위험 속에 놓인 것이다. 감히 세상을 똑바로 쳐다보지 못하고, 역경에 시달리며 구호물자나 극빈자 수당에 의존해야 한다. 그래서 한 가지 일이 잘못되면 다른 직업을 구할 수 있는 여력이 없다. 바위에 붙어 사는 삿갓조개처럼 자신이 사는 지역에서 옴짝달싹 못하고 이사나 이민조차 갈 수 없는 처지가 된다.

절약의 필요성

확고한 자립의 기틀을 마련하는 데 필요한 것은 단지 절약을 실천하는 것뿐이다. 절약에는 뛰어난 용기나 탁월한 덕행 같은 건 필요 없다. 평범한 힘, 평범한 사고력만 있으면 충분하다. 근본적으로 절약은 가정 관리에 적용되는 규칙의 정신이다. 절약은 철저한 관리, 규칙적인 생활, 신중한 결정, 낭비의 억제를 의미한다. 절약의 정신은 올바른 경영, 바른 규칙, 알뜰함 그리고 낭비를 안 하는 것을 의미한다. 예수도 절약 정신을 강조했다.

"조금도 버리지 말고 남은 조각을 다 모아 들여라."[*2]

---

*2. 요한복음 6장 12절

전지전능하신 신도 작은 것을 소홀히 하지 않고, 군중에게 무한한 힘을 드러내 보일 때도 작은 것을 소중히 여길 줄 알아야 한다는 가르침을 베푼 것이다.

절약은 미래를 위해 현재의 욕구를 참는 능력을 의미한다. 이런 측면에서, 절약은 동물적 본능에 대한 이성의 지배를 의미한다. 절약은 인색함과 전혀 다르다. 항상 남에게 아낌없이 베풀 수 있는 여력이 생기기 때문이다. 돈을 우상으로 받들지 않고 유용한 수단으로 생각한다. 『걸리버 여행기』의 작가 조나단 스위프트는 이렇게 말했다.

"돈은 머리에 넣고 다녀라. 절대로 가슴에 품지 마라."

절약은 분별력의 딸이고 절제의 누이이며 자유의 어머니다. 그것은 분명히 인격, 가정의 행복 그리고 사회 안녕의 보호자다. 요약컨대, 절약은 자조 정신을 가장 훌륭하게 보여주는 표현 방식이다.

정치가 프랜시스 호너Francis Horner의 아버지는 사회생활을 시작하는 아들에게 이렇게 충고했다.

"나는 모든 면에서 안락하게 살기를 바란다. 그러나 절약 정신만큼은 확실하게 심어주고 싶구나. 그것은 모든 사람에게 가장 필요한 덕목이란다. 천박한 사람들은 우습게 생각하지만, 절약은 고결한 정신의 소유자라면 목표로 삼아 자립에 이를 수 있는 확실한 길이다."

이 장 맨 앞에 인용된 로버트 번스의 말도 옳지만, 유감스럽게도 그의 실천력은 자신이 읊은 시만큼 뛰어나지 못했고 그의 습관은 이상과 너무 동떨어졌다. 임종이 가까웠을 무렵 그는 친구에게 이런 편지를 썼다.

"아, 괴롭다! 클라크, 나는 최악의 상황을 생각하기 시작했네. 과부가 될 불쌍한 아내 그리고 무력한 고아가 될 여섯 명의 어린 자식들…… 이 생각만 하면 나는 여자의 눈물처럼 한없이 약해진다네. 이젠 정말 진절머리가 나. 이 생각 때문에 병이 더 깊어지는 것 같아."

소득과 저축

누구나 자기 수입에 맞게 살도록 노력해야 한다. 그러한 습관이 바로 정직의 근간이다. 자신의 분수에 맞게 정직하게 삶을 꾸려가지 않으면 다른 사람에게 의존해 불성실하게 살 수밖에 없다. 남에게 폐를 끼치고 자신의 욕구충족만 생각하고 경솔하게 돈을 써버리는 사람은 돌이킬 수 없는 실수를 저지른 후에야 뒤늦게 올바른 돈의 사용법을 알게 된다. 천성적으로 남에게 베풀기 잘하는 사람도 씀씀이가 헤프면 결국 매우 추잡한 짓을 저지르게 된다. 이런 사람은 시간이나 돈을 아낄 줄 모른다. 미래의 소득을 예측해 어음을 발행하고 빚과 채무 관계에 얽매여 질질 끌려다니게 돼 자유롭고 독립적인 인간으로서의 활동에 심한 제약을 받게 된다.

철학자 프란시스 베이컨의 좌우명은 이렇다.

"절약해야 할 필요가 있을 때에는 작은 수입을 얻으려고 몸을 굽히는 것보다 조금씩이라도 저축하려고 노력하는 것이 더 낫다."

잔돈이라도 쓸데없이 낭비하지 않으면 재산과 자립의 기초가 된다. 씀씀이가 헤픈 사람들은 대개 세상이 불공평하다고 욕을 하지만 사실은 자기 자신이 최대의 적이다. 스스로 자신의 친구가 되지 못한다면 어떻게 남이 자신의 친구가 되어주기를 기대할 수 있겠는가? 적당한 자산을 가지고 단정하게 사는 사람은 언제나 남을 도울 수 있는 여유가 있다. 반면에 낭비벽이 심하고 경솔한 사람들은 다른 사람을 도와줄 기회를 전혀 갖지 못한다. 절약하지 않으면 보잘것없는 사람이 된다. 편협하게 생활하거나 근시안적으로 거래를 하면 결국 실패하게 된다. 1페니짜리 정신으로 2펜스짜리 인간이 될 수는 없다. 관대함과 깊은 아량은 정직과 마찬가지로 최선의 방책이다. 올리버 골드스미스Oliver Goldsmith의 소설 『웨이크필드의 목사 Vicar of Wakefield』에 등장하는 젱킨슨Jenkinson은 같은 방법으로 친절한 이웃 플램버러Flamborough를 매년 속이면서도 이렇게 불평했다.

"나는 점점 가난해지고 감옥에도 가는데 플램버러는 점점 부자가 되고 있다."

실질적으로 살면 관대함과 정직함을 생활신조로 삼아도 멋진 성과를 풍성하게 얻을 수 있다.

빚은 위험한 것

"속이 텅 빈 자루는 똑바로 서지 못한다."는 속담이 있다. 빚을 지고 있는 사람도 마찬가지다. 빚이 있는 사람은 정직하게 살기 어렵다. 그래서 거짓말은 빚쟁이의 등에 업혀 다닌다는 말이 생긴 것이다. 채무자는 빚진 돈을 갚아야 할 날을 연기하기 위해 핑곗거리를 만들어서 채권자에게 둘러대야 하고 때로는 거짓말도 꾸며내야 한다. 빚이 없는 사람은 단단히 결심하면 빚을 지지 않고 쉽게 피할 수 있지만, 이미 자주 빚을 진 경험이 있는 사람은 위기를 쉽게 넘길 수 있기 때문에 쉽게 유혹에 빠져 빚을 또 지게 된다. 그러면 아무리 열심히 일해도 그 함정에서 벗어나기 어렵다. 처음 빚을 지는 것은 처음 거짓말하는 것과 같다. 필연적으로 거의 같은 과정을 거치면서 거짓말이 거짓말을 낳고 빚이 빚을 불러온다. 화가 헤이든은 처음 돈을 빌린 날이 바로 자신이 인생의 내리막길에 들어선 날이었다고 토로했다. 그는 이 격언이 진리라는 것을 실감한 것이다.

"돈을 빌린 자는 슬퍼하게 될 것이다."

그의 일기 속에 중요할 말이 적혀 있다.

"부채와 채무가 시작되었다. 아직도 헤어나지 못했고, 앞으로도 살아 있는 동안 빠져나오지 못할 것이다."

그의 자서전은 돈 문제로 인한 고뇌가 얼마나 고통스럽게 가슴을 짓누르고 자신의 무능력을 탓하게 만들며 치욕감에 시달리게 하는지 생생하게 보여주고 있다. 그는 해군에 입대하는 한 젊은이에게 이런 충고의 편지를 써 보냈다.

"어떤 즐거움이든 절대로 돈을 빌려서 사지 마라. 돈을 빌리지 마라. 그렇지 않으면 품위가 떨어지기 때문이다. 절대로 돈을 빌려주지 말라는 것이 아니다. 하지만 남에게 돈을 빌려줌으로써 네 빚을 갚지 못할 처지가 된다면 절대로 빌려주지 말라는 것이다. 어떤 상황에서도 돈을 절대로 빌리지 말라."

독일의 철학자 피히테Fichte는 가난했던 학생 시절에 자기보다 더 가난한 부모가 주는 선물을 받지 않았다.

절대로 빚을 지지 마라

존슨 박사는 초년기의 빚은 파멸의 원인이라고 했다. 이 문제에 대한 그의 말은 반드시 기억해둬야 할 만큼 중요한 가치가 있다.

"빚을 단지 불편한 것으로만 여기지 말라. 그것은 일종의 재난임을 깨닫게 될 것이다. 가난은 좋은 일을 할 수 있는 수단을 빼앗아가고 현실적으로나 도덕적으로 악에 저항할 수 없도록 무기력하게 만들기 때문에 고결한 수단을 모두 동원해서 피해야 한다. 어떠한 빚도 지지 않겠다는 것을 첫 번째 주의사항으로 삼아라. 또한 씀씀이를 줄여서라도 절대 가난해지지 않겠다고 결심하라. 가난은 인류 행복의 큰 적이며 자유를 완전히 말살한다. 또한 가난은 덕행을 전혀 실행할 수 없게 만들거나 극도로 어렵게 만든다. 절약은 선행의 토대이자 평화의 밑거름이다. 자기 자신이 궁핍하면 남을 도울 수 없다. 나눠주기 위해선 가진 것이 충분해야 한다."

자신의 당면 과제를 직시하고 수입과 지출을 기록하는 것은 누구나 반드시 지켜야 할 의무다. 이렇게 아주 간단한 계산으로 큰 효과를 거둘 수 있다. 알뜰하게 살려면 생활수준을 소득수준까지 끌어올리지 말고 그 아래로 끌어내려야 한다. 그러나 이것은 수입에 맞추어 짠 생활 계획을 충실히 실천할 때에만 가능한 일이다. 철학자 존 로크John Locke는 강력하게 권고했다.

"분수에 맞게 생활하려면 자신의 수입과 지출을 날마다 꾸준히 기록하여 눈으로 직접 확인하는 것이 가장 좋다."

웰링턴 공작은 받은 돈과 지불한 돈을 상세하고 정확하게 기록했다. 그는 글레이그Gleig에게 이렇게 말했다.

"나는 내가 결제해야 할 돈은 직접 지불하는 것을 철칙으로 삼고 있고, 다른 사람들에게도 그렇게 하라고 충고하고 있네. 예전에는 심복 하인에게 대신 지불하라고 시켰는데 어느 날 갑자기 1, 2년씩 밀린 빚 독촉장이 날아들어 깜짝 놀란 적이 있었네. 그 일을 계기로 어리석은 버릇을 고치게 되었지. 그 하인이 투기로 그 돈을 다 날려버리고 정작 결제해야 할 돈을 지불하지 않았던 거야."

웰링턴은 빚에 대해 이렇게 말했다.

"빚은 사람을 노예로 만든다. 돈이 부족하다고 느낄 때도 종종 있지만 나는 절대로 빚을 지지 않는다."

조지 워싱턴도 모든 일을 꼼꼼히 챙기기로는 웰링턴만큼이나 유별났다. 미국 대통령이라는 고위직에 있을 때에도 수입의 범위 내에서 정직하게 살기로 결심하고 아주 사소한 가계 지출까지 꼼꼼히 살폈다는 것은 특기할 만한 사실이다.

존 저비스의 초년기 고생

세인트빈센트 백작이자 해군제독이었던 존 저비스John Jervis는 그가 어렸을 때 겪은 고생과 빚더미에서 벗어나기로 결심했던 일을 이렇게 회고했다.

"우리 집은 대가족이었지만 아버지의 수입은 한정되어 있었다. 아버지는 내가 처음 입대했을 때 20파운드를 주셨는데 그것이 처음이자 마지막이었다. 바다에서 상당히 오랜 기간을 지낸 후에 20파운드짜리 수표를 발행하고 아버지에게 그 수표를 결제해달라고 청했으나 거절당했다. 나는 아버지의 책망에 마음이 상해서 다시는 결제될 것이라는 확신 없이는 수표를 발행하지 않겠다고 굳게 결심하고 지금까지 지켜오고 있다. 그 일이 있은 후 즉시 생활방식을 바꾸고 난잡한 생활을 멀리하고 혼자 생활했다. 옷 세탁과 수선을 직접 하고 침대 시트로 바지를 만들어 입으니 승선 수당만 가지고도 충분히 생활할 수 있었다. 이렇게 해서 모은 돈으로 내 명예를 되찾고 결제해야 할 돈도 모두 갚았다. 그때부터 오늘날까지 나는 수입 범위 내에서 생활하려고 노력했다."

저비스는 6년 동안 궁핍으로 고통을 겪으면서도 성실하고 정직하게 살면서 열심히 공부해 성공을 거두고, 차츰 공로와 용감한 행동을 인정받아 최고 지위에까지 오르게 되었다.

사치스러운 생활

급진파 정치가 조지프 흄은 하원에서 영국인들의 생활수준이 너무 높다는 발언을 해 웃음거리가 되었지만, 그의 지적은 옳았다. 소득보다 지출이 더 많은 것은 아닐지 몰라도 영국 중산층은 소득을 전액 써 버리는 경향이 있다. 이러한 현상은 사회 전반에 불건전한 영향을 미치는 유행을 조장하게 된다. 자식을 상류사회의 어엿한 신사로 만들어보려는 야망에 들떠 있지만 결과는 그저 거드름이나 피우는 '사이비 신사'를 만들어내는 일이 허다하다. 옷, 사치품, 오락거리에 대해 고상한 취미를 배운다 한들 남자다운 인격, 신사다운 인격의 단단한 기초가 형성되는 것은 아니다. 그 결과, 겉만 번지르르한 풋내기 신사들이 세상으로 배출되어 마치 바다에서 건져 올린 낡은 선체 갑판 위에 홀로 서 있는 원숭이와 같은 몰골을 하고 다닌다.

'고상한 신사인 척'하려는 끔찍한 야망이 널리 퍼져 있다. 우리는 흔히 정직성을 희생해 체면을 지키려 하고 부자가 아니면서도 부자처럼 행세하려고 한다. 존경 받는 사람처럼 보이려고 기를 써도 천박하고 통속적으로 보일 뿐이다. 하느님이 주신 소명에 따라 자기에게 주어진 환경 속에서 꾸준히 앞으로 나아갈 용기도 없으면서 우스꽝스럽게 유행을 좇고 허영에 들떠 알맹이도 없는 상류사회를 추구한다. 일종의 원형극장 같은 상류사회에서 앞자리를 차지하기 위한 싸움과 밀치기가 그칠 날이 없어 자제할 줄 아는 사람은 짓밟히고 고매한 인격자는 밀려서 죽음을 당하기도 한다. 겉보기에 화려한 세속적인 성공에 눈이 멀어 얼마나 많은 낭비, 참상, 파산이 일어나는지 구태여 장황하게 설명할 필요가 없다. 그 악영향이 온갖 형태로 나타나고 있다. 차라리 부정직하게 보일지언정 가난하게 보이기는 싫다고 부귀영화를 누릴 욕심에 필사적으로 신분 사기를 저지르는 사람들이 있다. 그와 같은 범행에 실패하는 사람들은 동정의 여지가 없지만, 그들과 함께 파멸의 길로 들어서는 죄 없는 가족들이 불쌍하다.

찰스 네이피어의 빚에 관한 견해

찰스 네이피어 장군은 인도 주둔군 사령관직을 떠나면서 인도 주둔군 장교들에게 보내는 마지막 훈령서에서 명예롭지 못한 채무까지

지고 있는 젊은 장교들의 방탕한 생활에 대해 대담하고 솔직하게 충고했다. 지금은 거의 관심 밖으로 밀려났지만, 그 당시 매우 유명했던 이 문서에서 그는 이렇게 역설했다.

"정직은 교양 있는 신사의 인격에서 떼려야 뗄 수 없는 자질이다. 돈도 내지 않고 샴페인이나 맥주를 마시고 공짜로 말을 타는 것은 사기꾼이나 할 짓이지 신사가 취할 행동이 아니다."

자기 수입을 초과해 사치스러운 생활을 하다가 빚을 지고 하인들에게 고소를 당해 소액재판소에 소환되는 사람은 장교라는 직책을 가지고 있어도 진정한 신사라고 할 수 없다. 네이피어 사령관은 계속 빚을 지는 습관을 들이면 신사의 올바른 생각이 무뎌진다고 주장했다. 싸움만 잘 한다고 장교 자격이 있는 것은 아니다. 싸움은 불독도 잘 할 수 있다. 약속을 제대로 지켰는가? 빚을 다 갚았는가? 그는 이러한 점이 명예롭고 참된 신사, 참된 군인의 모습을 보여주는 핵심이라고 주장했다.

찰스 네이피어는 영국 장교들을 모두 오랜 옛날 프랑스의 기사 바야르Bayard*3처럼 만들려고 했다. 영국 장교는 모름지기 '두려움이 없고 나무랄 데도 없어야 한다.'고 생각했다. 인도와 본국에서 수많은 젊은이가 위급한 상황에 용감하게 포화를 뚫고 돌진하고 절박한 상황에서도 대담무쌍하게 싸우면서 하찮은 유혹을 뿌리치는 데는 도덕적 용기를 발휘할 능력이 없거나 발휘하려고 하지 않는다. 이들은 쾌

---

*3. 바야르(1473~1524) : 프랑스 루이 12세 때 혁혁한 전공을 세워 '두려움이 없고 나무랄 데 없는 기사'라는 칭호가 붙었다

락과 향락의 초대에 대해 '싫다.' 또는 '그럴 여유가 없네.'라고 용감하게 말하지 못하고, 동료들에게 놀림을 받기보다는 차라리 죽음을 택하려고 한다.

유혹을 뿌리쳐라

젊은이의 인생길 양쪽에는 무수한 유혹이 길게 늘어서 있으며, 이 유혹에 굴복하면 점차 타락의 길로 들어서게 된다. 이러한 유혹과 접촉하면 신이 불어넣어준 인격의 동력이 일부 빠져나간다. 유혹을 물리치는 유일한 방법은 씩씩하고 확고부동하게 '아니오.'라고 말하고 소신대로 실천하는 것이다. 앞뒤를 재고 이유를 생각하느라 시간을 허비하지 말고 즉석에서 결정해야 한다. 이 생각 저 생각 하다보면 시기를 놓치게 마련이다. 이리저리 생각만 하고 결정을 내리지 못하는 사람이 많지만, 결단을 내리지 않는 것도 일종의 결단이다. "우리를 유혹에 빠지지 말게 하시고"라는 기도문에 인간에 대한 완벽한 지식이 담겨 있다. 하지만 유혹은 젊은이의 힘을 시험하기 위해 다가올 것이며, 한번 유혹에 빠져들면 저항의 힘은 점점 더 약해진다. 일단 굴복하면 덕성이 일부 사라진다. 용감하게 저항하라, 그러면 첫 번째 결정이 평생 동안 힘이 되어줄 것이다. 그와 같은 결정을 반복하면 그것이 바로 습관이 된다. 인생 초기에 형성된 습관의 기본 틀 속에 유혹을 방어하는 진정한 힘이 들어 있다. 습관이라는 매개체를 통해 도덕적 생활 방식을 지켜나가면 우리 내면에 있는 위대한 신조가 퇴색되는 것을 막을 수 있다. 좋은 습관은 부지불식간에 일상생활 속에 수없이 행하는 미미한 행동 속에 파고들어 도덕적인 품행을 갖추는 데 크게 기여하게 된다.

품행 기준의 향상

스코틀랜드의 지질학자이자 신학자인 휴 밀러는 젊은 시절 결단력으로 자신을 강한 유혹으로부터 구원한 사연을 털어놓은 적이 있다. 석공으로 일하던 시절, 그는 동료들과 이따금 술을 마셨는데 어느 날 위스키 두 잔을 마시고 집으로 돌아왔다. 그런데 애독하는 베이컨의 『수상록』을 펼쳐들고 읽으려고 하자 글자들이 눈앞에서 춤을 추는 바람에 책 내용을 제대로 파악할 수가 없었다고 하면서 이렇게 덧붙였다.

"내가 자초했던 그 상태가 일종의 퇴보 상태라는 느낌이 들었다. 나 자신의 행동으로 내 지적 수준이 원래 있어야 할 수준 이하로 떨어져버린 것이다. 비록 중대한 결심을 할 만한 상황은 아니었지만 나는 그 자리에서 다시는 술로 인해 지적 능력을 희생시키지 않겠노라고 굳게 결심했다. 그리고 신의 도움으로 그 결심을 지금까지 지킬 수 있었다."

이와 같은 결심으로 인생의 전환점과 장래의 인격을 쌓는 토대가 마련되는 경우가 허다하다. 휴 밀러가 그 순간 도덕적 힘을 발휘해 위기에서 벗어나지 않았다면 이 암초에 걸려 난파되었을 것이다. 젊은이든 성인이든 모두 이러한 암초를 언제나 경계해야 한다. 그것은 젊은 시절에 겪게 되는 가장 치명적이고 엄청난 유혹 중 하나다. 스코틀랜드의 시인이자 소설가인 월터 스콧은 이렇게 말했다.

"악덕 중에서도 음주는 위대함에 가장 어울리지 않는 악덕이다."

그뿐만이 아니다. 음주는 절약 정신, 예의범절, 건강, 정직한 삶과도 어울리지 않는다. 절주하지 못하는 젊은이는 술을 끊어야 한다. 많은 사람이 존슨 박사와 같은 경험을 한다. 그는 자신의 습관에 대해 이렇게 말했다.

"나는 술을 끊을 수는 있어도 절제하지는 못한다."

하지만 맹렬하게 악습과 맞서 싸워 이기려면 세속적인 분별력이라는 낮은 차원에 만족하지 말고 도덕적 함양이라는 더 높은 차원에 비중을 둬야 한다. 서약처럼 기계적인 방법이 다소 도움이 되는 사람도 있겠지만, 중요한 것은 사고와 행동의 기준을 높이 설정하고 자신의 신조를 강화하고 순수하게 지키며 습관을 고쳐나가는 것이다.

이러한 목적을 달성하려면 자기 자신을 연구하고 행동을 조심하고 자신의 생각과 행동을 지속적으로 자신이 세운 규칙과 비교해야 한다. 자기 자신에 대해 많이 알면 알수록 더욱 겸허해지고, 자신의 능력을 과신하지 않게 될 것이다. 내일 더 크고 더 높은 것을 얻기 위해 오늘 작은 만족을 채우려는 욕구를 참아내는 훈련이야말로 가장 소중한 체험이 될 것이다. 그러한 훈련이 가장 고귀한 이유는 아래 구절에서 찾아볼 수 있다.

"진정한 영광은 묵묵히 성취한 자기 정복에서 비롯된다. 이것을 이루지 못한 정복자는 노예에 불과하다."

돈 버는 비결에 관한 속담

많은 돈을 벌 수 있는 비결을 일반 대중에게 알려주는 책이 수없이 출판되어 인기리에 팔리고 있다. 하지만 세계 각국의 속담에서도 알 수 있듯이 이 세상에 돈 버는 비결이란 존재하지 않는다.

"푼돈을 잘 관리하라. 그러면 목돈은 저절로 관리된다." "근면은 행운의 어머니다." "고통이 없으면 얻는 것도 없다." "땀 흘리지 않으면 달콤한 결실도 없다." "일하라, 그러면 얻으리라." "세계는 참고 노력하는 자의 것이다." "빚을 진 채 아침에 일어나는 것보다 저녁을 굶고 잠자리에 드는 것이 낫다." 위에 열거한 속담에는 이 세상에서 성공할 수 있는 최상의 방법에 대해 자자손손 축적된 경험을 바탕으로 얻은 인류의 철학이 담겨 있다. 이런 속담은 책이 발명되기 훨씬 전부터 입에서 입으로 널리 퍼졌으며, 다른 대중적인 속담들과 마찬가지로 최초의 윤리규범이 되었다. 더구나 오랜 세월 동안 검증을 거쳐 일상생활에서 얻은 경험이 정확하고 설득력이 있고 견실하다는 것이 입증되었다. 솔로몬의 잠언은 근면의 힘과 돈의 사용과 남용에 대한 지혜로 가득 차 있다.

"제 일을 게을리 하는 사람은 일을 망치는 사람과 사촌간이다."

"게으른 자는 개미에게 가서 그 사는 모습을 보고 지혜를 배워라."

솔로몬은 게으른 자에게는 "가난이 부랑배처럼 몰려들고 빈곤이 거지처럼 달려든다."고 경고하고, 부지런하고 의로운 사람들에 대해서는 "손이 부지런한 사람은 재산을 모은다."고 가르쳤다.

"고기와 술에 빠지면 거지가 되고 술에 곯아떨어지면 누더기를 걸치게 된다."

"제 일에 부지런한 자는 임금을 섬긴다. 어찌 여느 사람을 섬기랴."

그러나 잠언에서 가장 가슴 깊이 새겨야 할 구절은 이것이다.

"지혜는 정금보다 더 좋고, 붉은 루비보다도 더 값진 것이다. 네가 원하는 그 무엇을 이에 비하랴."

영예로운 근면성

부지런하고 절약하면 평범한 능력을 가진 사람도 자신의 수입으로 자립할 수 있다. 자기의 자원을 정성들여 관리하고 쓸데없는 지출을 최소한으로 줄인다면 근로자도 자립할 수 있다. 1페니는 매우 적은 돈이다. 그러나 가족의 안위는 어떻게 적은 푼돈을 적절히 사용하고 저축하느냐에 달려 있다. 술집에 드나든다든지 이런저런 잡다한 일로 번 돈이 손가락 사이로 흘러나가버리면 짐승보다 나은 삶을 살기가 어렵다. 이와 반대로 푼돈이라도 잘 관리해 일부는 공제조합이나 보험에 가입해 매주 적립하고 일부는 은행 저축계좌에 예치하고 나머지는 아내에게 맡겨 생계유지와 자녀들의 교육에 알뜰하게 쓰게 한다면 머지않아 조그만 일에 세심한 주의를 기울인 보상을 받게 될 것이다. 재산이 점점 늘고 가정이 평안해지고 미래에 대한 불안에서 벗어나게 될 것이다. 야망이 크고 마음이 풍요로우면 자기 자신은 물론 일생 동안 인연을 맺은 다른 사람들에게도 유익한 도움을 주게 될 것이다. 맨체스터 출신의 토머스 라이트Thomas Wright의 일생에서 알 수 있듯이 공장에서 일하는 평범한 노동자에게도 결코 불가능한 일이 아니다. 그는 주물공장에서 주급을 받고 일을 하면서도 수많은 죄수를 교화시키는 데 성공했다.

토머스 라이트는 출옥한 전과자들이 정직한 성품을 갖고 사회에 복귀해 근면한 습관을 가지는 데에 어려움을 겪는 사실을 우연한 기회에 알게 된 뒤부터 이 문제에 관심을 갖기 시작했다. 그는 그 문제의 해법 찾기에 골몰하면서 이를 인생의 목표로 삼았다. 아침 6시부터 저녁 6시까지 직장에서 일하고 여가 시간과 일요일은 죄수들을 위한 봉사활동에 할애했다. 그 당시 전과자들은 지금보다 더 소외당하고 있었다. 하루에 단 몇 분이라도 잘 사용하면 많은 효과를 거둘 수 있다. 믿기 어려운 사실이지만, 그는 10년 동안 자신의 목표를 꾸준히 추구한 결과 300명이 넘는 강력범을 악으로부터 벗어나게 해주었다. 그는 맨체스터 형사법원 소속 도덕 전담 의사로 불리게 되었으며, 교도소 목사나 다른 전문가들이 교화에 실패한 경우에도 성공을 거두는 일이 많았다. 그의 도움으로 새 삶을 찾은 어린이들은 부모의 품으로 돌아갔다. 그의 도움이 없었다면 이들은 가정을 잃고 부모들은 아들과 딸을 영영 잃었을 것이다. 집에 돌아간 수많은 전과자들이 꾸준히 정직하고 근면하게 새로운 삶의 터전을 다지는 데 성공했다. 결코 쉬운 일은 아니었다. 돈, 시간, 정력, 분별력 그리고 무엇보다도 인격과 남을 감화시킬 수 있는 자신감이 필요하다. 주목해야 할 사실은 라이트가 놀랍게도 주물공장에서 일해서 번 아주 작은 수입으로 사회에서 소외당하는 불쌍한 사람들을 구했다는 것이다. 그는 통틀어 연평균 100파운드도 안 되는 적은 수입으로 엄청난 일을 해낸 것이다. 더구나 전과자들에게 물질적 도움을 주면서도 인간이라면 누구나 흔히 남에게 신세질 수 있는 정도의 친절한 대접을 받은 이외에는 남의 도움을 전혀 받지 않았다. 그런데도 그는 안락한 가정을 꾸려나가고 검소하게 생활했을 뿐만 아니라, 세심한 주의를 기울여 노후를 대비해 저축까지 했다.

그는 매주 식료품과 옷값으로 얼마, 교육비로 얼마, 가난하고 불우한 이웃을 위해서 얼마, 이런 식으로 수입을 나누어놓고 그것을 철저하게 지켰다. 이 보잘것없는 노동자는 얼마 안 되는 수입으로 그와 같이 위대한 일을 해 훌륭한 성과를 거둔 것이다. 실로 그의 일생은 목적의식의 힘, 적은 수입을 신중하고 꼼꼼하게 사용했을 때 얻을 수 있는 힘 그리고 활기차고 올바른 사람이 남의 인생과 행동에 발휘할 수 있는 위력을 보여준 뛰어난 사례로 손꼽을 수 있다.

부끄러운 직업이란 없다

땅을 경작하든, 연장을 만들든, 옷감을 짜든, 상점에서 물건을 팔든, 올바른 일이라면 무엇을 하든 간에 근면하게 일하는 것은 체면이 깎이는 것이 아니라 명예로운 것이다. 자로 옷감을 재거나 리본을 재는 일을 하더라도 자신의 일에 만족하고 마음이 자만큼 짧지 않고 리본만큼 폭이 좁지 않다면 그런 일을 한다고 부끄러워할 까닭이 없다. 유명한 설교가 토머스 풀러는 이렇게 말했다.

"직업이 있는 사람은 부끄러워하지 말라. 부끄러워해야 할 사람은 합법적인 직업이 없는 사람이다."

또한 홀Hall 주교는 이렇게 말했다.

"이마에서 흐르는 것이든, 마음속에서 흘리는 것이든 땀은 모든 직업의 숙명이다."

인생을 하찮은 직업으로 출발했다고 부끄러워할 필요가 없으며, 오히려 역경을 이겨낸 것을 자랑스럽게 생각해야 한다. 한 미국 대통령은 가문家紋이 무엇이냐는 질문을 받았을 때, 벌목꾼으로 일했던 젊은 시절을 상기하고 '셔츠 소매'라고 대답했다. 어느 프랑스 의사가 님므Nismes 교구의 주교 플레시에Fléchier를 보고 미천한 집안 출신이고 젊어서 양초 장사를 했다고 야유하자 그는 이렇게 대답했다.

"만약 당신이 나와 같은 환경에서 태어났다면 아마 아직도 양초를 만들고 있을 겁니다."

맹목적인 돈벌이

차원 높은 목적 없이 그저 돈을 모으기 위해서만 정력을 쏟는 사람을 주위에서 흔히 볼 수 있다. 몸과 마음을 다 바쳐 이렇게 돈 모으기에만 열중하면 물론 부자가 될 것이다. 머리를 쓸 일도 별로 없다. 그저 버는 것보다 덜 쓰고 한 푼 두 푼 긁어모으면 재산이 점점 불어난다. 파리의 은행가 오스테워드Osterwald는 인생을 가난하게 시작했다. 그는 매일 저녁 선술집에서 저녁식사 대신 맥주를 한 잔 마시면서 코르크 마개를 있는 대로 주워 모아 호주머니에 넣었다. 8년 동안 그렇게 코르크 마개를 모아 저축한 돈이 무려 8루이도르louis d'or*4나 되었

---

*4. 루이도르 : 프랑스 대혁명 때까지 통용되던 20프랑짜리 금화

다. 그는 그 돈을 밑천 삼아 주식시장에 뛰어들어 죽을 때는 300만 프랑을 유산으로 남겼다.

건축가 존 포스터는 놀라운 결심으로 돈을 벌어들인 한 젊은이의 사례를 들려주었다. 그 청년은 부모로부터 물려받은 유산을 방탕한 생활로 탕진하고 궁핍과 좌절에 빠졌다. 그는 자살할 의도로 집에서 뛰쳐나가 한때 자신의 소유였던 토지가 잘 내려다보이는 고지대로 올라갔다. 그러나 거기에 앉아서 한동안 깊은 생각에 잠겨 있다가 마침내 그 땅을 되찾겠다는 결심을 하고 벌떡 일어섰다. 시내로 돌아오던 길에 우연히 그는 마차가 석탄을 싣고 와 어느 집 앞에 쌓아놓는 것을 보고 그 자리에서 석탄 옮기는 일을 자청했다. 비록 몇 푼 받지 못했지만 팁으로 고기와 술을 얻어먹으니 돈이 남았다. 막노동을 하면서 버는 대로 열심히 저축해 돈이 어느 정도 모이자 소를 사서 이윤을 붙여 팔았다. 소에 대해서는 잘 알고 있었기 때문이다. 그는 차츰차츰 거래 규모를 늘려 마침내 부자가 되었다. 그 결과 자신의 땅을 되찾을 수 있는 돈보다 훨씬 더 많이 벌었지만 지독한 구두쇠로 살다가 세상을 떠났다. 땅에 묻히는 순간 그는 흙에서 왔다가 빈손으로 흙으로 돌아간 것이다. 좀더 고결한 정신이 있었다면 그만한 결심으로 자신은 물론 남도 도울 수 있었을 텐데 이 사람은 죽는 날까지 탐욕 속에서 살다가 인생을 마감하고 말았다.

돈의 위력

노년에는 자기 자신의 안락과 자립뿐만 아니라 남에게도 도움을 주는 것이 명예롭고 적극 권장할 만한 삶의 모습이다. 그러나 그저 재산을 모으는 데에만 혈안이 되는 것이 편협한 영혼과 탐욕스러운 인간의 특징이다. 지혜로운 사람이라면 지나치게 저축에만 매달리는 습관이 몸에 배지 않도록 매우 조심해야 한다. 그렇지 않으면 젊었을 때 절약하던 습관이 노년에는 탐욕으로 변하고 의무가 악습으로 발전하게 된다. 악의 뿌리는 돈 그 자체가 아니라 돈에 대한 집착이다. 그것은 영혼을 편협하게 위축시켜 너그러운 삶과 행실을 하지 못하게 마음의 문을 닫아버린다. 월터 스콧은 이렇게 말했다.

"칼에 베어 죽는 육체보다 돈에 맞아 죽는 영혼이 더 많다."

사업에 집착하는 생활의 단점은 자기도 모르는 사이에 틀에 박힌 성격으로 변하게 한다는 것이다. 판에 박힌 생활에 빠져들면 그 이상의 사물을 보지 못하게 된다. 자기 자신만을 위해서 살면 자신의 목적에 도움이 되는 경우에만 남에 대해 관심을 가지게 된다. 그런 사람을 본받으면 그렇게밖에 살 수 없다.

흔히 축적한 재산의 가치로 평가를 받는 세속적인 성공은 매우 매혹적인 것이고, 정도의 차이는 있지만 누구나 세속적인 성공을 꿈꾸며 부러워한다. 끈기 있고 예리하고 빈틈없긴 해도 부도덕한 사람은 늘 정신을 바짝 차리고 기회를 포착해 세속적으로 성공할 수도 있다. 하지만 인격은 조금도 나아지지 않고 선량한 마음은 티끌만치도 갖추지 못할 것이다. 돈의 논리보다 더 고차원적인 논리를 알지 못하는 사람은 부자가 될 수는 있겠지만, 평생 메마른 삶을 벗어나지 못할 것이다. 부유하다는 것이 도덕적 가치를 보여주는 증거가 되지 못하고, 반딧불이 개똥벌레의 모습을 보여주듯 현란하게 번쩍거리는 재산의 광채가 아무런 쓸모 없는 부자의 참모습을 드러내는 경우가 허다하다.

부유함은 가치의 증거가 아니다

많은 사람이 부에 대한 욕심으로 자신을 희생시키고 있는 것을 보면 인류의 모습을 닮은 원숭이의 탐욕을 연상케 한다. 알제리의 커바일Kabyle 족 농부는 원숭이를 잡기 위해 호리병을 나무에 아주 단단하게 고정시켜놓고 그 안에 쌀을 약간 넣어둔다. 호리병 주둥이의 크기는 원숭이의 손이 겨우 들어갈 정도다. 원숭이는 밤에 나무에 와서 손을 집어넣고는 쌀을 꽉 움켜쥔다. 쌀을 쥔 채로 손을 다시 빼려고 하면 빠지지 않는 게 당연하다. 그런데 원숭이는 쌀을 도로 놓고 손을 빼낼 지혜가 없다. 그렇게 쌀을 손에 쥔 채로 아침이 될 때까지 그대로 있다가 사람에게 붙잡히고 만다. 이 작은 이야기가 주는 교훈은 인생에 아주 광범위하게 적용될 수 있다.

전반적으로 돈의 힘은 과장되어 있다. 이 세상에서 가장 위대한 일들은 부자나 기부금을 많이 내는 사람들이 이룬 것이 아니라 대체로 가난한 사람들이 이룬 것이다. 그리스도교를 전 세계에 전파한 사람들도 극빈층의 사람들이었다. 위대한 사상가, 발견자, 발명가, 예술가들 역시 재산이 그다지 많지 않았고, 세속적인 환경을 보면 육체적 노동을 해야 생계를 유지할 수 있었던 사람들이 많았다. 이러한 현상은 미래에도 계속될 것이다. 부유한 재산은 행동에 자극을 주기보다는 방해가 되는 경우가 많고, 은총이라기보다는 불행에 훨씬 가까운 경우도 많다. 부모로부터 재산을 물려받은 젊은이는 인생을 너무 쉽게 살고, 더 이상 바랄 것이 없기 때문에 자신의 삶에 곧 염증을 느끼는 경향이 있다. 고군분투해서 성취해야 할 특별한 목적이 없어서 자신에게 주어진 시간을 주체하지 못하고 도덕적으로나 정신적으로 잠들어 있는 상태가 된다. 그런 사람의 사회적 위치는 물결치는 대로 떠다니는 부평초보다 나을 것이 없다.

"그가 하는 일이라고는 시간 죽이기밖에 없으니, 그것이야말로 끔찍한 일이고 넌더리나는 고통이다."

그러나 올바른 정신이 박힌 부자라면 게으름은 비겁한 것이라는 것을 깨닫고 물리칠 것이다. 재산 소유에는 책임이 따른다는 것을 명심하면 자기보다 가난한 운명을 타고난 사람들에 비해 더 많은 소명의식을 느낄 것이다. 그러나 현실은 그렇지 못하다는 것을 인정해야 한다. 구약성경 잠언 30장에 있는 아굴^{Agur}*5의 기도가 우리가 택할 수 있는 최선의 삶이 될 것이다.

"가난하게도, 부유하게도 마십시오. 먹고 살 만큼만 주십시오."

하원의원을 지낸 조지프 브라더튼$^{Joseph\ Brotherton}$은 맨체스터 필 하버에 있는 자신의 묘비에 멋진 좌우명을 남겼다.

"나의 부유함은 재산이 많은 데 있지 않고, 욕심을 적게 낸 데 있다."

그의 경우 이 말은 분명 사실이다. 그는 어린 나이에 공장 직공이라는 매우 낮은 위치에서 출발해 검소, 정직, 근면, 철저한 시간관념

---

*5. 아굴 : 잘 알려져 있지 않으나 일반적으로 솔로몬의 측근으로 왕을 보좌하고 지혜와 시를 함께 읊었던 현자 중의 한 사람으로 알려져 있다

그리고 극기의 정신을 실천함으로써 유능한 사람이 되어 높은 지위에 올랐다. 인생의 황혼기에 접어들어 의원직에서 물러난 후에는 맨체스터의 작은 교회 목사로 부임해 맡은 바 소임을 다했다. 그가 갈구하는 영광은 사람들에게 과시하거나 칭송을 받는 영광이 아니라, 정직하고 의롭고 진실하고 사랑하는 마음으로 아주 작고 미천한 사람들에게까지 매일 자신의 의무를 다했다는 것을 잘 아는 주위 사람들에게 알리는 것이었다.

진정한 체면

'체면'이라는 말에는 원래 좋은 뜻이 있다. 체면이 있는 사람이란 존중할 만한 가치가 있는 사람, 다시 말하면 돌아다볼 가치가 있는 사람을 말한다. 그러나 겉모습만 번지르르한 체면은 전혀 돌아다볼 가치가 없다. 선량한 빈자가 악한 부자보다 체면이 있는 사람이고, 옷차림은 초라하지만 과묵한 사람이 세련된 옷차림에 마차를 타고 돌아다니는 불한당보다 더 존경받을 만한 사람이다. 균형 잡힌 사고방식과 알찬 지식, 유익한 목적의식이 투철한 사람이 어떤 지위에 있든지 세속적인 체면에 연연해하는 사람보다 훨씬 중요한 인물이다. 인생 최고의 목표는 바른 인격을 닦고 육체, 정신, 양심, 영혼을 모두 최대한 발전시켜나가는 것이다. 이것이 궁극적인 목표이며 나머지는 단지 이 목표를 실현하기 위한 수단일 뿐이다.

그러므로 성공적인 삶은 많은 쾌락, 재물, 권력과 높은 지위, 명예, 명성을 얻는 것이 아니라, 최고의 인격을 닦고 유익한 일을 하고 인간으로서의 의무를 다 하는 것이다. 최상의 쾌락, 엄청난 재산, 최고의 권력 또는 지위 그리고 최고의 명예 혹은 명성을 얻는 것이 아니라, 최고의 인간성을 가지고 다른 사람에게 유익한 일과 인간 본연의 의무를 가장 훌륭하게 잘 수행하는 것이 가장 성공한 삶이다. 돈도 어떤 의미에서는 힘이라고 말할 수 있지만, 지성, 공공심, 도덕심이 더 고결한 힘이다. 해군 제독 콜링우드Collingwood는 친구에게 이런 편지를 썼다.

"연금 신청은 다른 사람들이나 하라고 하게. 나는 가난에 초연해지려고 애쓰기 때문에 돈이 없어도 부자처럼 살 수 있다네. 어떤 이해관계에도 얽히지 않는 순수한 마음으로 조국을 위해 일을 할 작정이네. 예전에 비해 비용이 많이 들지도 않고 나이 많은 정원사 스콧[29]과 정원에서 양배추를 가꾸어 먹을 수도 있네."

또 다른 편지에는 이렇게 썼다.

"수백 가지 연금을 준다 해도 맞바꿀 수 없을 만큼 내 행동의 동기는 소중한 것일세."

큰돈을 벌면 이른바 '상류 사회'에 입문할 수 있지만, 거기서 존경을 받으려면 여러 가지 정신적 자질, 예의범절과 올바른 심성을 갖춰야 한다. 그렇지 않으면 단순히 돈 많은 사람에 불과하다. 지금도 상류사회에는 리디아의 크로이소스 왕처럼 부유하지만 인정이나 존경을 전혀 받지 못하는 사람들이 있다. 그 이유는 과연 무엇일까? 이들은 돈 자루에 지나지 않고, 이들의 유일한 힘은 금고 안에 들어 있기 때문이다. 여론을 선도하고 지배하며 사회에서 두각을 나타내고 진정으로 성공해 유능한 사람으로 인정받으려면 반드시 부자일 필요가 없다. 순수한 인격, 훌륭한 자제력, 우수한 도덕심을 갖춰야 한다.

세속적인 재산이 없어도 인격을 배양하고 기회를 남용하지 않고 자신의 재산과 능력을 최대한 활용하면 토머스 라이트처럼 가난한 사람도 돈 많고 땅 많은 속물들을 질투하지 않고 내려다볼 수 있다.

11
지속적으로 성장하는 법

| 새무얼 스마일즈의 자조론 |

사람은 누구나 두 가지 교육을 받는다. 하나는 타인으로부터 받는 교육이고, 나머지 하나는 자기 스스로 배우는 것으로 이것이 훨씬 중요하다.

— 역사가 에드워드 기번Edward Gibbon

곤경에 낙담하는가, 난관에 굴복하는가?
그런 사람은 아무 일도 하지 못할 것이다.
역경을 정복하려는 의지가 있는가?
그러면 절대 실패하지 않을 것이다.

— 외과의사 존 헌터John Hunter

지혜롭고 능동적인 사람은 역경과 맞서 싸워 정복한다.
게으르고 어리석은 사람은 난관이나 위험에 봉착하면,
벌벌 떨고 움츠러들며 극복할 수 없는 일이라고 두려워하기만 한다.

— 작가 니콜라스 로Nicholas Rowe

월터 스콧은 "최상의 인간 교육은 자기 스스로 가르치는 것이다."라고 말했다. 벤저민 브로디Benjamin Brodie는 이 격언을 즐겨 사용하고, 독학을 해서 전문가로 성공한 데 대해 커다란 자긍심을 가지고 있었다. 문학, 과학, 예술 분야에서 두각을 나타낸 사람들은 모두 이런 경우에 해당된다. 학교나 대학에서 받는 교육은 시작 단계에 불과한 것으로 정신을 수련하고 지속적으로 공부에 전념하는 습관을 들여야 학교 교육의 가치가 비로소 나타난다. 다른 사람으로부터 받는 교육의 성과는 본인의 근면과 꾸준한 노력으로 얻는 교육 성과보다 훨씬 못하다. 자신의 노력으로 얻는 지식은 완전히 자기 소유물, 자기 재산이 되고 영구적으로 생생하게 기억할 수 있다. 단순히 남으로부터 얻은 정보와 달리 그렇게 얻은 정보는 머릿속에 확실히 각인된다. 이런 자기 수양 방식은 내면의 힘을 끌어내 길러준다. 한 가지 문제를 풀면 다른 문제에도 통달하게 되어 지식이 능력으로 승화된다. 자발적이고 능동적인 노력이 필수적인 요소로서 자기 노력이 없으면 교육시설, 책, 교사, 기계적인 주입식 수업도 아무런 효과가 없다.

자기 수양의 중요성

훌륭한 교사는 자기 교육의 중요성을 인식하고 학생 스스로 자신의 능력을 적극적으로 활용해 지식을 얻을 수 있도록 학생들의 사기를 북돋워준다. 일방적인 강의보다는 훈련을 통해 제자들이 자신의 학업에 능동적으로 참여할 수 있도록 유도함으로써 단순히 지식의 단편적인 조각들을 수동적으로 받아들이게 하는 것보다 훨씬 더 차원 높은 교육을 하는 것이다. 이것이 바로 위대한 아놀드Arnold 박사의 교육 정신이다. 그는 학생 스스로 자기 능력에 의지해 능동적인 노력으로 자신의 힘을 키워나가야 한다고 학생들을 가르치려고 애썼다. 교사의 역할은 단지 학생들을 인도, 지도, 자극, 격려하는 것이라고 믿었다.

"나는 어린 학생을 옥스퍼드에 보내어 자신의 장점을 활용해보고 싶은 욕구도 느끼지 못한 채 사치스러운 생활을 하게 만드느니, 차라리 오스트레일리아의 외딴 섬 반디멘스랜드Van Diemen's Land에 보내 먹고살기 위해 손수 땀 흘려 일하게 하겠다."

그는 또 이렇게 말한 적도 있다.

"지구상에서 참으로 감복할 만한 일을 한 가지만 꼽으라면, 그것은 남보다 못한 능력을 가지고 태어났지만 정직하고 성실하고 열심히 재능을 연마해 축복으로 하느님의 지혜를 받은 사람을 볼 때다."

그는 이런 인격을 갖춘 어느 학생에 대해 이렇게 말했다.

"그 사람 앞에서 좀더 정중한 태도를 보였으면 좋았을 텐데······."

아놀드 박사는 언젠가 레일헴Laleham에서 다소 우둔한 학생을 가르치다가 화가 치밀어 자기도 모르게 호되게 꾸짖었다. 그러자 그 학생은 아놀드를 쳐다보면서 말했다.

"선생님, 왜 그렇게 화를 내십니까? 저는 지금 최선을 다하고 있습니다."

그 후 그는 자녀들에게 그 이야기를 자주 들려주면서 이렇게 덧붙이곤 했다.

"내 평생 그렇게 감동을 받은 적이 없었어. 그 진지한 모습과 말을 평생 잊을 수 없을 게다."

적극적인 생활

앞서 인용한 바와 같이 보잘것없는 집안에서 태어나 과학이나 문학 분야에서 명성을 떨친 사람들의 사례에서 알 수 있듯이 노동은 결코 지적 교양과 양립할 수 없는 것이 아니다. 적당한 일은 사람의 신체구조에도 어울리고 건강에도 좋다. 공부가 정신을 훈련시키듯이 일은 신체를 단련시킨다. 누구나 여가를 보람 있게 즐길 수 있는 일이 있고, 일한 뒤에 즐길 수 있는 여가가 있는 사회가 이상적인 사회다. 때때로 권태를 벗어나려고 마지못해 일을 하는 유한계층의 경우도 있지만, 대부분 거부할 수 없는 본능을 충족시키기 위해 일을 한다. 잉글랜드 지방 전원을 누비며 여우 사냥을 하는 사람도 있고, 스코틀랜드 구릉 지역에서 뇌조 사냥을 즐기는 사람도 있으며, 매년 여름 알프스 등반을 위해서 멀리 스위스로 여행을 떠나는 사람도 있다. 청년들은 보트 경기, 달리기, 크리켓 경기 그리고 공립학교에서 개최되는 각종 운동경기를 통해서 몸과 마음을 건강하게 단련한다. 웰링턴 공작은 어린 시절을 보냈던 이튼Eton 학교 운동장에서 스포츠를 즐기고 있는 소년들의 모습을 지켜보면서 이렇게 말했다고 한다.

"워털루 전투를 승리로 이끈 곳은 바로 저 운동장이었다."

신체 건강의 중요성

저명한 경제학자 토머스 맬서스Thomas Malthus의 아버지 다니엘 맬서스Daniel Malthus는 아들에게 대학에서는 부지런히 지식을 연마하라고 역설하는 한편, 완벽한 정신력을 유지하고 지적 쾌락을 즐기려면 남자다운 스포츠도 해야 한다고 강력하게 권했다.

"다양한 지식, 대자연과 예술에 대한 지식을 쌓으면 정신적으로 즐겁고 강하게 된다. 크리켓 경기를 통해 네 팔다리도 그런 즐거움을 느끼고 강해지면 좋겠구나. 나는 네가 신체 단련에서도 뛰어난 성과를 거두는 모습을 보고 싶다. 나는 다리가 기쁨을 느껴야 정신적으로도 최고의 기쁨을 느낄 수 있다고 생각한단다."

하지만 위대한 신학자 제레미 테일러는 적극적으로 일하는 것이 훨씬 더 중요하다고 주장했다.

"빈둥거리지 말고, 힘들고 유익한 일로 빈 시간을 꽉 채워라. 정신이 한가히 놀고 있고 몸이 편안히 쉬고 있으면 육욕이 슬며시 기어들어오기 십상이다. 건강하면서도 한가하게 빈둥거리는 사람은 유혹에 약해서 순결한 생활을 하지 못하는 법이다. 갖가지 일 중에서도 육체노동이 가장 유익하고 악마를 쫓아내는 데에 가장 도움이 된다."

실질적인 인생의 성공은 일반적으로 상상하는 정도 이상으로 신체의 건강에 달려 있다. 호드슨 경기병대의 호드슨은 본국에 있는 친구에게 이런 편지를 썼다.

"내가 인도에서 잘 지내고 있는 것은 건강한 소화기관 덕분이라네."

어떤 직업이든 꾸준히 일할 수 있는 능력은 바로 이 신체 건강에 달려 있다. 건강은 지적 노동의 수단으로도 반드시 필요하다. 신체 운동에 게으른 학생들은 대체로 불평불만, 허무, 게으름, 몽상에 빠져들기 마련이다. 게다가 현실을 멸시하며 기존 관례를 혐오하는 경향도 있다. 이러한 경향을 영국에서는 바이런 주의Byronism, 독일에서는 베르테르 주의Wertherism라고 부른다. 미국의 도덕주의자 채닝Channing 박사는 미국에서도 이와 같은 현상이 증가하고 있다고 지적하며 이렇게 개탄했다.

"너무 많은 젊은이가 자포자기 속에 성장하고 있다."

젊은이들에게 만연한 이 위황병萎黃病의 유일한 치료 방법은 신체 단련, 즉 활동, 일 그리고 육체적인 직업이다.

어린 나이에 자진해서 기계 만드는 일에 몰두했던 뉴턴의 소년 시절을 보면 초년기 노동의 유익함을 알 수 있다. 뉴턴은 학업 성적이 썩 좋지 않았지만 톱, 망치, 도끼 등을 다루는 것을 좋아해 기숙사에서도 연장을 이용 풍차, 마차, 각종 기계의 모형을 만들었다. 좀더 자랐을 때에는 작은 탁자와 찬장을 만들어 친구들에게 나누어주기도 했다. 최초의 시멘트 발명가 존 스미턴John Smeaton, 물리학자 와트, 발명가 스티븐슨도 청소년 시절에 연장 다루는 솜씨가 능숙했다. 젊은 시절에 자기 수양을 하지 않았다면 성인이 된 후에 그렇게 큰 성공을 거둘 수 있었을까 의문스럽다.

앞에서 이야기한 것과 같이 위대한 발명가와 기계 기술자들은 이렇게 초년에 훈련과정을 거쳤으며, 어린 시절부터 손을 꾸준히 사용해 발명의 기술과 지능을 실질적으로 훈련했다. 육체노동자 계층에 속했던 사람이 어려운 환경을 벗어나 정신노동자로 변신한 경우에도 초년기에 쌓은 훈련이 나중에 도움이 되었다. 언어학자 엘리후 버리트는 공부를 효과적으로 하는 데에도 중노동이 필요하다는 것을 깨달았다고 말했다. 그는 여러 차례 교직과 연구를 그만두고 심신의 건강을 위해 가죽 앞치마를 걸치고 대장간의 화로와 모루로 되돌아가곤 했다.

기능 교육

연장을 다루는 훈련을 하면 평범한 일상 속에서 손과 발을 이용하는 법을 배우고, 건전한 일에 익숙해지고, 유형적이고 현실적인 일을 처리하는 능력을 연마하고, 기계에 관한 실용적인 지식을 배우고, 유익한 일을 할 수 있는 능력을 얻고, 끈기 있게 육체노동을 할 수 있는 습관을 터득하게 된다. 이것이 노동자계층이 유한계층보다 더 유리한 장점이다. 이들은 어려서부터 기계 분야 등에 열심히 몰두했기 때문에 손재주와 육체적 능력의 사용법을 터득하게 된다. 노동자계층이 가지고 있는 주요 단점은 육체적 노동에 종사한다는 것이 아니라 오로지 그 일에 몰두해 정신적이고 지적인 능력 개발을 게을리 하게 된다는 것이다. 노동은 노예나 하는 일이라고 교육을 받은 유한계층 젊은이들은 노동을 꺼리고 노동의 가치를 전혀 알지 못한 채 성장한다. 반면에 가난한 계층에 속한 사람들은 고된 일을 반복하는 가운데 성장해 문맹으로 남게 된다.

그러나 육체적 훈련 또는 육체노동과 지식 배양을 동시에 하면 이와 같은 폐단을 피할 수 있을 것이다. 외국에서는 보다 건전한 교육제도를 채택하는 추세가 점차 나타나고 있다.

위인들의 신체 건강

전문가로 성공하는 것도 신체 건강에 달려 있다. 어느 대중 작가는 이렇게 말했다.

"위인들은 정신적으로만 위대했던 것이 아니라 육체적으로도 위대했다."[30]

훌륭한 변호사나 정치가는 물론 세련된 지성인도 호흡기관이 건강해야 한다. 호흡작용을 하는 폐의 표면에서 피가 공기와 접촉해 산소를 충분히 접해야 왕성한 두뇌 활동에 필요한 활력을 유지할 수 있다. 변호사는 밀폐된 공간 속에서 펼쳐지는 치열한 법정 공방전을 이겨내야 자기 분야에서 출세할 수 있고, 정치 지도자는 자리를 꽉 메운 의회에서 장시간의 진지한 토론을 벌이면서 피로와 흥분을 잘 견뎌내야 한다. 그러므로 일거리가 넘치는 변호사나 의회지도자는 일반인보다 훨씬 더 뛰어난 육체적 인내력과 활동력을 보여야 한다. 브루엄, 린드허스트, 캠벨, 필, 그레이엄, 파머스턴 등이 모두 이런 능력을 탁월하게 보여준 대표적인 인물들이다.

월터 스콧은 에든버러 대학교 시절 '그리스 멍청이'라고 불렸으며 절름발이였지만 매우 건강한 청년이었다. 트위드Tweed에서는 일류 낚시꾼과 함께 작살로 연어를 잡고, 야로Yarrow에서는 사냥꾼과 함께 야생마를 타기도 했다. 월터는 문학에 전념하면서도 구기 운동을 취미활동으로 즐겼다. 소설 『웨이벌리Waverley』를 쓸 때에도 오후에는 토끼 사냥을 나갔다.

윌슨 교수는 웅변과 시에 뛰어났을 뿐만 아니라 해머 던지기에 뛰어난 운동선수였다. 번스 역시 청년 시절에는 높이뛰기, 투포환, 레슬링에 뛰어난 운동선수였다.

위대한 성직자 중에도 청년기에 왕성한 신체적 힘을 보여준 사람들이 있다. 아이작 뉴턴의 스승이며 신학자였던 아이작 배로Isaac Barrow는 차터하우스Charterhouse 학교에서 공부할 때, 권투시합을 벌여 상대방의 코를 납작하게 만들기로 악명이 높았고, 앤드루 풀러Andrew Fuller는 캠브리지셔 주 소함Soham에서 농부로 일할 때 뛰어난 권투 기술로 유명했다. 아담 클라크Adam Clarke는 소년 시절에 '큰 돌 굴리기'에서 놀라운 힘을 보여주었는데 이 힘이 성인이 된 후에도 높은 사상을 힘차게 외치는 원동력이 되었을 것이다.

지속적인 전념

신체 건강의 튼튼한 기초를 닦는 일이 최우선이긴 하지만 학생 교육에는 정신적으로 전념하는 습관을 배양하는 일도 절대로 게을리하면 안 된다. "노력은 모든 것을 정복한다."는 격언은 특히 지식 정복에 딱 들어맞는 말이다. 배움의 길은 지식을 모으는 데 필요한 노력을 하는 모든 사람에게 활짝 열려 있다. 확고한 목적을 가진 학생이 극복하지 못할 역경은 결코 존재하지 않는다. 영국의 시인 채터턴Chatterton은 독특하게 표현했다.

"신은 피조물을 세상에 내보낼 때 만일 수고를 아끼지 않겠다고 결심하면 무엇이든 잡을 수 있을 만큼 기다란 팔을 주셨다."

사업과 마찬가지로 공부에도 힘이 매우 중요하다. 열성적인 노력이 필요하며, 쇠가 달구어져 있을 때에만 두들기는 것이 아니라 달구어질 때까지 열심히 두들겨야 하는 것이다. 원기왕성하게 꾸준히 노력하고 기회를 신중하게 이용하며 게으름뱅이들이 그냥 흘려보내는 자투리 시간을 모아서 활용하면 놀라울 정도의 자기 수양을 쌓을 수 있다. 퍼거슨Ferguson은 높은 산악지대의 언덕에서 양피를 몸에 두르고 천체를 관측해 천문학을 터득했다.

스톤Stone은 정원사로 일하면서 수학을 공부했으며, 드루는 구두를 수선하면서 지고의 철학을 연구했다. 그리고 밀러는 채석장에서 날품팔이 노동을 하면서 지질학을 독학했다.

올바른 방향의 노력

앞에서 살펴본 바와 같이 초상화가 조슈아 레이놀즈는 근면의 힘을 열렬하게 믿고, 누구든지 부지런히 끈기 있게 일을 하면 두각을 나타낼 수 있다고 주장했다. 또한 천재가 되는 길에는 늘 고된 일이 가로놓여 있으며, 예술가의 성실한 노력에는 한계가 있을지언정 예술가의 재능에는 한계가 없어 끝없이 향상시킬 수 있다고 주장했다. 그는 이런 말을 한 적이 있다.

"뛰어난 솜씨는 노력의 대가로만 얻을 수 있다."

"위대한 재능을 가지고 있다면 근면으로 재능을 향상시킬 수 있다. 평범한 능력만 가지고 있다면 노력으로 부족한 부분을 채우면 된다. 올바른 방향으로 노력하면 무엇이든 얻을 수 있으며, 올바른 방향으로 노력하지 않는다면 아무것도 얻지 못할 것이다."

박애주의자 벅스턴 역시 면학의 힘에 대한 신봉자였다. 시간과 노력을 두 배로 늘려 자기가 추구하는 일에 전념한다면 남들 못지않게 일을 잘 해낼 수 있다는 소박한 견해를 가지고 있었다. 그는 평범한 수단과 비범한 전념으로 얻을 수 있는 효과를 굳게 믿었다.

로스 박사는 이렇게 말했다.

"나는 앞으로 언젠가 천재로 인정받을 수 있는 사람 몇 명을 알고 있다. 그들은 열심히 일하고 의지가 있는 사람들이다. 천재는 업적으로 세상에 알려진다. 업적이 없는 천재는 맹목적 믿음이고 벙어리 예언자다. 그러나 가치 있는 업적은 시간과 노력의 산물이며 단지 의도나 소망만으로는 이루어질 수 없는 것이다. 위대한 업적은 모두 엄청난 예비 훈련의 결과다. 능숙한 솜씨는 노력으로 생긴다. 세상에 쉬운 일은 없다. 걷는 것도 처음에는 결코 쉬운 일이 아니었다. 눈에서는 순간적으로 불꽃이 튀기고 입에서는 홍수처럼 고상한 사상이 쏟아져 나오고 예기치 않은 언변으로 사람을 놀라게 하고 지혜와 진리로 감정을 고조시키는 연설가들도 쓰디쓴 좌절감에 빠지고 끈기 있게 훈련을 거듭한 결과 그런 비결을 터득하게 되었다."31

철저함과 정확성

철저함과 정확성은 면학의 목표로 삼아야 할 두 가지 주요 원칙이다. 프랜시스 호너는 정신 수양의 원칙으로서 한 가지 과제에 완벽하게 숙달하기 위해 오로지 그 과제에만 지속적으로 몰두하는 습관을 가지려고 노력했다. 그는 이러한 목적을 가지고 독서할 책을 몇 가지로 한정하고 남독濫讀 습관에 물들지 않으려고 무척 애썼다. 지식의 가치는 알고 있는 양에 있는 것이 아니라 지식을 어떻게 선용하느냐에 달려 있다. 적은 양의 지식이라도 정확하고 완전한 지식이 피상적으로 광범위하게 배운 지식보다 훨씬 더 실용적인 가치가 있다.

예수회 창시자 이그나티우스 로욜라의 좌우명 가운데 이런 말이 있었다.

"한 번에 한 가지 일을 잘 하는 사람은 한 번에 모든 걸 하려는 사람보다 더 많은 일을 할 수 있다."

너무 광범위하게 많은 일에 노력을 분산시키면 힘이 약화되어 일에 진전이 없고 일관성이 없으며 비효율적인 일 처리 습관이 생긴다.

세인트레너즈St. Leonards는 포얼 벅스턴에게 자신이 공부하던 방법과 성공 비결을 이야기한 적이 있다.

"법률 공부를 시작할 때, 나는 습득하는 지식을 완벽하게 내 것으로 만들고, 첫 번째 문제를 완벽하게 이해하기 전에는 다음 문제로 넘어가지 않기로 결심했다. 경쟁자들 중에는 내가 일주일 동안 읽어야 할 분량을 하루에 읽어 치우는 사람도 많았는데, 12개월이 지나자 내 지식은 처음 그 지식을 터득한 날처럼 생생하게 기억이 되었지만, 그 경쟁자들의 지식은 이미 기억에서 사라지고 없었다."

지혜로운 사람이 되는 길은 완수해야 할 공부의 양이나 독서량에 있는 것이 아니라 추구하는 목적에 적절한 공부, 현재 연구하고 있는 주제에 대한 정신 집중력 그리고 정신적으로 전념할 수 있는 전반적인 체계를 통제하는 습관을 훈련하는 것이다. 인류학자 에버네시Abernethy는 자신의 마음에도 포화점이 있다고 말했다. 즉 수용할 수 있는 양을 초과해서 어떤 것을 받아들이면 다른 것을 밖으로 밀어내는 결과가 발생한다는 것이다. 그는 의학 공부에 대해 이렇게 말했다.

"자신이 무슨 일을 하고 싶은지 명확하게 알고 있으면 그것을 성취할 수 있는 적절한 방법을 선택하는 데에도 실패하지 않을 것이다."

과단성과 민첩성

가장 유익한 성과를 얻으려면 확실한 목표와 목적을 가지고 공부해야 한다. 일정한 지식 분야에 완벽하게 통달해야 그 지식을 언제든지 더욱 유용하게 사용할 수 있다. 따라서 단순히 책을 가지고 있다거나, 자신이 원하는 정보를 찾으려면 어느 부분을 읽어야 할지 아는 것만으로는 충분하지 않다. 인생의 목적에 부합하는 실질적인 지혜를 가지고 있어야 하며 언제든 그것을 사용할 준비가 되어 있어야 한다. 집에 돈을 쌓아놓았어도 주머니에 한 푼도 없다면 그 많은 돈이 무슨 소용이겠는가? 언제든지 맞바꿀 수 있는 지식의 보고를 항상 지니고 다녀야 한다. 그렇지 않으면 그 지식을 사용할 기회가 생겼을 때, 즉 만약 우리가 그것을 사용할 기회가 생겨도 어찌할 도리가 없을 것이다.

사업이든 자기 수양이든 과단성과 민첩성이 필수적이다. 젊은이들을 각기 자신의 자원에 의존하는 습관을 들이게 하고 초년 시절부터 가능한 한 행동의 자유를 만끽할 수 있게 해주면 이러한 자질의 성장이 촉진될 것이다. 지나친 지도와 규제는 자조 습관을 형성하는 데 방해만 되고, 수영하는 법을 아직 스스로 터득하지 못한 사람 팔에 감아놓은 공기주머니와 같다. 자신감의 결여는 예상보다 훨씬 더 실력 향상에 방해가 된다. 인생에 실패한 사례 가운데 반은 뛰어넘으려는 말을 잡아끌었기 때문이라고들 한다. 존슨 박사는 자신의 성공은 자기 능력을 확신한 덕분이었다고 말했다.

참된 겸손은 자신의 장점을 공정하게 평가하는 것이지 모든 장점을 포기하는 것이 아니다. 아무것도 아는 것이 없으면서 아는 척하며 자기 자신을 속이는 사람들도 있지만, 확신의 결여, 자신에 대한 믿음의 결여, 그로 인한 민첩한 행동의 결여가 개인의 진보를 저해하는 성격의 결함이 된다. 거의 아무것도 이루지 못한 이유는 대개 아무런 시도도 하지 않았기 때문이다.

사람들은 대부분 자기 수양으로 얻게 될 성과는 갈망하지만 그 대가로 반드시 치러야 할 힘든 일은 매우 하기 싫어한다. 존슨 박사는 이렇게 주장했다.

"공부에 대한 인내심 결여는 현 세대가 가진 정신질환이다."

이 말은 오늘날에도 적용된다. 배움에는 왕도가 없다고 믿으면서도 쉬운 길은 있을 거라고 굳게 믿는 것 같다. 교육계에서는 노력을 절약하는 교육과정을 창안하고, 학문 탐구의 지름길을 찾으며 프랑스어나 라틴어를 '12회 학습과정' 또는 스승 없이 '자습'으로 배운다고 한다. 우리는 지금 동사와 분사 공부를 강요하지 않는 조건으로 교사를 채용했다는 어느 사교계 여성을 닮아가고 있다. 우리는 학문을 이렇게 수박겉핥기식으로 배우고 있다. 몇 가지 실험을 곁들여가며 단기 과정으로 이루어지는 강의를 듣는 방식으로 화학을 배운다. 실험 도중 웃음 유발 가스를 들이마시고 녹색 물이 빨간색으로 변하고 인이 산소와 접촉해 타는 광경을 보고 잡다한 지식을 얻고 있다. 전혀 모르는 것보다는 낫다고들 말하지만 아무런 소용이 없는 지식이다. 이렇듯이 그저 눈을 잠시 즐겁게 하는 것에 불과한 일을 하면서 교육을 받았다고 착각하는 경우가 허다하다.

끊임없는 노력과 수고 없이 이렇게 쉽게 지식을 얻도록 젊은이들을 유도하는 것은 교육이 아니다. 쉽게 얻은 지식은 머릿속에 자리를 잡긴 하지만 정신을 풍요롭게 하지는 못한다. 그러한 지식은 일시적으로 자극을 주어 지적으로 영민하고 예리한 상태를 만들어주겠지만 단순한 쾌락을 초월하는 목적의식과 더 높은 목표가 없다면 실질적인 이점이 되지 못한다. 그러한 경우 지식은 단지 일시적인 인상, 즉

순간적인 느낌만 만들어낼 뿐이다. 실상 그것은 분명 지적 능력과는 다르며, 감각에 의존하는 지능의 쾌락주의에 불과하다. 따라서 활기찬 노력과 독자적인 실천으로 불러일으켜야 할 최고의 자질이 깊은 잠에 빠지고 평생 동안 한 번도 세상에 그 모습을 드러내지 못하는 경우도 무척 많다. 갑작스러운 재난이나 고통으로 인해 이러한 자질이 졸지에 잠에서 깨어나는 극히 예외적인 경우도 있으니, 용감한 정신이 잠에서 깨어나 제 구실을 할 수 있다면 그런 경우는 축복이라고 할 수 있을 것이다.

지적 방종

재미 삼아 정보를 구하는 데 익숙해지면 젊은이들은 머지않아 정보를 공부와 노력으로 얻으려 하지 않을 것이다. 지식과 학문을 오락 삼아 배우는 사람들은 이 두 가지를 비웃고, 지적 방종이 습관으로 발전하면 정신과 인격이 완전히 무기력해지는 결과가 초래될 것이다. 브라이턴Brighton 출신 종교학자 로버트슨Robertson은 이렇게 말한 바 있다.

"두서없이 잡다한 책을 읽는 독서 습관은 마치 흡연처럼 정신을 약화시켜 휴면 상태로 만들어버린다. 그러한 상태는 최악의 게으름이자 무기력 상태다."

이러한 폐해는 점점 발전해 다양한 방식으로 작용한다. 적게는 사람을 천박하게 만들고, 크게는 꾸준히 노력하기를 싫어하고 나약하고 무기력한 상태에 빠져들게 한다. 진정으로 현명한 사람이 되려면 선조들이 했던 것 이상으로 부지런히 일에 전념해야만 한다. 노력은 가치 있는 것을 구하려면 반드시 치러야 할 대가이며, 앞으로도 그 진리는 영원히 변하지 않을 것이기 때문이다. 그러므로 우리는 기꺼이 목적의식을 가지고 일하고, 인내심을 가지고 그 결과를 기다려야 한다. 비록 최상의 목표를 달성하는 과정은 더디지만 성실하고 열심히 일하는 사람에게는 보상 받을 날이 반드시 찾아온다.

일상생활에서 근면의 정신을 실천하면, 자신의 품위와 유능함의 영향력을 외부 대상에게 점점 더 발휘하게 된다. 그 단계에 이르러서도 만족하지 말고 자기 수양을 계속해야 한다. 자기 수양에는 마지막이란 게 없기 때문이다. 시인 그레이Gray는 이렇게 말했다.

"일을 할 수 있다는 것은 행복한 것이다."

컴벌랜드Cumberland 주교 역시 이런 말을 했다.

"녹이 슬어 못 쓰게 되는 것보다 낡고 닳아 못 쓰게 되는 것이 훨씬 낫다."

신학자 아르노Arnauld는 이렇게 외쳤다.

"우리는 모두 영원히 쉴 곳이 있지 않은가?"

윌리엄의 친구이자 네덜란드의 신학자인 세인트 알데곤데St. Aldegonde의 마르닉스Marnix는 "휴식은 다른 세상에서"라는 말을 좌우명으로 삼고 항상 정열적으로 일에 전념했다.

지식의 올바른 사용

정당하게 존경받으려면 우리에게 맡겨진 능력을 바르게 사용해야 한다. 가지고 있는 재능이 단 한 가지일지언정 그 재능을 바르게 사용하면 열 가지 재주를 가지고 있는 사람과 마찬가지로 존경을 받는다. 드넓은 토지를 물려받았어도 활용하지 않으면 아무 소용이 없듯이 우수한 지적능력을 가지고 있다는 것만으로는 아무런 장점이 되지 못한다. 이러한 능력을 어떻게 사용하는가, 그 땅을 어떻게 활용하는가가 중요하다. 유익한 목적이 없어도 엄청난 지식을 축적할 수 있다. 그러나 지식은 미덕과 지혜와 결합되어 올바른 인격으로 구현되지 않으면 아무런 가치가 없다. 스위스의 교육개혁자 페스탈로치 Pestalozzi는 지적 훈련, 그 자체는 유해한 것이라고 주장했다.

"모든 지식의 뿌리는 제대로 관리되고 있는 의지의 토양에 심어서 길러야 한다."

지식을 습득하면 외부의 악한 무리로부터 자신을 지킬 수 있다. 그러나 건전한 신조와 습관으로 튼튼하게 방비하지 않으면 내면의 이기적인 악덕을 물리칠 수 없다. 그래서 지적으로 박식하지만 인격적으로 모가 난 사람을 일상생활 중에 많이 보게 된다. 그러한 사람들은 학교에서 배운 것은 많아도 실생활의 지혜가 거의 없으므로 본받아야 할 대상이 아니라 주의해야 할 인물인 것이다. 오늘날 자주 인용되는 격언 중에 "지식은 힘이다."라는 표현이 있긴 해도 지식은 광신, 독재, 야망을 낳기도 한다. 따라서 지식이 올바르게 사용되지 않으면 악한 사람이 위험인물로 변하게 될 수 있다. 지식을 최고의 선으로 인정하는 사회는 복마전伏魔殿*6보다 나을 것이 없다.

배움과 지혜

어쩌면 오늘날 우리는 학문적 문화의 중요성을 너무 과대평가하고 있는지도 모른다. 도서관, 대학, 박물관을 많이 확보하고 있다는 이유만으로 커다란 진보를 하고 있다는 착각에 빠지는 경향이 있다. 그러나 이러한 편의 시설이 자기 수양에 도움이 되기도 하지만 장해물이 될 수도 있다. 재산을 가지고 있다고 해서 너그럽게 베푸는 것이 아니듯이 자유롭게 이용할 수 있는 도서관이 있다고 해서 배움을 얻는 것은 아니다. 훌륭한 시설을 갖추고 있는 것은 사실이지만, 지혜와 이해력은 옛날 방식대로 관찰, 주목, 인내, 근면을 통해서만 내 것으로 만들 수 있다는 사실도 예나 지금이나 변함없는 진리다. 단순한 지식의 소유는 독서보다 한층 높은 훈련을 통해 얻어질 수 있는 지혜와 이해력의 습득과는 전혀 다른 차원의 개념이다. 즉 독서는 타인의 사고를 단순히 수동적으로 받아들이기 때문에 그 처리 과정에서 정신의 능동적인 노력이 거의 또는 전혀 필요 없다. 독서란 지적인 음주에 탐닉하는 것처럼 정신을 향상시키고 풍요롭게 하거나 인격을 쌓는 데 조금도 영향을 주지 못하며, 단지 잠시 동안 유쾌한 자극을 줄 뿐이다. 따라서 많은 사람이 그와 같은 방식으로 정신을 계발하는 데 만족을 느끼지만 실제로는 그저 시간을 죽이기 위해 하찮은 일에 몰두하고 있는 것이며, 아무리 좋게 표현해도 그 시간에 더 나쁜 일

---

*6. 복마전 : 번지르르한 명목 아래 끊임없이 음모가 꾸며지고 있는 '악(惡)의 근거지'를 뜻하는 말

을 하지 않는 데 도움이 되었다고밖에 할 수 없을 것이다.

책에서 얻는 경험은 비록 가치가 있긴 해도 학문의 성격을 벗어나지 못한다는 사실을 명심해야 한다. 이와 달리 실생활에서 얻는 경험은 지혜의 성격을 띠고 있다. 그러므로 적은 경험이라 할지라도 후자의 경험이 많이 축적된 전자의 경험보다 훨씬 큰 가치를 지니고 있다. 영국의 정치가 볼링브로크Bolingbroke의 말이 사실이다.

"무슨 공부를 하든 더 나은 인간이나 더 훌륭한 시민이 되는 데 직접 또는 간접적인 도움을 얻을 수는 없고, 기껏해야 허울 좋고 교묘한 게으름을 얻을 뿐이다. 공부로 지식을 얻더라도 무식한 상태를 벗어나지는 못한다."

배움과 인격

독서는 유익하고 교훈을 얻을 수 있지만 마음을 갈고 닦는 한 가지 방법일 뿐, 실제 경험과 좋은 본보기에 비해 인격 형성에 미치는 영향력이 매우 적다. 독서층이 출현하기 오래 전부터 영국에는 지혜롭고 용감하며 성실한 사람들이 있었다. 영국헌법의 기초가 된 대헌장(마그나 카르타)은 신념을 행동으로 옮긴 사람들이 얻어낸 것이다. 대헌장의 원칙을 종이에 표시한 문자를 해독할 능력은 없는 사람들이었지만 대헌장의 취지를 이해하고 그것을 쟁취하기 위해 용감히 싸웠다. 이와 같이 오늘날 영국 국민이 누리는 자유의 토대는 문맹이었으나 고매한 인격을 가진 이들이 세운 것이다. 그러므로 자기 수양의 목표는 단순히 다른 사람의 생각으로 자신의 마음을 채우거나 사물에 대한 인상을 수동적으로 받아들이는 것이 아니라, 자신의 지성을 늘리고 인생의 장에서 좀더 효율적이면서도 유용한 일꾼이 되도록 노력하는 것이다. 가장 정력적이고 유능한 일꾼은 대부분 독서를 많이 하지 않은 사람들이었다. 브린들리와 스티븐슨은 성인이 될 때까지 글을 읽거나 쓰지 못했지만 위대한 업적을 달성하고 용감하게 살았다. 존 헌터는 스무 살이 될 때까지 거의 읽거나 쓰지 못했지만 탁자와 의자를 만드는 데는 어느 목수 못지않은 능력을 갖추었다. 훗날 훌륭한 생리학자가 되었을 때 그는 강의시간에 어떤 주제에 대해 학생들에게 이렇게 말했다.

"나는 이 부분을 읽지 못했네. 여러분이 생리학 분야에서 유명해지고 싶으면 이 부분을 연구해야 하네."

그 당시 어떤 사람이 사어死語인 라틴어나 고대 그리스 언어에 대해 그가 무지하다고 비판했다는 소리를 전해 듣고 헌터는 이렇게 응수했다.

"나는 그에게 이미 사라진 사어든, 현재 사용하고 있는 언어든 그 어떤 언어로도 전혀 알지 못하는 사체死體에 대해 가르쳐주고 싶군."

자기 자신을 존중하라

얼마나 많은 지식을 가졌느냐는 중요하지 않다. 중요한 것은 어떤 목표와 목적을 위해 그 지식을 소유하고 있느냐 하는 점이다. 지식의 목적은 지혜를 원숙하게 완성하고 인격을 향상시켜 더 나은 사람, 더 행복한 사람, 더 유능한 사람이 되어 높은 인생의 목표를 더욱 활기차고 효율적으로 추구하는 것이다.

"도덕적인 인격을 무시한 채 능력만을 존중하고 촉진하는 습관을 들이면 온갖 타락의 길로 빠져들게 된다. 도덕적인 인격은 구체적으로 종교적 견해와 정치적 견해의 형태로 나타난다."[32]

어떤 사람이 되어야 할지, 무슨 일을 해야 할지 자기 스스로 판단하고 실행해야 하며, 남이 어떤 경지에 이르렀건, 남이 무슨 일을 했건 남의 이야기를 읽고 생각하는 것으로 만족해서는 안 된다. 우리 내면에 있는 가장 밝은 빛이 생명을 얻어 빛을 발하게 하고 우리의 가장 좋은 생각을 행동에 옮겨야 한다. 적어도 우리는 독일의 소설가 리히터같이 당당하게 말할 수 있어야 한다.

"나는 내가 가진 모든 것을 동원해 최대한 나 자신을 완전하게 만들려고 노력해서 아무도 그 이상 바랄 수 없는 경지에 도달했다."

신의 도움을 받으며 자신의 책임과 능력에 따라 자기 자신을 수련하고 올바른 길로 인도하는 것이 각자의 의무이기 때문이다.

자기 수양과 자기 관리는 실생활의 지혜를 얻는 출발점이므로 자기 존중에 뿌리를 두어야 한다. 자기를 존중할 때 비로소 희망이 솟아오른다. 희망은 힘의 동반자이자 성공의 어머니다. 희망에는 기적이라는 선물이 가득 들어 있기 때문이다. 아무리 겸허하게 표현하더라도 이렇게 말할 수 있다.

"나 자신을 존중하고 나 자신의 능력을 계발하는 것, 이것이 내 인생의 참된 의무다. 또한 나는 거대한 사회체제의 책임 있는 일원으로서 나의 몸이나 마음이 타락하거나 타고난 재능이 저하되거나 파괴되지 않도록 지켜야 할 의무를 사회와 그 사회를 창조한 조물주에게 지고 있다. 또한 내 몸과 마음과 재능을 가장 완벽한 상태로 유지해야 할 의무가 있다. 악한 마음을 억눌러야 할 뿐만 아니라 성격에서 좋은 요소를 불러내야 한다. 나 자신을 존중하는 동시에 남도 존중해야 할 의무가 있다. 남도 나를 존중할 의무가 있기 때문이다." 그러면 상호 존중이 정의와 질서의 법이 되고, 그 법이 성문화되고 보증을 받게 된다.

출세지향주의

자기 존중은 인류의 가장 값진 옷이다. 이 옷을 입으면 마음이 부풀어올라 기분이 한껏 고무된다. 그리스 철학자 겸 수학자 피타고라스의 『금언집 Golden Verses』에는 그가 제자들에게 일러준 "너 자신을 존중하라."는 지혜로운 격언이 수록되어 있다.

높은 이상을 간직하고 있는 사람은 육욕으로 몸을 더럽히거나 비굴한 생각으로 정신을 흐리지 않을 것이다. 일상생활에 이러한 정서가 스며들면 청결, 절제, 정결, 도덕심, 신앙심과 같은 모든 덕성의 뿌리로 자리잡는다. 밀턴은 이렇게 말했다.

"자기 자신을 경건하고 공정하게 존중하는 태도는 훌륭하고 소중한 진취적 기상이 솟아날 수 있도록 수분을 공급하는 원천이라고 할 수 있다."

자기 자신을 하찮게 생각하면 자기 비하에 빠지고 남들에게서도 좋지 않은 평가를 받게 되며 그러한 생각이 행동에도 그대로 반영된다. 자기 자신을 내려다보면 큰 포부를 가질 수 없다. 위로 올라가려면 위를 올려다봐야 한다. 아무리 보잘것없는 사람이라도 이러한 생각을 굳건히 한다면 역경을 이겨낼 수 있다. 자기를 존중하면 가난에서 벗어나 밝은 빛을 발할 수 있다. 가난한 사람이 온갖 유혹에 흔들리지 않고 꿋꿋하게 서서 저질스러운 행동으로 자신의 명예를 더럽히지 않는 모습은 참으로 숭고하게 보인다.

자기 수양을 출세 수단으로 생각하지 말라

자기 수양을 출세의 수단으로만 생각하면 수양의 가치를 떨어뜨릴 수 있다. 이러한 관점에서, 교육은 분명히 시간과 노력을 들일 가치가 있는 최적의 투자 대상이다. 지성은 어떤 길을 택해 살아가든 환경에 쉽게 적응할 수 있게 해주고, 보다 나은 작업방식을 제시해주며, 다방면에 적합하고 숙련된 효과적인 사람이 되도록 해준다.

머리와 손을 함께 이용해 일하는 사람은 보다 밝은 눈으로 자기 일을 파악하고 자신의 능력이 나날이 발전하는 것을 인식하게 될 것이다. 아마도 가장 기분 좋은 인식이 될 것이다. 자조의 힘이 강해지면 자기를 존중하는 마음과 저질스러운 유혹을 물리칠 수 있는 저항력도 점점 강해질 것이다. 그렇게 되면 사회의 각종 작용을 전혀 새로운 관점에서 보게 되고 교감의 범위가 넓어지면서 자기 자신은 물론 남을 위해 일하고 싶은 의욕이 생길 것이다.

하지만 앞서 수많은 성공 사례에서 본 바와 같이 자기 수양만으로 높은 지위에 오르게 되는 것은 아니다. 어느 시대를 막론하고 아무리 많은 지식을 깨쳤다 하더라도 사람은 대부분 일반적인 직업에 종사해야 한다. 사회 전반의 문화 수준이 아무리 높다 해도 좋든 싫든 일상적인 사회활동을 완전히 접을 수는 없으며 누군가 반드시 해야 한다. 하지만 가능한 방법도 생각해볼 수 있다. 노동을 고귀하게 생각해 상류층과 하류층을 똑같이 대우하면 노동 조건을 향상시킬 수 있다. 아무리 가난하고 보잘것없는 사람이라 할지라도 현재나 과거의 위대한 사상가를 누추한 자기 집에 맞아들여 함께 앉아 말동무가 될 수 있다. 그러므로 올바른 지향점을 가지고 독서하는 습관을 들이면 커다란 기쁨과 자기 개선의 기회를 얻을 수 있는 원천을 확보할 수 있으며, 인격과 행동의 방향에 적절한 억제력을 행사해 매우 유익한 결과를 얻을 수 있다. 자기 수양이 부귀를 가져다주지 않더라도 언제나 한층 차원 높은 사상을 인생의 동반자로 삼을 수 있게 된다. 어느 귀족이 한 현자에게 경멸하는 말투로 물은 적이 있다.

"그렇게 심오한 철학을 깨달아서 얻은 것이 무엇입니까?"

현자의 대답은 이러했다.

"적어도 내 마음속에 상류 사회를 건설하게 되었지요."

자기 수양의 효과를 낮게 보지 말라

하지만 기대했던 만큼 빨리 출세하지 못하면 실망하고 좌절에 빠지게 된다. 이런 태도는 도토리를 심자마자 떡갈나무로 성장하기를 기대하는 것과 같다. 어쩌면 지식을 사고팔 수 있는 상품으로 간주하고, 기대했던 만큼 팔리지 않아서 마음이 상하는 것인지도 모른다. 트레먼히어Tremenheere가 작성한 1840년도 및 1841년도 「교육보고서

Education Report」에 따르면, 노포크 지방에 있는 어느 학교의 교사는 학생 수가 급격히 줄자 자퇴한 학생들의 부모를 대상으로 그 원인을 조사했는데, 학부모들이 밝힌 자퇴 이유는 대부분 이러했다.

"교육은 자녀를 예전보다 더 낫게 만들기 위해 필요한 것이다. 그런데 학교에 보내도 아무런 도움이 되지 않았기 때문에 학교를 그만두게 한 것이다. 더는 교육에 신경 쓰지 않겠다."

자기 수양에 대한 잘못된 생각이 각계각층에 널리 퍼져 있고, 사회에 만연하고 있는 잘못된 인생관 때문에 그러한 생각이 더욱 조장되고 있다. 하지만 자기 수양을 남보다 빨리 출세하는 수단이나 지적 방종과 오락 수단으로 생각하는 태도는 자기 수양의 효과를 너무 과소평가하는 것이다. 자기 수양은 인격을 향상시키고 정신세계를 넓히는 힘을 기르는 것이다. 베이컨의 말을 빌려보자.

"지식은 이윤이나 매출을 위한 가게가 아니라, 창조주의 영광과 인류의 구원을 위한 자원이 풍부하게 보관되어 있는 창고다."

물론 자기 자신의 위치를 향상시키고 사회적 여건을 개선하는 것은 가장 영예로운 일이다. 그렇다고 자기 자신을 희생해서는 안 된다. 육체에 필요한 고된 일만 정신에게 시키는 것은 정신을 노예로 부리는 것과 같다. 인생의 성공은 지식에 달려 있는 것이 아니라 근면하고 자신이 추구하는 사업의 세세한 항목까지 세심한 주의를 기울이는 습관에 달려 있는 것인데, 자기 수양으로 성공을 거두지 못했다고 자신의 가련한 운명을 불평하며 슬퍼하면 소심하고 나약한 마음을 표출하는 것이다.

그러한 성향을 가진 사람에게는 계관 시인이자 전기 작가인 로버트 사우디의 말이 가장 좋은 충고가 될 것이다. 사우디는 조언을 구하는 친구에게 이런 편지를 썼다.

"도움이 된다면 기꺼이 충고해주겠네. 하지만 스스로 병에 걸리기를 자원한 사람에게는 치료법이 없네. 훌륭한 사람, 현명한 사람도 세상 돌아가는 것을 보고 화를 내고 슬퍼하지만, 자기 의무를 다 한 사람은 세상에 불만을 품지 않는 법이라네. 교양이 있고, 건강하고, 손과 눈이 다 있고, 여가 시간까지 즐길 수 있는데 한 가지가 부족하다면, 그것은 전지전능한 신이 축복을 받을 자격이 없는 사람에게 온갖 축복을 이미 충분히 내려주었기 때문일세."

통속문학

교육은 지적 방종과 오락 수단으로 악용될 수도 있다. 오늘날 많은 사람이 이런 취향을 전파하고 있다. 통속문학에 다양한 형태로 나타나는 경박하고 자극적인 내용에 광적으로 열광하는 사람들이 있다. 대중의 취향에 맞추기 위해 이제는 책과 정기간행물이 자극적이고 흥미 위주의 희극적인 요소로 가득 차 있다. 또한 속어 사용을 부끄럽게 생각하지 않으며 법률을 위반하고 인간성과 신성을 모독하는 내용이 담겨 있다. 극작가이자 언론인인 더글러스 제럴드[Douglas Jerrold]는 이러한 추세를 다음과 같이 비평했다.

"나는 세상 사람들이 무엇이든 상스럽게 웃어넘기는 일에 싫증을 낼 것이라고 확신하며, 최소한 그렇게 되기를 희망한다. 인생에는 진지함이 내포되어 있으며, 인류의 역사는 희극의 소재가 될 수 없다.

예수의 산상설교를 희극으로 만들거나 '웃기는 영국사'나 '알프레드 대왕의 코미디'를 짓는 사람도 있을 것이다. 특히 토머스 모어를 웃음거리로 만들고 그의 딸을 어릿광대처럼 묘사해 아버지의 머리를 구걸해 관속에서 가슴에 꼭 품고 있다는 이야기를 생각해보라. 세상 사람들이 이렇게 불손한 언동을 메스껍게 생각할 때가 반드시 올 것이다."

존 스털링도 비슷한 생각을 가지고 있었다.

"정기 간행물이나 소설은 이 시대 사람들, 특히 정신이 미숙하고 아직 형성 과정에 있는 사람들에게 이집트의 재앙에 견줄 만큼 새롭고 강한 전염병을 퍼뜨리고 깨끗한 물을 오염시키는 방 안에 우글거리는 해충과도 같다."

쾌락 추구

고된 일을 하고 나서 휴식을 취하거나 중대한 업무를 마치고 기분 전환을 하기 위해 천재 작가가 멋지게 쓴 소설책을 정독하면 지적 즐거움을 한껏 누리게 된다. 연령 고하를 막론하고 각계각층의 독자들은 강한 본능 등을 멋지게 묘사한 문학적 표현에 매료되지만 적절한 수준까지는 그러한 즐거움을 아무도 방해하지 않는다. 하지만 그러한 즐거움만 추구해 문학적 편식을 하고, 이동식 도서관 서가에 가득한 쓰레기 같은 책과 인생을 터무니없이 묘사한 책을 읽는 데 상당한 여가 시간을 할애하는 것은 시간 낭비보다 더 나쁘다. 분명히 말하건대 그것은 정말 백해무익하다. 습관적으로 소설을 탐독하는 사람은 비현실적인 감정에 자주 빠져들게 되고, 올바르고 건강한 감정을 왜곡시키고 마비시키는 심각한 위험에 직면하게 된다. 어느 풋내기 청년이 요크 대주교에게 이렇게 말했다.

"저는 절대로 비극 작품을 읽지 않습니다. 그것은 마음을 피곤하게 만들기 때문이죠."

허구가 불러일으킨 문학적 연민은 그에 상응하는 행동을 이끌어내지 못하고, 허구의 자극을 받은 감수성에는 불편한 감정이나 자기희생이 뒤따르지 않는다. 그래서 소설을 읽고 자주 감동을 느끼다 보면 점점 현실에 무감각하게 된다. 강철로 인격을 조금씩 문질러 닦아내 버리면 부지불식간에 인격이 솟아나는 샘을 잃어버린다. 버틀러^{Butler} 주교는 이렇게 말했다.

"마음속으로만 덕행의 그림을 멋지게 그리는 것은 덕행의 습관을 기르는 데 전혀 도움이 되지 않으며, 오히려 반대로 정신을 경화시켜 점점 무감각하게 만들 수 있다."

적당한 오락은 건전한 것이므로 적극 권장할 만하다. 그러나 과도한 오락은 건전한 성격을 손상시키는 것이므로 신중하게 경계해야 한다. "일만 하고 놀지 않으면 바보가 된다."는 격언이 자주 인용되고 있지만, 놀기만 하고 일을 하지 않으면 훨씬 더 나쁘게 된다. 영혼이 쾌락에 흠뻑 빠지는 것보다 젊은이들에게 해로운 것은 없다. 그렇게 되면 훌륭한 정신적 자질이 손상되고 일상적인 즐거움에서 재미를 느끼지 못하며 점점 더 강렬한 쾌락을 추구하게 되어 타락의 길로 접어들게 된다. 그러면 마땅히 해야 할 일이나 의무에 반감이나 싫증을 느끼게 된다.

방탕한 사람은 생명력을 낭비하고 이내 기진맥진하게 되어 참된 행복의 원천이 고갈된다. 인생의 화려한 봄날을 미리 맞이한 탓에 인격이나 지성을 건전하게 성장시킬 수가 없다, 천진하지 않는 어린이, 청순하지 않은 처녀 그리고 성실하지 않은 소년은 청춘을 낭비하며 방종하게 살아온 사람만큼이나 애처롭게 보인다. 프랑스 정치가 미라보Mirabeau는 자신의 과거를 이렇게 회고했다.

"나는 젊은 시절을 방탕하게 보내며 생명력을 많이 낭비했다."

오늘 남에게 잘못을 저지르면 내일 그 대가가 돌아오는 법이다. 그러므로 젊은 날에 지은 죄는 세월이 흐를수록 가중되며 고통을 준다.

"젊은 시절에 무절제하게 힘을 낭비하면 늙어서도 빚으로 남는다."

베이컨은 이와 같이 경고하면서 올바르게 처신하려면 도덕적인 면뿐 아니라 육체적인 면도 중시해야 한다고 강조했다. 이탈리아의 시인 주스티Giusti는 친구에게 이런 편지를 썼다.

"나는 지금 살아남기 위해 너무 많은 대가를 치르고 있네. 인생은 자기 마음대로 되지 않는다는 게 확실하네. 세상은 모든 것을 처음에는 무상으로 주는 척하다가 마지막에 가서는 계산서를 보낸다네."

젊은 시절을 너무 무분별하게 보내면 건강을 해칠 뿐만 아니라 인간성도 망쳐버린다. 방탕한 청년은 타락한 성인으로 성장해 깨끗해지려고 해도 그럴 수 없는 경우가 허다하다. 치료법이 있다면 그것은 오직 열렬한 의무감을 주입해 유익한 일에 열심히 전념하는 것뿐이다.

뱅자맹 콩스탕

뱅자맹 콩스탕Benjamin Constant(1767~1830)은 프랑스에서 가장 뛰어난 지성을 타고난 사람이다. 그러나 남들만큼만 부지런하고 자제력이 있었더라면 위대한 업적을 남길 수 있었을 텐데 이미 스무 살에 환락에 빠져 뛰어난 재능이 시들어버리고 비탄 속에 생을 이어갔다. 그는 무엇인가 큰일을 해보겠다고 수없이 결심했으나 아무것도 끝맺은 것이 없었다. 그래서 그에게는 '변덕쟁이 콩스탕'이라는 별명이 붙었다.

그는 유려한 문체와 번뜩이는 재치를 갖춘 작가로서 "세상 사람들이 결코 사라지도록 내버려두지 않을" 작품을 쓰겠다는 야심을 가지고 있었다. 그러나 콩스탕은 고매한 사상에 영향력을 발휘할 정도로 높은 지성을 가지고 있었으나 실생활은 극히 천박해, 자신의 저서에 담긴 선험론조차 천박한 생활로 지은 죄를 대신할 수 없었다. 심지어 종교 서적을 집필하는 동안에도 도박을 하고 『아돌프Adolphe』[7]라는 소설을 쓰는 동안에도 추잡한 간통사건에 연루되었다. 그는 지적 능력이 탁월했지만 덕행에 대한 신념이 없었기 때문에 무력할 수밖에 없었다.

"쳇! 도대체 명예와 품위가 뭐란 말이야? 살면 살수록 그런 것에선

---

[7]. 『아돌프』: 프랑스의 작가 뱅자맹 콩스탕의 심리소설(1815). 사랑에 빠진 남성의 권태로움과 여성의 타는 듯한 정열을 그리고 있다는 점에서 감상적 낭만주의 문학의 선구작으로 평가된다

아무런 의미도 찾을 수가 없는걸."

가련한 콩스탕은 이렇게 울부짖었다. 그는 자신을 '재와 티끌'로 묘사하며 이렇게 덧붙였다.

"나는 고뇌와 권태에 실려 그림자처럼 지구를 스쳐 지나간다."

그는 자신의 천재성보다 사상가 볼테르의 정열을 더 원했다. 그러나 의지력이 없는 그에게는 이루지 못할 소망일 뿐이었다. 생명력이 너무 일찍 고갈되어 부러진 연결고리만 잔뜩 쌓여 있었다. 그는 한 발로 허공을 딛고 서 있는 사람이라고 자신을 표현하기도 하고, 아무런 신조도 없고 도덕적 일관성도 없이 살았다는 것을 자인했다. 그래서 화려한 재능을 가지고 있으면서도 아무런 업적도 남기지 못한 채 오랜 세월을 비참하게 살다가 지치고 헐벗은 상태로 세상을 떠났다.

프랑스의 역사가로서 『노르만의 영국 정복사 $La\ conqute\ de\ l'Angleterre\ par\ Normands$』*8를 저술한 오귀스탱 티에리 Augustin Thierry는 콩스탕과는 대조적으로 감동적인 삶을 보여주었다. 그의 일생은 인내, 근면, 자기 수양과 지식에 대한 꾸준한 헌신의 귀감이 되고 있다. 자신의 목표를 추구하기 위해 노력하다가 시력을 잃고 건강도 나빠졌지만 진리에 대한 그의 사랑은 조금도 식지 않았다. 너무 허약해서 몸을 제대로 가누지 못하는 어린아이처럼 간호사의 팔에 안겨 이 방 저 방을 옮겨 다녀야 했지만 강한 정신력으로 씩씩하게 버텼다. 그는 문필가로서

---

*8. 『노르만의 영국정복사』 : 프랑스의 역사가 A. 티에리의 저서(1825). 모든 국민의 성쇠를 정복민족과 피정복민족 사이의 장기간의 적대관계로 설명하려는 역사 이론을 실제로 적용해보려 한 최초의 저작물이다

의 자신의 생애를 이렇게 정의했다.

"학문의 중요성을 국익으로 환산한다면 전쟁터에서 사지를 잃은 군인이 국가에 헌신한 만큼 나도 조국을 위해 모든 것을 바쳤다.

나의 노작이 어떤 운명에 처하게 되든 상관없이 내가 보여준 본보기가 영원히 잊히지 않기를 바랄 뿐이다. 나는 이 시대의 고질병인 도덕적 나약과 맞서 싸움으로써 믿음이 부족하다고 투덜대면서도 어찌할 바를 모르고 숭배와 공경의 대상을 찾아 하염없이 헤매고 다니는 사람들에게 올바른 삶의 길을 되찾아주고 싶다. 숨을 쉴 공기가 없고 온 정신을 쏟을 만한 일거리가 없다고 냉소적으로 말하는 이유가 도대체 무엇이란 말인가?

실제로 지독히 냉소적으로, 이 세상에는 모든 인류를 위한 공기가 부족하며 그들을 위한 일자리 역시 충분하지 않다고 말하는 이유는 도대체 무엇인가? 차분하고 진지하게 연구할 수 있는 학문이 있지 않은가? 학문이야말로 손만 내밀면 닿을 만큼 우리 가까이에 있는 피난처, 희망, 일터가 아닌가? 학문을 가까이 하면 세월의 무게를 느끼지 않고 불운한 나날을 무사히 넘길 수 있다. 사람은 누구나 자신의 운명을 스스로 만들어나갈 수 있다. 누구나 자신의 삶을 고결하게 승화시킬 수 있다.

이것이 내가 평생 노력해온 일이며, 다시 태어나도 나는 이 일을 다시 할 것이다. 그런 기회가 주어진다면 나는 현재 내가 누리고 있는 위치를 얻게 해준 그 일을 다시 선택할 것이다. 이 세상에는 감각적인 즐거움이나 재산이나 건강보다 더 좋은 것이 있으니, 그것은 바로 지식에 대한 헌신이다."

콜리지와 사우디

시인이자 비평가인 콜리지는 여러 면에서 콩스탕과 매우 흡사하다. 그 역시 매우 탁월한 능력을 소유했으나 의지가 박약했다. 지적 재능은 뛰어났지만 근면성이 부족해서 지속적으로 일하는 것을 싫어했고 자립심도 결여되어 있었다.

두터운 안개와 시끄러운 소음 속에서 성실하게 수행되는 일들을 경멸하고 처자 부양은 친구 사우디에게 맡겨 버린 채 하이게이트 그로브Highgate Grove에서 은둔생활을 하면서 제자들과 선험론에 대해 고준담론高峻談論을 나누었다.

보수가 좋은 일자리가 얼마든지 있었지만 그는 비굴하게 친구의 적선을 받아들였으며, 막노동 일꾼만 되더라도 피했을 수치를 감수했다. 그의 친구 사우디의 정신 자세는 정반대였다. 자신이 선택한 일은 지루하고 하기 싫은 일일지라도 열심히 했을 뿐만 아니라 지식을 사랑한다는 이유 하나만으로 지식을 꾸준히 탐구하고 축적했다. 하루하루 매 시간마다 해야 할 일을 할당해 처리했다. 출판사와 원고 마감 약속을 반드시 지키고 대가족을 부양하는 막대한 비용을 모두 떠맡았다. 집필을 게을리 하면 달리 수입을 기대할 수 없어서 그는 이렇게 말하곤 했다.

"내가 갈 길은 왕도처럼 넓은데 돈벌이가 되는 것이라고는 잉크병밖에 없구나."

로버트 니콜

시인 로버트 니콜Robert Nicoll은 『콜리지 회고록Recollections of Coleridge』을 읽고 나서 친구에게 이런 편지를 썼다.

"그 사람은 의지가 부족하고 결단력이 없어서 위대한 지성을 모두 잃었다."

니콜은 진실하고 용감한 사람이었다. 젊은 나이에 요절했으나 살아 있는 동안 큰 고초를 여러 차례 겪고 모든 난관을 극복했다. 처음에 서적판매원으로 소규모 사업을 운영했는데 빚을 20파운드 정도 지게 되자 크게 부담을 느끼며 괴로워하기 시작했다.

"마치 커다란 맷돌을 목에 걸고 있는 것같이 부담스러워서 빚을 다 갚은 다음에는 누구에게든 다시는 돈을 빌리지 않겠다고 결심했다."

그 당시 어머니에게 쓴 편지에 이런 내용이 담겨 있다.

"어머니, 제 걱정하지 마세요. 하루하루 다르게 안정되고 있고 낙관적인 기분이 들고 있어요. 요즘은 독서 대신 사색을 많이 하고 있어요. 더 많이 생각하고 반성할수록 점점 더 슬기로워지는 것 같아요. 돈을 많이 버는 것보다 지혜로운 사람이 되는 것이 훨씬 낫겠지요. 고통, 가난 그리고 야생 맹수 등 세상에는 무서운 것이 많지요. 하지만 저는 나 자신을 존중하는 마음, 인간의 고귀한 존엄성 그리고 신에 대한 믿음을 잃거나 위축되지 않고 정면으로 맞서 싸울 수 있다고 생각할 만큼 담대해졌답니다. 성공하려면 정신적인 고통과 투쟁을 반드시 겪어야 해요. 그러나 일단 성공하면 여행자처럼 높은 산에 올라 밝게 빛나는 햇빛 속을 거닐면서 폭풍우가 몰아치는 발아래를 내려다볼 수 있습니다. 아직 그러한 경지에 올랐다고는 말씀드리지 못하지만 점점 더 그 경지에 가까워지고 있어요."

실패는 지혜의 스승이다

인간을 인간답게 만드는 것은 안락한 생활이 아니라 노력하는 삶이며, 편의가 아니라 고난이다. 인생의 여정에서 어느 단계에 이르든지 난관을 피할 길이 없으며 고난을 모두 극복하지 않고서는 뜻한 대로 성공을 거둘 수 없다. 하지만 실패는 가장 훌륭한 스승이며, 실수는 최상의 경험이 된다. 영국의 초대 외무장관을 지낸 폭스는 기회가 있을 때마다 이렇게 역설했다.

"실패를 모르고 출세가도를 달리는 사람보다 실패한 경력이 있지만 좌절하지 않고 꾸준히 노력하는 사람의 앞날이 더욱 희망적입니다. 젊은이가 단 한 번의 연설로 유명해지는 것은 매우 훌륭한 일입니다. 거기서 만족하지 않고 계속 노력하면 좋겠지만, 첫 번째 성공에 만족하게 될지도 모릅니다. 그러나 처음에는 성공하지 못했지만 좌절하지 않고 계속 노력하는 청년이 있다면 내게 데려오십시오. 단 한 번의 시도로 성공한 사람들보다 더 큰 성공을 거둘 수 있도록 그를 밀어주겠습니다."

우리는 성공보다 실패에서 더 많은 지혜를 배운다. 우리는 할 수 없는 일이 무엇인지 깨닫는 과정을 통해 할 수 있는 일이 무엇인지 알게 된다. 그러므로 실수를 전혀 해보지 않은 사람은 그러한 것을 결코 깨닫지 못할 것이다. 흡입펌프는 피스톤이 수면으로부터 약 10미터 올라오면 물을 퍼올릴 수가 없다. 실패를 거듭하면서 이러한 현상을 주의 깊게 관찰한 사람들이 대기압의 원리를 연구해 갈릴레오, 토리첼리, 보일Boyle과 같은 천재들에게 새로운 연구의 장을 열어주었다. 외과의사 존 헌터는 전문의들이 성공사례뿐만 아니라 실패사례도 과감하게 발표하지 않는 한 외과의학은 발전하지 않을 것이라는 견해를 가지고 있었다. 기술자 제임스 와트는 기계공학에 가장 필요한 것은 무엇보다도 실패의 역사라고 말했다.

"우리는 오점의 기록이 필요하다."

화학자 험프리 데이비는 교묘하게 조작된 실험 결과를 보고 이렇게 말했다.

"나는 솜씨 좋은 사람으로 태어나지 못한 것을 신에게 감사한다. 나의 주요 발견은 실패를 통해 이루어낸 것이기 때문이다."

어느 탁월한 물리학자는 이런 기록을 남겼다.

"연구 도중 극복할 수 없는 것처럼 보이는 장애에 봉착할 때마다 그때가 바로 새로운 발견을 하기 직전이라는 것을 깨닫게 된다."

위대한 사상, 위대한 발견, 위대한 발명 등 위대한 업적은 모두 고난으로부터 영양분을 섭취하면서 발전하고, 슬픔 속에서 숙고熱考의 과정을 거쳐 어려움 속에 완성된 것이다.

곤경을 활용하라

베토벤은 이탈리아의 오페라 작곡가 로시니Rossini에 대해 이렇게 평했다.

"소년 시절에 엄격하게 교육을 받았다면 훌륭한 음악가가 되기에 충분한 자질을 잘 살렸을 것이다. 그러나 재능에 의존해서 너무 쉽게 곡을 만들어내는 바람에 오히려 자신의 재능을 망쳐버렸다."

자신에게 능력이 있다고 믿는 사람은 혹평을 두려워할 필요가 없다. 오히려 분에 넘치는 찬사와 너무 호의적인 비평을 두려워해야 한다. 멘델스존은 버밍엄 궁전에서 오라토리오 〈엘리야 Elijah〉를 초연했을 때 웃으면서 비평가 친구에게 이렇게 말했다.

"나를 신랄하게 비평하게! 자네가 좋아하는 점을 말하지 말고 싫어하는 점을 말해주게."

장군을 단련시키는 것은 승전이 아니라 패전이라는 말이 맞다. 워싱턴은 전투에서 패배한 적이 더 많았지만 최후의 승리는 그의 것이었다. 로마 군대가 대승을 거둔 전투는 어김없이 패배로 시작되었다. 프랑스의 모로Moreau 장군의 동료들은 그를 북에 비유하곤 했다. 두들겨 맞았다는 패전 소식만 들려주었기 때문이다. 웰링턴 장군의 군사적 천재성은 가장 어려운 난관에 직면했을 때 완성되었다. 난관을 겪으면서 그의 결단력은 더욱 확고해지고 인간이자 장군으로서 탁월한 능력을 발휘할 수 있는 기회가 마련되었던 것이다. 노련한 선원은 폭풍우와 악천후 속에서 가장 좋은 경험을 쌓고 자립심, 용기, 고도의 수양을 연마하게 된다. 영국 선원들이 세계 어느 나라 선원도 따라올 수 없을 정도로 최고의 훈련을 쌓게 된 것은 거친 바다와 혹독하게 추운 밤 날씨 덕분일 것이다.

역경과 번영

궁핍은 까다로운 여선생님같이 보이지만 가장 훌륭한 스승이다. 호된 시련을 당하면 위축되기 마련이지만 용감하고 씩씩하게 맞서 싸워야 한다. 스코틀랜드의 국민시인 번스의 말이 옳다.

"패배와 고난은 경험이지만 그 안에 지혜가 있다.

다른 곳에서는 찾지 못할 지혜를 그 속에서 얻으리라."

"역경의 효과는 참으로 감미롭다." 역경을 통해 우리의 능력을 찾아내고 힘을 이끌어낼 수 있다. 우리의 인격이 달콤한 허브처럼 정말 가치가 있는 것이라면 고난에 짓눌렸을 때 가장 아름다운 향기를 내뿜을 것이다. 옛 속담에 이런 말이 있다.

"십자가는 천국에 이르는 사다리다."

독일의 소설가 리히터는 이런 질문을 던졌다.

"우리가 불평을 늘어놓는 가난이란 것이 도대체 무엇이란 말인가? 가난은 소녀가 귀를 뚫을 때 느끼는 고통에 불과하며, 화려한 보석을 걸기 위한 상처일 뿐이다."

혹독한 역경의 시련은 자기 보존 능력을 연마할 기회를 가져다준다는 것을 인생 경험을 통해 알게 된다. 그런데 궁핍한 생활을 해왔던 사람이 꿋꿋하게 온갖 장애에 기꺼이 맞서 싸워 훗날 성공하게 되면 풍요로운 생활이 안고 있는 위험을 견뎌내지 못하는 경우가 많다. 바람을 이겨내지 못하고 외투가 벗겨지는 사람은 허약한 사람밖에 없다. 그러나 평범한 능력을 가진 사람들은 따사로운 햇살을 이기지 못하고 외투를 벗어던지는 위험에 처하는 경우가 많다. 그러므로 고도의 수련과 강한 인격이 필요한 경우는 역경이 아니라 행운이 찾아왔을 때다. 부유해지면 자비로운 마음이 어느 정도 생기긴 하지만 재산을 아무리 모아도 전혀 달라지지 않고 인색한 사람도 많다.

부귀를 누리면 마음이 냉혹해지고 거만해지지만, 확고한 각오가 되어 있는 사람은 역경 속에서 오히려 의지를 더욱 굳건하게 만든다. 비열한 마음이 더욱 냉혹해져서 천박하고 비굴한 사람을 거만하게 만든다. 정치사상가 버크의 표현을 인용해보자.

"어려움은 우리에 대해 우리 자신보다 더 자세히 알고 우리를 우리 자신보다 더욱 사랑하는 하느님의 섭리로 우리에게 배정된 엄격한 교사다. 하느님은 우리와 기꺼이 씨름을 벌여 우리를 담대하게 만들고 우리의 기량을 높여준다. 그러므로 적대자들은 우리에게 도움이 된다."

어려움에 직면할 필요가 없다면 인생은 편해지겠지만 인간의 가치는 떨어질 것이다. 시련을 지혜롭게 이용하면 인격을 도야하고 자조정신을 터득하게 된다. 그러므로 우리가 알지 못하는 사이에 고난은 우리에게 가장 완전한 수련의 기회가 된다. 인도에서 용맹을 떨친 젊은 호드슨은 부당하게 지휘권을 빼앗기고 억울한 중상모략과 질책을 받자 비탄에 빠졌으나 용기를 잃지 않고 친구에게 이렇게 말했다.

"나는 전쟁터에서 적군과 맞서 싸우듯 대담하게 최악의 사태에 정면으로 부딪혀보려고 노력하고 있네. 내 능력이 닿는 데까지 맡은 바 임무를 충실히 하고, 모든 일에는 다 이유가 있기 마련이라고 겸허하게 받아들이겠네. 아무리 진절머리나는 임무라 할지라도 성실하게 수행하면 보상이 있겠지. 설령 보상이 없더라도 임무는 임무니까."

곤경의 학교야말로 최고의 학교다

인생의 전투는 주로 고지를 점령하기 위해 싸운다. 전투도 하지 않고 고지를 점령하면 명예가 뒤따르지 않을 것이다. 난관이 없다면 성공도 없다. 싸울 대상이 없다면 성취해야 할 대상 역시 존재하지 않는다. 나약한 사람은 역경을 두려워하지만 과감한 사람에게는 역경이 자극제가 된다. 인간의 진보 앞에 가로놓인 장애물은 꾸준한 선행, 정직, 열의, 활동력, 인내심 그리고 역경을 극복하고 씩씩하게 불행에 맞서 싸우겠다는 확고한 각오로 이겨낼 수 있다는 것이 인류의 경험을 통해 이미 증명되었다.

곤경의 학교는 국가든 개인이든 정신 수련을 위한 최상의 학교다. 곤경의 역사는 인류가 지금까지 성취한 위대한 업적의 역사이기도 하다. 북유럽 국가들은 거칠고 변덕스러운 날씨와 본래부터 메마른 땅에서 얼마나 힘겹게 역경을 헤쳐왔는지 화창한 기후를 가진 나라에서 태어난 사람들은 감히 입도 뻥긋할 수 없을 것이다. 영국의 고급품은 비록 외국 제품을 본 땄지만 세계 어느 나라 사람에게도 뒤지지 않는 국민들의 기술과 노력으로 만들어낸 것이다.

곤경에 빠지면 결과가 좋든 나쁘든 일단 빠져나와야 한다. 곤경에 맞닥뜨림으로써 힘을 기르고 기량을 연마할 수 있다. 달리기 선수처럼 고개를 향해 달리는 훈련을 쌓음으로써 기운을 북돋우면 코스를 쉽게 달릴 수 있다. 성공에 이르는 길은 기울기가 가팔라서 정상에 오를 힘이 있는지 시험한다. 경험에 비추어볼 때, 인간은 어떤 장애물이든 맞붙어 싸우면 극복할 수 있고, 곤경이라는 가시투성이의 쐐

기풀도 대담하게 꽉 붙들면 부드럽게 느껴지고, 목적을 실현하는 데 가장 효과적인 도움은 해낼 수 있다는 확신이라는 사실을 깨닫게 된다. 그러므로 극복하겠다는 각오 앞에서는 어떠한 난관도 사라지게 될 것이다.

시도해보면 이룰 수 있는 것이 많다. 시도해보기 전에는 어떤 일을 해낼 수 있을지 아무도 모르지만, 억지로 시키기 전에 최선을 다해서 시도해보는 사람은 거의 없다. "이러이러한 일을 할 수만 있다면 얼마나 좋을까……." 비관적인 젊은이는 이렇게 탄식만 한다.

하지만 바라기만 해서는 아무것도 이루어지지 않는다. 열망을 목표의식과 노력으로 발전시켜야 한다. 단 한 번 기운차게 시도하는 것이 천 번 염원하는 것보다 낫다. 하지만 '만일'이라는 골치 아픈 전제, 해낼 능력이 없으니 단념하라고 속삭이는 내면의 목소리가 가능성의 영역에 울타리를 치고 무슨 일이든 하지 못하게 막아선다. 린드허스트의 말을 들어보자.

"곤경은 극복해야 할 대상이다. 과감하게 곤경과 맞붙어 싸워라. 실전을 벌이다 보면 요령이 생기고 반복적으로 노력하면 힘과 투지가 생긴다."

우리가 일상생활에서 배우는 것은 모두 곤경을 정복하는 방법이다. 한 가지 어려움을 정복하면 다른 어려움을 극복하는 데 도움이 된다. 사용되지 않는 언어를 공부한다든지, 이른바 수학이라고 불리는 선과 면의 관계를 공부한다든지, 얼핏 보기에 교육 받을 가치가 없어 보이는 것도 실제로는 엄청난 실용적 가치가 있다. 그러한 공부로 얻어내는 정보가 가치 있는 것이 아니라 그러한 공부를 통해서 자기 발전을 꾀할 수 있기 때문이다. 이러한 공부에 통달하려면 노력이 필요하고, 전념할 수 있는 힘을 잠에서 흔들어 깨워야 한다. 한 가지 일을 처리하면 또 다른 일이 기다리고 있다. 일은 이렇게 평생 동안 계속되며 인생이 끝날 때에야 비로소 곤경과의 만남도 끝나는 것이다. 하지만 낙담에 빠져드는 것은 곤경을 극복하는 데 아무런 도움이 되지 못한다. 프랑스 수학자 달랑베르는 수학의 기초를 이해하는 데 실패했다고 호소하는 학생들에게 이렇게 충고했다.

"계속 노력하게. 그러면 곧 자신감과 능력이 생길 것이네."

역경을 딛고 성공한 사람들

발끝으로 회전하는 발레리나, 소나타를 연주하는 바이올린 연주자는 꾸준히 반복 연습하고 수많은 좌절을 겪어야 뛰어난 솜씨를 익히게 된다. 17세기 이탈리아 작곡가 카리시미Carissimi는 이해하기 쉽고 우아한 곡을 작곡했다는 찬사를 듣고 이렇게 외쳤다.

"아! 이렇게 쉬운 곡을 만들어내기가 얼마나 어려웠는지 알지 못하는군요."

영국의 초상화가 레이놀즈는 어느 작품을 그리는데 얼마나 걸렸냐는 질문을 받고 이렇게 대답했다.

"한 평생."

미국의 웅변가 헨리 클레이Henry Clay는 젊은이들한테 충고를 할 때면 자신이 웅변술을 연마한 성공 비결을 들려주었다.

"내가 성공한 비결은 단 한 가지입니다. 스물일곱 살부터 시작해 오랜 동안 역사책과 과학책을 몇 권 골라서 매일 읽고 소리 내어 말하는 과정을 반복한 덕분입니다. 어떤 때는 옥수수 밭에서, 어떤 때는 숲 속에서 또 어떤 때는 외진 헛간에서 말과 소를 청중 삼아 즉석연설을 연습했습니다. 나를 계속 자극하고 내 운명을 설계하고 형성해나가는 데 주요 역할을 한 자극제는 바로 초년 시절에 온갖 기술을 연마한 연습이었습니다."

아일랜드의 웅변가 커란은 사춘기 시절 발음이 분명하지 않아서 친구들이 '말더듬이 커란'이라고 불렀다. 법학을 공부하면서 이런 단점을 극복하려고 노력하고 있던 중, '무언 웅변가'라는 토론클럽의 어느 회원이 야유를 하자 자극을 받아 순간적으로 유창한 웅변이 터져 나왔다. 그보다 앞선 순서에는 발언하기 위해서 일어났으나 시인 쿠퍼처럼 한 마디도 하지 못했다. 자신에게 유창한 말재주가 있다는 사실을 우연히 발견한 이후부터 그는 새로운 기운이 솟아나 공부에 정진할 수 있었다. 그는 문헌에서 좋은 문장을 골라 매일 몇시간씩 중요한 부분은 강한 어조로 크게 읽으면서 발음을 교정해 나가는 한편, 거울 앞에 서서 자신의 특색을 찾아가며 다소 촌스럽고 못생긴 자신의 생김새에 맞는 동작을 익혀나갔다. 또한 그는 사건을 골라서 배심원 앞에서 변호하는 것처럼 열심히 자신의 주장을 개진하는 연습을 했다. 커란은 엘든Eldon이 명예를 얻으려면 첫 번째로 필요한 것이지만 경제적으로는 단 한 푼의 가치도 없는 거라고 말한 변호사 자격증을 취득하고 법률사무소를 개업했다. 열심히 변호사로 일하면서도 그는 토론클럽에서 자신을 사로잡았던 소심증 때문에 고민하고 있었다.

커란과 로빈슨 판사

그러던 어느 날, 법정에서 로빈슨 판사의 처사에 강하게 반발하면서 매우 신랄한 반론을 펼치게 되었다. 커란은 변론을 하는 도중 이렇게 발언했다.

"판사님이 규정하신 법률은 제가 소장하고 있는 책 어디에서도 찾아볼 수가 없습니다."

그러자 판사는 경멸하는 투로 말했다.

"자네는 책을 너무 적게 소장하고 있는 것 같군."

그 판사는 과격한 정치적 파벌주의로 악명이 높았고 지나치게 폭력적이고 독단적인 내용을 담은 소책자를 익명으로 출판하기도 했다. 판사가 자신의 궁핍한 처지를 넌지시 빗대어 말하자 커란은 감정이 상해서 이렇게 응수했다.

"판사님 말씀이 옳습니다. 저는 가난해서 책을 살 형편이 안 됩니다. 그러나 소장하고 있는 책은 몇 권 되지 않지만 모두 좋은 책이며, 그 책들을 올바른 마음가짐으로 정독해왔습니다. 수많은 악서보다는 몇 권 안 되는 양서를 가지고 이 고귀한 변호사 업무를 맡기 위해 혼자 준비했습니다. 가난이 부끄럽지 않습니다. 노예근성과 부정부패로 부를 얻으려고 굽실거렸다면 오히려 부자인 게 부끄럽겠지요. 출세하지 못하더라도 최소한 정직한 사람이 되겠습니다. 숱한 사례에서 볼 수 있듯이 남의 이목을 끌어 부정한 방법으로 출세하면 비열한 인간이라는 악명만 세상에 널리 퍼져나갈 것입니다."

가난과의 싸움

자기 수양의 의무에 전념하는 사람들에게는 극도의 가난이 결코 걸림돌이 되지 않았다. 언어학 교수 알렉산더 머리Alexander Murray는 불에 그슬린 나무 막대기로 낡은 양모 소모기계에 낙서를 하며 글쓰기를 배웠다. 그의 아버지는 가난한 양치기였으며, 책이라고는 집에 1페니짜리 『약식 교리문답서』밖에 없었으나, 그 책도 가족이 함께 사용해야 했기 때문에 찬장에 소중하게 보관했다가 일요일 교리교육 시간에만 꺼냈다. 무어 교수는 청년 시절에 너무 가난해 뉴턴의 『프린키피아Principia』를 살 돈이 없어서 책을 빌려다가 손으로 직접 베껴서 읽었다.

생계를 꾸려나가기 위해 매일 일하면서 들판이 눈으로 뒤덮인 겨울날 새들이 먹이를 찾아 주워먹듯이, 시간이 날 때마다 여기저기서 조금씩 지식을 겨우겨우 얻는 가난한 학생들이 많다. 이들은 신념과 희망이 실현될 때까지 고군분투를 계속한다.

윌리엄 체임버스와 윌리엄 코벳

에든버러 출신으로 유명한 저술가이자 출판업자인 윌리엄 체임버스William Chambers는 그곳 청년들을 격려하기 위해 자신의 초라했던 젊은 시절에 대해 간략하게 들려주었다.

"나는 독학에 성공한 사람으로 여러분 앞에 서 있습니다. 내가 받은 학교 교육이라고는 스코틀랜드의 초라한 공립학교를 전전하며 배운 것이 전부입니다. 그러나 어린 나이에 에든버러에 가서 낮에는 일을 하고 밤에는 하느님에 내게 주신 지성을 연마하기 위해서 열심히 공부했습니다. 집안이 가난해서 아침 7시나 8시부터 저녁 9시, 10시까지 서점에서 견습점원으로 일해야 했기 때문에 하루 일과를 마친 후에야 공부에 전념할 수 있었습니다. 물론 잠을 줄여가면서 공부했습니다. 소설은 읽지 않고 자연과학과 다른 유용한 학문에 관심을 기울였습니다. 프랑스어도 독학했습니다. 그때를 회상하면 정말 즐겁습니다. 한편으로는 그와 같은 경험을 다시 할 수 없게 된 것이 유감스럽기도 합니다. 에든버러에서 다락방에 쪼그리고 앉아 공부를 할 때는 주머니엔 6펜스짜리 동전 한 닢도 없었지만 훨씬 즐거웠습니다. 그때 노력한 덕분에 지금은 우아하고 안락한 거실에서 지내고 있습니다."

윌리엄 코벳William Cobbett이 영문법을 배운 과정은 어려운 형편 속에서 열심히 노력하고 있는 학생들에게 재미있는 교훈을 준다.

"나는 일당 6펜스를 받는 사병 시절에 문법을 공부했다. 숙소나 초소에 있는 침대 끄트머리에 앉아 배낭을 책장 삼아 책상 대신 널빤지를 무릎 위에 올려놓고 공부했다. 1년 안에 끝날 공부도 아니었는데 양초나 기름을 살 돈이 없어서 겨울철에는 벽난로 불빛에 공부했지만 그나마 내 차례가 돌아와야 벽난로 가까이 갈 수 있었다.

나는 그런 상황에서 충고나 격려를 해줄 부모도 친구도 없이 그 일을 해냈다. 그런데 가난하고, 일에 쫓기고, 공부할 방이나 편의시설이 나빠서 공부하지 못했다고 핑계를 댈 수 있겠는가? 거의 굶어죽을 지경이었지만 식료품 살 돈을 아껴서 연필과 종이를 샀다. 나만의 시간이라고 할 만한 시간은 조금도 없었을 뿐만 아니라, 남 생각은 털 끝만치도 하지 않는 사람들이 대여섯 명씩 모여 앉아 제멋대로 웃고 떠들고, 때로는 노래를 부르고 휘파람을 불고 말다툼을 벌이기도 하는 틈바구니에서 독서와 글쓰기 연습을 했다. 이따금 잉크, 펜, 종이를 사기 위해 지불해야 하는 몇 푼도 가볍게 볼 수 없었다. 단 한 푼이라도 내게는 정말 큰돈이었다. 그때도 지금처럼 키가 컸고 아주 건강하고 운동을 열심히 하는 편이었다. 시장에서 물품을 사들이는 데 들어간 비용을 전부 공제하고 나면 사병 각자가 실제로 받는 돈은 일주일에 겨우 2펜스였다. 그때 겪은 어려움은 결코 잊지 못할 것이다. 어느 금요일엔가 나는 필요한 비용을 모두 제하고 나서 아침에 훈제청어를 사려고 반 페니를 남겨두었다. 목숨을 부지하기 어려울 정도로 배가 무척 고팠지만 꾹 참고 잠자리에 들려고 옷을 벗다가 보니 그 반 페니짜리 동전이 어디론가 사라진 것이 아닌가! 나는 낡은 모포와 깔개에 머리를 파묻고 어린아이처럼 엉엉 울었다. 다시 말하건대, 나는 이런 상황에서도 극복해냈다. 그런데 아무런 노력도 하지 않은 젊은이가 있다면 그는 무슨 변명을 할 수 있겠는가?"

프랑스 출신 망명인사

런던에서 망명생활을 하고 있는 한 프랑스 정치인이 끈기와 노력으로 공부에 전념한 감동적인 사례도 잘 알려져 있다. 그는 원래 석공으로 일했으나 일거리가 줄어들면서 실직을 하고 가난에 시달리게 되었다.

궁지에 몰린 그는 한 친구를 찾아가 의논을 했다. 그 친구는 영국에서 망명생활을 하며 프랑스어 교습으로 돈을 제법 잘 벌고 있었다. 무슨 일을 해서 생계를 유지해야 할지 묻자 그 친구는 이렇게 대답했다.

"교수가 되게!"

"교수라니? 나는 직공일세. 나는 사투리밖에 말할 줄 몰라. 농담이지?"

"천만에! 진심일세. 다시 충고하지만 교수가 되게나. 내 밑에서 가르치는 법을 배우게."

"아니, 됐네! 그건 불가능해. 이 나이에 뭘 배울 수 있겠나? 학자가 될 자질도 없으니 교수가 되기는 글렀네."

그는 친구의 제의를 사양하고 석공 일을 찾아보려고 애썼다. 런던에서부터 지방 구석구석까지 수백 킬로미터를 돌아다니며 찾아보았지만 일자리를 구하지 못했다. 하는 수 없이 런던으로 돌아와서 그 친구에게 곧장 달려갔다.

"일자리를 찾아서 방방곡곡을 누비고 다녔지만 허사였네. 이제 공부를 해서 교수가 돼보려고 하네!"

그는 즉시 교육을 받아 세심한 집중력, 민첩한 이해력, 활달한 지성을 연마하면서, 문법의 원리, 구문과 작문의 법칙 그리고 여전히 교정이 필요한 부분이 많았지만 정통 프랑스어의 정확한 발음을 빠르게 습득했다. 그의 친구이자 스승이 생각하기에 그가 남을 가르치기에 충분한 실력을 갖추었다고 하자 그는 교수를 구하는 광고를 보고 지원해 합격했다. 석공이 마침내 교수가 된 것이다. 그가 부임한 신학교는 예전에 석공으로 일했던 런던 교외 지역에 있었다. 매일 아침 탈의실 창문을 통해 시야에 들어오는 첫 번째 광경은 그가 직접 쌓은 농가 굴뚝이었다. 한동안 그는 예전에 석공으로 일했던 자신을 마을 사람들이 알아보면 그 신학교의 명성이 실추되지 않을까 걱정했다.

하지만 그런 걱정을 할 필요가 없었다. 가장 유능한 교수로 인정받고, 제자들의 프랑스어 실력이 무척 향상되었다는 찬사를 공공연하게 받았기 때문이다. 한편으로는 동료 교수, 제자는 물론 주위 사람들로부터 존경을 받고 교분을 두텁게 쌓았다. 그가 겪은 고난과 과거사가 알려지자 사람들은 그를 더욱 존경하게 되었다.

새무얼 로밀리

영국의 법률개혁가 새무얼 로밀리도 끊임없이 자기 수양을 쌓은 사람이다. 그는 프랑스 난민의 후손으로 보석세공사의 아들로 태어나 어린 시절 교육을 거의 받지 못했으나 한 가지 목표를 향해 끊임없이 전념하고 노력한 결과 불리한 상황을 모두 극복했다. 그는 자서전에 이렇게 썼다.

"나는 열대여섯 살 때 라틴어를 본격적으로 공부해보겠다고 결심했지만 그때 아는 것이라고는 기초문법 몇 가지뿐이었다. 그래서 나는 3, 4년 동안 바로[9], 콜루멜라[10], 켈수스[11]같이 기술적인 주제를 다룬 책을 제외하고 순수하게 라틴어만 사용하던 시대에 쓰인 산문을 거의 섭렵했다. 로마의 3대 역사가 리비우스^{Livius}, 살루스티우스

Sallustius, 타키투스Tacitus의 저서는 세 번 통독했다. 로마의 웅변가 키케로Cicero의 가장 유명한 연설문들을 공부하고, 그리스의 시인 호메로스의 작품을 많이 번역하기도 했다. 로마의 시인 테렌티우스Terentius, 베르길리우스, 호라티우스Horatius, 오비디우스Ovidius, 유베날리스Juvenalis의 작품을 읽고 또 읽었다."

그는 지리학, 자연사, 자연과학도 공부해 전반적인 지식을 상당히 많이 얻었다. 그는 열여섯 살에 법원 견습서기로 들어가 열심히 공부해 변호사 자격증을 받았다. 근면과 인내심의 결실을 거둔 것이다. 1806년에는 폭스가 이끄는 내각에 법무차관으로 임명되었으며 꾸준히 노력한 결과 법조계의 거물이 되었다.

그런데도 그는 항상 실력이 모자란다는 중압감에 고통스러워하면서 부족한 점을 보완하기 위해 부단한 노력을 기울였다. 값진 교훈과 아름다운 정서가 담겨 있는 그의 자서전은 세심하게 정독해볼 만한 가치가 있다.

---

*9. 바로(기원전 116~27) : 로마의 가장 위대한 학자이자 풍자작가로서 『메니페아의 풍자*Saturae Menippeae*』로 유명하고 도덕적이며 교훈적인 작품들을 많이 썼다
*10. 콜루멜라 : 로마의 군인이자 농부로서 농업에 관련된 주제에 대해 광범위한 저술을 남겼다
*11. 켈수스 : 1세기경 로마에서 활동한 의학 저술가로서 농업 · 무술 · 수사학 · 철학 · 법률 등의 관한 백과사전을 펴냈으나 의학 부문만 남아 있다

존 라이덴

월터 스콧은 기회 있을 때마다 그의 젊은 친구 존 라이덴John Leyden을 인내심의 힘을 가장 훌륭하게 보여준 사례로 인용하곤 했다. 라이덴은 스코틀랜드 록스버러Roxburgh 지방의 거친 산골짜기에서 양치기의 아들로 태어나 거의 완벽한 독학의 본보기를 보여주었다. 스코틀랜드에서 양치기의 아들로 태어나 독학으로 성공한 사람들은 많았다. 시인 호그Hogg는 산비탈에서 양떼를 돌보면서 책에서 글자를 그대로 베껴 적는 방식으로 독학을 했고, 케언스Cairns도 람메르무어Lammermoor 산악지대에서 양떼를 돌보면서 공부에 전념한 결과 교수 지위에 올랐고, 머레이Murray, 퍼거슨 등 많은 사람이 독학으로 성공했다.

이들과 마찬가지로 라이덴도 어려서부터 지식에 목말라하며 공부를 시작했다. 그는 집안이 너무 가난해서 신발도 신지 않은 채 맨발로 황무지를 가로질러 10여 킬로미터에 달하는 거리를 매일 걸어서 커크턴Kirkton에 있는 작은 시골학교에서 읽기 공부를 했다. 학교 교육이라고는 이것이 전부이고 그 후로는 독학을 했다. 그는 극도로 가난했지만 어려움을 무릅쓰고 에든버러에 갈 방도를 찾아서 그곳 대학에 진학했다. 에든버러 생활을 시작하자마자 그는 훗날 유명한 출판업자가 된 아치볼드 콘스타블Archibald Constable이 운영하던 작은 서점의 단골손님이 되었다. 초라한 하숙집에서 기다리고 있을 변변치 않은 음식과 물을 잊은 채 그는 높은 서가를 오르내리는 사다리에 걸터앉아 위대한 저서들을 몇 시간씩 읽곤 했다. 책을 마음대로 읽고 강의를 들을 수 있다는 것만으로도 더 이상 바랄 것이 없었다. 그는 학문의 문턱을 넘으려고 안간힘을 쓰면서 문턱 앞에 가로놓인 장애물을 끈기 있게 헤쳐나갔다. 열아홉 살이 되기도 전에 그는 이미 그리스어와 라틴어에 깊은 지식을 쌓고 다방면에 걸쳐 광범위한 정보를 축적해 교수들을 놀라게 했다.

관심을 인도로 돌려서 공무원으로 일할 수 있는 기회를 찾아보았으나 실패하고, 원한다면 외과의사의 조수로는 일할 수 있다는 말을 들었다. 그는 외과의사도 아니고 의학 지식이라고는 어린애보다 나을 것이 없었다. 그렇지만 배울 수는 있었다. 그런데 6개월 안에 시험에 합격해야만 한다는 것이 아닌가. 그러나 그는 조금도 기죽지 않고 공부를 시작해서 보통 3년 걸리는 공부를 6개월 만에 끝내고 영예로운 학위를 받았다. 스콧을 비롯해 몇몇 친구들로부터 도움을 받아 준비를 한 후, 그는 마침내 인도로 출발했다. 인도에 머무는 동안 가장 훌륭한 동양학자가 되겠다고 다짐했으나 불행하게도 열병에 걸려 젊은 나이에 세상을 등지고 말았다.

새무얼 리 교수

케임브리지 대학교 히브리어 교수였던 리Lee 박사는 꾸준한 노력과 확고한 목적의식으로 문필가로서 훌륭한 업적을 쌓았다. 그는 잉글랜드 지방 슈루즈버리Shrewsbury 부근 로그너Lognor에 있는 자선학교에서 교육을 받았으나 뛰어난 구석이라고는 조금도 없어서 담임선생님이 심지어 자기 손을 거쳐 간 아이들 중에 가장 우둔한 아이라고 말할 정도였다. 그는 목수의 견습공으로 들어가 성인이 될 때까지 그 일을 했다. 여가 시간에는 주로 독서를 했는데 책을 보다가 라틴어 문장이 나오면 그 뜻을 정확히 알고 싶은 욕구가 생겼다. 그래서 그는 라틴어 문법책을 사서 라틴어를 배우기 시작했다. 아가일 공작의 정원사로 일했던 스톤은 일찍이 이런 말을 했다.

"알고 싶은 것을 다 배우는 데 필요한 것이라고는 24개의 알파벳 이외에 무엇이 더 필요하단 말인가?"

리는 아침 일찍 일어나고 밤늦게까지 앉아서 공부해 견습 기간이 끝나기도 전에 라틴어를 완전히 습득했다. 그러던 어느 날 어느 예배당에서 일을 하고 있는데 그리스어 성경이 발 앞에 떨어져 있었다. 성경을 집어들고 훑어보다가 그는 이내 그리스어를 배우고 싶은 열망에 사로잡혔다.

그래서 그는 라틴어 책 몇 권을 팔아 그 돈으로 그리스어 문법책과 사전을 샀다. 배우는 즐거움에 흠뻑 빠져 그리스어에 금방 통달하게 되었다. 그 다음에는 그리스어 책을 팔아 히브리어 책을 샀다. 교사의 도움도 명성이나 보상도 바라지 않고 그저 자신의 천재성을 발휘해 공부에 열중했다. 다음으로 칼데아어, 시리아어, 사마리아 방언을 차례차례 공부했다. 하지만 지나친 공부가 건강에 영향을 미치기 시작하고 밤새 책을 읽다보니 눈병에 걸렸다. 그래서 잠시 공부를 중단하고 생업에 전념하면서 건강을 차츰 회복했다. 기능공으로서의 자질이 우수해 사업이 잘 되어 형편이 나아지자 그는 스물여덟 살에 결혼했다. 이제는 가족 부양에 전념하겠다고 결심하고 책을 모두 팔았다. 사고만 아니었으면 그는 평생 목수 일을 하면서 살았을 것이다.

지속적으로 성장하는 법 501

그런데 예기치 못한 화재가 발생해 중요한 생계 수단인 공구함이 타 버렸다. 새 연장을 살 형편이 안 되어 최소의 자본으로 할 수 있는 일을 찾다가 어린이들에게 글을 가르치기로 작정했다. 그런데 다양한 언어를 자유자재로 구사할 수 있었지만 기초 과목에 대한 전반적인 지식이 부족해 어린이들을 가르칠 수가 없었다. 그래서 그는 어린이들을 가르칠 수 있는 수준의 지식을 쌓기로 하고 산수와 글쓰기 공부를 시작했다. 때 묻지 않고 소박하고 착한 그의 성격에 끌려 친구가 점점 늘어나면서 이 '박학다식한 목수'에 대한 소문이 널리 퍼지기 시작했다. 이웃 교회 목사 스콧 박사는 슈루즈버리 자선학교 교사직을 그에게 주선해주고 저명한 동양학자에게 그를 소개했다.

이 두 사람이 책을 구해준 덕분에 그는 아라비아어, 페르시아어, 그리고 힌두어도 익혔다. 군에 입대해 그가 살던 주의 지역방위군 사병으로 복무하는 동안에도 공부를 계속해 다양한 언어를 더욱 자유자재로 구사할 수 있게 되었다. 그의 적극적인 후원자인 스콧 박사가 케임브리지 대학교 퀸스 대학 입학을 주선해준 덕분에 수학에서 뛰어난 성적을 보이면서 그 학교 과정을 무사히 마쳤다. 게다가 마침 공석이던 히브리어 및 아랍어 교수라는 영예로운 직책에 임명되었다. 그는 교수로서 맡은 바 직분을 다하는 한편, 자발적으로 시간을 할애해 동방으로 복음을 전하러 가는 선교사들에게 현지 언어를 가르쳐주었다. 한편으로는 성경을 아시아 각국의 언어로 번역하고 뉴질랜드어도 연구했다. 그 당시 영국에 체류하고 있던 두 명의 뉴질랜드 원주민 추장을 위해 뉴질랜드어의 문법과 단어를 정리해 책으로 만들었는데 그 책들이 지금도 뉴질랜드 각급 학교에서 매일 사용되고 있다. 지금까지 간략하게나마 살펴보았듯이 새무얼 리 박사의 일생도 문필가, 과학자로 성공한 위인들이 보여준 꾸준한 자기수양의 교훈적인 본보기다.[33]

대기만성형 학자들

"배움에는 시기가 너무 늦었다는 말이 없다."

수없이 많은 사람의 사례를 통해서 이 속담이 사실로 입증되었다. 나이가 들었어도 새로운 일을 시작해보겠다고 결심하기만 하면 많은 일을 할 수가 있다. 고고학자 헨리 스펠만Henry Spelman은 50대에 들어서야 비로소 학문을 연구하기 시작했다. 벤저민 프랭클린도 쉰이 되어서야 자연과학 연구에 본격적으로 몰입했다. 드라이든과 스콧은 마흔이 되어서야 작자로 이름을 날리기 시작했다. 이탈리아의 작가이자 시인인 보카치오Boccaccio는 서른다섯 살에 문필가 생활을 시작했고 이탈리아의 비극시인 알피에리Alfieri는 마흔여섯 살에 그리스어 공부를 시작했다.

아놀드 박사는 니부어Nibuhr의 저서를 원서로 읽기 위해 만년에 독일어를 배웠다. 와트는 기계과학에 관한 저서들을 정독하기 위해서 마흔 살에 글래스고에서 기계 제조공으로 일하면서 프랑스어, 독일어, 이탈리아어를 공부했다. 토머스 스콧이 히브리어를 배우기 시작할 때 그의 나이는 쉰여섯 살이었다. 로버트 홀Robert Hall은 노년에 이탈리아어를 공부하면서 너무 힘이 들어 마룻바닥에 벌렁 누워 있기도 했으나 결국 밀턴을 단테에 비유한 매컬레이의 작품을 비평할 수 있는 경지에 이르렀다. 작곡가 헨델이 명곡을 발표하기 시작한 나이는 마흔여덟 살이었다. 실로 비교적 늦은 나이에 완전히 새로운 길을 찾아나서 새로운 공부를 시작해 성공한 사람은 수없이 많다. 경박하거나 게으른 사람이 아니라면 '나는 공부하기엔 너무 나이가 많아'라는 말은 하지 않을 것이다.

코르토나, 세리든 등 열등생들의 일화

앞서 이야기했던 것을 다시 생각해보자. 세계를 움직이고 앞장서서 이끈 사람들은 천재가 아니라 확고한 의지, 목적의식 그리고 꾸준한 근면성을 보여준 이들이다. 어린 나이에 천재성을 보여준 사례도 많지만 어린 시절에 영리하다고 해서 성인이 되어 반드시 성공하는 것은 아니다. 때로는 조숙함이 지적 능력을 보여주는 것이 아니라 질병의 증상으로 나타나는 경우도 있다. 세간을 떠들썩하게 했던 신동은 모두 어떤 사람이 되었나? 학교에서 우등상을 휩쓸던 아이들은 다 어디에 있는가? 이들의 일생을 추적해보면 사회에서는 학업 성적이 뒤쳐졌던 머리가 둔한 아이들보다 훨씬 뒤떨어져 사는 경우가 허다하다. 총명한 아이들은 상을 받지만 어린 나이에 영리함과 재능으로 받은 상이 항상 유익한 결과를 가져다주는 것은 아니다. 아낌없는 격려를 받을 사람은 특별히 타고난 재능이 없더라도 최선을 다하는 젊은이들이라는 사실을 항상 기억해야 한다.

어린 시절에는 머리가 둔한 편이었지만 성인이 되어 눈부신 업적을 남긴 사람들의 사례를 모으면 재미있는 책 한 권이 되겠지만 여기에서는 서너 사람만 예를 들어보겠다. 이탈리아의 화가 코르토나 Cortona는 소년 시절에 너무 멍청해 '당나귀 머리'라는 별명을 얻었고, 구이디Guidi*12는 훗날 최고의 명성을 날렸지만 어린 시절에는 '굼뜬 톰'이라고 불렸다. 뉴턴은 학창 시절에 성적이 끝에서 둘째였다. 자기보다 공부를 잘하는 학생이 그를 걷어차자 멍청이 뉴턴은 그에게 결투를 신청해서 흠씬 두들겨 패주었다. 그 후로 그는 자기를 괴롭히는 녀석들을 이기겠다고 굳게 결심하고 공부를 열심히 해 학급에서 1등을 했다.

위대한 성직자들도 조숙한 천재와는 거리가 먼 사람들이었다. 신학자 배로Barrow는 소년 시절 카르투지오회 수도원 학교에 다닐 때 고집이 세고 호전적이고 게으르기로 악명이 높았다. 그는 부모에게 근심만 안겨주어 아버지가 "하느님이 자식 한 명을 데려가려고 하신다면 장래성이 전혀 보이지 않는 그를 데려갔으면 좋겠다."고 말할 정도였다. 감리교 신학자 아담 클라크는 큰 업적을 남겼지만 어린 시절에는 아버지로부터 '골칫덩어리'라는 말을 들었다. 조나단 스위프트는 더블린 대학교에서 낙제를 했지만 '특별한 배려'로 옥스퍼드 대학교에 입학할 수 있는 추천서를 받았다. 유명한 신학자 찰머스 박사와 쿡 박사[34]는 어린 시절 세인트앤드루 교구학교에 함께 다녔는데 이들이 어찌나 어리석고 말썽만 피우는지 선생님이 화가 머리끝까지 치밀어 둘 다 구제 불능이라고 퇴학시켰다.

---

*12. 구이디(1401~1428) : 초기 르네상스 시대의 피렌체 화가. 선량한 행동을 자주 했기 때문에 마사초(덩치 크고 어줍은 톰마소)라는 별명을 얻었다고 한다

명석한 극작가이자 정치가 셰리던Sheridan도 소년 시절에는 거의 아무런 재능이 보이지 않았다. 어머니는 가정교사에게 그를 구제불능의 열등생이라고 설명을 덧붙이면서 교육을 부탁했다.

월터 스콧도 소년 시절에는 열등생에 속했고, 수업에는 관심이 없고 친구들과 자주 다투었다. 댈즐Dalzell 교수는 에든버러 대학교 시절 "과거에도 열등생이었고, 미래에도 계속 열등생으로 남으리라."는 판정을 받았다. 시인 채터턴도 "전혀 손을 쓸 수 없는 바보"라는 판정을 받고 귀가 조치 당했다. 시인 로버트 번스는 우둔하고 운동에만 소질이 있었다.

수필가이자 시인이었던 골드스미스는 자신을 꽃이 늦게 피는 식물이라고 표현했다. 이탈리아 비극 시인 알피에르는 대학을 졸업했어도 입학하기 전이나 별반 달라진 것이 없었지만 유럽을 반 이상 헤매고 다닌 후에야 공부를 시작했다. 벵골 초대 행정관을 지낸 클라이브는 청년 시절에 신으로부터 버림받았다고 할 만큼 열등생이었고 기운이 넘쳐흘러 나쁜 일에도 열심이었다. 그가 인도 마드라스로 떠나게 되자 가족은 그가 사라지게 되어 무척 기쁘다고 할 정도였다. 그렇지만 클라이브는 인도에서 영국 세력의 발판을 확고하게 굳혔다. 나폴레옹과 웰링턴도 학창 시절에는 별로 두각을 나타내지 못하고 우둔한 편이었다.[35]

나폴레옹의 부관 쥐노 공작의 부인은 나폴레옹의 소년 시절에 대해 이렇게 회고했다.

"신체적으로 아주 건강한 것 이외에는 남다른 점이 없었다."

그랜트와 잭슨

미국 총사령관 율리시즈 그랜트Ulysses Grant 장군은 어린 시절 너무 둔하고 손재주가 없어서 어머니는 그를 '쓸모 없는 그랜트Useless Grant'라고 불렀다. 리 장군의 훌륭한 부관이었던 스톤월 잭슨Stonewall Jackson 장군도 어린 시절에는 둔한 편이었다. 그러나 그는 웨스트포인트 육군사관학교 재학 시절에 지칠 줄 모르는 근면성과 인내력으로 두각을 나타냈다. 한번 과제가 주어지면 그것을 완전히 마치기 전에는 아무것도 하지 않았고, 완벽하게 터득한 지식이 아니면 절대로 아는 척하지 않았다. 그를 잘 아는 어느 친구가 이런 기록을 남겼다.

"암송시간에 질문을 받을 때마다 그는 매일 '어제와 그저께 암송시간에 배운 것을 복습하느라고 그 문제는 아직 읽어보지 못했다'고 대답하곤 했다. 그렇게 노력한 결과 그는 졸업생 70명 중에서 17등을 했다. 입학할 때는 지식이나 학력 면에서 잭슨보다 떨어지는 학생이 한 명도 없을 만큼 열등생이었는데 결승점에 도달했을 때에는 53명을 물리치고 그보다 앞선 학생은 불과 16명밖에 안 되었던 것이다. 만일 사관학교가 4년 과정이 아니라 10년 과정이었다면 잭슨이 수석으로 졸업했을 것이라고 동기생들이 말하곤 했다."[36]

험프리 데이비와 존 하워드

박애주의자 존 하워드는 7년 동안 학교를 다녔으나 배운 것이 거의 없는 열등생이었다. 스티븐슨은 젊은 시절에 주로 싸움질을 잘하는 것으로 유명했으나 일에는 열중했다. 명석한 화학자 험프리 데이비도 어린 시절에는 남보다 똑똑하지 않았다. 담임선생이었던 카듀 Cardew 박사는 그를 이렇게 회고했다.

"내가 가르칠 때는 그에게서 뛰어난 재능을 전혀 찾아볼 수 없었다."

데이비 자신도 훗날 학교에서 그렇게 게으름을 피웠으니 쫓겨나지 않은 것만도 다행이라고 생각했다. 와트는 어린 시절부터 천재성이 엿보였다는 이야기들이 있지만 그 역시 이해력이 떨어지는 학생이었다. 하지만 그에게는 인내심과 끈기가 있었다. 그가 증기기관을 완성할 수 있었던 것은 바로 그러한 자질과 자기 수련을 통해 열심히 키운 창조력 덕분이었다.

성공은 끈기에 달려 있다

아놀드 박사가 아이들에 대해서 한 말은 성인들에게도 그대로 적용되는 말이다.

"사람과 사람 사이의 차이는 재능에 있는 것이 아니라 활동력에 있다."

끈기와 활동력은 쓰면 쓸수록 습관이 되어버린다. 열등생이라도 꾸준히 정진하면 명석한 두뇌가 있어도 끈기가 없는 우등생을 앞지르게 될 것이다.

속도는 느리지만 경주에서는 분명히 이긴다. 학창 시절의 우열이 사회에서 뒤바뀌는 이유는 바로 끈기에 있다. 흥미롭게도 학창 시절에 똑똑했던 우등생들이 사회에 나가서는 평범한 사람이 되는가 하면 전혀 기대하지 않았던 열등생들이 속도는 뒤처지지만 꾸준히 노력해 사회 지도자가 되는 경우가 적지 않다. 저자의 동급생 중에도 대단한 열등생이 있었다. 교사들마다 갖은 수단을 다 동원해보았지만 가르치는 데 실패했다. 체벌을 가하고, 어릿광대 모자를 씌워보고, 달래보기도 하고 애원해보기도 했지만 전혀 소용이 없었다. 때로는 시험 삼아 학급에서 맨 꼭대기에 올려놓기도 했지만 놀라운 속도로 빨리 밑바닥으로 굴러 떨어졌다. 선생들은 도저히 구제불능이라고 포기하고 어떤 선생은 '불가사의한 꼴찌'라는 별명을 붙여주었다. 하지만 이 열등생의 내면에는 의지력이 있었다. 근육과 함께 의지력도 성장하면서 씩씩한 성인으로 자라서 사회로 진출하자 신기하게도 동급생들을 앞지르기 시작해 많은 동년배를 따돌렸다. 저자가 최근에 들은 소식에 의하면 그는 고향 마을의 수석 치안판사가 되었다고 한다.

열등생의 성공담

바른 길을 기어가는 거북이는 틀린 길로 들어선 토끼를 이길 것이다. 부지런하기만 하다면 젊은 시절에 깨치는 속도가 느리더라도 전혀 문제가 되지 않는다. 빠르다는 것이 때로는 단점이 될 수도 있다. 일찍 깨친 아이는 일찍 잊어버리는 경우가 허다하다. 전념과 끈기라는 자질을 연마할 필요를 느끼지 못하기 때문이다. 반면에 깨치는 속도가 느린 사람은 그러한 자질을 연마할 수밖에 없지만 결국에는 인격 형성에 매우 소중한 요소가 된다. 데이비는 이렇게 말했다.

"현재의 나는 내가 스스로 만든 것이다."

이 말은 보편적으로 인정되는 진리다.

결론을 요약하자면, 최고의 교양은 학창 시절에 교사로부터 배우는 것이 아니라 참다운 인간이 될 때까지 부지런히 자기 수양을 통해서 터득하는 것이다. 그러므로 부모들은 억지로 자녀들의 재능을 꽃피우려고 서두를 필요가 없다. 그저 참을성 있게 지켜보면서 훌륭한 본보기와 차분한 훈련을 통해서 교양을 쌓게 하고 나머지는 신의 뜻에 맡겨야 한다. 젊은이들이 육체적 힘을 자유롭게 발휘함으로써 건강한 신체를 유지할 수 있게 하고, 자기 수양의 길로 바르게 갈 수 있도록 인도하며, 전념과 끈기의 습관을 정성들여 연마하게 해야 한다. 그렇게 올바른 자질을 갖추고 성장하면 박력 있고 효과적으로 자기계발을 계속하게 될 것이다.

12

귀감이 되는 삶

| 새무얼 스마일즈의 자조론 |

그들의 혼백은 언제나 우리 앞에 살아 있다.
고결하게 살다간 우리의 형제, 동포들의 혼백이 아름다운 모습과 선한 말로 침상이든 식탁이든 언제 어디서나 우리를 굽어보고 있다.

— 영국 작가 존 스털링

어린이들을 아무리 엄격하게 다루어도 그들의 행동을 통제하기는 어렵다. 우리가 알든 모르든 어린이의 행실은 불멸의 생명력을 가지고 있다.

— 소설가 조지 엘리엇 George Eliot

이 세상에서 인간이 행하는 행동은 기다란 인과응보 사슬의 시작일 뿐이다. 인간의 판단력으로는 그 사슬의 끝이 어디인지 알 수 없다.

— 맘스베리 Malmesbury의 토머스 Thomas

모범을 보이는 것은 혀로 가르치는 것이 아니지만 가장 효과 있는 교육 방법 중 하나다. 모범은 행동으로 보여주는 실질적인 교육으로 열 마디 말보다 더욱 강력한 영향을 끼친다. 훈계로써 우리에게 나아갈 길을 제시할 수도 있겠지만 항상 우리 곁에 있으면서 습관을 통해 우리에게 전달되고 우리와 함께 생활하는 것은 말없이 지속적으로 보는 모범적인 삶의 모습이다. 좋은 충고는 그만한 가치가 있다. 그러나 좋은 본보기를 보여주지 못하면 그 영향력이 미미하다. 흔히 "내가 말한 대로 행동하고, 내 행동은 본받지 말라."는 말을 자주 하지만 실제 경험을 통해서 보면 이 말에 반대되는 현상이 나타난다.

사람은 누구나 귀로 듣는 것보다는 눈으로 보는 것을 통해서 배우려는 경향이 있다. 직접 보는 것이 책을 통해서 알게 된 것이나 남에게서 들은 것보다 훨씬 깊이 각인된다.

가정교육의 중요성

특히 어린 시절에는 이러한 현상이 더욱 심해서 눈이 지식을 받아들이는 주요 창구가 된다. 어린이들은 눈에 보이는 것을 그대로 흉내낸다. 곤충이 먹이로 먹고 있는 나뭇잎의 색깔을 몸에 띠게 되듯이 어린이들은 무의식중에 주위 사람과 똑같이 닮는다. 그러므로 가정교육이 매우 중요하다. 아무리 효율적으로 학교 교육을 시행하더라도 가정에서 보여주는 본보기만큼 장래에 성인이 될 어린이의 인격 형성에 지대한 영향을 미치지는 못한다. 가정은 사회를 그대로 반영하는 수정 구슬이자 국민성의 핵심이다. 본보기의 원천이 깨끗하든 오염이 됐든 이 원천으로부터 개인생활은 물론 공공생활의 규범이 되는 관습, 규칙, 좌우명이 나온다. 국가는 육아실에서 형성되는 것이다. 여론도 대부분 가정에서부터 비롯되며 가장 훌륭한 박애의 정신도 가정의 난롯가에서 형성된다. 버크는 이렇게 말했다.

"우리가 속해 있는 작은 집단을 사랑하는 마음에서 사회 전체를 사랑하는 마음이 싹튼다."

이 작은 중심점에서 생긴 동정심이 더 넓은 범위로 확대되어 온 세상을 감싸게 된다. 자비심과 마찬가지로 진정한 박애 정신은 가정에서 시작되지만 거기에서 멈추지 않고 널리 확산된다.

부모의 모범

그러므로 행동으로 보여주는 본보기는 아무리 사소하게 보이는 일일지라도 가볍게 넘겨서는 안 된다. 한번 보여준 본보기는 다른 사람의 생활에 침투해 인격 형성에 영향을 미친다. 그러므로 부모의 인격이 자녀들에게 그대로 되풀이되어 나타난다. 남으로부터 전해들은 이야기는 금방 잊어버리지만, 부모가 일상생활에서 본보기로 보여주는 애정, 절제, 근면, 자기 관리의 행동은 자녀들의 행동에 그대로 반영된다. 그래서 어느 현인은 자녀는 자신의 모습을 미래에 그대로 보여줄 분신이라고 말하곤 했다.

부모가 말없이 취하는 행동과 무의식중에 짓는 표정도 자녀의 성격에 깊이 각인되어 사라지지 않는다. 자녀들이 선량한 부모를 떠올리기만 해도 나쁜 짓을 멈추게 될 거라고 누가 자신 있게 말할 수 있을까? 자녀들이 쓸데없는 행동이나 불순한 생각으로 부모에 대한 추억을 더럽히지 않을까 하여 자제할 수 있도록 만들 수 있는 부모가 얼마나 될까? 아주 사소한 일이 인간의 성격에 지대한 영향을 미친다. 웨스트는 이렇게 털어놓았다.

"어머니의 포옹이 나를 화가로 만들었다."

자녀가 성인으로 성장해 누리게 될 행복과 성공은 이와 같이 하찮게 보이는 일에 달려 있다. 포얼 벅스턴은 지체 높고 영향력이 있는 자리에 올랐을 때 어머니에게 이런 편지를 썼다.

"저는 특히 남을 위한 행동이나 활동을 할 때마다 어머니가 심어준 행동규범의 효과를 느낀답니다."

벅스턴은 아브라함 플래스토$^{Abraham\ Plastow}$라는 사냥터 관리인에게 진 빚을 생각할 때마다 항상 고맙게 생각했다. 그는 플래스토와 함께 어울리며 승마를 하고 운동을 즐겼는데, 플래스토는 글을 읽을 줄도 모르고 쓸 줄도 모르는 문맹이었지만 천성이 착하고 타고난 지혜가 있었다.

"그가 특히 고귀했던 까닭은 한결같은 성실성과 명예를 중요시하는 그의 신조 때문이었다. 그는 내 어머니가 못마땅하게 생각하는 말이나 행동은 어머니가 안 계실 때에도 일절 하지 않았다. 그는 항상 고결한 성실성의 모범을 보이면서 세네카나 키케로의 저서에서나 찾아볼 수 있는 정서로 우리의 젊은 마음을 가득 채워주었다. 그가 바로 나의 첫 번째이자 가장 훌륭한 스승이었다."

랭탈은 어머니가 보여준 훌륭한 모범을 회상하면서 이렇게 단언했다.

"온 세상을 저울 한쪽 끝에 달고 다른 한쪽에 우리 어머니를 올려놓으면 세상 쪽이 가벼워서 위로 튀어오를 것이다."

쉬멜 페닌크Schimmel Penninck 부인은 자기가 몸담고 있는 사회에 어머니가 발휘했던 개인적인 영향력을 노년에 회상했다. 어머니가 방에 들어오면 사람들이 대화하는 소리가 금방 밝은 어조로 바뀌고 분위기가 도덕적으로 정화되어 방 안에 있던 모든 사람이 더욱 편안하게 숨을 쉬고 똑바로 서 있는 것 같았다. 페닌크 부인은 이렇게 말했다.

"어머니가 계시면 나는 잠시 다른 사람으로 변모했다."

그녀의 건전한 도덕심은 그녀가 숨을 쉬고 있는 도덕적 분위기에 달려 있었던 것이다. 이와 같이 부모가 자녀 앞에서 일상생활을 통해 미치는 영향은 지대하다. 가장 좋은 부모의 교육방법을 이렇게 요약할 수 있을 것이다.

"자신의 생활태도를 개선하라."

행동의 인과관계

일단 저지른 행동과 내뱉은 말은 연속적으로 파장을 일으키기 때문에 그 결과의 끝을 추적할 수 없다는 생각을 하면 엄숙하고 두려운 느낌이 든다. 우리의 말과 행동은 우리 자신의 삶에 영향을 미칠 뿐만 아니라 주위 사람들의 삶에도 은연중에 영향을 미친다. 선행이나 좋은 말이 좋은 결실을 맺지 못하더라도 생명력이 영원히 지속되듯이 나쁜 말도 영원히 남게 된다. 아무리 보잘것없는 사람이라도 그가 보여준 본보기는 좋은 것이든 나쁜 것이든 계속 남게 된다. 인간의 정신은 사라지지 않고 우리 가운데 항상 살아서 밖으로 맴돈다. 정치가 리처드 콥든이 세상을 떠났을 때 디즈레일리가 하원에서 행한 연설은 참으로 훌륭한 진리다.

"그는 비록 이 자리에 없지만 여전히 하원의원입니다. 세상을 떠났으니 의회 해산 사태, 변덕스런 유권자, 세월의 흐름으로부터 자유롭게 되었지만 말입니다."

인간의 삶과 이 세상에는 불멸의 요소가 있다. 어느 누구도 우주에서 혼자 살 수 없으며 상호의존체제의 구성원이 된다. 개개인의 행동에 따라 인류의 복지가 영원히 개선되거나 악화될 수 있다. 현재는 과거에 뿌리를 두고 있고 선조들의 생애와 모범이 우리에게 엄청난 영향을 미치고 있는 것과 같이 우리의 일상 활동도 미래 사회의 조건과 성격 형성에 이바지하게 된다. 인간은 지나간 세월 동안 축적된 문화의 영향을 받아 형성되고 원숙해지는 열매다. 현재 살고 있는 세대는 행동과 본보기로 자석의 힘을 발휘해 아주 먼 과거를 까마득하게 먼 미래와 묶는 역할을 한다. 인간 행동의 흔적은 완전히 사라지지 않는다. 몸은 비록 분해되어 티끌과 대기 속으로 사라진다 해도 착한 행실이나 나쁜 행실은 열매를 맺어서 다가올 시대에 후손들에게 영향을 미친다. 인간 실존의 엄청난 위험성과 책임은 바로 이렇게 중대하고도 엄숙한 사실에서 비롯된다.

인간 행위의 불멸성

수학자 겸 발명가 찰스 배비지Charles Babbage가 이러한 생각을 그의 저서에서 멋진 문장으로 표현했으니 그의 글을 여기 인용해본다.

"모든 원자는 선 또는 악이라고 표시되어 있으며 갖가지 운동성을 갖추고 있다. 철학자들과 현인들이 수만 가지 방법을 혼합하고 결합해 이 운동성을 정의했으나 그 정의는 모두 가치가 없는 엉터리다. 공기 그 자체가 방대한 장서다. 이 장서의 각 페이지에는 인간이 소리 내어 말하거나 귓속말로 속삭인 내용이 모두 영원히 보존되어 있다. 영원히 변치 않고 한 자의 오류도 없는 그 글자들 속에는 고대 선조부터 최근세의 선조에 이르기까지 모든 사람의 한숨이 뒤섞여 아직 이행되지 않은 맹세와 약속의 기록으로 영원히 남아서 인간의 변화무쌍한 의지의 증언을 각 분자의 결합된 운동으로 영원히 보존할 것이다. 하지만 우리가 숨 쉬는 공기가 우리가 말한 정서를 한 마디도 빼놓지 않고 기록한 역사가라면, 땅, 허공, 바다도 우리가 행한 행동을 목격한 영원불멸의 증인이다. 작용과 반작용의 동등 법칙은 여기에도 적용된다. 자연 현상이나 인간의 행동으로 만들어진 움직임의 흔적은 절대로 지워지지 않는다. 전지전능하신 하느님은 첫 번째 살인자에게 영원히 지워지지 않는 범죄의 표시를 눈에 띄게 이마 위에 찍어놓고 율법을 제정해 그 후에 죄를 범하는 범죄자들도 모두 첫 번째 살인의 증언에 구속되도록 묶어놓았다. 그의 육신에 어떤 변화가 발생하여 입자 몇 개가 다른 부위로 이동하더라도 육신을 구성하는 원자는 모두 육신에 여전히 달라붙어 있으며, 범죄는 바로 그러한 원자의 결합을 통한 근육의 동작으로 발생하는 것이기 때문이다."

그러므로 우리가 하는 행동과 말, 우리가 목격하고 듣는 모든 행위는 우리의 미래에 영향을 미칠 뿐만 아니라 사회 전체에 그 효과가 파급된다. 우리는 이러한 말과 행동이 자녀, 친구, 동료들 사이에서 다양한 형태로 일으키는 파급효과를 일일이 추적할 수 없다. 이미 행한 말과 행동은 영원히 스스로 작용을 일으키게 될 것이다. 좋은 본보기를 세우는 것이 중요한 이유가 바로 여기에 있다. 아무리 가난하고 별 볼일 없는 사람이라 할지라도 누구든지 일상생활에서 무언의 본보기를 보여줄 수 있다. 아무리 미천한 사람이라도 이렇게 간단하면서도 무한한 가치를 지닌 가르침을 줄 의무가 있는 것이다. 그러므로 가장 초라한 처지도 도움이 된다. 낮은 곳에 켜놓은 등불도 산 위에 밝혀놓은 불빛만큼이나 밝게 빛나기 때문이다. 소택지의 양치기 움막에 있든, 작은 촌락의 오두막에 살든, 대도시 뒷골목의 판잣집에 살든, 아무리 힘든 역경 속에서도 사람은 진실하게 성장할 수 있다. 자신의 무덤으로밖에 쓸 수 없을 정도로 작은 면적의 땅에서 경작하는 사람도 수만 평의 땅을 물려받은 사람만큼 충실하고 훌륭하게 일할 수 있다. 그러므로 흔히 볼 수 있는 공장이 근면, 학문, 도덕을 배우는 학교가 될 수도 있고 게으름, 어리석음, 악행의 교습소가 될 수도 있다. 성패는 모두 개개인이 각자에게 주어진 기회를 어떻게 활용하는가에 달려 있다.

좋은 본보기의 중요성

값지게 산 인생, 올바르게 세운 인격은 자녀는 물론 온 세계에 물려줄 소중한 유산이다. 그것이야말로 미덕에 대한 가장 생생한 가르침이자 악행에 대한 가장 준엄한 질책이며, 가장 훌륭하고 영원한 부의 근원이 된다. 시인 알렉산더 포프가 전기작가 존 허비John Hervey의 신랄한 조롱에 대해 응수한 말은 이런 경우에 딱 들어맞는다.

"부모님이 나를 얼굴 붉히게 만드신 적이 없고, 아들도 역시 부모님 눈에서 눈물 흘리게 한 적이 없으니 그것으로 충분하다고 생각합니다."

남에게 어떻게 행동할 것인지 가르쳐주는 것만으로는 충분하지 않다. 실제 행동으로 모범을 보여줘야 한다. 오스트레일리아에서 자선 사업을 펼친 치점Chisholm 부인이 미국의 소설가인 스토Stowe 부인에게 들려준 성공 비결은 누구에게나 적용되는 것이라고 할 수 있다.

"어떤 일이 이루어지기를 바라면 직접 나서서 행동으로 옮겨야 한다는 것을 깨달았습니다. 말만 해서는 아무 소용이 없고 아무것도 이루어지지 않습니다."

말만 앞세우는 사람은 말재주만 보여줄 뿐 아무것도 하지 못한다. 치점 부인이 강의하는 것으로 만족했다면 그녀의 사업도 번지르르한 말에서 그쳤을 것이다. 그러나 그녀가 직접 행동으로 옮겨 달성한 결과를 목격한 사람들이 그녀의 견해에 공감하고 발 벗고 나서서 그녀를 돕기 시작했다. 그러므로 가장 좋은 결실을 맺는 일꾼은 가장 유창하게 말을 잘 하는 사람이나 높은 이상을 생각하는 사람이 아니라 실천을 잘 하는 사람이다.

거스리 박사와 존 파운즈

진실한 마음을 지니고 활기차게 움직이는 사람은 신분이 아무리 미천하더라도 사회에 도움이 되는 좋은 일을 추진할 수 있다. 토머스 라이트가 전과자들의 갱생에 대해 이야기하고, 존 파운즈John Pounds가 빈민학교가 필요하다고 주장했지만 직접 나서서 그 일을 해야 할 의무는 없었다. 그러나 이들은 말 대신 행동으로 각자의 생각을 실천했다. 극도로 가난한 사람도 사회에 어떻게 본보기를 보여줄 수 있는지 거스리Guthrie 박사의 말을 들어보자. 빈민학교 운동의 사도였던 그는 포츠머스Portsmouth에서 구두수선공으로 일했던 존 파운즈가 보여준 모범이 자신의 인생에 어떤 영향을 미쳤는지 자세히 설명했다.

"내가 이 운동에 관심을 가지게 된 동기는 신의 섭리를 그대로 보여준 사례라고 말할 수 있다. 한 인간의 운명, 즉 강줄기와 같은 인생 여정은 매우 사소한 일에 좌우되기도 하고 영향을 받기도 한다. 내가 빈민학교에 처음 관심을 가지게 된 이유는 우연히 접하게 된 그림 한 장 때문이었다. 그 그림은 신학자 토머스 찰머스Thomas Chalmers의 고향 파이프 안스트루더 해안에 있는 낡고 허물어져가는 어느 고성에 걸려 있었다. 나는 몇 년 전에 이곳을 구경하러 갔다가 휴식을 취하기 위해서 여관에 들어갔다. 방에는 지팡이를 든 양치기 소녀들의 그림과 휴가 나온 선원들의 그림이 가득 걸려 있었지만 특별히 시선을 끄는 건 없었다. 그런데 벽난로 연통 위에 다른 그림보다 훨씬 품위 있게 보이는 큰 그림이 걸려 있었다. 구두 수선공의 방을 묘사한 그림이었다. 수선공이 안경을 콧등에 걸치고 낡은 구두를 무릎 사이에 끼고 앉아 있었는데 넓은 이마와 굳게 다문 입에서 확고한 의지가 엿보였다. 짙은 눈썹 아래에서 빛나는 눈은 바쁘게 움직이는 수선공 주위에 둘러선 채 수업을 받고 있는 빈민 소년 소녀들을 인자하게 바라보고 있었다. 나는 호기심이 생겼다. 그림 아래 붙어 있는 설명문에는 포츠머스의 구두 수선공 존 파운즈가 성직자, 시장 그리고 신사 숙녀가 거리에 방치한 빈민 소년 소녀들을 불쌍하게 여겨 착한 목자와 같이 이 불쌍한 부랑아들을 모아서 하느님과 세상으로 떳떳하게 나아갈 수 있도록 가르쳤다고 써 있었다. 그는 이마에 땀을 흘려 가면서 매일 생업에 종사하는 한편 500명 이상의 불쌍한 어린이들을 비참한 환경에서 구원해 사회에 되돌려보냈다.

그 글을 읽는 순간 나 자신이 부끄러웠다. 그동안 아무것도 한 것이 없다는 자책감이 드는 한편, 말할 수 없는 감동을 느꼈다. 이 사람의 업적에 깊은 감명을 받은 순간을 동료에게 전하면서 내가 했던 말이 기억난다.

'그 사람은 인류에게 명예를 안겨준 사람이니 영국 영토 안에서 가장 큰 기념비를 세워줄 만하네.'

흥분이 가라앉은 뒤에도 결코 그 말을 취소할 만한 이유를 찾지 못했다. 존 파운즈의 이력을 읽으면서 나는 수많은 사람에게 자비를 보이는 하느님의 마음이 살아 움직이는 것을 깨달았다. 게다가 존 파운즈는 영리한 사람이었다. 불쌍한 아이의 마음을 사로잡을 방도가 달리 없는 경우에는 사도 바울처럼 교묘한 계략으로 설득했다. 그는 부둣가에서 빈민 소년을 발견하면 경찰을 동원해 강제로 학교에 오라고 하지 않고 따뜻한 감자의 힘을 빌려 설득했다. 그는 아일랜드 사람들이 감자를 얼마나 좋아하는지 알고 있었다. 존 파운즈는 아일랜드 사람들의 성격만큼이나 뜨거운 감자를 껍질이 너덜너덜한 채로 소년의 코앞에 들이밀었다.

세월이 흘러 영예를 받을 자격이 있는 사람에게 적절한 예우를 하게 될 때가 오면 시인들의 찬양을 받고 업적을 기리는 기념비가 세워진 광장에서 무수히 많은 사람들을 파도를 가르듯이 양쪽으로 물러서게 하고 이 땅의 위인, 귀족, 실력자들의 앞을 지나 이 가난하고 이름 없는 노인이 앞으로 걸어 나와 '너희가 여기 있는 형제 중에 가장 보잘것없는 사람에게 해준 것이 바로 나에게 해준 것'이라고 말씀하신 주님으로부터 특별한 상을 받는 모습을 상상해보았다."

모범적인 인격체

인성 교육 문제는 모범과 연관이 있다. 우리는 무의식중에 주위 사람들의 인격, 예의범절, 습관, 견해에 따라 우리 자신을 가꾼다. 좋은 규칙도 효과가 있지만 좋은 모범은 훨씬 더 효과가 좋다. 후자에서 우리는 행동 규범을 배우고 실질적인 지혜를 얻는다. 아무리 좋은 훈계를 하더라도 나쁜 행동을 보여주면 한 손이 쌓은 것을 다른 손으로 허무는 꼴이 된다. 그러므로 젊은 시절에는 친구를 고르는 데 각별한 주의를 기울이는 것이 매우 중요하다. 청년들 사이에는 자석같이 서로 강하게 잡아당기는 친밀감이 있어서 무의식중에 상대방에게 서로 동화되기 쉽다.

에지워스는 젊은이들은 자주 접촉하는 친구들과 동조해 친구를 흉내 내거나 친구의 성격을 그대로 받아들이기 때문에 가장 모범적인 친구를 고를 수 있도록 가르치는 것이 제일 중요하다고 굳게 믿었다. 그의 좌우명은 '좋은 친구와 사귀지 않을 바에는 차라리 친구와 어울리지 않는다.'는 것이었다.

콜링우드는 한 젊은이에게 보낸 편지에 이렇게 썼다.

"나쁜 친구와 사귀느니 혼자 있는 것이 더 좋다는 좌우명을 가슴 깊이 새기게. 자네와 동등하거나 자네보다 나은 친구를 사귀도록 하게. 한 사람의 가치는 함께 어울리는 친구의 가치로 평가되는 법이니까."

저명한 정치가 시드넘(Sydenham) 박사의 말을 들어보자.

"좋은 사람과 사귀느냐, 나쁜 사람과 사귀느냐에 따라서 사람은 누구나 때로는 좋은 사람이 되기도 하고 나쁜 사람이 되기도 한다."

유명한 초상화가 피터 릴리(Peter Lely)는 가능하면 나쁜 그림은 쳐다보지 않는 것을 철칙으로 삼았다. 그런 그림을 볼 때마다 그림 그리는 연필이 오염되고, 타락한 인간의 표본을 자주 쳐다보고 그런 사회와 자주 접촉하는 사람은 점점 거기에 물들기 마련이라고 믿었기 때문이다.

개인적인 영향력

그러므로 좋은 친구를 찾고 항상 자기의 위치보다 더 높은 기준을 목표로 삼으라고 젊은이들에게 충고해야 한다. 정치경제학자 프랜시스 호너는 높은 이상을 가진 지성인들과 직접 교분을 나눔으로써 자신이 얻게 된 장점에 관해 이렇게 말했다.

"나는 책에서 얻은 지식보다 훨씬 더 나은 지성을 이들로부터 얻었다고 주저 없이 말할 수 있다."

훗날 랜즈다운 후작이 된 정치가 셸번은 청년 시절에 고명한 프랑스 법률가 말제르브를 방문하고 깊은 감동을 받아 이렇게 말했다.

"지금까지 여기저기 많이 돌아다녀보았지만 개인적인 접촉을 통해 이렇게 깊은 영향을 받은 적이 없었다. 내가 살아생전에 무엇인가 좋은 일을 한다면 그것은 말제르브에 대한 추억이 나의 영혼을 움직인 결과일 것이다."

포얼 벅스턴도 거니 가문이 초년 시절에 자신의 인격 형성에 강력한 영향력을 미쳤다는 점을 항상 인정했다.

"거니 가문 사람들은 나의 인생에 개성을 불어넣어주었다."

더블린 대학교에서 성공담을 강연하는 자리에서 그는 이렇게 실토했다.

"성공 비결이라고는 거니 가문을 자주 방문한 것밖에 없다."

그는 거니 가문으로부터 자기계발의 열병에 감염된 것이다.

좋은 사람들과 사귀면 반드시 좋은 일이 생기고, 여행자가 지나온 길가에서 자라는 꽃과 관목의 향기가 여행자의 옷에 배어 있듯이 축복을 받게 된다. 존 스털링과 친밀했던 사람들은 그와 개인적인 접촉을 나눔으로써 좋은 영향을 받았다고 말했다. 이들은 우선 스털링으로부터 고결한 삶에 대한 깨달음을 얻었고, 자기가 어떤 사람이고 앞으로 어떤 사람이 되어야 하는지 알게 되었다고 말했다. 트렌치Trench는 스털링에 대해 이렇게 말했다.

"그의 고결한 성품과 접촉하면 언제나 나 자신이 고결하고 한결 높이 고양되는 것을 느꼈다. 그와 헤어질 때쯤이면 습관적으로 안주하려고 했던 것보다 더 높은 차원의 목적과 목표를 생각하게 되었다."

고결한 인격은 항상 이렇게 작용한다. 우리는 무의식중에 그 사람으로 인해 높은 차원으로 승화되고 그가 느끼는 대로 느끼게 되고 그와 같은 시각에서 사물을 보는 습관을 얻게 되는 것이다. 그것이 바로 서로의 마음에 영향을 미치는 작용과 반작용의 마술적인 효과이다.

예술가들도 위대한 예술가들과 접촉함으로써 자신의 능력이 향상되는 것을 느낀다. 하이든의 천재성은 맨 처음 헨델의 영향을 받고 피어오르게 되었다. 하이든은 헨델의 연주를 듣는 순간 작곡을 해보고 싶은 격정에 휩싸였다. 그는 그런 계기가 없었다면 오라토리오 〈천지창조〉를 작곡하지 못했을 거라고 믿었다. 헨델에 대해 그는 이렇게 말했다.

"그는 일단 곡을 고르면 벼락치듯 연주했다."

이런 말을 한 적도 있다.

"그는 음표 하나하나에 심혈을 기울였다."

이탈리아 작곡가 스칼라티Scarlatti도 헨델을 열렬히 숭배해 그를 따라 이탈리아 전역을 여행했다. 훗날 이 거장에 대해 말을 꺼낼 때는 찬양의 표시로 성호를 먼저 그었다. 진정한 예술가는 다른 사람의 위대함을 인정하는 데 인색하지 않다. 그러므로 케루비니Cherubini를 찬양하는 베토벤의 자세는 매우 훌륭하다. 그는 슈베르트의 천재성에도 열렬히 찬사를 보내며 이렇게 말했다.

"슈베르트 안에는 참으로 신성한 불꽃이 깃들어 있다."

노스콧은 어렸을 때 화가 레이놀즈를 무척 존경해 그 위대한 화가가 데번셔에서 어느 공개행사에 참석했을 때 군중을 헤치고 가까이 다가가서 옷깃을 만졌다. 노스콧은 그때를 이렇게 회상했다.

"나는 말할 수 없이 만족스러웠다. 천재를 존경하는 젊은 날의 열정을 그대로 드러낸 느낌이었다."

용기의 본보기

용감한 사람은 마음 약한 사람에게 자극을 주고, 마음 약한 사람은 그들 곁에만 있어도 피가 끓고 가슴이 떨린다. 그러므로 평범한 사람들도 용맹한 지도자 밑에서 기적 같은 용맹을 발휘하는 경우가 수두룩하다. 씩씩한 사람의 업적을 기억하기만 해도 나팔 소리처럼 사람의 피가 끓어오르게 된다. 지스카Ziska 장군은 자신의 살가죽으로 북을 만들어 보헤미아 사람들의 용기를 북돋우라는 유언을 남겼다. 발칸반도에 있던 에피루스Epirus 공국의 군주 스칸더르베그Skanderbeg가 죽자 터키 사람들은 그의 뼈를 나누어 갖고 싶어 했다. 그의 유해 한 조각이라도 가슴에 품고 있으면 살아생전에 전쟁터에서 그가 보여주었던 용기를 조금이라도 얻을 수 있지 않을까 하는 소망 때문이었다. 스코틀랜드의 용사 더글러스는 로버트 1세의 유언에 따라 그의 심장을 은갑에 넣고 성지를 향해 출발했으나 그를 따르던 기사 한 사람이 사라센 군대에게 포위되어 꼼짝하지 못하자 국왕의 심장을 담아 목에 걸고 있던 은갑을 벗어서 적진 한 가운데로 던지며 이렇게 외쳤다.

"늘 그러셨듯이 폐하께서 앞장서십시오! 그러면 더글러스가 폐하를 따라 죽음을 무릅쓰고 싸울 것입니다."

그 말을 끝내자마자 더글러스는 은갑이 떨어진 곳으로 돌진해 장렬하게 전사했다.

전기 문학의 활용

전기집의 주요 용도는 그 속에 풍부하게 담겨 있는 고결한 인격을 본받기 위한 것이다. 위대한 선조들은 생애의 기록과 그들이 행한 업적을 통해 우리 가운데 늘 살아 있다. 선조들은 지금도 탁자에서 우리 곁에 앉아서 우리의 손을 잡고 우리가 공부하고 존경하고 본받아야 할 모범을 보여주고 있다. 고결한 삶의 기록을 남기고 세상을 떠난 선조들은 모두 후손에게 영원한 선행의 원천을 유산으로 물려준 것이다. 이 기록은 다가올 미래 언제든지 인격을 도야하는 데 모범이 될 것이다. 또한 사람들에게 새로운 생명력을 불어넣어 새로운 삶을 살고 고결한 인격을 다른 형태로 보여줄 수 있도록 도움을 준다. 그러므로 참된 사람의 생애를 담고 있는 책에는 귀중한 씨앗이 가득 들어 있다. 그것은 살아 있는 목소리이자 참된 지성이다. 밀턴의 말을 빌려본다.

"그것은 귀중한 생명, 영원한 삶을 위해 향유를 발라 소중하게 보존한 지고한 정신의 피다."

그러한 책은 언제나 사람의 마음을 고양시키고 고결하게 만든다. 하지만 무엇보다도 우리 삶을 가꿔나가는 데 가장 숭고한 본보기를 담고 있는 책이 있다. 그것은 바로 우리의 정신과 마음에 필요한 모든 것을 채워주기에 가장 적합하고 언제까지나 따르고 생각해야 할 본보기를 보여주는 성경이다.

"해를 한 번도 본 적이 없는 식물이나 덩굴처럼, 해를 그리워하고 해가 어디에 있는지 짐작해서 최선을 다해 그쪽을 향해 올라가라."

전기의 영향을 받은 삶

다시 말하건대, 벅스턴과 아놀드와 같이 고결한 사람들의 전기를 정독하면 어느 젊은이를 막론하고 정신과 마음이 한결 고결해지고 더욱 확고한 각오를 하게 되는 계기가 마련될 것이다. 전기는 어떤 사람이 돼야 하는지, 어떤 일을 할 수 있는지 보여줌으로써 희망을 굳건히 하고 인생의 목표를 한층 높이게 해 자기 신뢰를 증대시킨다. 때로는 전기에서 자기 자신의 모습을 발견하는 젊은이도 있다. 이탈리아의 르네상스 화가 코레지오Correggio는 미켈란젤로의 작품을 감상하면서 자신의 내면에서 천재성이 되살아나는 것을 느껴 이렇게 외쳤다.

"그래, 나도 화가다!"

새무얼 로밀리는 위대하고 고결한 성품을 지닌 프랑스 대법관 다그소Daguesseau의 생애가 자신에게 큰 영향을 미쳤다고 자서전에서 고백했다.

"토머스가 쓴 그의 전기 『다그소 예찬Eloge of Daguesseau』을 우연히 손에 넣어 매우 감명 깊게 읽었다. 그는 영예로운 생애를 통해 재판관이 나아갈 길을 보여주고, 나의 격정과 야망을 크게 불러일으켰으며 새로운 영광의 길을 활짝 열어 마음에 새기게 했다."

벤저민 프랭클린은 젊은 시절에 미국의 목사이자 저술가인 코튼 매더Cotton Mather가 쓴 『선행을 위한 에세이Essays to do Good』을 읽은 덕분에 유능하고 저명한 사람이 될 수 있었다고 말했다. 좋은 본보기가 다른 사람을 어떤 길로 이끌었는지, 그 본보기가 온 세상에서 다음 세대에 어떻게 파급되는지 살펴보라.

새무얼 드루는 벤저민 프랭클린의 기록에 남겨진 모범에 따라 자신의 생애를 설계하고 사업 습관을 갖추게 되었다고 분명히 밝혔다. 그러므로 좋은 본보기의 영향이 미치지 않을 곳, 그 영향력의 끝이 있다면 그 끝은 어디인지 말하는 것은 전혀 불가능하다. 책과 위인들의 생애 속에서 훌륭한 사회를 지켜나가고, 가장 훌륭한 책을 읽고, 가장 선한 것을 존경하고 본받을 수 있는 이점을 찾을 수가 있다. 더들리는 이렇게 말한 적이 있다.

"나는 책 속에서 가장 훌륭한 사람만 상대하기를 좋아한다. 이들은 나의 가장 오래된 친구이고 내가 가장 친밀하게 지내고 싶은 사람들이다. 새로운 책을 처음 접하는 것보다 오래된 책을 되풀이해서 여러 번 읽는 것이 더 유익하다."

책에서 얻는 영감

　때로는 고결한 생애가 담겨 있는 책 한 권을 임의대로 골라서 재미 삼아 읽더라도 예전에는 있으리라고 상상하지 못했던 힘이 솟구친다고 한다. 이탈리아 비극시인 알피에리는 『플루타르크 영웅전』을 읽고 문학에 대한 열정이 처음 생겼다. 예수회 창시자 로욜라는 팜플로나Pamplona 요새에서 사병으로 복무할 때 다리에 중상을 입고 병상에 누워 있었다. 기분 전환으로 읽을거리를 달라고 요청하자 가져다준 책이 『성인들의 생애』였다. 그 책을 정독하고 나니 뜨거운 열정이 솟아올라 수도회를 창설하는 데 헌신하기로 결심했다. 루터도 『후스의 생애와 저술』이라는 책을 정독하고 위대한 일에 자신을 바치기로 결심하게 되었다. 독일 선교사 볼프Wolf도 『프란시스 하비에르의 생애』라는 책을 읽고 자극을 받아 선교사가 되었다. 그 책이 볼프의 젊은 가슴을 가장 성실하고 열렬한 정열로 불태워 그 사업에 목숨을 바치기로 결심하게 만든 것이다. 윌리엄 캐리 역시 『쿡 선장의 항해』를 읽은 것이 계기가 되어 선교라는 숭고한 사업에 뛰어들게 되었다.
　프랜시스 호너는 자신에게 가장 영향을 많이 주었던 책을 일기장과 편지에 적어두는 습관이 있었다. 그가 적어놓은 책 가운데에는 프랑스 계몽주의 철학자 콩도르세Condorcet의 『할러 추모기』, 화가 조슈아 레이놀즈의 『담화집Discourses』 『베이컨 문집』, 버넷의 『매튜 헤일 경의 생애』 등이 있었다. 이 가운데 맨 뒤에 말한 『매튜 헤일 경의 생애』는 노력하는 천재의 모습을 그린 것으로서 호너는 이 책을 읽고 가슴에 열정이 가득 찼다고 말했다. 콩도르세의 『할러 추모기』에 대해서는 이렇게 말했다.

"나는 그 사람의 일화를 읽을 때마다 가슴이 뛰는데, 그것이 존경심인지, 야망인지, 절망감인지 도무지 알 수가 없다."

조슈아 레이놀즈의 『담화집』에 대해서는 이렇게 말했다.

"베이컨 문집을 빼놓고는 이 책만큼 나에게 자기 수양을 강력하게 권유한 책이 없었다. 그는 위대함에 도달할 수 있는 과정을 처음으로 단계별로 상세하게 온 세상에 알려준 천재다. 그는 인간의 힘으로 이루지 못할 것이 아무것도 없다고 자신 있게 주장함으로써 독자들로 하여금 천재성은 타고난 재능이 아니라 자신의 노력으로 획득해야 하는 것이라는 생각을 갖게 해주었다. 이보다 더 뜨거운 감동을 주는 책은 이 세상에 없을 것이라는 생각에 탁월함에 대한 열렬한 존경심이 저절로 우러나오게 한다."

레이놀즈 자신은 리처드슨이 쓴 위대한 화가들의 생애에 관한 책을 읽고 미술 공부를 하고 싶은 열정을 처음으로 느꼈다고 술회했다. 헤이던은 레이놀즈의 전기를 읽고 화가의 길을 걷고 싶은 열정에 불타올랐다.

이와 같이 한 사람의 용감하고 향상심에 불타는 생애가 같은 재능과 심정을 가진 사람들의 마음에 불을 지른다. 모범을 보여준 사람처럼 노력을 기울이면 명성과 성공이 반드시 뒤따르게 마련이다. 그러므로 본보기의 사슬은 고리에서 고리로 연결되며 끝없이 이어진다. 존경심은 모방을 불러일으키고 참된 천재의 명문가를 영구히 이어나가게 한다.

쾌활한 마음가짐

젊은이에게 가장 가치 있고 파급 효과가 큰 모범 가운데 하나는 쾌활한 마음가짐이다. 쾌활함은 정신에 탄력을 준다. 두려움의 씨앗은 그 앞에서 날아가버리고 아무리 곤경에 처하더라도 절망하지 않게 된다. 쾌활한 자세로 일하면 희망을 만나게 되고 기회를 즐겁게 활용하려는 마음가짐이 생겨 성공을 거두게 된다. 강렬한 정신은 항상 건전하고 행복한 것이며 나와 타인 모두가 즐겁게 일할 수 있는 분위기를 조성한다. 쾌활한 마음가짐을 가지면 평범한 직업에 종사하더라도 품위를 유지할 수 있다. 가장 효과적으로 일하는 방법은 온 정성을 다해 일하는 것이다. 손으로 일하든 두뇌로 일하든 기쁜 마음으로 일하면 모든 일이 쉽게 풀린다. 조지프 흄은 자기가 쾌활한 성품이라고 말했다. 우울한 마음으로 1년에 1만 파운드를 벌어들이는 대지주가 되는 것보다 항상 모든 사물의 밝은 면을 보고 사는 것이 낫다는 생각으로 살았다. 그랜빌 샤프는 노예 해방을 위해 끊임없이 노력하면서도 저녁에는 형제와 함께 노래를 부르거나 플루트, 클라리넷, 오보에 등을 연주하며 휴식을 취했다. 일요일 저녁에 헨델의 오라토리오를 연주할 때면 그는 케틀드럼[13]을 맡았다. 그는 이따금 풍자만화 그리기에도 열중했다. 포얼 벅스턴도 매우 쾌활한 사람이었다. 야외 운동을 각별히 좋아해서 자녀들과 함께 말을 타고 가정에서 갖가지

---

[13]. 케틀드럼 : 가마솥북이라고도 함. 가마솥처럼 아래로 내려갈수록 지름이 작아지는 형태의 통에 막을 씌워 소리를 내는 타악기

오락을 하면서 여가를 즐겼다.

아놀드 박사

아놀드 박사는 고상하면서도 쾌활한 성품을 지닌 노력가다. 그는 온 정성을 다해 청년들의 교육훈련에 헌신했다. 그의 전기에는 이렇게 적혀 있다.

"레일험 지역의 가장 두드러진 특징은 놀라우리만치 건전한 분위기가 그곳에 가득 차 있다는 것이다. 그 지역을 처음 방문한 사람도 위대하고도 진지한 일이 그곳에서 진행되고 있다는 것을 금방 감지할 수 있었다. 학생들은 누구나 교육을 통해 각자 해야 할 본분이 있고 그 본분을 충실히 이행하는 것이 신의 의무이자 행복이라는 것을 알고 있었으며, 글로는 다 표현할 수 없는 재미를 느끼고 있었다. 자신이 유용한 사람이 되어 행복한 삶을 누릴 수 있다는 사실을 자각하는 순간 묘한 환희로 가슴이 뭉클해지고 인생과 자기 자신의 가치 그리고 이 세상에서 해야 할 자신의 임무를 일깨워준 아놀드에 대한 깊은 존경심과 열렬한 애정이 솟구쳤다. 이 모든 것은 아놀드의 넓은 포용력과 이해력, 진리와 현실 감각에서 비롯된 것이다. 그는 모든 직업을 존중했으며 어떤 일이든 복잡한 사회 집단과 개인의 성장과 보호에 소중한 가치가 있다고 생각했다. 그는 이런 일을 하면서 요란을 떨지 않았고 특정 직업을 편애하지도 않았으며 한쪽으로 치우친 목표에 열중하지도 않았다. 하지만 그 일이 세상에서 해야 할 소명이라는, 겸허하지만 심오하고도 경건한 인식을 가지고 있었다. 그는 각자에게 주어진 다양한 능력에는 목표가 있고, 각자가 본성으로 타고난 요소를 발전시켜야 할 의무가 있으며 천국으로 나아가는 길이 바로 그 요소 안에 있다고 믿었다."

아놀드가 유능한 공직자로 훈련시킨 사람 중에는 호드슨 기병대의 용맹한 지휘관 호드슨이 있다. 그는 오랜 세월이 지난 후에 인도에서 집으로 보낸 편지에 존경하는 스승에 대한 이야기를 적었다.

"그의 영향력은 아주 오래 지속되고 있습니다. 인도에서도 느끼고 있습니다. 그 이상 뭐라고 표현할 방법이 없군요."

존 싱클레어

활기차고 부지런하고 올바른 사람은 이웃과 가족에게 유익한 영향력을 발휘해 조국을 위해 과업을 완수해야 한다는 본보기를 존 싱클레어John Singclair만큼 확실하게 보여준 사람도 없을 것이다. 프랑스의 유명한 성직자 앙리 그레구아레Henri Gregoire 주교는 그를 가리켜 "유럽에서 가장 끈기 있는 사람"이라고 평했다. 그는 원래 날씨가 사나운 북해와 접해 있고 문명의 흔적이라고 찾아볼 수 없는 황무지에서 태어난 시골 지주였다. 그가 열여섯 살 되던 해에 아버지가 세상을 떠나자 존 오 그로트John o' Groat 저택 유적지 부근에 있는 넓은 토지를 유산으로 물려받고 가문의 재산을 관리하기 시작했다. 그는 열여덟 살부터 케이스네스Caithness 지방 토지개량사업을 착수했는데 그 사업은 스코틀랜드 전역으로 확산되었다. 그 당시 농업은 매우 낙후된 상태여서 밭에는 울타리도 배수시설도 전혀 없었다. 케이스네스의 영세농은 너무 가난해서 말이나 조랑말을 기를 엄두도 내지 못했다. 힘든 일이나 짐을 나르는 일은 여자들이 주로 맡았기 때문에 말을 잃어버린 빈농은 말 대신 가장 값싼 노동력을 이용할 수 있는 수단으로 아내를 맞아들이는 일이 빈번했다. 그 지방에는 도로나 다리도 없어서 소떼를 남쪽으로 몰고 갈 때는 가축과 함께 헤엄쳐서 강을 건너야 했다. 케이스네스로 가는 주요 통로는 높은 산 암벽 위를 지나고 있었다. 도로 옆으로는 깎아지를 듯 가파른 낭떠러지가 수백 미터 펼쳐져 있었고 그 아래에는 바닷물이 출렁대고 있었다. 싱클레어는 아직 청년이었지만 벤 체일트Ben Cheilt 산을 넘는 도로를 새로 건설하기로 결심했으나, 무사안일주의에 빠진 늙은 지주들은 도저히 불가능한 일이라며 비웃었다. 하지만 그는 혼자 나서서 도로를 건설했다. 어느 여름날 아침, 약 1200명에 달하는 일꾼을 동원해 일제히 공사에 착수하게 했다. 공사 현장에서 솔선수범하면서 일꾼을 감독하고 격려했다. 마치 요술의 힘을 빌린 듯 날이 어두워지기도 전에 약 10킬로미터에 달하는 도로가 완성되었다. 예전에는 말을 끌고 지나가기도 힘들었던 오솔길이 마차가 지나다닐 수 있는 넓은 도로로 바뀐 것이다. 이것은 정력과 올바른 지도를 받은 노동이 이루어낸 본보기로 높이 평가할 만한 업적이다. 이 공사는 그 지방 주민들에게 엄청난 도움이 되었다.

케이스네스 지역 개량 사업

그 이후로 그는 도로를 더 많이 건설하고, 방앗간을 세우고, 다리를 놓고, 버려진 땅을 개간해 울타리를 쳤다. 한편으로는 새로운 경작 방법을 도입하고, 곡물 재배지를 정기적으로 순환시키고, 산업을 촉진하기 위해 적은 액수지만 장려금을 나누어주어 오래지 않아 지역 사회 전체를 자신의 영향력 안에 두고 경작자들에게 완전히 새로운 정신을 불어넣었다. 문명사회에서 가장 멀리 떨어진 북부 지방의 오지 케이스네스가 도로와 농업, 어업 분야에서 모범적인 지방으로 변모했다. 싱클레어가 어렸을 때에는 우편배달부가 일주일에 한 번씩 도보로 우편물을 배달했으나 이 젊은 준남작은 서소^{Thurso}까지 매일 우편마차가 들어오게 하겠다고 선언했다. 인근 주민들은 그 말을 도무지 믿을 수가 없었다. 그래서 그 지방에서는 도저히 불가능한 계획을 가리킬 때에 이런 말을 쓰게 되었다.

"아, 그래! 싱클레어가 서소에서 매일 우편물을 받는 걸 보게 되는 날 그 일이 성사될 것일세."

하지만 싱클레어의 꿈은 죽기 전에 실현되어 우편물이 매일 서소까지 들어오게 되었다.

그의 자선사업 범위는 점차 넓어졌다. 그는 비록 거의 알려지지 않은 무명의 시골 신사였지만 영국의 주요 상품 중 하나인 양모의 품질이 심하게 악화된 것을 보고 즉시 품질 개량에 헌신했다. 개인적으로 온 힘을 쏟아 영국양모협회를 창설하고 사재를 털어 비용을 전액 부담하여 세계 각국에서 800마리의 양을 수입해 품질을 실질적으로 개량하는 데 앞장섰다. 그 결과 유명한 셰비엇^{Cheviot} 종의 양이 스코틀랜드에 보급되었다. 양을 기르는 농부들은 남부 지방에서 자라는 양이 북부 지방에서도 자랄 수 있다는 그의 생각을 비웃었다. 하지만 싱클레어는 그런 여론에 개의치 않고 노력해 셰비엇 종을 번식시켜 불과 몇 년 사이에 북부 지방 4개 주에만 30만 마리 이상 보급했다. 그 결과 목초지의 가격이 폭등하고 예전에는 거의 가치가 없었던 스코틀랜드의 토지에서 막대한 임대료 수입이 생기기 시작했다.

의회로 진출하다

그는 케이스네스에서 의원으로 선출되어 의회로 진출한 이래 30년 동안 표결에 거의 빠짐없이 참여하고 의원이라는 신분을 적극적으로 활용했다. 공익사업에 헌신하는 그의 모습을 지켜본 피트^{Pitt} 총리서리는 다우닝 가 총리 관저로 그를 불러들여 구상하고 있는 사업이 있으면 적극 돕겠다고 자원했다. 다른 사람 같으면 자기 자신의 영달을 생각했겠지만 싱클레어 경은 자기는 어떤 특혜도 바라지 않는다고 대답하고, 전국농업위원회 설립을 도와주면 고맙겠다는 뜻을 넌지시 비쳤다. 작가 아서 영$^{Arther\ Young}$은 준남작의 계획이 절대로 성사될 리 없다고 장담하면서 이렇게 덧붙였다.

"자네의 농업위원회는 달나라에나 설립될 걸세."

하지만 그는 강력하게 계획을 추진하기로 결심하고 사회적 관심을 불러일으키는 한편, 의회 의원의 과반수를 포섭해 마침내 농업위원회를 설립하고 위원장에 선출되었다. 위원회의 활동 결과에 대해서는 구태여 설명할 필요가 없겠으나, 농업과 축산업의 진흥을 위한 위원회의 활동 효과는 금방 영국 전역에서 나타나기 시작해 수만 에이커의 불모지를 옥토로 바꿔놓았다. 그는 수산업의 기반을 다지는 일도 적극적으로 추진해 서소와 윅Wick에 거대한 산업지대를 조성하는 데 지대한 공헌을 했다. 오랫동안 항만시설의 중요성을 역설한 그의 노력으로 윅은 항만시설을 갖추고 세계에서 가장 크고 번창한 어업도시가 되었다.

지칠 줄 모르는 싱클레어의 정력

싱클레어는 무슨 일을 하든지 전력을 다했다. 활동력이 없는 사람은 분발하게 하고, 게으른 사람에게 자극을 주었으며, 장래가 유망한 사람은 격려하면서 모든 사람과 함께 어울려 일했다. 프랑스가 침공할 기미가 보이자 그는 피트 총리서리에게 자신의 영지에서 1개 연대를 양성하겠다고 제안하고 실천에 옮겼다. 그는 북부 지방으로 가서 우선 600명을 모집해 대대를 편성하고 병력을 1000명으로 늘렸다. 이 연대는 자원병으로 조직된 연대 중에서 가장 훌륭한 연대라는 평가를 받았으며, 싱클레어의 고결한 애국심에 감화를 받아 병사들의 사기가 매우 높았다.

그는 애버딘Aberdeen에서 지휘관으로 활동하는 한편, 스코틀랜드 은행 이사, 영국양모협회 회장, 윅 시장, 영국수산업협회 이사, 재무부 국채발행위원, 케이스네스 선거구 의원, 농업위원회 위원장직을 겸임했다. 이렇게 다양한 직무를 자진해서 수행하면서도 책을 쓸 여유가 있었으며, 쓰는 것마다 호평을 받았다. 미국 대사 러시Rush는 영국에 부임하자마자 홀크함Holkham 출신 의원 코크에게 농업 부문에 관한 책 중에서 가장 좋은 책이 무엇이냐고 물었는데 코크는 존 싱클레어의 저서라고 대답했다. 러시 대사가 이어서 재무부장관 밴시터트Vansittart에게 영국 재정에 관한 책 중에서 가장 좋은 책은 무엇이냐고 묻자 존 싱클레어가 쓴 『국가 세입의 역사History of the Public Revenue』라는 대답이 돌아왔다. 하지만 그의 지칠 줄 모르는 근면성의 금자탑이라고 일컬을 수 있는 저서는 21권으로 된 『스코틀랜드 통계집Statistical Account of Scotland』이다. 다른 사람은 감히 엄두도 내지 못할 방대한 저술이고 어느 시대 어느 나라를 막론하고 지금까지 출판된 도서 가운데 가장 소중한 실용서적 중 하나지만 이 책은 그의 정력을 불러일으키고 유지하는 데 일조했을 뿐이다. 다른 일을 주관하면서 바쁜 틈을 타 거의 8년 동안 심혈을 기울여 이 책을 썼는데, 그 기간 동안 집필에 참고하기 위해 받은 편지만 무려 2만 통이 넘는다. 이 일은 순전히 애국적인 사업으로서 그는 이 책을 완성했다는 명예 이외에는 개인적으로 아무런 소득도 취하지 않고, 수익금 전액을 스코틀랜드 성직자 자녀들을 위해 희사했다.

이 책이 출판되어 공공 부문이 대폭 개선되었고, 그가 이 책에서 지적한 봉건시대의 억압적인 권리가 즉시 철폐되고, 각 행정구의 교사와 성직자들의 급여가 인상되었으며, 스코틀랜드 전역에서 농업에 더 많은 관심을 기울이게 되었다. 이어서 싱클레어는 이 저서와 유사한 영국 전역의 통계를 수집해 출판하겠다고 공개적으로 청원했으나 유감스럽게도 당시 캔터베리 대주교가 교회의 십일조에 영향을 미치지 않을까 우려해 이를 허락하지 않았다. 그래서 그 구상은 수포로 돌아갔다.

민첩한 추진력

  그의 민첩한 추진력을 알 수 있는 대표적인 사례는 공업지구가 큰 위기에 처했을 때 그가 보여준 대응책에서 찾아볼 수 있다. 1793년 전쟁으로 인한 경기침체로 수많은 공장이 파산에 이르고 맨체스터와 글래스고의 일류업체들이 비틀거렸다. 보유재산이 없어서 파산 지경에 이른 것이 아니라 통상적인 교역과 신용의 통로가 한동안 봉쇄되었기 때문이다. 노동자계층이 극심한 곤란에 빠질 위험이 닥치자 싱클레어는 500만 파운드에 달하는 국채를 즉시 발행해 담보로 사용할 수 있도록 상인들에게 교부해야 한다고 의회에서 역설했다. 이 제안이 곧 채택되고 연이어서 그가 지명하는 일부 의원들과 그 계획을 수행하겠다는 제안도 받아들여졌다. 그 안건이 한밤중에 표결을 통과하자 싱클레어는 늑장을 부리는 관료주의와 형식주의를 예상하고 이튿날 아침 일찍 시내에 있는 은행에 직접 가서 개인적으로 담보를 제공하고 7만 파운드를 빌려 그날 저녁 가장 긴급한 지원이 필요한 상인들에게 자금을 보냈다. 관저에서 싱클레어를 만난 피트 총리서리는 긴급하게 필요한 자금을 맨체스터와 글래스고에 서둘러 공급할 수 없다고 크게 유감을 표시하면서 이렇게 덧붙였다.
  "며칠 내로는 자금을 조달할 수가 없습니다."
  "이미 자금을 보낸걸요! 오늘 밤 우편으로 이미 런던을 떠났습니다!"
  싱클레어는 의기양양하게 대답했다.
  그는 훗날 회심의 미소를 지으며 이 일화에 관해 이렇게 덧붙였다.
  "피트는 마치 칼에 찔린 듯이 깜짝 놀라더군."

이 위대하고도 선량한 인물은 끝까지 유능하면서도 쾌활하게 일을 계속해 가족과 온 나라에 훌륭한 모범을 보여주었다. 타인의 이익을 위해 열심히 일해 그가 얻은 대가는 재산이 아니었다. 관대하게 베푸는 바람에 개인 재산은 오히려 심각할 정도로 줄었지만 그는 행복, 자기만족 그리고 지식을 능가하는 평화를 얻었다. 그는 숭고한 노력의 힘을 보여주며 조국에 대한 의무를 다한 위대한 애국자였으나, 친족과 가정을 돌보는 일도 소홀히 하지 않았다. 그의 자녀들은 명예롭고 유능한 인물로 성장했다. 싱클레어가 가장 자랑스럽게 생각한 일 중 한 가지는 7명의 아들이 성인이 될 때까지 죽지 않고 지켜볼 수 있었고, 자녀 중 어느 누구도 감당하지 못할 정도로 빚을 지거나 피할 수도 있는 일을 저질러서 그에게 슬픔을 안겨주지 않았다는 점이다.

13
인격의 힘

| 새무얼 스마일즈의 자조론 |

항상 행동으로 옮기는 자, 그 이외에 누가 또 있으랴!
수천 가지의 추억이 그의 인품을 상기시킨다.
이 세상 누구보다 그는 신사였도다.
그는 최고로 훌륭했도다.
고결한 정신이 아름다운 꽃처럼 깃들어 있고,
사회활동에서는 기품 있는 예절이 돋보였도다.
그러므로 그는 마땅히 신사라는 유구한 이름으로 불리었도다.

— 앨프레드 테니슨[*1]

재능은 평온 속에서 형성되고 인격은 세파 속에서 형성된다.

— 독일의 문호 괴테

한 나라를 세우고 국력과 위엄을 갖추게 하는 계층, 세계만방에 국력을 떨치고 도덕심을 불러일으키고 나라에 존경심과 충성심을 바치도록 국민을 이끄는 계층, 수백 만 명이 진심으로 경의를 표시하게 하고, 외국의 자만심을 꺾을 수 있는 계층, 이 명문 계층이야말로 국가 권력에 대한 복종의 도구이자 패권의 샘이요, 한 나라의 진정한 옥좌이자 왕관이며 왕홀이다. 이들은 혈통으로 이어지는 귀족계층이나 재능만 갖춘 계층, 상류계급이 아니라, 훌륭한 인격을 갖춘 계층이다. 인격이야말로 인간의 참된 표상이다.

— 「타임스 Times」

인격은 인생의 면류관이자 영광이다. 그것은 인간의 가장 고귀한 소유물이며 전반적인 성과를 드높이는 재산이다. 신분의 귀천이나 사회적 지위의 높고 낮음을 막론하고 인격은 고귀한 사람으로 만든다. 인격의 힘은 재산의 힘보다 강하고, 명성을 탐내지 않아도 모든 명예를 얻게 해주며, 언제 어디서나 영향력을 발휘한다. 인격이야말로 명예, 정직, 언행일치의 확실한 증거이며, 신뢰와 존경을 남보다 많이 받게 해주는 자질이기 때문이다.

인격은 인간의 본성을 가장 잘 드러내는 형식이며, 개개인이 구체적으로 갖추고 있는 도덕적 질서다. 인격자는 사회의 양심이고, 바른 정치가 이루어지고 있는 국가에서는 최상의 원동력 역할을 한다. 인

---

*1. 앨프레드 테니슨(1809~1892) : 영국 빅토리아 시대의 대표적인 시인으로서, 이 구절은 대학 시절 친구 아서 헬럼Arthur Hallam의 갑작스러운 죽음을 애도해 지은 유명한 장시 '인 메모리엄In Memoriam A.H.H.'의 일부다

격이야말로 세계를 이끌어나가는 도덕적 자질이기 때문이다. 나폴레옹은 전쟁을 할 때에도 도덕적 자질이 10대 1의 비율로 물질적인 자질보다 더 큰 영향을 미친다고 말했다. 각국의 국력, 산업, 문명은 모두 개개인의 인격에 달려 있으며, 시민의 안전은 인격을 토대로 유지된다. 법과 제도는 인격의 부산물에 불과하다. 대자연의 공정한 저울로 무게를 달아 개인, 국가, 민족은 각자 응분의 대가만을 받게 될 것이다. 원인이 있어야 결과가 있듯이, 인격의 자질에 따라 합당한 성과를 얻게 된다.

찰스 캐닝과 프랜시스 호너

배운 것이 거의 없고 능력도 변변치 않고 가진 재산이 별로 없어도 훌륭한 인격을 갖추고 있는 사람은 공장, 회계사무소, 시장, 상원 등 어디에서나 영향력을 행사할 수 있다. 캐닝^{Canning}*2은 1801년에 이와 같이 지혜로운 글을 남겼다.

"내가 택한 길은 인격을 통해 힘을 얻는 길이다. 그 이외에는 어떤 길도 가지 않겠다. 가장 **빠른** 길은 아니지만 이 길이 가장 확실한 길이라고 나는 확신한다."

지성을 갖춘 사람은 존경을 받을 만하지만 신뢰를 받으려면 더 필요한 것이 있어야 한다. 그런 면에서 영국 총리를 역임한 존 러셀$^{John\ Russel}$은 진리가 가득 담긴 말을 한 문장으로 표현했다.

---

*2. 캐닝(1812~1862) : 영국 정치가로서 인도 총독과 초대 부왕副王을 역임했다

"영국 정당의 특색은 천재에게 도움을 구하되 인격자의 인도에 따르는 것이다."

프랜시스 호너의 생애에서 인격자의 대표적인 사례를 찾아볼 수 있다. 저명한 설교가 시드니 스미스는 호너를 가리켜 십계명이 얼굴에 각인된 사람이라고 말한 바 있다. 재판관 코번Cockburn은 이렇게 말했다.

"이 사람은 소중하고도 특별한 빛으로 태어나 올바른 청년들에게 평생 동안 영감을 주었다."

호너는 서른여덟이라는 젊은 나이에 세상을 떠났지만 어느 누구보다 강력한 사회적 영향력을 가지고 있었다. 냉혹하거나 비열한 자를 제외하고 모든 사람이 그를 존경하고 사랑하고 신뢰했으며 그의 요절을 슬퍼했다. 의회가 고인이 된 의원에게 그토록 깊은 경의를 표한 적은 없었다. 이제 젊은이들에게 묻겠다. 호너는 이러한 영예를 어떻게 얻었을까? 날 때부터 갖게 된 계급으로? 그는 에든버러에 사는 상인의 아들이었다. 재산이 많아서? 호너 자신이나 그의 친척은 6펜스짜리 동전 한 닢의 여유도 없었다. 직책 때문에? 직책은 있었지만 재임 기간이 불과 몇 년밖에 되지 않고, 영향력도 없고 급여도 아주 적었다. 재능이 있어서? 그는 화려한 재능도 없고 천재도 아니었다. 그는 신중하고 둔한 편이었으며 바르게 사는 것이 유일한 야망이었다. 유창한 말재주로? 그는 조용한 편이었고, 항상 품위를 갖추었으며 남을 놀라게 하거나 부추기는 미사여구를 쓰지 않았다. 그러면 매혹적인 예절을 갖춘 사람이었을까? 그는 예의 바르고 상냥할 뿐이었다. 그러면 그에게 무슨 비결이 있었을까? 그에게는 단지 분별력, 근면성, 훌륭한 생활신조, 착한 마음씨가 있었을 뿐이다. 이러한 자질은 올바른 마음씨를 가진 사람이라면 누구나 갖추고 있는 것이다. 그를 키운 것은 인격의 힘이었으며, 이 인격은 태어날 때부터 본성으로 가지고 있었던 것이 아니라 그가 스스로 닦은 것이다. 하원에는 훨씬 더 유능하고 말재주가 뛰어난 사람이 많았다. 하지만 도덕적 가치를 지닌 이러한 자질을 호너만큼 골고루 갖춘 사람은 한 사람도 없었다. 그는 자기 수양과 선량함을 갖춘 것 이외에는 아무런 도움 없이 경쟁이 치열하고 시기심에 가득 찬 공직사회에서 평범한 능력만 발휘해 어떤 일을 해낼 수 있는지 보여주기 위해 태어난 사람이었다.

벤저민 프랭클린

벤저민 프랭클린도 재능이나 언변이 그저 평범한 정도였지만 공인으로서 성공한 비결은 성실한 인격 때문이었다고 말했다.

"그래서 나는 그러한 점을 염두에 두고 국민들을 대했다. 나는 말재주가 별로 없어서 적당한 단어를 고르려면 한참 망설여야 했고 정확한 말로 표현하기도 무척 힘들었다. 그렇지만 내가 말하고자 하는 요점은 그대로 전달했다."

신분이 높은 사람이든 보잘것없는 사람이든 인격을 통해 그 사람에 대한 신뢰감이 형성된다. 러시아 황제 알렉산드르 1세는 자신의 인격이 바로 헌법이라고 말했다고 한다. 프랑스 사상가 몽테뉴는 프롱드Fronde 내란 당시 자신의 성 문에 빗장을 채우지 않은 유일한 귀족이다. 내란 중에 그가 안전하게 지낼 수 있었던 까닭은 그의 인격이

기병대 1개 연대보다 더욱 강력한 보호수단이 되었기 때문이다.

인격이 힘이다

그러므로 인격이 힘이다. 이 말은 아는 것이 힘이라는 말보다 훨씬 더 진리에 가깝다. 인정이 없는 마음, 행동이 없는 지성, 선행이 없는 영특함도 나름대로 힘이라고 할 수 있지만 재난을 자초하는 힘이 될 뿐이다. 이러한 힘은 지식을 얻고 오락을 즐기는 데 도움이 되긴 하겠지만 찬사를 받기는 어려울 것이다. 소매치기의 손재주나 강도의 승마 기술에 찬사를 보낼 수야 없지 않겠는가!

어느 누구의 속삭임에도 흔들리지 않는 진실성, 성실성, 선량함이 고매한 인격의 핵심이다. 어느 고대 작가가 말했듯이 '인격은 제복을 입지 않고도 미덕의 여신을 섬기는 충성심을 낳는다.' 이러한 자질에 굳센 의지력을 결합하면 아무도 저항할 수 없는 힘이 생겨 선행을 하고 악을 물리치고 고난과 역경을 이겨낼 수 있을 만큼 강하게 된다. 스티븐 콜론나Stephen Colonna는 비열한 습격자들의 손에 붙잡혔을 때 적들이 비웃으며 "네 요새는 지금 어디에 있느냐?"고 묻자 "여기 있다."고 당당하게 대답하면서 자기 가슴에 손을 얹었다. 의로운 사람의 인격이 역경 속에서 가장 강렬한 빛을 발한다. 남들이 모두 쓰러져도 의로운 사람은 고결한 기품과 용기를 발판 삼아 굳게 버틴다.

고결한 독립정신으로 진리를 충실하게 지킨 어스카인의 처세훈은 젊은이들이 가슴 깊이 새겨둘 만하다.

"내가 어린 시절에 처음 받은 분부이자 조언은 내 양심이 가리키는 대로 의무를 다하고 신에게 그 결과를 맡기라는 것이다. 나는 부모님의 이 가르침을 무덤에 들어갈 때까지 기억하고 실천할 것이다. 나는 지금까지 그 교훈을 지켰지만 세속적인 행복을 희생하는 일이라고 불평할 이유를 찾지 못했다. 오히려 그것이야말로 번영과 부귀에 이르는 지름길이라는 것을 깨달았기 때문이다. 나는 내 자녀들에게도 똑같은 길을 택하라고 가르칠 것이다."

사람은 누구나 훌륭한 인격을 갖추는 일을 인생의 지상목표로 삼아야 한다. 적절한 방법으로 훌륭한 인격을 갖추기 위해 노력하다 보면 그 인격을 발휘할 동기가 생기고, 인격이 향상됨에 따라 인간다운 삶에 대한 생각도 확고해지면서 그 동기에 활력을 불어넣게 될 것이다. 설령 목표를 실현하지 못하더라도 삶의 기준은 높이 세우는 것이 좋다. 디즈레일리는 이렇게 말했다.

"위를 올려다보지 않는 젊은이는 아래를 내려다보게 마련이다. 하늘 높이 날아오르지 않는 사람은 굽실거리며 살게 될 운명이다."

시인 조지 허버트George Herbert는 이런 지혜가 담긴 글을 지었다.

"행동할 때는 몸을 낮추고 앞날을 계획할 때는 눈을 높여라.

그러면 겸손하면서도 고결한 사람이 되리라.

기개를 잃지 말라.

하늘을 목표로 하는 자는 나무보다 훨씬 높은 곳을 향해 쏜다."

삶이나 사고의 기준이 높은 사람은 기준이 전혀 없는 사람보다 훨씬 값지게 인생을 살게 된다. 스코틀랜드에는 이런 속담이 있다.

"황금 가운을 잡아채면 옷소매라도 얻게 될 것이다."

가장 원대한 목표를 향해 노력하는 사람은 처음 출발한 지점보다 훨씬 앞으로 나아가게 된다. 성취한 결과가 예상했던 것에 미치지 못하더라도 일어서려는 노력 그 자체만으로도 유익한 것이 될 것이다.

훌륭한 이름의 가치

거짓 인격자가 많이 있지만 참된 인격자는 반드시 드러나게 마련이다. 인격의 금전적 가치를 알고 인격자임을 가장해 남을 속이려는 사람들이 있다. 차터리스Charteris 대령은 정직하기로 유명한 사람에게 가서 이렇게 말했다.

"당신의 훌륭한 이름을 1000파운드에 사고 싶소."

"왜요?"

그 파렴치한은 이렇게 대답했다.

"그 이름으로 1만 파운드를 벌 수 있으니까요."

고결한 언행은 인격의 중추이고, 진실성을 충실히 지키는 마음가짐은 고결한 언행의 가장 두드러진 특색이다. 위대한 정치가 로버트 필이 서거한 지 며칠 후 웰링턴 공작은 상원에서 필의 인격에 대해 훌륭한 증언을 했다.

"의원님들은 모두 로버트 필 경의 고매하고 영예로운 인격을 잘 알고 계실 겁니다. 저는 공직생활을 하는 동안 그분과 오랫동안 인연을 맺었습니다. 저는 고인과 함께 각종 평의회에서 함께 일하고 개인적으로도 친분을 나누는 영예를 누려왔습니다. 고인과 가까이 지내는 동안 고인보다 진실하고 정의로운 사람을 만난 적이 없고, 고인만큼 한결같이 공직을 성실하게 수행하려는 열망에 불타는 사람을 본 적이 없습니다. 고인과 교류하는 동안 그분이 한 번도 진실에 어긋나게 처신하는 것을 보지 못했고, 고인이 사실이라며 확고하게 믿지 않는 말을 한다고 의심해본 적도 없습니다."

이 위대한 정치가의 고매한 진실성이 바로 그의 영향력과 능력에 적지 않게 기여한 비결이었다.

겉과 속이 같은 사람이 되라

행동이나 말의 진실성은 의로운 인격의 핵심이다. 인간은 겉으로 드러난 모습과 속으로 의도하는 모습이 같아야 한다. 어느 미국 신사는 그랜빌 샤프에게 그의 위대한 인품을 존경해 아들에게 그의 이름을 붙여주었다는 편지를 보냈다. 샤프는 이렇게 답장을 보냈다.

"제 이름을 붙여준 아드님에게 우리 가문의 좌우명을 알려주시기 바랍니다. '남에게 겉으로 드러내 보이고 싶은 모습과 똑같은 사람이 되도록 항상 노력해라.' 제 선친의 말씀에 따르면, 제 조부님도 이 좌우명을 성실하고 겸허하게 실천하셨다고 합니다. 조부님은 검소하고 정직한 분이셨는데 사회생활이나 가정생활에서 이 좌우명이 그분의 인격을 드러내는 특징이 되었습니다."

자기 자신을 존경하고 남을 존경할 줄 아는 사람은 '의도하는 대로 정직하게 행동하라.'는 행동의 좌우명을 성실하게 수행하고, 무슨 일을 하든지 그 일에 가장 고결한 인격을 담으려고 노력하며, 일을 아무렇게나 처리하지 않고, 자신의 성실성과 바른 양심에 자부심을 느낀다. 크롬웰은 영특하지만 비양심적인 법률가 버나드에게 이렇게 말했다.

"최근에는 자네가 신중하게 처신하고 있지만, 그렇다고 너무 자만하지는 말게. 교활하게 처신하면 속임을 당할 수 있지만 성실하게 행동하면 그런 일이 없을 걸세."

말과 행동이 다른 사람은 존경을 받지 못하고 말에 무게가 없다. 진실이라 할지라도 그들의 입을 빌리면 입술에서 나오는 순간 효과를 잃게 될 것이다.

양심과 인격

참된 인격자는 누가 보든 안 보든 바르게 행동한다. 보는 사람이 아무도 없었는데도 배 몇 개를 주머니에 슬쩍 집어넣지 않은 소년이 한 명 있었다. 왜 넣지 않았느냐고 묻자 그 소년은 이렇게 대답했다.

"저 자신이 그곳에서 지켜보고 있었어요. 저는 제 자신이 정직하지 못한 일을 하는 것을 보고 싶지 않아요."

이 소년이야말로 제대로 교육을 받았다. 이 사례는 인격을 좌우하고 인격의 수호자 역할을 하는 신조 또는 양심을 단순하지만 적절하게 보여준 것이다. 신조나 양심은 수동적인 영향력에서 그치는 것이 아니라 삶을 규제하는 능동적인 힘이다. 신조는 매일 매 순간마다 인격을 끊임없이 가꾸고 키워나간다. 이렇게 우세한 영향력이 없으면 인격이 아무런 보호를 받지 못하고 끊임없이 유혹에 빠질 위험에 노출된다. 그러한 유혹에 넘어가서 비열하거나 부정직한 행동을 하면 아무리 가벼운 행동이라도 스스로 품위를 낮추는 결과가 빚어진다.

그러한 행동이 성공했는지 실패했는지 발각되었는지 감추어졌는지는 중요하지 않다. 일단 죄를 지으면 예전과 다른 사람이 되고 은밀한 불안감이나 자책감에 시달리며 우리가 흔히 양심이라고 일컫는 것이 작용해 죄의식을 피할 수 없는 운명에 놓이게 된다.

좋은 습관을 길러야 한다

바로 이러한 점에서 좋은 습관을 기르면 인격을 강화하고 지탱하는 데 얼마나 도움이 되는지 알 수 있을 것이다. 인간은 '습관의 묶음'이라는 말이 있다. 다시 말하자면, 습관은 제2의 천성이다. 이탈리아 시인 메타스타시오Metastasio는 행동과 생각을 반복할 때 생기는 힘에 대해 강력하게 주장했다.

"인류의 모든 것은 습관이다. 심지어 미덕도 습관일 뿐이다."

조지프 버틀러Joseph Butler 주교는 그의 저서 『자연의 구성과 진행에 대한 자연종교와 계시종교의 유비 The Analogy of Region, Natural and Revealed, to the Constitution and Course of Nature』에서 덕행을 습관화함으로써 열심히 자기 수양을 쌓고 유혹을 단호하게 물리치는 것이 중요하다고 역설했다. 그렇게 하면 죄에 굴복하지 않고 좋은 사람이 되기 쉽다고 주장하면서 이렇게 덧붙였다.

"육체에 속한 습관이 외부적인 행동으로 만들어지는 것처럼 마음의 습관은 내면의 실질적인 목적을 실행함으로써 만들어진다. 다시 말하면, 타고난 내면의 목적인 순종, 진실성, 정의 그리고 선행의 신조를 행동으로 옮기거나 그러한 신조에 따라 행동함으로써 마음의 습관이 길러지는 것이다."

브로엄은 청년 시절에는 본보기에 따라 훈련하는 것이 극히 중요하다고 강조하면서 이렇게 말했다.

"나는 신의 가호 아래 모든 것을 습관에 맡긴다. 어느 시대든지 학교 교사나 입법가들은 주로 습관에 의지해 일을 처리한다. 습관은 모든 일을 쉽게 만들고 익숙해진 관례에서 벗어나는 것을 어렵게 만든다."

그러므로 금주를 습관화하면 폭음을 혐오하게 되고, 검약을 습관화하면 무모한 낭비에 불쾌감을 느끼게 될 것이다. 일상생활을 규제하는 행동규칙에 어긋나기 때문에 자기도 모르는 사이에 이런 반응이 나타나게 된다. 그러므로 나쁜 습관이 침투하는 것을 막으려면 세심한 주의와 경계가 필요하다. 한번 유혹에 굴복한 인격은 항상 취약하고 생활신조를 다시 복구해 아무런 유혹에도 동요되지 않도록 굳건하게 만들려면 오랜 시일이 걸리기 때문이다. 어느 러시아 작가가 이 점을 멋진 말로 표현했다.

"습관은 진주 목걸이다. 매듭을 풀어버리면 구슬이 모두 풀어진다."

어디에서 기른 것이든 습관은 무의식중에 아무런 노력도 없이 저절로 행동으로 나타난다. 습관적인 행동을 억제하려고 할 때야 비로소 습관이 얼마나 강해졌는지 실감하게 된다. 같은 행동을 한 번 두 번 되풀이하면 금방 그러한 행동에 익숙해진다. 처음에는 습관이 거미줄처럼 약하게 보이지만 일단 습관을 들이면 쇠사슬처럼 단단해진다. 사소한 인생사는 하나씩 보면 별로 중요해 보이지 않지만, 한 송이 한 송이 소리 없이 내리는 눈도 많이 쌓이면 눈사태를 만드는 법이다.

습관이 인격을 형성한다

자기 존중, 자조, 전념, 근면, 성실, 이 모든 것은 습관이지 믿음이 아니다. 사실 신조는 우리가 습관에다 붙여놓은 이름일 뿐이다. 신조는 말에 그치는 것이지만, 습관은 그 자체가 실체이기 때문이다. 좋은 습관이냐, 나쁜 습관이냐에 따라 후원자가 되기도 하고 폭군이 되기도 한다. 그러므로 나이가 들면서 우리의 자유로운 활동력과 개성은 습관에 좌우되고 우리의 행동은 일종의 숙명으로 변해 우리가 스스로 주위에 엮어놓은 사슬에 구속받게 된다.

젊은 시절에는 고결한 습관을 훈련하는 것이 매우 중요하다. 습관은 젊은 시절에 가장 쉽게 형성되고 일단 습관을 들이면 평생 동안 지속된다. 나무껍질에 새겨놓은 글자처럼 나이가 들수록 성장하고 크기가 커진다. "어린 시절에 올바른 길을 가도록 훈련시키면 나이가 들었을 때에도 그 길에서 벗어나지 않는다." 시작은 그 안에 끝이 있다. 인생길은 처음 출발할 때 여행 방향과 목적지가 결정된다. 첫걸음이 중요하다. 콜링우드는 사랑하는 한 젊은이에게 이렇게 말했다.

"스물다섯 살이 되기 전에 평생 동안 자네에게 도움이 될 인격을 갖춰야 하네."

나이가 들수록 습관이 굳어지고 인격 형성이 완성되므로 새로운 길로 방향을 바꾸기가 점점 더 어려워진다. 잊어버리는 것이 배우는 것보다 더욱 어려운 법이다. 그래서 그리스 플루트 연주자는 실력이 떨어지는 스승으로부터 교습을 받은 적이 있는 제자에게 수업료를 갑절로 내라고 요구했던 것이다. 오래된 습관을 뿌리째 뽑아버리는 일은 때때로 치아를 뽑는 것보다 더욱 고통스럽고 어렵다. 게으름이 몸에 밴 사람, 낭비벽이 심한 사람, 술주정꾼의 습관을 뜯어고쳐볼 수 있는지 한번 시도해보라. 대부분의 경우 실패할 것이다. 습관이 생활에 깊이 침투해 떼어놓을 수 없는 생활의 일부가 되었기 때문에 제거할 수가 없는 것이다. 그래서 린치Lynch는 이런 말을 했다.

"가장 현명한 습관은 좋은 습관을 들이도록 조심하는 것이다."

행복도 습관이 될 수 있다. 사물의 밝은 면을 보는 습관이 있고, 어두운 면만 보는 습관도 있다. 존슨 박사는 사물의 가장 좋은 면을 보는 습관은 1년에 1000파운드를 벌어들이는 것보다 더 가치가 있다고 말했다. 우리는 상당히 큰 의지력을 가지고 있다. 이 의지력으로 행복과 향상을 거둘 수 있는 쪽으로 생각을 집중할 수 있다. 이렇게 행복하게 생각하는 습관이 또 다른 습관처럼 생길 수가 있다. 온화한 성격, 차분한 성격, 행복한 마음가짐을 가지는 것이 지식이나 소양을 많이 쌓는 것보다 더욱 중요한 경우가 많다.

예절과 덕행

아주 작은 구멍을 통해서도 햇빛을 볼 수 있는 것처럼 아주 작은 일에도 인격이 나타난다. 인격은 사소한 일이라도 정성껏 영예롭게 수행하는 행실에 깃들어 있다. 일상생활은 채석장과 같아서 우리는 그곳에서 캐낸 돌을 차곡차곡 쌓아올리고 톱으로 대충 켜낸 돌을 아름답게 다듬어야 한다. 인격을 시험할 수 있는 가장 확실한 방법은 다른 사람을 대하는 예절을 관찰하는 것이다. 윗사람이든 아랫사람이든 동료든, 남에게 기품 있게 대하는 행동은 기쁨이 계속 솟아오르는 원천이다. 그러한 행동은 상대방을 존경하는 표시이므로 남에게도 기쁨을 주지만 자신에게 주는 기쁨은 남에게 주는 기쁨보다 열 배나 더 크다. 무슨 일이든 스스로 익힐 수 있지만 좋은 행실도 대부분 스스로 터득할 수 있다. 지갑에 동전 한 닢 들어 있지 않더라도 마음만 먹으면 언제든지 예의바르고 친절하게 처신할 수 있다. 사회생활에서 상냥한 태도는 조용히 퍼지는 빛처럼 자연 만물에 색채를 더해주는 영향력이 있다. 소란한 행동이나 힘을 과시하는 것보다 영향력이 훨씬 더 강하고 더 많은 결실을 얻을 수 있다. 상냥한 태도는 봄에 피는 자디잔 수선화처럼 조용히 줄기차게 뻗어나가 흙덩이를 밀어내고 꿋꿋하게 성장한다.

친절한 표정만으로도 남에게 기쁨과 행복을 안겨준다. 브라이튼의 로버트슨이 쓴 편지 가운데에는 어느 부인이 그에게 전해준 이야기가 적혀 있다.

"일요일 날 교회에 가는 길에 지나가던 가난한 집 소녀에게 다정스런 눈길을 보냈더니 그 아이의 얼굴이 환하게 밝아지면서 감사의 눈물을 흘리더군요. 얼마나 큰 교훈인지 몰라요. 행복을 싼 값에 베풀 수 있다니! 천사의 일을 할 수 있는 기회를 우리는 너무 자주 놓치고 있어요. 그렇게 해야겠다고 마음먹고 있지만 우울한 기분에 빠져 있으면 그냥 지나치게 되고 그런 일은 더 이상 생각하지 않게 되지요. 단 한 번이라도 다정한 눈길을 주면 한 시간이라도 인간 생활에 밝은 햇빛을 줄 수가 있고 잠시 동안이라도 삶의 무게를 덜어줄 수 있는 데도 말입니다."[37]

예절과 몸가짐

바른 몸가짐과 예절은 인생을 윤택하게 하므로 법보다 훨씬 중요하다. 법은 바른 몸가짐과 예절을 문자로 표시한 것에 지나지 않는다. 법도 우리 생활을 여기저기 간여하고 있지만 예절은 어느 곳이든 꼭 필요하기 때문에 우리가 숨 쉬고 있는 공기처럼 사회에 구석구석 퍼져 있다. 훌륭한 예절은 훌륭한 행동과 조금도 다르지 않으므로 정중함과 친절함이 예절의 기본이며, 인자한 마음이 인간 상호간의 이익이 되고 기쁨을 주는 교류에 중요한 요소가 된다. 몽테뉴 부인은 이렇게 말했다.

"공손함에는 돈 한 푼 들지 않지만 모든 것을 살 수 있다."

이 세상에서 가장 싼 것이 친절이다. 친절을 보이는 데에는 어려움도 없고 자기희생도 따르지 않는다. 엘리자베스 1세의 고문관 벌레이 Burleigh는 여왕에게 이렇게 진언했다.

"마음을 사로잡으십시오. 그러면 마음뿐만 아니라 모든 이의 지갑까지 가지게 되실 것입니다."

겉치레나 교활한 술책이 아니라 진심에서 우러나는 친절을 베풀면 명랑하고 행복한 분위기를 조성해 이루 헤아릴 수 없는 성과를 사회에 안겨줄 것이다. 조그만 호의는 생활에 작은 변화를 가져온다. 호의적인 행동 하나하나를 따로 떼어놓고 보면 가치가 거의 없어 보이지만 그러한 행동이 되풀이되고 많이 쌓이면 아주 큰 성과를 얻게 된다. 이는 마치 하루 일과 중에 몇 분씩 남는 자투리 시간이나 쓰고 남은 푼돈 같지만 1년 열두 달 반복하고 평생 동안 실천하면 커다란 결과를 가져다줄 것이다.

정중한 태도와 친절

예절은 행동의 장식과 같다. 친절한 말과 행동을 보여주는 데에는 방법이 있다. 이러한 방법을 따르면 예절의 가치가 크게 증대된다. 마지못해 베푸는 친절이나 은혜를 호의로 받아들이기는 어렵다. 자신의 무뚝뚝한 태도를 자랑스럽게 생각하는 사람들이 있다. 미덕과 능력을 갖추고 있다 하더라도 예절이 그 지경이라면 남으로부터 인정받기 어렵다. 콧대를 세우지는 않지만 상습적으로 남의 자존심을 건드리고 남에게 듣기 싫은 소리를 하는 것을 자랑스럽게 생각하는 사람을 좋아할 사람은 아마 없을 것이다. 남에게 은혜를 베푸는 척 행동하고 조금만 기회가 있어도 자신이 얼마나 훌륭한지 드러내 보이고 싶어 안달을 하는 사람들이 있다.

애버네시의 일화

의사 애버네시Abernethy는 세인트바톨로뮤St. Bartholomew 병원 외과의사 자리를 맡기 위해 병원 이사 중 한 사람인 부유한 식료품 상인을 찾아간 적이 있다. 그 거물은 계산대 앞에 서서 이 위대한 외과의사가 들어오는 것을 보더니 자기 표를 구걸하러온 사람이라고 짐작하고 거드름을 피우기 시작했다.

"선생으로서는 인생의 중대한 전환점이 될 이 순간에 제 표와 관심이 필요할 거라고 생각합니다만……."

애버네시는 허풍 떠는 꼴을 아주 싫어해서 그의 말투에 신경이 거슬려 이렇게 응수했다.

"아뇨. 1페니짜리 무화과 한 개 사러 왔소. 이리 와서 좋은 것으로 골라서 빨리 싸주시오. 여기서 빨리 나가고 싶으니까."

올바른 마음가짐

예절이 지나치면 겉멋이나 내는 어리석은 사람이 되겠지만 사업상 남들과 교섭을 해야 할 기회가 있는 사람에게는 세련된 예절을 갖추는 것이 매우 중요하다. 상냥한 태도와 올바른 예절은 신분을 높이고 삶의 영역을 넓히는 데 필수적인 성공 비결이다. 예절이 결여되어 있으면 근면하고 성실하고 정직한 인격이 아무런 효과를 발휘하지 못하는 경우가 흔하다. 예절상의 단점이나 모난 행동을 참을성 있게 받아주고 진정한 자질만 인정해줄 수 있을 만큼 너그러운 마음을 지닌 사람은 극소수에 불과하다. 세상 사람들은 그다지 참을성이 많지 않아서 겉으로 드러난 행동에 따라 판단을 내리고 좋고 싫음을 표현하게 마련이다.

참으로 공손한 모습을 보여주는 또 다른 방법은 남의 의견을 존중하는 것이다. 독단적인 태도는 최고조에 이른 거만을 보여주는 것이고, 이러한 태도가 최악에 달하면 독선과 오만이 된다. 의견이 다를 수 있다는 것을 인정하라. 남의 의견이 다르더라도 참고 견뎌라. 신조와 견해는 정중한 태도로도 완벽하게 유지할 수 있다. 충격적이거나 거친 말을 주고받을 필요가 없다. 말 한마디가 큰 충격을 줄 수도 있다. 말로 입힌 상처는 치유가 어렵다. 이러한 점을 염두에 두고 복음주의연맹Evangelical Alliance에 속한 어느 순회전도사가 웨일즈 지방 경계지역에서 들려준 교훈적인 비유를 인용해본다.

"안개가 자욱한 어느 날 아침 일찍 산악지대로 향하고 있을 때 산비탈에서 무엇인가 움직이는 것이 보였습니다. 아주 이상하게 생겨서 '괴물'이라고 생각했지요. 그런데 가까이 가보니 사람이었습니다. 더 가까이서 보니 바로 제 남동생이 아니겠어요!"

올바른 마음가짐과 친절한 마음에서 솟아나는 공손한 태도는 어느 계층이나 신분에 국한된 것이 아니다. 작업대에서 일하는 기계공이나 성직자나 귀족이나 누구든 가질 수 있는 태도다. 노동을 한다고 해서 반드시 거칠거나 상스러운 태도를 취할 필요가 없다. 유럽 대륙에서는 각계각층의 사람들로부터 공손하고 세련된 태도를 볼 수 있다. 우리도 이러한 태도를 본받으면 인간에게 필요한 진정한 자질을 손상시키지 않고서도 문화를 발전시키고 전반적인 사회 교류를 확대할 수 있을 것이다. 지위가 높은 사람부터 낮은 사람에 이르기까지, 부자에서 가난한 사람에 이르기까지, 대자연은 어느 특정한 신분이나 생활여건에만 고결한 마음을 특별한 선물로 부여하지 않았다. 고결한 마음은 소작농의 거친 회색 옷 속에서도 모습을 드러낼 수 있고, 레이스 달린 귀족의 외투 속에서도 나올 수 있다. 로버트 번스가 어느 날 에든버러 출신의 젊은 귀족과 함께 길을 걸어가다가 대로상에서 어느 정직한 농부에게 아는 체를 하자 그 귀족은 번스를 책망했다. 그러자 번스는 이렇게 외쳤다.

"자네 정말 어리석군! 내가 말을 건네는 상대는 멋진 외투나 고급 모자나 근사한 부츠가 아니네. 그것을 입는 사람에게 말을 한 것일세. 진정한 가치를 따지자면 그 농부는 자네나 나보다 열 배 더 훌륭한 사람이네."

겉으로 보기에 검소한 사람은 내면에 있는 마음을 볼 줄 모르는 사람에게는 천하게 보일 수가 있다. 하지만 마음이 올바른 사람의 눈에는 인격에 선명하게 붙어 있는 표시가 보이는 법이다.

그랜트 형제

윌리엄과 찰스는 인버네스셔Inverness-shire 주에 사는 농부 그랜트의 아들로 태어났다. 그런데 갑작스러운 홍수가 재산은 물론 경작하던 땅마저 앗아가버렸다. 그랜트 형제는 아버지와 함께 어디로 가야 할지 막막했지만 일자리를 구하기 위해 무작정 남쪽으로 길을 떠나 랭커셔 근방에 있는 베리 마을 근방에 당도했다. 윌미슬리Walmesley 부근 언덕 꼭대기에서 눈앞에 펼쳐진 전경을 내려다보니 어윌Irwell 강이 계곡을 휘돌아가며 흐르고 있었다. 초행이라 어느 방향으로 가야 할지 알 수가 없었다. 그래서 이들은 지팡이를 세워서 그것이 쓰러지는 방향으로 가기로 결정했다. 결국 이들이 다다른 곳은 언덕에서 그다지 멀지 않은 램스보섬Ramsbotham이라는 마을이었다. 날염공장에서 일자리를 구하고 윌리엄은 견습공으로 일했다. 이들 형제는 아버지와 함께 근면하고 진지하고 성실한 태도로 고용주들을 대했다. 열심히 일한 결과 이들 형제는 형편이 차츰차츰 나아져서 몇 년 뒤에는 사업을 직접 경영하기 시작하고 근면성, 진취적인 기상, 인자한 마음가짐으로 오랜 세월이 지난 후에는 부귀와 명예를 누리게 되었으며, 주위 사람들로부터 존경을 받게 되었다. 이들이 경영하는 면직공장과 날염공장은 많은 사람에게 일자리를 제공했고, 부지런히 노력해 그 계곡 마을을 활력, 기쁨, 건강, 풍요로움으로 가득 채웠다. 이들은 모은 재산을 아낌없이 풀어서 교회를 세우고 학교를 짓고 근로자들의 복지를 증진하기 위해 훌륭한 사업을 많이 펼쳤다. 이들은 훗날 월미슬리 언덕 정상에 높은 탑을 세워 정착할 곳을 찾아 헤매던 그들의 역사를 기념했다. 너그러운 자선과 갖가지 선행으로 그랜트 형제의 명성이 널리 알려진 덕분에 소설가 디킨스는 치리블^{Cheeryble} 형제를 묘사할 때 그랜트 형제의 이야기를 염두에 두었다고 한다. 이들의 인격에 관한 이야기가 결코 과장된 것이 아니라는 사실은 여러 가지 일화를 통해서 알 수 있지만 여기 한 가지만 예를 들어보겠다.

　어느 맨체스터 도매상인이 그랜트 형제의 회사를 심하게 헐뜯는 소책자를 출판했는데, 그랜트 형제 중 형 윌리엄을 '애송이 빌리^{Billy}[3]'라고 비하한 내용도 담겨 있었다. 윌리엄은 그 소책자에 대한 이야기를 듣고 그 사람이 언젠가는 후회하게 될 것이라고만 했다. 그랜트 형제를 헐뜯은 사람은 윌리엄의 말을 전해 듣고 이렇게 말했다.

　"그래? 그 녀석은 내가 언젠가 자기에게 빚이라도 질 거라고 생각하는 모양이군. 말도 안 되는 소리!"

　하지만 앞으로 누가 빚쟁이가 될지는 한 치 앞도 내다보기 어렵다.

---

[3] '빌리'는 '윌리엄'의 애칭이다

그랜트를 헐뜯었던 사람은 결국 도산하고 그랜트 형제의 서명이 들어 있는 증명서가 없으면 면허를 받아서 사업을 다시 시작할 수가 없게 되었다. 그랜트 형제가 운영하는 회사로 찾아가 사정해봐야 들어줄 리가 없다고 생각했으나 가족의 끊임없는 성화에 그는 하는 수 없이 그랜트 회사로 찾아가 서명을 요청했다. 그는 한때 '애송이 빌리'라고 놀렸던 사람 앞에 나타나 사정 이야기를 하고 서류를 내밀었다.

"우리 형제를 비방하는 소책자를 썼던 분이죠?"

그랜트가 물었다. 신청자는 윌리엄이 필경 서류를 불에 처넣을 거라고 생각했다. 그런데 그랜트가 회사 이름에 서명을 하고 필요한 증명서를 작성하는 것이 아닌가! 그랜트는 서류를 내주면서 이렇게 말했다.

"우리 회사는 정직한 상인에 대해 증명서 발급을 거절한 적이 없습니다. 게다가 사장님이 정직하지 않다는 말은 들어본 적이 없군요."

그 사내의 눈에서 눈물이 흐르기 시작했다. 그랜트가 말을 이었다.

"아, 그리고 그 소책자 쓴 것을 후회하게 되실 거라는 제 말이 사실이라는 것을 알게 되셨죠? 결코 사장님을 협박하려고 그렇게 말한 건 아닙니다. 언젠가 우리 형제의 진심을 알게 되면 우리에게 상처를 입히려고 한 것을 후회하게 될 거라는 뜻이었죠."

"정말 후회가 됩니다. 정말입니다."

"됐습니다. 이제 우리의 진심을 알게 됐군요. 그런데 사업을 어떻게 운영하실 계획입니까? 자금을 어떻게 조달하시려고요?"

그 불쌍한 사람은 사업면허증을 받으면 친구들이 도와주기로 했다고 대답했다.

"그렇지만 그때까지 어떻게 하려고요?"

그는 채권자들에게 재산을 한 푼도 남김없이 다 줘버렸기 때문에 기본적인 생활필수품도 절약하라고 가족을 다그쳐야 면허증 받는 데 드는 비용을 지불할 수 있을 거라고 대답했다. "그래서는 안 됩니다. 부인이나 가족이 그런 식으로 고통을 받아서야 되겠습니까? 10파운드를 드릴 테니 부인에게 전해주세요. 아, 이제 그만 우세요! 모든 일이 다 잘 풀릴 겁니다. 용기를 잃지 말고 씩씩하게 일을 시작하세요. 그러면 어깨를 펴고 당당히 살게 될 날이 올 겁니다." 그 사람은 고맙다고 말하고 싶었으나 너무 감격한 나머지 목이 메어 말이 나오지 않았다. 그는 손으로 얼굴을 감싼 채 어린아이처럼 울면서 그 방에서 나왔다.

참된 신사

최상의 본보기를 따라 인격을 가꿔나가는 사람이 참된 신사다. 신사라는 말은 오랜 옛날부터 내려온 명칭으로 사회 각 분야에서 지위나 권력이 있는 사람을 일컫는 데 사용되었다.

"신사는 항상 신사다. 신사는 어려움과 위험에 처해 있을 때 자격이 입증된다."

루시용Roussillon에서 스코틀랜드 지주로 구성된 연대를 이끈 프랑스의 노장군이 한 말이다. 이와 같은 인격을 갖추고 있는 것 그 자체가 위엄이고, 모든 사람으로부터 존경을 받게 되는 것이다. 이름만 그럴싸한 사람에게는 고개를 숙이지 않는 사람도 신사에게는 경의를 표할 것이다. 신사의 품위는 옷맵시나 예절 또는 소유재산에 달려 있는 것이 아니라 개인적 자질에 달려 있다. 구약성경 「시편」의 저자는 신사를 이렇게 묘사했다.

"허물없이 정직하게 살고, 의로운 일을 행하며, 마음으로부터 진실을 말하는 사람."

신사의 청렴성

신사의 가장 큰 특징은 자신을 존중한다는 것이다. 그는 남이 미처 보지 못하고 자기만이 알 수 있는 자신의 인격을 평가하고 자기 내면에 있는 감시자의 인정을 존중한다. 또한 신사는 자기 자신을 존중하는 것과 마찬가지로 남도 존중한다. 그의 눈에는 인간이 신성하게 보이기 때문에 항상 남에게 공손하고, 관용, 친절 그리고 자선을 베푼다.

아일랜드의 민족주의자 에드워드 피츠제럴드Edward Fitzgerald가 캐나다를 방문해 인디언들과 함께 지낼 때의 일이다. 추장은 맨손으로 가볍게 걷고 있는데 부인이 가엾게도 남편의 소지품을 잔뜩 등에 지고 터덜터덜 걷는 모습을 보고 깜짝 놀랐다. 그래서 에드워드는 그녀의 보따리를 받아서 자기 어깨에 둘러멨다. 프랑스 식 표현을 빌리자면 이른바 '가슴의 예절politisse de coeur'을 보인 것이다. 진정한 신사의 몸에 밴 공손한 태도에는 강렬한 명예심이 따르게 마련이라 비열한 행동을 확실하게 피할 수 있다. 고결한 언행에 대한 신사의 기준은 매우 높다. 신사는 속임수를 쓰거나 말을 얼버무리려고 하지 않고, 발뺌을 하거나 남의 눈을 피해 숨어 다니지도 않는다. 신사의 법은 정직이고, '아니오'라고 말해야 할 경우에는 대담하게 '아니오'라고 말한다. 신사는 뇌물을 받지 않는다. 천박하거나 신조가 없는 사람들이나 자기 자신을 남에게 팔아넘기는 것이다. 의로운 핸웨이Hanway는 해군 식량보급위원회에서 위원직을 맡고 있을 때 공직을 편파적으로 수행하지 않으려고 납품업자로부터 어떤 선물도 받지 않았다. 이 같은 훌륭한 성품은 웰링턴 공작의 생애에서도 찾아볼 수 있다.

웰링턴과 웰슬리

인도에서 아사예 전투가 끝난 직후 어느 날 아침, 하이데라바드 궁정의 총리가 웰링턴을 찾아와서 마라타 군주들과 체결한 평화조약에서 확정된 하이데라바드 왕국의 영토는 어디까지인지 그리고 왕국에게 어떤 이득이 있는지 알아보려고 했다. 총리는 이러한 정보를 알려주면 그 대가로 웰링턴 장군에게 10만 파운드 이상 되는 거금을 주겠다고 제안했다. 장군은 잠시 총리를 가만히 쳐다보더니 이렇게 말했다.

"그러면 비밀을 지킬 수 있겠소?"

"물론입니다."

총리가 대답했다.

"그럼 나도 비밀을 지키겠소."

그러고는 웃으면서 총리에게 인사를 하고 밖으로 나가버렸다. 웰링턴은 인도에서 매번 승리를 거두었고 그런 식으로 막대한 재산을 모을 수 있는 힘도 있었지만, 자기 재산을 단 한 푼도 불리지 않아 거의 빈손으로 귀국했다.

웰링턴 장군의 친척 웰슬리 후작도 그와 비슷하게 섬세하고 고결한 성품을 지녔다. 동인도회사 이사들이 마이소르Mysore 정복을 축하하는 의미로 10만 파운드를 주겠다고 제의하자 그는 이렇게 말했다.

"나의 독립정신과 내 직책의 존엄성에 대해 굳이 말씀드리지 않겠습니다. 제가 받아들이기에 적절하지 않은 이 증표를 거절하는 이유에는 앞서 말씀드린 중요한 이유 이외에도 다른 이유가 있습니다. 나는 우리 군대 이외에는 아무것도 생각하지 않습니다. 용감한 병사들의 몫이 줄어드는 건 매우 참기 어렵습니다."

그 이후에도 뇌물을 거절하겠다는 후작의 결심은 변함이 없었다.

찰스 네이피어도 인도에서 일하는 동안 이와 똑같이 공평무사한 태도를 보여주었다. 인도 원주민 제후들이 값비싼 선물을 바치겠다고 했으나 거절하면서 이렇게 말했다.

"신드Scinde에 부임한 이래 나는 분명히 3만 파운드 이상 모을 수 있었다. 그렇지만 아직은 손을 씻고 싶지 않다. 나는 미아니와 하이더라바드Hyderabad 전투에 차고 나갔던 우리 가문의 칼을 더럽히지 않는다."

부자나 지체 높은 사람만 진정한 신사의 자질과 결부시킬 이유가 없다. 가난한 사람도 정신적으로나 일상생활에서 참된 신사가 될 수 있다. 정직하고 진실하고 의롭고 공손하고 온유하고 자기를 존중할 줄 알고 자조 정신이 있는 사람, 그런 사람이 참된 신사다. 가난하지만 정신이 부유한 사람이 부자이긴 하지만 정신이 빈곤한 사람보다 훨씬 뛰어난 사람이다. 사도 바울의 말을 빌리자면, 전자는 "아무것도 없지만 모든 것을 가진 사람"이고 후자는 모든 것을 가지고 있지만 실제로는 아무것도 가진 것이 없는 사람이다. 전자는 모든 것을 희망하지만 두려워할 것이 아무것도 없고, 후자는 아무런 희망도 없이 모든 것을 두려워한다. 정신이 빈곤한 사람이 진짜 가난한 사람이다. 모든 것을 잃었지만 용기가 있는 사람은 명랑함, 희망, 미덕, 자기존중 면에서 여전히 부자다. 세상 사람을 한결같이 믿으며 정신력으로 잡다한 근심을 떨쳐버리고 똑바로 일어서서 걸을 수 있는 사람이 참된 신사다.

고매한 농부

아주 남루한 옷차림을 한 사람에게서 용감하고 신사다운 인격을 찾아볼 수도 있다. 아주 오래된 일이지만 좋은 교훈이 될 사례를 한 가지 이야기해보겠다. 옛날에 이탈리아 북부 지방에 있는 아디제^{Adige} 강이 범람해 베로나 다리가 중앙 아치만 남겨진 채 물에 쓸려 내려간 적이 있었다. 그 아치 위에 집 한 채가 있었는데 그 집에 사는 사람들이 창가에 서서 살려달라고 애원했다. 그때는 이미 교각의 기초마저 눈에 띄게 허물어지고 있었다. 그 광경을 지켜보고 있던 스폴베리니^{Spolverini} 백작은 이렇게 제안했다.

"저 불쌍한 사람들을 구출하는 사람에게는 프랑스 돈으로 100루이도르를 주겠소."

그러자 젊은 농부가 군중 속에서 앞으로 나와서 보트를 급류 속으로 밀고 들어갔다. 그는 교각에 배를 대고 그 집안 식구를 모두 배에 태워 무사히 강변으로 데리고 나왔다.

"용감한 젊은이, 이 돈 받게."

백작이 이렇게 말하자 젊은이는 사양했다.

"아닙니다. 저는 생명을 돈 받고 팔지 않습니다. 그 돈은 이 불쌍한 가족에게 주십시오. 돈이 필요할 테니까요."

이것이 바로 진정한 신사의 정신이다. 그는 농부 차림이었다.

딜 뱃사공들의 용맹성

비교적 최근에 딜Deal에 사는 뱃사공들이 다운스에서 석탄운반선 선원을 구해낸 영웅적인 행동도 감동적이었다.38 동북쪽에서 갑자기 불어오는 폭풍우로 배 몇 척이 닻을 내린 채 얕은 쪽으로 밀려서 그중 한 척이 해변에서 제법 멀리 떨어진 곳에 좌초해 위험에 빠졌다. 바람이 거세고 풍랑이 높게 일었기 때문에 배가 구조될 희망은 조금도 보이지 않았다. 인근 해안에 사는 뱃사공으로서는 돈 한 푼 받지 않고 배나 선원을 구조하기 위해서 목숨을 걸어야 할 까닭이 전혀 없었다. 그런데 운반선이 좌초되자마자 해변에 서서 구경하던 사람들 가운데 한 사람이 앞으로 나와 겉옷을 벗어던지고는 이렇게 외쳤다.

"누구 나와 함께 저 선원들을 구해내지 않겠소?"

그는 사이먼 프리처드Simon Prichard라는 뱃사공이었다.

"내가 가겠소!" "나도!"

순식간에 약 스무 명이 자원하고 나섰다. 하지만 그 중에서 일곱 사람만 뽑아서 해변에서 응원하는 사람들을 뒤로한 채 배 밑바닥이 평평한 갤리선을 몰고 거친 풍랑 위를 오르락내리락하면서 앞으로 나아갔다. 그렇게 거친 바다에서 그 조그만 배가 지탱한 것은 기적이었다. 하지만 이 용감한 사람들이 억센 팔뚝으로 노를 저어 몇 분 만에 파도 꼭대기에서 옴짝달싹 못하고 있는 배로 다가갔다. 구조선이 해안을 떠난 지 불과 15분 만에 석탄 운반선 선원 전원 여섯 명이 안전하게 월머Walmer 해변에 상륙했다. 딜 뱃사공들의 용맹은 이미 널리 알려져 있지만 불굴의 용기와 사심 없는 영웅적인 행위를 보여준 고귀한 사례는 기록된 적이 없었다. 그런데 여기에 기록을 남기게 되어 매우 기쁘다.

턴불Turnbull은 오스트리아에 관한 저서에서 프란츠 요제프 황제의 일화를 소개했다. 이 일화는 그 나라 정부가 국민을 통치하는 데 제후들의 개인적인 자질에 얼마나 의존했는지 잘 보여주는 사례다.

"비엔나에 콜레라가 창궐했을 때, 황제가 시종무관만 데리고 시내와 외곽지역을 순회한 적이 있었다. 그때 뒤따르는 조문객 한 사람 없이 시신 한 구가 들것에 실려 가는 것을 목격했다. 황제가 기이하게 여겨 무슨 연유인지 알아보니 콜레라로 죽은 가난한 사람의 시신인데 무덤까지 따라가는 것은 매우 위험한 일이라고 친척들이 아무도 따라 나서지 않았다는 것이다. 그러자 요제프 황제는 이렇게 말했다.

'불쌍한 내 백성들이 무덤에 가서 고인에게 마지막으로 경의를 표시하겠다고 나서지 않으니 내가 그들 대신 무덤까지 가리라.'

그러고는 멀리 떨어진 매장지까지 시신을 따라가서 모자를 벗고 하나도 빠짐없이 장례예절을 경건하게 올렸다."

두 사람의 영국인 인부

이 일화도 신사의 좋은 본보기를 보여주는 사례지만, 몇 년 전에 조간신문에 실린 영국인 인부 두 사람이 파리에서 행한 일도 훌륭한 본보기다.

"어느 날 영구차 한 대가 싸늘한 시체 한 구가 들어 있는 싸구려 관을 싣고 몽마르트 언덕을 향해 가파른 클리시^{Clichy} 가를 올라가고 있었는데 그 뒤를 따르는 사람이 하나도 없었다. 죽은 사람이 개를 키웠는지 알 수는 없지만 개 한 마리도 뒤따르지 않았다. 비가 내리고 음침한 날씨였다. 영구차 옆을 스쳐지나가는 사람들이 여느 때처럼 모자를 벗어 조의를 표하는 것이 전부였다. 그때 마침 스페인에서 파리로 올라온 영국인 인부 두 사람이 그곳을 지나게 되었다. 그들은 그 광경을 보자 측은한 생각이 들었다. 한 사람이 동료에게 이렇게 말했다.

'불쌍한 사람이군! 아무도 따라가는 사람이 없네. 우리 둘이 따라가세나!'

두 사람은 모자를 벗어 들고 전혀 알지도 못하는 사람의 시신을 따라서 몽마르트 묘지까지 갔다."

신사는 우선 진실해야 한다. 신사는 진리를 '인간의 으뜸 신조'로 여기고 인간사를 공정하게 처리한다. 체스터필드는 진리야말로 신사가 성공에 이르는 길이라고 역설했다. 웰링턴 공작은 이베리아 반도에 머물러 있을 때 가석방 중인 죄수 문제에 관해 켈러먼^{Kellerman}이 자기 의견에 반대하자, 그에게 영국 장교가 용기 이외에 다른 나라

장교보다 자랑스러운 점이 있다면 그것은 진실성이라고 편지에 써서 보냈다.

"영국 장교는 도주하지 않겠다고 명예를 걸고 선서를 한 이상 그 선서를 절대로 깨뜨리지 않을 것입니다. 그들의 말을 믿어보십시오. 영국 장교의 말 한 마디가 보초의 감시보다 더 확실한 보증입니다."

미셸 네 장군의 너그러운 행동

진정한 용기와 신사도는 언제나 함께 붙어다닌다. 용감한 사람은 너그럽고 관대하며 절대로 냉혹하거나 잔인하지 않다. 존 프랭클린은 친구 패리Parry의 성품을 이렇게 적절하게 표현했다.

"그는 한 번도 위험을 보고 외면한 적이 없는 사람이지만, 모기 한 마리도 죽이지 못할 만큼 마음이 여리고 부드러웠다."

'두려움 없고 나무랄 데 없는 기사'라는 호칭이 붙은 프랑스 군인 베야르의 정신을 이어 받아 참으로 신사다운 인격을 갖춘 사람은 스페인의 엘보돈El Bodon에서 벌어진 기병대 전투에 참전했던 한 프랑스 장교였다. 그는 펠턴 하비Felton Harvey를 내려치려고 칼을 들었으나 상대에게 팔 한쪽이 없다는 것을 알아채고는 즉시 칼을 내리고 펠턴에게 경례를 붙인 다음 말을 타고 홀연히 가버렸다. 여기에 덧붙일 수 있는 사람은 앞의 사례와 마찬가지로 이베리아 반도 전쟁에서 고결하고 신사다운 행동을 보여준 프랑스의 미셸 네Michel Ney 장군이다. 찰스 네이피어가 코룬나Corunna에서 중상을 입고 포로로 붙잡혔는데 본국에 있는 친구들은 그의 생사를 알 수가 없었다. 그래서 영국에서는 군함 한 척에 특사를 태워 그의 생사를 확인하기 위해 현지로 파견했다. 클루에 Clouet 남작이 군함을 맞이하고 네 장군에게 특사의 도착 사실을 알렸다.

"그의 친구들에게 포로를 보여주고 그가 좋은 대접을 받으면서 잘 지내고 있다고 전해주시오."

클루에가 망설이자 네 장군은 웃으면서 물었다.

"그가 원하는 게 더 있답디까?"

"그에게는 노모가 있는데 앞을 못 보는 미망인이랍니다."

"그래요? 그러면 그 사람더러 어머니에게 직접 가서 살아 있다고 말하라고 하세요."

그 당시에는 교전국 사이에 포로 교환이 이루어지지 않고 있었기 때문에 젊은 장교를 풀어주면 황제의 노여움을 살 수도 있다는 것을 네 장군은 잘 알고 있었다. 그러나 나폴레옹도 너그러운 그의 조치를 승인했다.

인도의 영국인들

때때로 기사도 정신이 사라져버렸다고 한탄하는 소리를 듣지만, 우리 시대에도 용감하고 신사다운 행동으로 대담한 자기희생 정신과 씩씩하면서도 부드러운 모습을 보여준 사람들이 있었으니 이들의 행동은 역사상 유례가 없는 것이었다. 최근 몇 년 사이에 일어난 사태로써 우리 국민이 여전히 퇴보하지 않고 있다는 사실이 여실히 증명되고 있다. 크리미아 전쟁 당시 러시아 세바스토폴 Sevastopol의 황량한 고원에 포진해 열두 달 동안이나 빗물이 뚝뚝 떨어지는 위험한 참호 속에서 지낸 사람들은 신분 고하를 떠나서 모두 선조로부터 물려받은 고결한 인격을 입증해보였다. 하지만 우리 국민의 자질을 가장 선명하게 보여준 것은 인도에서 큰 시련을 겪고 있던 때였다. 닐 대령이 이끄는 군대의 칸푸르Cawnpore 지역 진격, 하블록 장군이 이끄는 군대의 러크나우 지역 진격에서 부녀자와 어린이들을 구출하리라는 희망으로 장병이 모두 한 마음이 되어 보여준 행동은 역사를 통틀어 보아도 유례를 찾기 어려울 정도로 기사다운 행동이었다. 러크나우 공격 지휘권을 부하였던 하블록 장군에게 넘겨주고 그의 휘하에서 복무하겠다고 자청한 우트럼 장군의 넓은 아량은 시드니와 견줄 만큼 고귀한 행동이었으며, 그에게 '인도의 바야르'라는 호칭을 붙인 것은 너무나도 당연한 일이다.

러크나우를 방어하다가 치명상을 입은 용감하고 신사다운 정신의 소유자 헨리 로렌스는 이런 유언을 남기고 눈을 감았다.

"나 때문에 소란을 피우지 말고 병사들과 함께 묻어라."

콜린 캠벨은 포위당한 러크나우를 탈환하고 한밤중에 그곳에서부터 칸푸르까지 부녀자와 어린이들의 긴 행렬을 이끌고 구출했으나 수적으로 우세한 적군으로부터 공격을 받아 사면초가가 되었다. 하지만 그는 피난민을 자상하게 보살피면서 위태로운 다리를 건너 알라하바드Allahabad로 가는 길까지 안전하게 인도한 다음, 전광석화처럼 괄리오르Gwalior로 진격했다. 이러한 일을 볼 때마다 우리는 자긍심을 느끼고 숭고한 기사도의 밝은 빛이 여전히 사그라지지 않고 우리 가운데 살아 있다는 확신을 갖게 된다.

일반 사병들도 시련 속에서 신사다운 행동을 보였다. 아그라^{Agra}에는 적군과의 교전으로 화상이나 부상을 입은 병사들이 무척 많았다. 이들을 요새 안으로 옮겨 부인들의 간호를 받게 했는데 거칠고 용감했던 병사들이 마치 어린아이처럼 온순하게 행동했다. 부상병들은 부인들의 간호를 받는 동안 신사답지 못한 표현을 단 한 마디도 사용하지 않았다. 전쟁이 끝나고 치명상을 입은 병사들이 사망한 뒤, 비록 병에 걸렸거나 사지가 절단되었지만 감사의 뜻을 표현할 수 있는 능력이 남아 있는 생존자들은 간호해준 부인들과 아그라의 주요 인사들을 타지마할의 아름다운 정원으로 초대해 아름다운 꽃과 음악 속에서 대접했다. 상처자국이 있고 불구가 되었지만 여전히 억센 역전의 용사들은 모두 일어서서 그동안 옷을 입혀주고 음식을 먹여주고 극심한 우울증에 빠졌을 때 부족한 것을 채워준 인자한 동족 여성들에게 고마운 마음을 표시했다. 스쿠타리^{Scutari} 병원에서도 부상병들과 환자들이 그들을 돌봐준 친절한 영국 부인들에게 고마움을 표시했다. 통증 때문에 잠을 이루지 못하고 고통 받던 사람들이 야간 당번으로 그들의 베개 옆에서 그림자처럼 돌봐주던 플로렌스 나이팅게일의 후계자들에게 축복을 빌어주는 것보다 아름다운 광경이 또 있으랴!

버컨헤드 호의 난파

1852년 2월 27일 아프리카 연안에서 난파한 '버컨헤드^{Birkenhead}' 호 사건도 19세기에 평범한 사람들이 보여준 기사도 정신을 깊이 새기고 세세대대로 자랑스럽게 기억할 수 있는 사례다. 이 배는 472명의 남자와 166명의 아녀자를 태우고 아프리카 연안을 항해하고 있었다. 남자들은 주로 그 당시 희망봉에 주둔해 있던 몇몇 연대에 소속된 군인들로서 복무경력이 짧은 초년병들이었다. 그런데 새벽 2시경, 모든 사람이 선실에서 잠들어 있을 때 배가 암초에 걸려 심하게 요동치면서 밑바닥에 구멍이 뚫렸다. 배가 곧 가라앉을 것 같아 북을 울려 병사들에게 무장을 하고 상갑판에 집결하라고 알렸다. 남자들은 곧 열병식장에 참석한 듯 도열했다.

"부녀자와 아이들을 구출하라."

명령이 하달되자마자 옷도 입지 못한 부녀자와 아이들을 선실에서 끌어올려 차분하게 구명보트에 태웠다. 그들이 모두 배에서 떠나자 선장이 사리 분별하지 못하고 이렇게 외쳤다.

"수영을 할 줄 아는 사람들은 모두 바다로 뛰어내려 보트로 헤엄쳐 가라!"

그러자 제91스코틀랜드연대 소속 라이트 대위가 반대하고 나섰다.

"안 됩니다! 그러면 부녀자들이 탄 배가 모두 가라앉을 겁니다."

그 말을 듣고 용감한 남자들은 꼼짝도 하지 않고 제자리에 서 있었다. 남아 있는 구명보트는 한 척도 없었다. 안전하게 구출될 수 있다는 희망은 전혀 없었지만 한 사람도 움츠러들지 않았다. 그 고통스러운 순간에도 의무를 다 하지 못하고 물러서는 사람은 하나도 없었다. 생존자 라이트 대위는 그 순간을 이렇게 전했다.

"배가 완전히 물에 잠길 때까지도 불평하거나 우는 소리가 전혀 들리지 않았습니다."

배가 가라앉으면서 영웅적인 군인들은 축포를 울리며 파도 속에 잠겼다. 신사와 용사들에게 영광과 명예가 있으리라! 이들의 본보기는 절대로 사라지지 않고, 기억 속에 영원히 살아 있을 것이다.

개인적인 힘의 행사

신사를 알아보는 방법은 많지만 절대로 실패하지 않는 방법이 한 가지 있다. 아랫사람들을 어떻게 대하는가? 아녀자들에게 어떤 행동을 보이는가? 장교는 부하를, 고용주는 직원을, 스승은 제자를 그리고 자기보다 약한 사람을 어떻게 대하는가? 신중함, 관용 그리고 온정으로 대한다면 신사다운 인격을 갖추었다고 볼 수 있을 것이다. 프랑스 시인 라 모트La Motte는 어느 날 군중 속을 뚫고 지나가다가 실수로 어느 청년의 발을 밟았는데 그 순간 청년이 모트의 얼굴을 후려쳤다. 그러자 그는 이렇게 말했다.

"아, 제가 장님이라는 것을 안다면 지금 한 일을 후회하실 겁니다."

저항할 능력이 없는 사람을 괴롭히는 사람은 속물이지 신사라고 볼 수 없다. 약자나 힘없는 사람을 학대하는 사람은 비겁자이지 참된 사람이 아니다. 고결한 인격을 갖추려고 노력해야 한다. 폭군은 속을 들여다보면 실상 노예일 뿐이다. 올바른 사람은 자신에게 힘이 있다는 사실을 인식하면 인격이 더욱 고결해지지만 힘을 신중하게 사용한다.

"거인의 힘을 가지면 더할 나위 없이 좋지만, 그 힘을 거인처럼 쓰는 것은 포악한 짓이다."

신사도의 기준

신사다움을 판단하는 최고기준은 온유함이다. 윗사람, 아랫사람, 동년배 등 남의 느낌을 배려하고 그들의 자존심을 존중하면 참된 신사로서 완벽하게 행동하게 될 것이다. 신사는 남의 행동을 냉혹하게 판단해 큰 잘못을 저지르는 위험을 야기하기보다는 조그마한 손해는 자신이 떠안는 사람이다. 신사는 자기보다 불리한 처지에 있는 사람의 단점, 실수, 착오에 대해 관용을 베풀며, 심지어 짐승에게까지 자비를 베푼다. 재산이나 힘이나 타고난 재능을 뽐내지 않고, 성공했다고 우쭐대지 않으며, 실패했다고 지나치게 낙담하지 않는다. 신사는 남에게 자기 의견을 강요하지 않지만 언제든지 필요하면 마음을 열고 허심탄회하게 자기 의견을 밝힌다. 신사는 남에게 호의를 베풀어도 생색을 내지 않는다. 월터 스콧은 로디언Lothian을 이렇게 평했다.

"그가 베푸는 호의는 누구든지 기꺼이 받아들일 것입니다. 이 시대에 흔치 않은 대단한 일입니다."

채텀은 이렇게 말했다.

"신사의 특징은 일상생활 가운데 일어나는 작은 일에서 자신을 희생하고 남을 우선적으로 배려하는 것이다."

이렇듯이 고결한 인격으로 남을 배려하는 마음을 잘 보여준 사례로써 용감한 랠프 애버크럼비Ralph Abercromby 장군의 일화를 소개한다. 그는 이집트 아부키르Aboukir 만 전투*4 당시 치명상을 입고 들것에 실려 넬슨 제독의 기함 '푸드로이언트Foudroyant' 호로 후송됐다. 통증을 덜어주기 위해 머리에 사병용 담요를 받쳐주자 그는 꽤 편안함을 느졌지만 상반신을 일으키며 물었다.

"내 머리에 받친 것이 무엇인가?"

"사병용 담요입니다."

"누구 담요인지 알고 싶군."

"42연대 소속 덩컨 로이Duncan Roy의 것입니다."

"그러면 오늘 밤에 덩컨 로이에게 담요가 있는지 확인해보게."[39]

애버크롬비 장군은 고통스럽게 죽어가면서도 단 하룻밤이라도 사병이 담요도 없이 자게 내버려둘 수가 없었다. 이 사례는 시드니가 죽어가면서 네덜란드 쥐트펜Zutphen 격전지에서 사병에게 물컵을 돌려준 일화처럼 아름답다.

기발한 착상으로 유명했던 학자 풀러Fuller는 위대한 해군제독 프랜시스 드레이크Francis Drake의 인격을 묘사함으로써 참된 신사도를 실천하는 사람의 인격을 간단히 요약했다.

"그는 사생활이 정결하고 공정하게 거래하고 진실만을 말하고 아랫사람들에게 인자했으며, 게으름을 가장 싫어했다. 다른 사람이 아무리 믿을 만하고 재능이 있어 보여도 중요한 일은 남에게 맡기지 않았고, 위험을 두려워하지 않고 어떤 고생도 마다하지 않았으며, 용기, 재능, 근면이 필요한 곳에서는 언제든지 누구보다 먼저 솔선수범했다."

---

*4. 아부키르 만 전투 : 1798년 넬슨 제독이 이끄는 영국 함대가 나폴레옹의 함대를 격파한 '나일 강 전투'를 말한다

| 주 |

1 나폴레옹 3세, 『카이사르의 일생 *Life of Caesar*』

2 술트는 어린 시절에 교육을 거의 받지 못하고, 프랑스 외무장관이 될 때까지도 지리학 이외에는 아는 것이 없었다. 그는 지리학을 공부할 때 가장 즐거워했다. —귀스타브 드 보몽, 『알렉시스 드 토크빌의 작품들 *OEuvres etc., de Tocqueville*』 i. 52쪽, 1861년, 파리

3 귀스타브 드 보몽, 『알렉시스 드 토크빌의 미발표 작품과 편지들 *OEuvres et Correspondance in?dite d Alexis de Tocqueville*』 i. 398쪽

4 나는 나약한 사람이 아내의 내조로 사회에 미덕을 보이는 사례를 살아오는 동안 수백 번 목격하였다. 이러한 아내는 남편에게 이러이러한 행동을 하라고 조언하는 것이 아니라 의무나 공명심을 존중해줌으로써 남편에게 강력한 영향을 미친다. 하지만 이와 반대로 도량이 넓고, 사심이 없으며 위대한 사람이 될 수 있는 능력을 가진 사람이 사생활이나 가정생활로 인하여 국사를 다룰 때 야심적이고, 도량이 좁고, 사악하고, 상스럽고 이기적인 졸장부로 변하여 자기 자신에게 안락하고 편리한 쪽으로만 모든 일을 처리하려고 하는 사례가 훨씬 더 많다. —『알렉시스 드 토크빌의 작품들』, ii. 349쪽

5 이 책을 처음 출판했던 저자는 『볼턴과 와트의 생애』라는 책을 또 출판하여 비범한 이 두 사람의 성격과 업적을 더욱 상세하게 기술하려고 애썼다.

6 1573년 경 셰필드의 의회 의원들이 지출한 돈에 관한 회계장부의 기록 중에서 다음 내용은 양말 편직기 발명가 윌리엄 리에 관한 것으로 추정된다. "셰필드의 가난한 학자 윌리엄 리가 케임브리지 대학교에 진학할 때 책과 가구를 사라고 준 돈 13실링 4펜스(나중에 돈을 갚았다)" —헌터 Hunter, 『할람셔의 역사 *History of Hallamshire*』 141쪽.

7 『기계 편직업의 역사 *History of the Framework Knitters*』

8 하지만 또 다른 이야기도 전해오고 있다. 리가 손뜨개질하는 시골 처녀를 사랑하게 되어 그녀의 수고를 덜어 주기 위해 양말 편직기 개발을 연구하기 시작했다는 이야기가 있는가 하면, 결혼한 후에도 가난을 면치 못했기 때문에 그의 아내가 뜨개질을 해서 살림에 보태야 할 형편이었는데, 아내의 손가락 움직임을 지켜보던 리가 손동작을 본 따서

기계를 발명할 생각을 하게 되었다는 것이다. 후자는 아론 힐Aaron Hill이 그의 저서 『너도밤나무 기름 제조업의 발흥Rise and Progress of the Beech Oil Manufacture(1715년 런던에서 출판)』에서 나온 말로 전혀 신빙성이 없다. 그는 리가 옥스퍼드 대학교의 교수였는데 여관주인의 딸과 결혼하여 대학에서 쫓겨났다고 주장했다. 리는 옥스퍼드에서 공부한 적도 없고, 거기서 결혼하지도 않았으며 대학 교수가 된 적도 없다. 그의 주장에 따르면, 리는 편직기를 발명한 결과 가족과 함께 행복하게 살게 되었다고 한다. 그러나 그 기계 발명은 그에게 불행만 안겨 주었고, 그는 해외에서 궁핍하게 살다가 죽었다.

9 블랙크너, 『노팅엄의 역사History of Nottingham』. 저자는 이렇게 덧붙였다. "한 남자가 기계를 비로소 완성할 수 있었던 것은 17세기 말이었다고 자손대대로 전해오고 있다. 그 기계를 만든 사람이 노동자 한 사람을 고용했는데 그 노동자는 기계 뒤에 서서 연속 작업을 숨 가쁘게 해야 했다. 그러나 페달을 만들어 발로 조작함으로써 수고를 덜게 되었다."

10 위와 같은 사실은 하원의원 베이즐리의 말과 〈노팅엄 저널Nottingham Journal〉에 실린 펠킨Felkin의 회고록을 통하여 전해진 것이다. 펠킨이 위에 언급한 산업 분야에 대해 완벽한 역사를 준비하고 있다는 소식을 들으니 매우 기쁘다.

11 펠킨, 『회고록』

12 팔리시는 그때 상황을 이렇게 설명했다. "땔감이 너무나 부족했기 때문에 정원의 어린 나무들을 떠받치고 있던 버팀목까지 뽑아다가 태울 수밖에 없었고, 나중엔 그 어린 나무들까지 뽑아서 태우고, 심지어 집 안에 있던 탁자와 마룻바닥도 뜯어서 태웠다. 두 번째로 조제한 유약을 녹이기 위해선 그렇게 할 수밖에 없었다. 나는 말할 수 없이 극심한 고통에 시달렸다. 고된 일과 가마에서 뿜어져 나오는 열기 때문에 너무나 지치고 쇠약해져 있었다. 한 달 이상 가마 곁을 지키고 있는 동안 내가 입은 셔츠는 말라 비틀어져 버렸다. 이웃 사람들이 나를 조롱하고, 나를 도와주어야 할 사람들까지도 내가 마룻바닥까지 뜯어서 태운다며 마을에 떠들고 다녔다. 그런 일로 나는 신용을 잃어버렸고 정신병자 취급을 받았다. 어떤 사람들은 내가 위조화폐를 만들려다 벌을 받아서 다리가 뼈쩍 골았다고 수군거리기도 하고, 창피해서 고개를 들고 다니지 못한다고 비웃으며 아무도 나를 도와주지 않았다, 그들은 나를 보고 이렇게 빈정거렸다. '일도 내팽개쳤으니 저 인간 굶어 죽겠군.' 내가 길을 지날 때마다 이런 황당한 이야기가 내 귀에 들려오곤 했다."

— 『팔리시의 완전한 작품들Euvres Compl?tes de Palissy』 '흙의 예술에 대하여De l'Art de Terre' 315쪽, 1844년, 파리

13 "연거푸 실패를 거듭하자 나는 정신적으로 무기력해지고 슬픔에 빠져서 죽음의 문턱까지 갈 지경이었다. 가마 속의 온도를 똑같은 온도로 유지할 때에만 녹아내리는 유약을 그때까지도 발견하지 못했다. 이 일에 매달리다 보니 어느덧 10년이 넘는 세월이 훌쩍 지나가버리고 팔다리는 근육이라고는 찾아볼 수 없이 앙상하게 말랐다. 양말이 흘러내리지 않게 대님을 묶었으나 걸을 때마다 대님이 양말과 함께 흘러내릴 정도였다." —같은 책 319~320쪽.

14 몇 년이 흐른 뒤 런던에서 열린 버널Bernal 씨의 골동품 경매에서 지름 30센티미터에 복판에는 도마뱀 그림이 있는 팔리시의 작은 접시 하나가 162파운드에 팔렸다.

15 프랑스의 신교도 골동품에 관심이 많은 찰스 리드Charles Leed라는 사람이 몇 달 전 팔리시가 걸작품을 굽는 데 사용했던 화덕 하나를 발견했다. 그곳에서 얼굴 형상, 식물, 동물 등 갖가지 거푸집도 발굴되었는데 보존상태가 좋고 널리 알려진 팔리시의 낙관이 찍혀 있었다. 그것은 루브르에 소장되어 있다.

16 역사학자 도비네D'Aubigné는 『세계사Histoire Universelle』에 이렇게 덧붙였다. "저렇게 지독한 인간을 봤나! '값진 죽음을 아는 사람은 아무것도 거리낄 것이 없도다Qui mori scit, cogi nescit'라는 세네카의 시를 이 사람이 읽었단 말인가?"

17 몰리Morley 교수의 유명한 저서를 보면 팔리시의 인생과 업적을 상세하게 알 수 있다. 이 책에 간단히 요약한 이야기는 대부분 팔리시가 자신의 실험에 관하여 쓴 책 『도예Art de Terre』에서 인용한 것이다.

18 "Es machte Gott, der grosse Schöpfer, Aus oinem Goldmacher einer Töpfer."

19 예전에는 중국과 일본에서 생산된 도자기도 모두 인도 도자기로 알려졌다. 그 이유는 바스코 다 가마Vasco da Gama가 희망봉 항로를 발견한 이후 포르투갈 사람들이 도자기를 처음 인도에서 유립으로 들여왔기 때문으로 짐작된다.

20 1863년 10월 26일, 영국 총리 글래드스톤이 버슬렘에서 웨지우드를 추모하며 행한 연설.

21 그는 영국과 인도를 왕래하는 배에서 선의로 일하는 동안 여가시간에 항해술과 선박 조종술을 열심히 배웠다. 몇 년이 지난 뒤 그때 배운 기술을 아주 유용하게 쓸 기회가 왔

다. 1825년 소형 범선을 타고 런던에서 스코틀랜드 동남부에 있는 리스Leith를 향하여 항해에 나섰는데 템스 강어귀를 벗어나자마자 갑자기 폭풍이 몰아쳐서 배가 항로를 잃고 어둠속에서 표류하다가 굿윈 사주Goodwin Sands에서 좌초되었다. 얼이 빠진 선장이 갈팡질팡하며 선원을 제대로 지휘하지 못하여 배가 완전히 난파될 위험에 놓였다. 그때 승객 중 한 사람이 나서서 선원들을 지휘하고 위험지역에서 벗어날 때까지 키를 잡았다. 배를 위험에서 구한 그 승객은 바로 홉이었다.

22 1858년 7월 3일자 〈토요비평*Saturday Review*〉

23 그로트 부인의 회고록 『아리 셰퍼의 일생*Memoir of the Life of Ari Scheffer*』 67쪽.

24 이 악보의 개정판을 인쇄하고 있을 때 잭슨이 50세의 나이로 세상을 떠났다는 기사가 지역신문에 게재되었다. 그가 죽기 직전에 작곡한 마지막 곡은 〈음악의 찬미*The Praise of Music*〉였다. 위와 같이 그의 독특한 초년 시절에 대한 이야기는 그가 매섬에서 양초장사를 하고 있던 시절에 저자에게 직접 들려준 것이다.

25 맨스필드의 가문은 귀족이었지만 친척들이 모두 가난하고 영향력이 없어서 친척들에게 신세진 것이 없었다. 그의 성공은 혼자 힘으로 열심히 노력해 정당하게 얻은 결과였다. 그는 어린 시절 조랑말을 타고 두 달 걸려 스코틀랜드에서 런던까지 갔다. 중등교육과정과 대학과정을 마친 후 그는 법률가의 길을 택해 영국 대법관의 자리에 오를 때까지 쉬지 않고 열심히 노력했다. 그는 어느 누구도 능가할 수 없는 능력과 정의와 명예로써 대법관직을 훌륭하게 수행했다는 평가를 받고 있다.

26 그의 수필 『생각과 행동*Thought and Action*』 중에서.

27 『나폴레옹의 편지*Correspondance de Napoléon*』, 나폴레옹 3세의 명령에 따라 1864년 파리에서 출간됐다.

28 『나폴레옹의 편지』, 그의 형제 조제프의 증언과 라구사 공작의 회고록으로 이러한 사실이 확인되었다. 웰링턴 공작은 나폴레옹 휘하 장군들에 비해서 일상적인 업무 처리능력이 우수했기 때문에 그들을 무찌른 것이다. 그는 이렇게 말하곤 했다. "내가 알고 있는 것이라곤 병사들에게 식량을 원활하게 보급하는 방법밖에 없었다."

29 콜링우드가 좋아하던 소일거리는 정원 가꾸기였다. 트라팔가 해전이 끝난 직후 한 동료 제독이 그의 집을 방문했는데 그를 찾느라고 정원을 샅샅이 뒤지다가 깊은 구덩이 속에서 정원사 스콧과 함께 땅을 열심히 파고 있는 그를 발견했다.

30 〈타임스〉 기사에서 인용했다.

31 조지 로스 의사의 『자기계발Self-Development』, 〈의학회보Medical Circular〉 1~20쪽에 재수록. 이 연설에는 자기 수양에 관해 높이 평가할 만한 견해가 많이 담겨 있으며 내용이 전반적으로 건실해 확대판으로 재발행된 것이 참으로 잘된 일이다.

32 〈토요비평〉에서 인용.

33 유명한 저서 『곤경 속의 지식 탐구』 참조.

34 세인트앤드루 대학교 도덕철학 교수를 역임했다.

35 어느 작가는 1859년 7월호 〈에든버러 리뷰Edinburgh Review〉에 이렇게 썼다. "웰링턴 공작의 재능은 적극적으로 보여줄 수 있는 실전 현장이 눈앞에 펼쳐지기 전까지는 전혀 발달하지 않았던 것으로 보인다. 엄격했던 그의 어머니는 웰링턴이 우둔해서 총알받이나 될 것이라고 말했다. 그는 이튼 학교에서나 프랑스 육군사관학교에서나 전혀 눈에 띄지 않는 학생이었다." 오늘날과 같은 경쟁시험이 있었다면 웰링턴은 군에 입대하지도 못했을지도 모른다.

36 1863년 6월 11일자 〈타임스〉 기사에서 인용했다.

37 『로버트슨의 생애와 서신Robertson's Life and Letters』.

38 1866년 1월 11일에 발생한 사건이다.

39 브라운, 『여가 시간Horae Subsecivae』.

KI신서 9683

자조론(개정판)

1판 1쇄 발행 2006년 1월 5일
2판 1쇄 인쇄 2015년 1월 2일
3판 2쇄 발행 2023년 10월 6일

지은이 새무얼 스마일즈 **옮긴이** 김유신
펴낸이 김영곤 **펴낸곳** (주)북이십일 21세기북스
출판마케팅영업본부 본부장 한충희
출판영업팀 최명열 김다운 김도연
제작팀 이영민 권경민
출판등록 2000년 5월 6일 제10-1965호
주소 (우 10881) 경기도 파주시 회동길 201(문발동)
대표전화 031-955-2100 **팩스** 031-955-2122 **이메일** book21@book21.co.kr

(주)북이십일 경계를 허무는 콘텐츠 리더

21세기북스 채널에서 도서 정보와 다양한 영상자료, 이벤트를 만나세요!
페이스북 facebook.com/jiinpill21 **포스트** post.naver.com/21c_editors
인스타그램 instagram.com/jiinpill21 **홈페이지** www.book21.com
유튜브 www.youtube.com/book21pub

서울대 가지 않아도 들을 수 있는 **명강의**! 〈서가명강〉
유튜브, 네이버, 팟캐스트에서 **'서가명강'**을 검색해보세요!

책값은 뒤표지에 있습니다
ISBN 978-89-509-9526-3 13320

이 책 내용의 일부 또는 전부를 재사용하려면 반드시 (주)북이십일의 동의를 얻어야 합니다.
잘못 만들어진 책은 구입하신 서점에서 교환해드립니다.